The Total War That Changed the World

森 靖夫［編著］
MORI Yasuo

小林道彦
奈良岡聰智
玉木寛輝
萩原 淳
梶原克彦
鈴木多聞
宮下雄一郎
クリストファー・スピルマン
ロジャー・ブラウン

総力戦とは何だったのか

千倉書房

序論

日本から総力戦を問う

森靖夫
MORI Yasuo

1　総力戦研究の現在――残された課題

◆いま、総力戦を問い直す

二〇世紀前半に繰り返された二つの世界大戦は、総力戦と称された。総力戦を戦う政府は、物量戦を戦うべくヒト・モノ・カネといったあらゆる資源の総動員を目指し、経済・社会に介入した。あらゆるものが敵の標的となる総力戦では前線（兵士）と銃後（民間人）の境界も曖昧となり、人的被害はそれ以前と比べて桁違いとなった。とりわけ第二次世界大戦では三八〇〇万人以上の民間人が犠牲となった。

人類初の総力戦である第一次世界大戦の勃発百周年から早や一〇年が過ぎた。また今年は、第二次世界大戦の終結（日本の敗戦）から八〇年という節目を迎える。総力戦を実体験した人々が年々減少しており、総力戦は誰にとっても遠い昔の出来事になろうとしている。ところがその一方で、二〇二二年二月に始まり今なお続くロシア・ウクライナ戦争は総力戦さながらの様相を呈しており、世界中に衝撃と不安を与えている[1]。とりわけ日本は、かつて第一次・第二次世界大戦で経験したように、資源小国としての厳しい現実を突きつけられ、経済安全保障の確保に迫られている。本書は、そのような時代に改めて総力戦を見つめ直すべく、日本政治史研究者を中心に第一次世界大戦から第二次世界大戦に至るまでの日本の総力戦への対応を様々な角度から再検討する。

◆総力戦の普遍性、特殊性

これまで総力戦研究をリードしてきたのは、二つの大戦の主要参戦国である欧米諸国の研究者たちであった。とりわけこの二〇年の間に出版された注目すべき成果は、ロジャー・チッカリングとスティグ・フェルスターを中心とする、五冊に及ぶ論文集である[2]。それらは、戦間期(一九一八〜三九年)のみならず、ナポレオン戦争や南北戦争にまで起源を探るなど、対象時期を広く取ることで巨視的に総力戦を捉えようとした点が大きな特徴である。また、軍事、経済、社会、文化、ジェンダー、法、人種、地理など、研究が多角化・学際化しているのももう一つの特徴といえる。個々の研究も無数にあるが、これだけを見ても、いかに総力戦研究が欧米において盛んであるかが分かるだろう。

だが意外なことに、大家が集うこれらの論文集も、総力戦とはいったい何だったのかを明瞭には教えてくれない。総力戦をどう定義するかという問題を読者に丸投げしている、と右の論文集を批評したタルボット・イムレイは、以下のように総力戦の簡潔な定義を試みている[3]。

総力戦は実態というより理念型(実現不可能)である。戦争を総力戦と称するにはその「トータル」性(totality)が指標となる。「トータル」性のポイントとして、①大量生産・大量破壊を可能にする産業技術の進歩(それによる戦争の残忍さ)、②国内資源の動員規模の拡大、③戦争目的の拡大(非限定)、④戦争のグローバル化、⑤それらによる戦争の長期化、などがあげられる。たしかにナポレオン戦争や南北戦争などもその「トータル」性は一部認められるが、両大戦は上記の特徴をより多く備えており、他の時代とは区別されるべきである。また、「トータル」性は相対的なものであり、他の戦争との比較や各国間の比較が、総力戦を研究する上で重要となる。

筆者も概ねこの定義に同意する。より重要なのは、どの国の総力戦にもある程度の一般性・普遍性が各国間の差異と同様に認められるということをイムレイの定義自体が示唆している点である。だが、全体主義や社会主義国家の総力戦と自由主義国家の総力戦は、これまで厳然と区別されてきた。とりわけ、前者は動員の暴力性や残忍性において後者との差異が強調される。そもそも、総力戦概念の生みの親で知られるドイツの軍人エーリヒ・ルーデンドルフが一九三五年に出版した*Der Totale Krieg*（日本では一九三八年に『総力戦』と題して翻訳出版され、総力戦なる用語が一般的に普及される契機となった）が、totalitarian war（全体主義の戦争）と英訳されたように、総力戦はナチ・ドイツ固有の思想と当時から受け止められていたのである[4]。

日本の総力戦も、ドイツと同様、全体主義あるいは軍国主義の戦争として欧米では区別されてきたように思われる[5]。少なくとも、日本とドイツの類似点が指摘されることはあっても、日本の総力戦が持つ一般性や普遍性についてはほとんど議論されてこなかった[6]。ドイツや日本を「加害者」とする前提に立つならば、総力戦のもつ普遍性を戦時日本に見出すこと自体が「加害」の事実を矮小化するものだと批判されるかもしれない。だが、それでも総力戦に一般性があり、政治的立場を超えたグローバルな特徴があることを誰も否定できない[7]。もっとも近年では、日本の総力戦をグローバルな視点で捉え直す研究も欧米で現れている[8]。

◆日本にとっての総力戦

では、日本の研究者たちは自国の総力戦をどのように描いてきたのか。第二次世界大戦研究は日本においても盛んである[9]。とりわけ、日中戦争やアジア・太平洋戦争中における国内の総動員の実態については、①陸海軍の総力戦構想[10]、②国内（帝国・占領地内も含む）資源の動員[11]、③戦時・戦後経済の連続性[12]、④メディアの役割[13]、⑤福利厚生など社会保障の展開[14]、⑥思想・文化統制[15]、⑦市民生活[16]、⑧加害の実態[17]、⑨戦争指導[18]など、政治・軍事・経済のみならず、社会、文化、ジェンダー、メディア、記憶、など様々な分野から解明が進められてきた。扱うテーマの多様性や個々の実証水準は、欧米の研究と比べても見劣りしない。

ただこれらの研究は、総力戦研究というよりあくまで第二次世界大戦研究であり、第一次世界大戦から第二次世界大戦までを一つの総力戦の時代として大きく捉えようとするものは極めて少ない[19]。近年、総力戦としての第一次世界大戦とそれが日本に与えたインパクトをめぐって、研究が大いに進展したこともたしかである[20]。とはいえ、そのインパクトが戦間期、そして日中戦争から始まる総力戦へどのようにつながっていくのかという問いに必ずしも明快には答えられていない。

また欧米と同様日本においても、総力戦とは何だったのかという問いに正面から答えようとした研究は少ない[21]。数少ない例外の一つは、おそらく山之内靖のものであろう[22]。山之内は総力戦をグローバルな現象としてマクロな視点でとらえ、総力戦の持つ「現代化」という普遍的意義を見出した。「現代化」とは、国民の全面的動員のために社会が平準化されることを意味し、ファシズム体制やニュー・ディール体制といった政治体制いかんに関わらず見られる現象として、山之内はそれを総力戦の本質と捉えたのである。山之内の研究は、日本による加害の事実を相対化するものとして歴史学者たちから厳しい批判を浴びた[23]。しかし、一国史を乗り越え、比較の視点を持ちつつ総力戦とは何かを問い直した点で、日本の総力戦研究における山之内の研究史的意義は極めて大きかったといえる。ただ、山之内の研究は、国民動員に視角を限定しており、先に挙げたような総力戦のもつ多様な側面をカバーするものではない。その後、強い批判を浴びた総力戦の普遍性をめぐる問題は再検証されないままとなっている。

他方で、日本においても自国の総力戦を全体主義(ファシズム)の戦争、あるいは軍国主義(軍部主導)の戦争とみなしてきた。その傾向は、欧米のみならず日本の研究者においてもいまだに根強い[24]。国際比較を試みる研究も少なくないが、日本がドイツから受けた影響やドイツとの共通点が強調される一方で、日本と英米とは比較すらほとんどなされてこなかった[25]。つまり、日本においても総力戦の持つ普遍性あるいは日本の特殊性について十分議論されていないというのが現状である。

以上のような欧米と日本の研究状況を踏まえ、本書は日本の総力戦を再検証する上で、次のような課題を設定する。第一に、総力戦の多様な側面に光を当てること、第二に、できるだけ「総力戦の時代」の対象時期を広く取り、歴史のダイナミズムを捉えること、第三に、国際比較や海外からの視点を取り入れることで、総力戦が持つ普遍性と日本の特殊性について考察すること、この三点である。本書に収められた論文は、三つの課題のいずれかに取り組む。冒頭の繰り返しとなるが、本書のねらいは日本の総力戦を再検討することで、総力戦とは何だったのかを問い直すことにある。

本書は以下の構成をとる。まず第Ⅰ部では、右の課題を受けた日本政治史研究者が、各自の専門とするテーマを総力戦の「学習」「対策」「実践」という長期的プロセスのなかに位置づけ、日本の総力戦を捉え直す。その際、できるだけ国際比較の視点を取り入れる。続いて第Ⅱ部は、海外からみた日本をテーマとする三篇の論文を収録し、日本の総力戦研究と世界の総力戦研究や海外の日本研究との対話を目指す。以下、各章の内容を紹介しよう。

2　第一次世界大戦＝総力戦の「学習」

日本にとって第一次世界大戦で得た「教訓」は、それ以前の「伝統」と併存するものだったのか、あるいは「伝統」を上書きするものだったのか。もし上書きしたものだとすれば、「教訓」と「伝統」とのあいだに大きな葛藤がなかったか。日本の「伝統」でまず想起するのが、近代国家建設以来の模範国ドイツの存在だろう。とりわけ、ドイツに範をとり「ドイツ流」の伝統を作り上げてきた明治の陸軍軍人たちがドイツ帝国の崩壊に大きな衝撃を受けたことは想像に難くない。日本陸軍の創設者である山県有朋は、第一次世界大戦において総力戦の到来を敏感に察知し、その「学習」に余念がなかった。だが一方で、山県は最後までドイツ軍の勝利を信じて疑わなかった。それは、いち早く「ドイツ信仰」から脱皮をとげ、日本の国家総動員体制の青写真を描いた永田鉄山ら若き軍人たちと好対照をなす[26]。総力戦をまえに明治の軍人・山県が見せた心の揺らぎは、まさに総力戦の新たな時代精神とそれ以前の伝統との「連続」と「断絶」を象徴していた(第一章・小林論文)[27]。

後に日本の総力戦(太平洋戦争)で主役を演じることとなったのは海軍である。にもかかわらず、第一次世界大戦以来海軍は陸軍と比べて総力戦の「学習」に消極的だったと理解されてきた。だが、上海を拠点に編成された第三艦隊(遣支艦隊、第一遣外艦隊)の拡充と航行技能向上の過程を見ることで、海軍が中国大陸を南進の「根拠地」として重視していたことが窺える。また、海軍が遠洋練習航海などを通じて外洋展開能力を着々と身に着けたほか、真珠湾やパナマ運河を戦略的ターゲットとして早くから徹底的に情報収集していたことからも、対米戦に対する海軍の「本気度」が看て取れるだろう(第二章・奈良岡論文)。以上の「南進」と「対米戦」を意識した海軍の取り組みが日露戦後から始まっていたことを鑑みると、第一次世界大戦より以前の時代も含めた、かつ海軍にも焦点を当てた日本の総力戦研究が必要であることを思わせる。

3 次なる総力戦への「対策」

戦間期はしばしば第二次世界大戦の序曲として語られる。第一次世界大戦の戦後処理は、ドイツやイタリアの大衆、とりわけ従軍兵士・退役軍人(veterans)たちに大きな不満を抱かせた。彼らは戦後の政治的混乱のなかで、自ら武器をとり、新たな政治体制(ファシズム、ナチズム)樹立の原動力となった。退役軍人たちのこうした運動は、第一次世界大戦後グローバルな広がりをもつようになった。だが本格的な総力戦を経験しなかった日本は、そうした「遺産」を「受容」しなかった。すなわち日本では、退役軍人（在郷軍人）がドイツやイタリアの退役軍人らように「政治の残忍化」を招来したわけでもなく、国民動員のための凝集力ともならなかった。それどころか彼らは、独伊よりむしろ英米の在郷軍人組織を「教材」としたのである。少なくとも日本の場合、第一次世界大戦の戦後処理への不満から日独伊枢軸が形成されたというような単純な理解は成り立たない（第三章・玉木論文）。

治安法制も、総力戦の学習、対策、実践という一連の経路のなかで捉えなおす必要がある。一九二五年に成立した治安維持法は、広い意味で第一次世界大戦の産物であり[28]、一九三〇年代日本の準戦時あるいは総力戦体制を治安の面から支えた。日本の治安法制には弾圧一辺倒のイメージがこびりついているが、第一次世界大戦終結から一九二八年までで治安警察法に基づく結社禁止処分は七件、秘密結社禁止違反は一三件にすぎず、一九二九年から一九三四年の間は一度も処分が下されていない。もちろんそれが取締りの寛容さの表れとは即断できない。処分が少なかったのは、世論への配慮に加え、外郭団体など既存の法律では適用の困難な集団へと運動主体が分散していたこと、それらに対しては治安維持法改定（一九二八年）による目的遂行罪の適用で対処したことも要因だった（第四章・荻原論文）。留意すべきは、総力戦の要請から過酷な取締りへという単線的な説明を超えて、総力戦の教訓、錯綜する現実、法の未整備（諸外国にもモデルがみつからない）といった複雑な動態へ着眼することである。

ところで、日本において十分に取り上げられてこなかった総力戦の「対策」のひとつが捕虜処遇問題である。総力戦を遂行するため日本が捕虜に過酷な労働力を強いたことは戦後厳しく批判され、実態解明が進められてきた。だが同時に、第一次世界大戦における日本の捕虜処遇は国際法上に則ったものとして海外から高く評価されたこともよく知られており、それがいつ、なぜ変容したのかについてはほとんど明らかになっていない。実のところ、国際法の順守という「教訓」は戦間期を通じて継承された。同時に、労働力不足が生じる総力戦体制下では捕虜への労役強制も不可避となるという英独仏など第一次世界大戦参戦諸国の「教訓」も伝承された。このように捕虜の労働は総力戦に起因する一般的現象とも言えるのであり、総力戦の学習、対策、実践という一連の経路のなかで考える必要があるだろう(第五章・梶原論文)。

4 「対策」から「実践」へ

国家総動員も計画から実践までを単線的に語ることはできない。日本は一九三八年四月の国家総動員法成立から一九四五年九月の降伏文書調印に至るまで、約七年半にも及ぶ総力戦を経験した。日本では第一次世界大戦以来、ルーデンドルフ流の軍部主導・軍事至上主義の総動員体制は否定され、産業が積極的に体制側に参与する官民協調体制が目指された。先行研究で日本がモデルにしたと言われてきた「ナチドイツ・モデル」は、官民協調という点でアメリカと同類であると日本で認識されており、しばしばアメリカの動員体制も引証基準として紹介・推奨された。日中戦争が予想外に長期化し、なし崩し的に総力戦に突入した日本では、官治統制か自治統制かをめぐって官僚と産業界との間で駆け引きが続いた。最終的にドイツやアメリカのように産業が積極的に動員の責任を担う体制へと大きく舵をきったのは、東条英機内閣だった。繁文縟礼と割拠主義の官僚的陋弊を打破し、産業の積極参与と利益保障による生産拡大を促したものこそ、「東条独裁」にほかならなかった(第六章・森論文)。官僚主義を打破し産業の増産を刺激するために自治的統制に任せるのは、ソ連は除くとしても日米独に限らず総力戦の普遍的特徴と言えるのかもしれない。

歴史研究では扱いづらいものの、メンタル(心理や信念、あるいは建て前に対する本音)といった非言語的要素も総力戦の戦局を左右するほど重大であり、分析対象に含まれてしかるべきだろう。日米開戦を決意した日本では「必勝の信念」という言葉が決まり文句のように指導者の間で用いられるようになる。その意味するところは、文字通り勝利を決するまで戦い抜くという強い意思の表れである。そうした信念はドグマ化され、早期講和を口にすることすら難しくし、結果的に多くの犠牲者を出すことにつながった。実のところ「必勝の信念」という用語自体は一九二〇年代半ばに登場したものであった（第七章・鈴木論文）。はたして「必勝の信念」のドグマ化とは日本の軍人（特に陸軍）特有の現象なのか、それとも国家の存亡をかけて戦う総力戦がもたらした必然的帰結なのか、今後国際比較を通じてさらに深めるべきテーマといえよう。

5　海外から日本の総力戦を逆照射する

同時代における海外の眼に日本の総力戦がどう映ったのかという視点も重要であろう。言うまでもなく日本も、勝つために日本国民の総力を動員して戦った。その際日本在住の敵性外国人は、抑留され、監視の対象となった[29]。フランス人の場合、状況は一層複雑だった。ドイツ占領後の仏・ヴィシー政府は日本と交戦状態になかったが、英国を拠点とする自由フランスは彼らなりの総力をもって戦い続けた。そのため、日本国内で自由フランスの総力戦に協力する（動員される）者は、抑留こそされなくとも敵性民間人とみなされ、身に危険が及んだ。逮捕・収監されたフランス民間人は、自由フランスの法的地位が曖昧だったこともあり、戦後も暫く名誉回復されぬまま両国政府の間で翻弄された（第八章・宮下論文）。捕虜として労働を課せられた外国人や抑留者だけではなく、こうしたグレイゾーンにいた外国人までもが「総力戦の犠牲者」となった。この問題は日本でなくとも起こりうる話であり、総力戦そのものに起因する問題として読まれるべきなのは言うまでもない。

海外の研究者たちの視点も重要である。ところが、彼らが日本の総力戦や総力戦体制をどのように扱っているのかということは日本であまり知られていないように思われる。実のところ、海外において日本の総力戦／総力戦体制への関心は高いとは言えない。それよりも、近年欧米においてグローバルな文脈からファシズムを捉えなおす「グローバル（ユニバーサル）・ファシズム」という新たな枠組みが登場し、日本のファシズムに再び脚光が当てられつつある[30]。要するに、日本が一九三〇年代以降戦争へと歩んだプロセスを総力戦体制の構築過程ではなく、ファシズム化の進展とみなす傾向にあるのだ。多元的構造をもつ明治憲法下においてファシズム体制が成立する余地はなかった。そのことは日本の研究者の間で常識となっている。どれだけファシズムに感化された政治家や官僚がいたとしても、日本はファシズム国家とはならなかった（第九章・スピルマン論文）。ファシズム推進の中心勢力とされた内務官僚（「新官僚」）ですら、その思想を紐解けばファシストの類型には容易に収まりきらないことが明らかとなるだろう（第一〇章・ブラウン論文）。いずれにせよ、海外の研究者たちと総力戦について対話を進めていく場合、近年のファシズム研究の潮流をどう捉えるかという問題を避けては通れないだろう。その意味で第九、一〇章は示唆に富むものであり、英語の既発表論文だが、邦訳の上、収録することにした。

以上紹介した各章は、これまでの日本の総力戦研究になかった新しい分析視角を示すもの、国際比較を本格的に取り入れたもの、欧米の研究に正面から批判を加えたものなど、どれもが通説に対して果敢に挑んだ読みごたえのある論稿となっている。

本書を通して日本の総力戦とは何だったのかをひとことで言い表す能力を編者はもたない。そもそも本書はそのような単純明快な答えを出すことを目指していない。むしろ本書のねらいは、より広い視野から、かつ多面的に日本の総力戦を描くことで、日本特有の政治現象と、総力戦が持つ普遍的な特徴とを併せて考察することにある。本書が明らかにしえたことは総力戦のほんの一部にすぎないが、各章からそのねらいを読み取っていただければ幸いである。

註

1 ——高橋杉雄はウクライナ戦争を「デジタル化時代の総力戦」と評している（高橋杉雄編著『ウクライナ戦争はなぜ終わらないのか』文春新書、二〇二四年）。

2 ——論文集は南北戦争・ドイツ統一戦争から第二次世界大戦までに範囲を広げ、総力戦現象をとらえようとした。Stig Förster and Jorg Nagler (eds.), *On the Road to Total War: The American Civil War and the German Wars of Unification, 1861-1871* (Cambridge University Press（以下 CUP）1997), Manfred F. Boemke, Roger Chickering and Stig Förster, (eds.), *Anticipating Total War: The German and American Experiences, 1871-1914* (CUP 1999), Roger Chickering and Stig Förster (eds.), *Great War, Total War: Combat and Mobilization on the Western Front, 1914-1918* (CUP, 2000), Roger Chickering and Stig Förster (eds.), *The Shadows of Total War: Europe, East Asia, and the United States, 1919-1939* (CUP, 2003), Roger Chickering, Stig Förster and Bernd Grenier (eds.), *A World at Total War: Global Conflict and the Politics of Destruction, 1937-1945* (CUP, 2005). そのほかに、第一次世界大戦と第二次世界大戦の研究は個々の単著を除いても国際共同研究の論文集だけで膨大な蓄積がある。すべて挙げることはできないが、例えば、ケンブリッジ・ヒストリー（Cambridge History）は近年、第一次世界大戦で三冊、第二次世界大戦で三冊の浩瀚な論文集を出版している。

3 ——Talbot Imlay, "Total War", Journal of Strategic Studies, 30:3, June 2007. ウィリアム・マリガンは同論集の書評で、民族的・イデオロギー的目標の追求が、戦争の「トータル」性を強める要因となったと指摘する（William Mulligan, "Review Article, Total War", War in History, 15: 2, April 2008.）。

4 ——General Ludendorff, *The Nation at War*, trans. A. S. Rappoport (Hutchinson, 1936). タイトルこそ異なるが、本文のなかでは「全体主義の戦争」と英訳されている。

5 ——欧米における代表的な日本の総力戦／総力戦体制研究として、Michael Barnhart, *Japan Prepares for Total War: The Search for Economic Security, 1919-1941* (Cornell University Press, 1987), Louise Young, *Japan's Total Empire: Manchuria and the Culture of Wartime Imperialism* (University of California Press, 1998), Peter Duus, Ramon H. Myers, Mark R. Peattie (eds.), *The Japanese Wartime Empire 1931-1945*, (Princeton University Press, 2010), Gregory J. Kasza, *The Conscription Society: Administered Mass Society* (Yale University Press, 1995, グレゴリー・カザ（岡田良之助訳）『大衆動員社会』柏書房、一九九九年), Janis Mimura, *Planning for Empire: Reform Bureaucrats and the Japanese Wartime State* (Cornell University Press,

2011、ジャニス・ミムラ〔安達まみ・高橋実紗子訳〕『帝国の計画とファシズム——革新官僚、満洲国と戦時下の日本国家』人文書院、二〇二一年）。ファシズム論から日本の戦時体制を分析したものについては第九章及び第十章を参照。

6——第二次世界大戦研究の泰斗であるリチャード・オヴァリーは、連合国勝利必然論を斥け、総力戦的観点（資源や動員能力など）から各国比較をしつつ枢軸国側（日独）の敗因に迫った（リチャード・オヴァリー〔河野純治・作田昌平訳〕『なぜ連合国が勝ったのか？』楽工社、二〇二一年）。連合国中心史観に警鐘を鳴らすオヴァリーの研究ですら、連合国と枢軸国との政治的文化的差異が結果的に強調されている（例えば、同書第九章「邪悪なもの、すばらしいもの——道徳的な争い〔両陣営の精神の相違〕」）。

7——ウィリアム・H・マクニール〔高橋均訳〕『戦争の世界史——技術と軍隊と社会』上・下（中公文庫、二〇一四年）は「戦争の産業化」として総力戦の時代をグローバルな視点で捉えた。

8——日独伊英米仏ソ七カ国の軍拡競争を通して戦間期を比較史的に描いたものとして、Joseph Maiolo, *Cry Havoc: How the Arms Race Drove the World to War 1931-1941* (Basic Books, 2010)、都市爆撃に対する市民の反応について日英比較したAaron W. Moore, *Bombing the City: Civilian Accounts of the Air War in Britain and Japan, 1939–1945* (Cambridge University Press, 2018)や、戦時日本の銃後の逼迫をトランスナショナルな現象として捉えなおしたSheldon Garon, "The Home Front and Food Security in Wartime Japan: A Transnational Perspective", Hartmut Berghoff, Jan Logemann, and Felix Römer (eds.), *The Consumer on the Home Front: Second World War Civilian Consumption in Comparative Perspective* (Oxford University Press, 2017). などがある。また、第一次世界大戦期の日本や東アジアをグローバルな文脈に位置づけたJan Schmidt, Katja Schmidtpott(eds), *The East Asian Dimension of the First World War: Global Entanglements and Japan, China and Korea, 1914-1919* (Campus Verlag, 2020)、アフリカ、イベリア半島、日本を含む東アジア、ラテンアメリカという「周辺」から第一次世界大戦を再検討したAna Paula Pires, Maria Ines Tato, and Jan Schmidt(eds), *The Global First World War: African, East Asian, Latin American and Iberian Mediators* (Routledge, 2021)も注目に値する。

9——倉沢愛子、杉原達、成田龍一、テッサ・モーリス・スズキ、油井大三郎、吉田裕編『岩波講座　アジア・太平洋戦争』全八巻（岩波書店、二〇〇五～二〇一五年）が、総力戦体制も含めアジア・太平洋戦争の実態に多方面から迫った論集として一つの到達点を示している。

10——纐纈厚『総力戦体制研究』（三一書房、一九八一年）、荒川憲一『戦時経済体制の構想と展開——日本陸海軍の経済

史的分析』（岩波書店、二〇一一年）、玉木寛輝『昭和期政軍関係の模索と総力戦構想――戦前・戦中の陸海軍・知識人の葛藤』（慶應義塾大学出版会、二〇二〇年）など。第一次世界大戦＝総力戦の受容については、戸部良一「第一次世界大戦と日本における総力戦の受容」（『新防衛論集』七（四）、一九八〇年三月）、黒沢文貴『大戦間期の日本陸軍』（みすず書房、二〇〇〇年）、山室信一『複合戦争と総力戦の断層――日本にとっての第一次世界大戦』（人文書院、二〇一一年）、諸橋英一『第一次世界大戦と日本の総力戦政策』（慶應義塾大学出版会、二〇二一年）などがある。

11――原朗『日本の戦時経済――計画と市場』（東京大学出版会、一九九五年）、同『日本戦時経済研究』（東京大学出版会、二〇一三年）、山崎志郎『戦時経済総動員体制の研究』（日本経済評論社、二〇一一年）、同『物資動員計画と共栄圏構想の展開』（日本経済評論社、二〇一二年）、安達宏昭『「大東亜共栄圏」の経済構想――圏内産業と大東亜建設審議会』（吉川弘文館、二〇一三年）、佐々木啓『「産業戦士」の時代：戦時期日本の労働動員と支配秩序』（大月書店、二〇一九年）、森靖夫『「国家総動員」の時代』（名古屋大学出版会、二〇二〇年）、小野圭司『日本戦争経済史――戦費、通貨金融政策、国際比較』（日本経済新聞出版、二〇二一年）など。

12――野口悠紀雄『一九四〇年体制――さらば戦時経済』（東洋経済新報社、一九九五年）、雨宮昭一『戦前戦後体制論』（岩波書店、一九九七年）、山之内靖、ヴィクター・コシュマン、成田龍一編『総力戦と現代化』（柏書房、一九九五年）、小林英夫『帝国日本と総力戦体制――戦前・戦後の連続とアジア』（有志舎、二〇〇四年）など。

13――佐藤卓己『ファシスト的公共性――総力戦体制のメディア学』（岩波書店、二〇一八年）、吉田則昭『戦時統制とジャーナリズム――一九四〇年代メディア史』（昭和堂、二〇一〇年）など。プロパガンダについては、バラク・クシュナー、井形彬訳『思想戦――大日本帝国のプロパガンダ』（明石書店、二〇一六年）など。

14――高岡裕之『総力戦体制と「福祉国家」――戦時期日本の社会改革構想』（岩波書店、二〇一一年）、市川喜崇『日本の中央―地方関係――現代型集権体制の起源と福祉国家』（法律文化社、二〇一二年）など。

15――奥平康弘『治安維持法小史』（筑摩書房、一九七七年）、リチャード・ミッチェル、奥平康弘・江橋崇訳『戦前日本の思想統制』（日本評論社、一九八〇年）、赤澤史朗『近代日本の思想動員と宗教統制』（校倉書房、一九八五年）、荻野富士夫『特高警察体制史――社会運動抑圧取締の構造と実態』（〔増補新装版〕明誠書林、二〇二〇年〔原著はせきた書房、一九八四年〕）など。

16――アンドルー・ゴードン「消費、生活、娯楽の貫戦史」（『岩波講座6　アジア・太平洋戦争　日常生活の中の総力戦』岩波書店、戸ノ下達也『音楽を動員せよ――統制と娯楽の十五年戦争』（青弓社、二〇〇八年）、金子龍司『昭和戦時期の娯楽と検閲』(吉川弘文館、二〇二一年)、戸ノ下達也『戦時下日本の娯楽政策——文化・芸術の動員を問う』(青弓社、二〇二三年)など。

17——内海愛子『日本の捕虜政策』(青木書店、二〇〇五年)、倉沢愛子編『東南アジア史のなかの日本占領』早稲田大学出版部、一九九七年)、Barak Kushner, *Men to Devils Devils to Men: Japanese War Crimes and Chinese Justice*, Harvard University Press, 2015. など。

18——戸部良一「戦争指導者としての東条英機」(同『自壊の病理——日本陸軍の組織分析』日本経済新聞出版社、二〇一七年)、一ノ瀬俊也『東条英機——「独裁者」を演じた男』(文春新書、二〇二〇年)など。

19——第一次世界大戦の終結を一九一八年ではなく、その後の内戦などを含めた一九二三年とみたゲルヴァルト(ローベルト・ゲルヴァルト(小原淳訳)『敗北者たち——第一次世界大戦はなぜ終わり損ねたのか1917-1923』みすず書房、二〇一九年)に従えば、シベリア撤兵を完了し日ソ基本条約を結んだ一九二五年を日本にとっての第一次世界大戦終結とみることもできる(麻田雅文『シベリア出兵——近代日本の忘れられた七年戦争』中公新書、二〇一六年)。このように戦間期を第一次世界大戦の延長と捉える視点がある一方で、それを戦争の序曲と捉える見方も重要性を失っていない。とりわけ日本では満洲事変から敗戦までを一括りにする十五年戦争史観が支配的だった(江口圭一『十五年戦争小史』青木書店、一九八六年)。どちらの見方をとるにしても、総力戦の枠組みの中で戦間期を捉える必要がある。

20——小林啓治『総力戦とデモクラシー——第一次世界大戦・シベリア干渉戦争』(吉川弘文館、二〇〇八年)、山室信一『複合戦争と総力戦の断層——日本にとっての第一次世界大戦』(人文書院、二〇一一年)、井上寿一『第一次世界大戦と日本』(講談社現代新書、二〇一四年)、「二〇世紀と日本」研究会編『もう一つの戦後史——第一次世界大戦後の日本・アジア・太平洋』(千倉書房、二〇一九年)など。

21——戦時期の政治や行政に関する研究も多い。例えば伊藤隆『大政翼賛会への道——近衛新体制』(講談社学術文庫、二〇一五年(原著は中公新書、一九八三年))、ゴードン・M・バーガー(坂野潤治訳)『大政翼賛会——国民動員をめぐる相克』(山川出版社、二〇〇〇年)、古川隆久『昭和戦中期の総合国策機関』(吉川弘文館、一九九二年)、同『昭和戦中期の議会と行政』(吉川弘文館、二〇〇五年)、同『戦時議会』(吉川弘文館、二〇〇一年)、関口哲矢『昭和期の内閣と戦争指導体制』(吉川弘文館、二〇一六年)、官田光史『戦時期日本の翼賛政治』吉川弘文館、二〇一六年)など枚挙に暇がない。もっとも、これらの日本政治史研究は、戦時期の政治・行政の実態を詳細に明らかにしてきた反面、実態を欠いた総力戦／総力戦体制という概念の使用を避けてきたように思われる。

22——山之内靖（伊豫谷登士翁・成田龍一・岩崎稔編）『総力戦体制』（ちくま学芸文庫、二〇一五年）、山之内靖、ヴィクター・コシュマン、成田龍一編『総力戦と現代化』（柏書房、一九九五年）。

23——赤澤史朗「総力戦体制をどう捉えるか——『総力戦と現代化』を読む1」、高岡裕之「同上2」（『年報日本現代史』三、現代史料出版、一九九七年）。

24——吉見義明『草の根のファシズム——日本民衆の戦争体験』（東京大学出版会、一九八七年）。由井正臣『軍部と民衆統合』（岩波書店、二〇〇九年）、片山杜秀『未完のファシズム——「持たざる国」日本の運命』（新潮選書、二〇一二年）など。

25——代表的なものに、柳澤治『戦前・戦時日本の経済思想とナチズム』（岩波書店、二〇〇八年）、同『ナチス・ドイツと資本主義——日本のモデルへ』（日本経済評論社、二〇一三年）がある。他方で、戦時女性労働者の日米比較をおこなった佐藤千登勢『軍需産業と女性労働——第二次世界大戦下の日米比較』（彩流社、二〇〇三年）、戦間期の国家総動員計画を英米との比較から論じた前掲、森『「国家総動員」の時代——比較の視座から』、第一次世界大戦期の日本の総力戦への対応に英米の影響があったことを明らかにした前掲、諸橋『第一次世界大戦と日本の総力戦政策』など、日本と英米の総力戦の類似性に切り込んだ研究もある。

26——森靖夫『永田鉄山——平和維持は軍人の最大責務なり』（ミネルヴァ書房、二〇一一年）。

27——一八三八年生まれの山県は、ドイツではシュリーフェン（一八三三年生まれ）とほぼ同世代になる。彼は一九〇六年一月まで参謀総長を務め、かの有名なシュリーフェン・プラン（二正面作戦を避けるための対仏攻勢作戦）を立案するも成算が立たず、大戦勃発前年失意のうちにこの世を去った、まさに「過去の人」だった。軍事至上主義に立脚した国防計画の立案という点でもシュリーフェンと山県には相通じる点がある。シュリーフェン・プランをめぐる研究史については、石津朋之「「シュリーフェン計画」論争をめぐる問題点」（『戦史研究年報』第九号、二〇〇六年三月）を参照。

28——Mahon Murphy, "Global War and Anti-Radical Legislation: Japan and the Peace Preservation Law of 1925", First World War Studies, 2, January 2023.

29——小宮まゆみ『外国人抑留——戦時下の敵国民間人』（吉川弘文館、二〇〇九年）、高川邦子『アウトサイダーたちの太平洋戦争』（芙蓉書房、二〇二一年）などがある。

30——例えば、Marc Matera and Susan Kingsley Kent(eds), *The Global 1930's: The International Decade*, Routledge, 2017. は、国際的自由主義に対抗するものとしてグローバル・コミュニズムと日本を含むグローバル・ファシズムを掲げている。他にも、Julia Adeney Thomas and Geoff Eley(eds), *Visualizing Fascism: The Twentieth-Century Rise of the Global Right*, (Duke University Press, 2020) や、Daniel Hedinger, "Universal Fascism and Its Global Legacy: Italy's and Japan's Entangled History in the Early 1930s", Journal of Comparative Fascist Studies 2, 2013. などがある。ヨーロッパにおけるファシズムのトランスナショナルな広がりについて論じたものに板橋拓己「ヨーロッパにおけるファシズムの浸透と競合」(細谷雄一編『世界史としての「大東亜戦争」』ＰＨＰ新書、二〇二二年)などがある。

総力戦とは何だったのか

目次

第2章 日本海軍における南進論と対米戦論の起源——日露戦争後から第一次世界大戦期までを中心に——奈良岡聰智 033

第9章 日本とファシズム問題 一九一八〜一九四一年――クリストファー・W・A・スピルマン 訳：藤井崇史 303

第I部

日本の総力戦

――第一次世界大戦の「学習」「対策」から「実践」へ

第1章

山県有朋の第一次世界大戦研究

小林道彦
KOBAYASHI Michihiko

はじめに

山県有朋は第一次世界大戦の戦況分析に熱心に取り組んでいた。晩年に秘書官を務めていた入江貫一（枢密院書記官）は、当時の様子を次のように回想している。

欧州大戦当時も戦況の攻究は実に熱心であつた。日々の報告に基いて地図に印をつけ、副官を参謀として自らヒンデンブルクとなり、マッケンゼンとなり、又はフォッシュ、ジョッフルとなつたやうな気で、毎日図上演習に熱中して居られた。此の勢で見ると、公（山県）自ら局に当たられた日清日露戦役の当時はどんなであつたかと、私はつくづく当時の公の顔色を想像してみた事があつた[1]。

史料的制約もあって、今まで山県の「戦況攻究」について立ち入った検討はおこなわれてこなかった。小論では、当時山県の元帥副官を務めていた米村靖雄の日記[2]をおもに用いて、その実態を政治外交史および政治思想史の文脈で分析し、山県と国家総動員構想との関連を解明していく。

米村は一八八二年(明治一五)一月に熊本に生まれた。一九〇三年一一月に陸軍士官学校を卒業(一五期)し、〇四年三月に少尉任官、歩兵第二三連隊附として日露戦争に出征した。〇五年六月に中尉に任官し、熊本陸軍地方幼年学校生徒監を経て、再び歩兵第二三連隊附となり、〇九年一二月、参謀本部附となった。一九一二年五月に大尉任官、歩兵第二三連隊中隊長を経て、一九一三年(大正二)八月、参謀本部副官に任ぜられた。一九一六年五月に元帥副官となり、一九年四月に少佐として歩兵第一連隊に転出するまで山県に仕えた。一九二五年二月、四三歳で没している[3]。

見ての通り、米村には陸軍省での軍政経験は皆無である。一方、日露戦争には青年士官として出征しており、隊附勤務や参謀本部での実務経験は豊富だった。また、ドイツ語に堪能でドイツの哲学書を繙くのを日課としており、特にフィヒテに心酔していた。

米村は元帥副官として参謀本部で軍事情報の収集に努め、新椿山荘(五番町)や古稀庵・無鄰菴(小田原・京都)などでの「図上演習」の準備に余念がなかった。また、山県の指示に基づいてドイツ語文献の翻訳にも従事していた。山県は貞子夫人と昼食をとっていたが、米村が同席するケースも少なくなかった。ちなみに、米村の生年は山県の次女松子(一八七八年生まれ、後の船越光之丞夫人)と三女信子(八四年生まれ、早逝)の中間に位置しており(八二年生まれ)、山県から見ればまさに息子世代である。そんなこともあってか、両者の関係は比較的良好だった。

小論は一九一六年五月から稿を起こすが、一九一七年の日記は『米村靖雄関係文書目録』には見当たらないので(一九一六年一月一日～二二年一二月一四日分収録の「一二二 日記」にも該当記事なし。「手帳」などに記入されている可能性はある)、今回は一六・一八年に分析を限定する。お含み置きいただきたい。

1 「縦令《たとい》独逸滅亡するも吾人範を独逸に取らざるべからず」——一九一六年・ヴェルダン要塞攻防戦

一九一六年(大正五)、フランス戦線ではヴェルダン要塞攻防戦がたけなわであった。二月に始まったドイツ軍の攻勢によって、二五日には外郭部のドォーモン堡塁が落ちたが、その後は一進一退の攻防戦が続いた。山県の関心は当然この戦いに集中する。

五月一〇日、山県は米村に三〇四高地を奪取したとのドイツ軍公報の真偽を確認することを求め[4]、さらに続けて次のように述べている。

閣下〔山県〕は独逸側の報告と仏国側の報告にやや附合せさる所あるも独逸側の報告の信用を置くへきを認められ、且つ独帝が講和に尽力依頼を西班牙〔スペイン〕方面に申込めりとの電報と照合して益其信なるべきを申されたり。

之に関連して軍事上独逸の優勢を称せられ、□我陸軍建設の際、仏国信者三浦将軍〔三浦梧楼〕等と対立して大に苦心されたる事、二十七八年迄□陸軍の基礎固まらずして危険なりしこと、藩を廃し置県兵制改革の際に西郷翁〔西郷隆盛〕と折衝苦心されたる談〔親兵を設くるに際し、閣下は西郷翁に一度親兵となりたる上は薩州公国家に弓を引く事あらは、親兵は之に対敵すへきことの条件を出して念を押されたるに、西郷翁も之に同意して□に部下に説諭されたるもの、如しと〕。

及近年我国の風潮が拝金的に文弱に流れ、個人を第一とし国家を第二とする風ある事、梅沢師団長〔道治。もと第六師団長〕が部下将校が心中したるに付き進退伺を出されたるとき、陛下の御諮詢を受けたるとき等の談をなし浩嘆されたり(「米村日記」一九一六年五月一〇日。適宜改行し、濁点・句読点を付けた。以下同断)。

当時、山県は「独逸の優勢」を唱えていたが、この記事などはその好例であり、明治初年の建軍期にまでさかのぼって、ドイツ軍制に範をとった自らの先見性を誇っている。

米村はこれに対し、「ウエルダンとの中間に標高一層大なる高地ある故大勢に大した影響なし」と述べ、ドイツ軍の攻勢の限界とフランス軍の抵抗について冷静に評価している。だが、山県はそれには納得しなかったらしく、新聞で報道されている「独逸軍の損害数の余に多大なるを怪し」んで、米村に反問している(「米村日記」一九一六年五月一二日)。

この頃、山県は『日本征服』なるドイツ語文献の「通読」を米村に命じており、同書は日本を過大評価しているとして「為政者此頃議会と愚衆の意を向ふるのみに没頭し、確固たる国是を一直線に前進せざるを以て、日露戦役後日本が達し得たるは朝鮮併合の外、果たして何物ありや。之をしも独逸をして我に対する警鐘を鳴らさしむるに足るか、嗚呼」と慨嘆している(「米村日記」一九一六年五月二四日)。

要は日露戦後の治績で評価すべきは「朝鮮併合」だけであり、ドイツ人は日本を買い被っているというもので、山県の日本批判はドイツ賛美と表裏一体であった。山県は第二次大隈重信内閣の中国政策を非難して次のように続ける。

現今の此弊は教育の弊なり。独逸兵式体操を瑞典〔スウェーデン〕式となすの如き然り。仏国流不可、英国流不可なり。大に独逸式にせざるべからず。縦令独逸滅亡するも吾人範を独逸に取らざるべからず。

さらに山県は言う。「国家の強きを冀《ねが》ふば官僚政体ならざるべからず。目下局長は議会の答弁にのみ腐心し、輿論を恐るるとはいへ軍隊が二十分間の駈歩に兵児垂るる様にては困ったものなり。果しあひが法律にて禁ぜられたるが、何か独逸式の決闘の様のものなきか。当今廉恥心衰ふ。恥を知らずなれば、国は滅ぶものなることを信ず。官吏等も漸次拝金に傾く。官吏の清廉なりし普国〔プロイセン〕建国の当時を追慕し、三嘆せずんばあらず」(「米村日記」一九一六年五月二四日)。

山県のドイツ賛美は止まるところを知らず、ドイツの大学で盛んな「決闘文化」にまで称賛は及んでいる。そして返す刀で桂太郎の「大失策」を非難するが、これは英国流の政党政治に対する非難でもあった。

当時、山県はエミール・ライヒ著、内田魯庵訳『独逸の誇大妄想』(博文館、一九一五年)に目を通していたが、書名からも明らかなように、同書はビスマルク流の「鉄血政策」の破綻を宣告し、「新らしい文明の曙光が軈《やが》て戦雲を排して耀《かがや》くであらう」と結論付ける、いわば「反ドイツ的な」書物であった。

当然、山県は強く反発する。同書の本文欄外に、山県は朱筆で次のように書き込んでいる。「著者ハ親英者ナルガ故ニ英国ノ永年ノ悪辣ナル手段ヲ発見セズ。唯独乙ノミ野心ヲ抱蔵セリトナス。新進気鋭ノ国ハ皆独乙ノ如キモノナリ」と[5]。

同盟国の英国の「悪辣」さを非難する一方で、山県は、ドイツ国軍とドイツ社会の堅牢性に対してはほとんど信仰に近い確信をもっていた。

予が独逸に初めて遊びしは普仏戦争の起るべかりし年〔一八七〇〕の春なりき。独逸の徴兵令は如何にも岩壁の内に崛起せる樹木の如きを直感したりしが□にて、翻訳物にて研究し観察の過らざりしを自覚したり。

始めて徴兵令を研究せしは未だ廃藩置県の前なりし。諸国大名の下にある軍隊を其侭若干改造して基礎を作らんとせしなり。此の案には大西郷も同意し議立つるに成りたり（「米村日記」一九一八年五月二四日）。

山県が議会政治を嫌悪していたことは今までの引用からも容易に伺えるが、彼のドイツ贔屓はその政党評価にまで影を落としている。周知のように、世界大戦が勃発するやドイツでは社会民主党（ＳＰＤ）も戦争遂行に協力した。いわゆる「城内平和」である。山県はそれに関連して次のように書き込んでいる。

独逸ニ於テハ極左党スラ帝国主義的色彩アリ。独逸議院ハ極端ナル要求ヲナスコトナシ。独逸皇帝ノ背後ニハ盤石ノ如キ軍隊アルヲ忘ルベカラズ[6]。

とはいえ、山県がドイツ社会民主党に信頼感を抱いていたわけではない。戦争中の貸しを返せとばかり、平和克復後に社会主義勢力は無理難題を要求してくるのではないか。国家総動員のツケが戦後における社会主義の台頭として回って来ることを山県は警戒している[7]。

この頃、山県は『独逸の潜勢力』なる翻訳本を読んでおり、「英人の独逸の真価実力を知らざること此の書に歴然たり」との読後感を述べ（「米村日記」一九一六年五月二六日）、翌日にはさらに詳細な感想を語っている。以下、山県の発言部分を引用していこう。

二《ママ》、閣下（山県）之に於て曰はく。

一、英人には経済上の件に就ては二十年前既に独逸の強味を知りありたるが如し。予（山県）は翻訳物にて英人の報告を見しとき、此著書は恐くは伯林の地下二三尺までは眼光徹せりと覚えたり。

二、英人は独逸の国家組織と軍隊の強味を知らざりき。況んや英国に留学し主として知識の□を英書に取る我国の多数の人士に於ておや。独逸の真価を知らざるは尤ものことなり。予は独軍は必ずや巴里の附近まで侵入すべきことを加藤外相に警告せしこともありき。果して此の如くなりき。英国は開戦十一月にして更に来年四月にあらざれば充分の準備出来ずとして策案研究せりといふ。果して夫れ迄敵が許すや否や。

三、フレデリッキ大王が金力より功績者に名誉を与へたるは大に明君の明君たる所にして、予が平素主唱する所と偶然一致し居るにあらずや（此の件は閣下より数回聞けり）。

四、我憲法は普国に例をとりたとも運用の人意志弱く駄目なり。之に於て予〔米村〕は普国憲法に例をとりたるは大に賢明なる仕方なりとて独人が称したるを記憶す。只運用する人、英国流に学ぶを遺憾なりと成すと述べたり。

五、之に於て閣下〔山県〕曰く。

近来大隈も勤王家となつたものの如く、自ら廟堂に立てばやはり本に立ち帰るなり。数年前大隈が先帝陛下の御製の歌を国民読本に掲げたるを見て、君も此の頃勤王家になりたるかと揶揄せしに大隈も苦笑したり。

…〔中略〕

六、閣下より独逸の潜勢力を上原閣下〔上原勇作〕の御目に懸くべく命ぜらる。

（「米村日記」一九一六年五月二七日）。

山県は対独参戦時（一九一四年八月二三日）から、大戦の帰趨についてドイツ勝利の可能性は高いと考えており、ドイツ軍は必ずパリ近郊にまで到達すべしと主張して、加藤高明外相らの即時参戦論を牽制している[8]。山県の予見はある程度は当たったが、「マルヌの奇跡」（一九一四年九月）もあって、ドイツ軍は短期決戦＝パリ攻略には失敗した。だが、山県はそれには触れずに、ここでも自らの「先見の明」を誇っている。ドイツ留学の経験のない者に「独逸の真価」とりわけ、「独逸の国家組織と軍隊の強味」など分かるはずもないというのである。

彼はこの時点でもドイツ勝利の可能性は高いと考えていた。五月三〇日、米村から戦況報告を聴取した山県は、「ヴェルダンは最後には陥ることなきや。伊太利も大敗戦に塗ることなきや、此の如きことなきを願ふといへとも、若しならば如何。独逸が白耳義〔ベルギー〕を英国の懇請によりて還へすとして、其代償として殖民地の返還を要求せば如何」と述べている(「米村日記」一九一六年五月三〇日)。

山県の親独主義は反英的気分と表裏一体であった。『独逸の潜勢力』が「痛快」なのは、英国人がドイツの強さを認めざるを得なかった点にある。山県はそう述べている(「米村日記」一九一六年六月二〇日)。

もっとも、ふと我に返れば日本はドイツとは交戦状態にあり、ドイツの勝利は日本にとって望ましいことではなかった。山県は自己の親独イデオロギーと現実の国際政治との板挟みになっており、そのストレスは対独宣戦に踏み切った第二次大隈重信内閣や加藤に対する憤懣や怒りとなって爆発する。

山県に言わせれば、帝国憲法を「英国式」に解釈して政党内閣を容認したことは誤りであり、今や「独逸人所か英国人も日本の政情には驚き居れり。曾て桂内閣の際、尾崎行雄〔衆議院議員、政友会〕が桂公に対する人身攻撃の如き」は英国人ですら大いに訝しんでいる。山県はこう述べ、「亜米利加式には閉口なり」としている(「米村日記」一九一六年七月五日)。

ここで言う「人身攻撃」とは、「玉座を以て胸壁と為し、詔勅を以て弾丸に代へ」という尾崎畢生の名演説(一九一三年二月五日、第三〇帝国議会)のことだろう。あれほど罵倒していた桂太郎ですら、ここではアメリカ式大衆政治家の犠牲者として扱われているのである。山県のアメリカ嫌悪の強さが窺われる。

さて、山県の期待的予想に反してヴェルダンは持ち堪えた。一〇月二四日、フランス軍はドォーモン堡塁を奪還し、ドイツ軍を押し返した[9]。一連の戦いでドイツ軍は四三万四〇〇〇人という損害を被り、フランス軍のそれは五四万二〇〇〇人に及んだ。

はるか西方のソンムでは、英仏連合軍がドイツ軍に大攻勢をしかけていた(一九一六年七月一日)。だが、攻勢初日に英軍は大損害を被り、新兵器の戦車も投入されたが所期の目的を達成することはできなかった。戦いは凄惨な消耗戦の様相を呈した[10]。

こうした戦況もあってか、米村日記ではヴェルダンの戦いが始まった頃に見られたような、ドイツ勝利に対する山県の確信的発言は一刻蔭を潜めている。参謀本部内ではスイス経由でドイツの国力の疲弊や「独逸の皇室の没落」などの情報も入ってはきていた。だが、今一つ確証が得られないとの理由により、それは山県のもとには上げられていない(「米村日記」一九一六年九月一五日)。

さて、この後一九一七年(大正六)にはアメリカの対独宣戦布告(四月六日)やロシア革命(三月、露暦二月革命とニコライ二世の退位。一一月、同一〇月社会主義革命)という世界史的な大事件が起こるのだが、それらについては後日を期すこととし、小論は一九一八年の考察に移る。

2 「英国もとても勝つ見込はなかるべし」──一九一八年三月、ブレスト・リトフスク条約

一九一八年三月三日、独露間にブレスト・リトフスク講和条約が成立した。この時までにドイツ軍はロシア領内深く侵攻しており、レーニン率いるボルシェヴィキ政権はドイツとの単独講和に踏み切った。その結果、ロシアは帝国の外郭部分(フィンランド、バルト諸国、ポーランド、ウクライナ、白ロシア)を失った。

山県の心中には、再びドイツ勝利への確信が燃えさかった。「英国の外務大臣〔当時はバルフォア〕の如きは征略のみありて戦略なく」、「露国をとうとうか〔駆〕りて独の掌中に陥れたる事」になった。そして、英国の対露干渉

政策に言及してさらに続ける。

日本の外務大臣は露国の俘虜が敵国よりかへり来り、之を武装して吾に向ふことあり得ることを存し居りしやと。とにも角にも一年位戦争して苦み、玉を磨くもか〔可〕ならん。されと戦後の跡始末は富国の英米の退兵後は出来さることを覚悟せさるべからず。

英国もとても勝つ見込はなかるべく、えーかげんにやめてもよからんにと（「米村日記」一九一八年三月五日）。

この晩、山県は上機嫌であった。「日本の戦争気分なき只今日、芸妓を伴ひ□地に遊ぶ一連と〔東海道線で〕同車」したことに憤る米村に対して、山県は「耽溺はあしけれと、ときには芸妓も聘すべく酒も飲むべし、始終雪隠に屈み居るわけにはゆかざるべし」と応じ、「君は本日は大へんおとなし」、手酌でも構わないから「遠慮なく飲みてくるれは見ても気持ちよし」と続けている（「米村日記」一九一八年三月五日）。

山県にとって対露干渉政策は、敗北の淵に臨んだ英国の姦策に日本が嵌ることを意味していた〔11〕。シベリアへの出兵は対露独全面戦争にエスカレートし、その経済的負担に耐えられない日本は、必然的にデモクラシーの「本尊」たるアメリカへの経済的依存を強めるだろう。それなら、ドイツと単独講和を結んだ方が、我が国体を保全できるのではないか。

食事中元帥は、米人が日本人に告ぐなる論文に米国は世界を民主化せんとする意気込あるを慨せられ、之なら独逸と単独講話〔講和〕する方か我国成立上至当かも知れす。独逸の国家成立の主義は我国に近し。故に〔「独逸の国家成立…」以下は欄外の書き込み。「と単独講話」と傍線で結ばれているので、文章の繋がり方には再考の余地もある―筆者〕余りいへは世間にて独探視せらるる故、公言する訳に行かされと、事実を如何せんと仰せらる。

予〔米村〕は答へて曰はく。亜米利加が世界を民主化して己れ其の本尊たらんとす、此の次の戦争は各国戦争の目的を異にするか、あまり戦争の目的を国家成立の主義の差異上の問題にありとせば、始めより角力を取り直さざるべからずと。

閣下の一言は内外に反響大なればあまり露骨に御言表なきも□□と述べしに、元帥は遮きつて〔予が暗に忠言的に諷すると思はれたるならん〕、されど実際ではなきかと。予は応へて曰はく、さなり、年少の論客が例へばやまと新聞に日英独《ママ》盟破棄論を唱ふる等無理からぬ事なりと申せしに閣下は頷かれたり（「米村日記」一九一八年三月一三日）。

山県は世上流布している日英同盟破棄論にも理解と共感を示していたのであった。山県の本音は明白に「反英米」であり、彼はドイツの「帝国主義」への賛辞さえ惜しまなかった。

〔山県は〕独逸皇帝にkurland〔クーアラント〕ノ王冠を捧げんとする記事[12]を読まれ、流石独逸流なりとて嘆せらる。予〔米村〕は独逸皇帝は露を敗滅さする為めには社会党を利用し、一度Baltick〔Ba tic〕沿岸自己の勢力下に入るや社会主義者を圧迫す。誠に帝国主義一貫せりと述べしに、元帥は敵ながらも天晴なりと嘆せらる（「米村日記」一九一八年三月一九日）。

クーアラント〔現在のリトアニア北部からラトビアにかけてのバルト海沿岸地域〕に対してドイツは領土的野心をあからさまに示しており、ドイツ軍による占領はクーアラント併合への第一歩であった。

一九一八年三月二一日、ドイツ軍は西部戦線で乾坤一擲の大攻勢に打って出た。いわゆる「ミヒャエル攻勢」である[13]。その第一報が届いた時の山県の反応はきわめて興味深い。

……西方戦場独軍攻撃開始せるものの如し。出務後帰□〔宅カ〕、又元帥邸に行く。西方戦場の報告を齎す。元帥喜ばる（「米村日記」一九一八年三月二五日）。

簡潔な記事なので解釈の余地はあるが、どうやら山県はドイツ軍の西部戦線での大攻勢に喜びを禁じ得なかったようである。三月二七日、米村は「西方戦場英軍退却の報あり」と報告している（「米村日記」一九一八年三月二七日）。

山県の上機嫌は続いていた。興が乗れば懐旧談を物語ってやまなかった。夕食後に米村を書斎に招いて、手ずからコーヒーを淹れて振舞ったこともあった。米村はこの破格の待遇に痛く感動している（「米村日記」一九一八年四月一日）。

四月九日、ドイツ軍のゲオルゲット攻勢が開始された。西方攻勢の第二弾である。一四日は日曜日であったが、米村は元帥邸に伺候して、「西方戦場の情況Bailleul及Merville〔バイユール、メルヴィル〕を独軍が占領せる件〔を〕報告」した。「元帥は此の報告をきき大に憂慮せられ、昨日参内の時も観桜会などは御やめになるわけにも行きますまいと申上げ置きしに、今日の新聞を見れば御取やめとあり、新聞沙汰にせずに御止めを欲しかりしにと仰せら」れた。観桜会を開いている場合ではないというのである。

ドイツが戦勝国となったならば、日本はきわめて難しい立場に置かれるだろう。山県の対英不信は一層強まった。「英国は大政治家なく方針一定せず。英国の尻馬に乗りて進まば飛んだ目に遭ふべし。之予が昨冬以来想像せし所なり。今や果して然りと」（「米村日記」一九一八年四月二一日）。英仏は「過激派政府」を承認するのではないか。山県はそんなことまで危惧している（同四月二四日）。

この頃から「米村日記」にはシベリア関係の記事が散見されるようになる（四月一九・二五日）。とりわけ、四月二六日の記事は圧巻である。やや長いが引用しておく。

…正午元帥と午餐を共にす。…食後更に戦況を報告す〔反過激軍は一時独と手を握りレニンを倒ほし、第二次に独と断つといふ手段を取らざるべからずとの意見なるか如し〕。

セメノフ〔セミョーノフ〕は失敗に終るべし[14]。英国の態度は定まらざる。日本か之に尾して進まんか飛んでもなき破目に陥るべし。日本の出兵問題にて我一人露国の感情を害せるのみに得る所なかりし。出兵問題に就ても外務大臣〔本野一郎、四月二三日から後藤新平〕などは二、三個師団出せば容易に片つくと思ひあり。其の覚悟徹底的ならず。大蔵大臣〔勝田主計〕も七、八億の金は出来るといふが、戦争永引けば如何にするかと反問すれば忽ち返答に急〔窮〕す。陸軍大臣〔大島健一〕も、十九個師団の出師準備は受け会〔合〕なりといふも十九師団にて足れりや。□□を要することを覚悟せざるべからす。況んや十九師団以上軍需材料は果して如何。毒瓦斯其他の新式武器に充分欠くる所なきや。其の研究徹底的ならず。此の如き故、米国の補助は実際に必要なるなり。此の点の研究充分ならずと仰せらる。予〔山県〕が日露戦争に臨むや、多年の準備の後に於てせり。

予〔米村〕は日清日露戦争の際は小〔子〕供心にて国家の安危に拘はる大事件と思ひし。青島戦の際は実に無雑〔造〕作なりし様に思はると述べしに、元帥曰はく、之大隈と加藤の罪なり。加藤の如きは独逸は雑〔造〕作なく屈服すると思ひしか如く、予は独逸の強味を知る。されと之を口外せんか親独主義者の如く誤解されんことを恐れ、理論を以て此の如き戦争は急ぐ必要なく、政略戦略の継目に対して大なる顧慮を要せざるか故に、先づ独逸艦艇の武装解除の如き穏和なる条件を以て臨むべし、宣戦の詔勅の如きを発せらるる必要なからんとの意見を述べもしたり。

□□て東洋を如何。唐紹儀[15]にもいへり。東洋は東洋人にて守らざるべからす。之れか為めには日支共同せざるべからず。各一に立つを得すは哲人は終に吾身を海に投するに至らん。

数年前孫文来りて曰はく日本は武力により膨脹せりと。予は氏の観察を否定して曰はく、後の結果より見れば或は然らん。然れども日露戦争の際に膨脹等の意図は少しも無かりき。此の侭ならんか遠き未来を待たずして清韓亡び、終に日本も附庸の国となるの形勢明瞭となりたる故、寧ろ花と散り玉と砕けんと思ひて戦ひたり。満洲の大地云々などの眼中にあらんや。問題は東洋と我との自存にありしなりと答へたり。唐君も或は之を聞きしにならん云々と。支那の現状は誠に困りたるものなり。どーせー今一度兵を動かさずに済めば結構なり。西比利亜は第二なり。支那の問題か第一なり。

当時すでに対露武力干渉の可否が議論されていたが、山県はそれには慎重であった。彼は出兵が対露独全面戦争にエスカレートすることを危惧しており、たとえ一九個師団を派兵することになったとしても、膨大な軍需材料の調達や毒ガスなどの新兵器の準備などは甚だ覚束なく、その場合、アメリカに援助を仰ぐことになるのではないかと危惧していた。

そして、加藤高明の拙速な参戦外交を非難し、ドイツ艦艇の武装解除など段階的な措置を講ずればよかったとの持論を述べている。宣戦布告など必要なかったというのである。

山県が孫文との会談の内容を物語っていることも興味深い。山県・孫文会談がいつおこなわれたのか、正確な日付は不明だが、ここでも山県は持論の「日支協調」論を開陳している。また、山県がシベリアよりも中国情勢の安定を重視していたことが窺える。それは間もなく「国防方針改訂に関する意見書」(一九一八年六月)として具体化されている。

山県・孫文会談については、『萬象録』(高橋箒庵日記)[16]一九一七年一二月一七日によっても裏付けられる。

この日、山県は「袁世凱の幕僚」梁士詒と会談し、中国の一刻も早い統一を望む旨を切言した。そして、数年前に孫文と会談した時、英国は経済で発展したが日本は武力で発展したと非難されたので、自分〔山県〕はこれに強く反駁したと回想している。日本は「自国の安危、東洋の安危を双肩に荷ひて萬々已むを得ずして」立ち上がったのである。日支は「同舟相救ふの位置に立つ者」であり、自分は「支那の政局が帝政にてあれ共和国にてあれ、其辺は更に頓着する所」ではなく、「曩に袁世凱の実権を握るや、自分は袁世凱と手を握りて共に両国の親和を謀り、又両国の発展を講ぜんと思ひたるなり」。山県は孫文に面と向かってそう断言したと述べている。

とはいえ、山県は無論満洲権益放棄論者ではない。「満洲は日本人の増加する場合に唯一の発展場所で国家命脈の繋がる所」であるから、場合によっては武力を行使することも辞すべきではないという。山県は「過剰人口」の排出先として満洲を位置付けていた（『萬象録』一九一五年五月一四日）。これは、景気が回復すれば農村過剰人口は日本国内の都市部に吸収されるだろうとする、原敬の工業化論とは対照的な意見である[17]。

話を元に戻せば、「米村日記」（一九一八年四月二六日）は『萬象録』（同四月二四日）とも符合している。四月二四日、高橋は山県から「過日」来朝した唐紹儀との会見顛末を聞いている。『欧州戦争が如何に終局するとも今後世界外交の焼点となる者は支那」であり、「支那の破滅は即ち日本の破滅」である。まず、支那国内の秩序の回復が先決であろう。山県はここでも「南北調和」の急務を論じている。

山県はシベリア出兵が対露独全面戦争に転化することを危惧しており、その場合には「文明戦争の利器たる飛行機、自働車其他銃砲、糧食等の用意を為さざる可からず。而して此戦争が仮に三年間も続くものと計算して日本は果して能く之に堪ふべきや否や、米国は果して日本に必要なる軍需品を供給し呉れ《ママ》べきや」と述べている。

そして、米不足による米価高騰、つまり食糧確保の問題や「年々頽廃し行く国内の風紀を維持して臥薪嘗胆、持久の戦争に堪ふる程の勇気を継続せしむる事」ができるかどうかを憂慮していた。これを換言すれば、日本の現状では国家総動員は不可能だということである。

山県はさらに続けて言う、英国はアメリカから「百萬の大兵」が到着するのを恃んでいるようだが、ロシアの後援を得たドイツの堅塁を抜くことはきわめて困難だろう。また、英国の海上封鎖も独露提携によってほとんど無効に帰すだろう。

山県は寺内正毅内閣や参謀本部の早期出兵論には強く反対していた。出兵が本格的全面戦争にエスカレートした場合、アメリカによる対日軍需品援助は必要不可欠となる。山県にとって、それは事実上腹背に敵を受けることを意味した。この場合の「敵」とは、露独とアメリカである（以上、『萬象録』一九一八年四月二四日）[18]。

3 「此の如くして真面目の戦争出来得べけんや」——一九一八年六月、大軍拡論の鼓吹

「米村日記」にはこの頃から山県の身辺雑事的な記事が多くなっていく。それは山県が京都無鄰菴への長期滞在（〜五月一二日）を始めたこともあったが、米村やその家族に病気・入院が続いていたことも微妙に影を落としていたようだ。

ただし、五月一〇日の記事はきわめて興味深い。記事それ自体は「元帥に戦況報告。元帥より招かれてArhangelisk〔Arkhangel'sk〕の説明を為す」というものにすぎないが、アルハンゲリスクこそは日本陸軍のウラル出兵構想に登場する地名なのである。

一〇月革命以前から、荒木貞夫らロシア駐在武官はロシア帝国崩壊の予兆を感じており、それを防ぐために日本陸軍をムルマンスク、アルハンゲリスク経由で欧露に派遣し、ウラル山脈を「左翼にして大きな転回」をするという出兵論を練っていた。アルハンゲリスクには「米国を主とする連合軍の海路基地があるから万一の場合でも安全である」というのである[19]。そして、このウラル（あるいは欧露）出兵構想はこの後もなんども参謀本部内で検討されている。「東欧新戦線構成に関する研究」（一九一八年九月）などはその一例である[20]。

この時の米村の報告もこうした動きと何らかの関係があるように思われるが、残念ながらこれ以上は憶測の域を得ない。

五月二七日、ドイツ軍の西方第三次攻勢が始まった(ブリュッヒャー・ヨルク攻勢)。翌二八〜二九日にかけて、アメリカ軍第一歩兵師団がついに実戦に参加した。アメリカの参戦はドイツの敗北を決定的なものとしたが、当時の日本では必ずしもそうは考えられていなかった[21]。

それでは、寺内内閣の大戦への対応を山県はどう評価していたのだろうか。「米村日記」には次のようなくだりが見える。

予(米村)は政府か各省共臨時に調査機関を設けて欧州戦争の現常《ママ》を研究しつつあるを多とすと申し述べしに、元帥は否内閣の準備充分ならず軍部(□城材料)、内務(独探取締□□)、大蔵の戦時財政の計画、農商務、戦時食糧自給、逓信、電信電話、一として参戦に堪ゆべきものなし。当路の大臣に反問するに一言の答えなし。参謀本部も陸軍省も眠れり。此の如くして真面目の戦争出来得べけんや。之より参謀総長、大臣の準備着眼の未だ充分ならざるを評せらる(「米村日記」一九一八年六月四日)。

これは「政治的局外者」の放言と言われても仕方のない議論であろう。寺内内閣は対露独全面戦争の勃発という最悪事態を想定して各種シミュレーションに余念がなかった。また、この時までに軍需工業動員法を成立させて(一七年四月一七日公布)、民間企業に軍需生産への協力を求めていた。国家総動員への第一歩である[22]。後に寺内は「山県公の所論、往々実行に適せざるもの有り」と田健治郎にこぼしている(『田健治郎日記』一九一八年八月一七日[23])。

さて右の引用文に続いて、山県は「日露戦争前の苦辛□陛下への主戦論の奏上と責任の甘受、桂の一度間違へ辞表を呈出すと云ふも、予は之にて済まんと云へりとて、陛下に対し死を以て責任せられたる話」を述べ、「今や年老ひて自裁する手力なき」を嘆いている(「米村日記」一九一八年六月四日)。老人の回顧談の多くは一種の自慢話である。寺内がこれを聞かされたら、辟易しただろう。寺内と山県はこの後、国防方針の改訂をめぐって激しく衝突する。

一九一八年六月九日、ドイツ軍の第四次攻勢たるグナイゼナウ攻勢が始まった。だが、それはわずか四日後には停止された。この頃、米村は病臥しており(六月五日~八日)、山県の反応を窺い知ることはできない。米村が山県を訪ねたのは六月一〇日のことであった。そしてこの頃から、山県の陸軍軍備拡張案に関する記事が散見されるようになる(六月一二日)。

世界大戦は数々の新兵器を登場させたが、山県はそれらの研究にも熱心だった。

六月一七日、この日は早朝から雨が降っており、米村は「本日の特殊兵器試験視察は思ひ止まられんことを再度申せしも」、山県は五番町の自宅から千葉県下志津原の演習場へ向かった。そして、「飛行機射撃砲」や毒ガス防毒面、迫撃砲などを実見し、午後からは「狙撃砲」や「特殊兵器を以てする陣地攻撃、火焔発射器」などを検分している。この時は準備ができていなかったが、山県は後日、青山練兵場で戦車の運動性能を視察し、自ら停止中の戦車に乗り込んでいる(一一月)。彼は新知識の吸収にきわめて貪欲であった(以上「米村日記」)。

ここで興味深いエピソードを紹介しておこう。六月二〇日、山県は霞が関離宮にて、訪日中の英国コノート殿下からG・C・M・G勲章を授与されている[24]。「此の日朝、元帥は(コノート殿下の)引見式には欠席したき意図にて御断り方を命せられしも、予(米村)は念の為め接伴委員に内情をききて勲章授与の予定なるを知り、之を元帥に報告して元帥は出席さるることと」なったのであった(「米村日記」一九一八年六月二〇日)。英国に対する微妙な距離感が山県の態度から滲み出ている。

この頃、帝国国防方針の改訂作業もいよいよ大詰めを迎えており、山県は陸軍元帥として積極的に関与している。否、それどころか自らその主導権を握ろうとしていた。山県は「寺内首相以下を鞭撻」すべく、米村を島村速雄軍令部長や上原勇作参謀総長の下に派遣している(「米村日記」一九一八年六月二二日・二三日 二四日)。途中、山県が関係書類を紛失し、一同青ざめたこともあったが、ほどなくして「元帥の手許の重要書類の支那鞄」の中から米村によって発見されている(「米村日記」一九一八年七月二日)。

さて、一九一八年七月の「国防方針」補修については以前詳細に論じているので、ここではその概略を述べるに止める[25]。問題は山県の軍備拡張目標があまりに過大だったことにあった。

山県は、日本陸軍は「支那全土」を防衛するにたる軍備を持たねばならないとして、大陸作戦に適合した軍団制の導入を強硬に主張し、その結果、所要兵力量は戦時四一個・平時二〇個軍団にまで膨れ上がった。従来の師団編制に換算すれば、戦時六一・五個、平時三三個師団に相当する兵力量である。一九〇七年の「帝国国防方針」に掲げられた戦時五〇個、平時二五個師団に比べれば、その膨張ぶりは一目瞭然である[26]。

山県の陸軍大軍拡論は陸軍内部でも突出しており、規模こそ異なるものの、同様の発想は早くも日露戦後から見られる(平時三三~三四個師団×一・五倍動員論)。それは日本の兵器生産能力を事実上無視した議論であり、後に陸軍省は戦時四〇個師団という兵力量ですら効果的運用はできないと判定している[27]。

寺内内閣の施策、とりわけ軍備拡張計画を酷評した山県ではあるが、その大軍拡論は国家総動員の実情からは乖離していた。おそらく山県は欧州大戦での大量人員殺傷に戦慄を覚え、それに即自的に対応しようとしたのであろう[28]。

だが、国力不相応な軍備は到底維持できるものではない。山県も主張していたように新兵器の導入は急務だったが、それならなおさら軍備の量的拡大は抑制されるべきであった。つまり、「支那全土の防衛」といった茫漠たる大陸空間を想定した軍拡計画それ自体を見直す必要があった。だが、山県はもとより陸軍省部にも「利益線」そのものの後退ないし縮小という考えはなかった。むしろ、参謀本部のウラル出兵論に見られるような、かつてのドイツの「世界政策」を彷彿とさせるグローバルな出兵構想が練られていたのである。

この間、ドイツ軍の西方攻勢も衰えていった。アメリカ軍は続々と西部戦線に投入されており、高橋はその日記に「独逸が此上損害を顧みず乾坤一擲の大攻撃を〔西部戦線で〕試むるや否やは疑問と云ふべし」(『萬象録』一九一八年七月一一日)と記している。

4 「独逸の帝制破れるとは想ひ設けざりし」──一九一八年一一月

そしてついに、連合国側の反転攻勢が始まった。七月一八日、英仏軍はマルヌ突出部で作戦を開始し、八月四日までに幅五〇キロもの地域を奪還した。前例のない大戦果である。ドイツ軍の捕虜は二万五〇〇〇を数えたが、これは士気崩壊の予兆であった。高橋はその日記に西部戦線「形勢一変の兆候」あり、米軍の参戦によって独軍の攻勢は挫かれつつあると記している(『萬象録』一九一八年七月二一日)。

高橋箒庵は自ら「一介の茶人」と称していたが、その国際的感度には端倪すべからざるものがある。そして、戦争が決定的な転換点を迎えつつあることは、「ドイツ贔屓」の山県の目にももはや明らかであった。山県の戦況判断を米村が記録することはほぼなくなった。

極東情勢も大きく変化していた。七月八日、アメリカ・ウィルソン政権はチェコスロヴァキア兵の「救出」のため、日米同数七〇〇〇名の陸軍部隊をシベリア鉄道沿線に派遣することを打診してきたが、それは寺内内閣の出兵決断の呼び水となった。八月二日、寺内内閣はシベリア出兵を内外に宣言した。

八月八日、英仏連合軍はアミアン前面で攻勢を開始し、ドイツ軍は潰走状態に陥った。ヒンデンブルクのいう「ドイツ軍の暗黒の日」である。一方、日本国内では一大異変が突発した。米騒動である。

それは山県を戦慄せしめた。彼は暴動の背後に「成金者の豪奢に対する反感」があるのではないかと考えた。そして寺内内閣の施策、とりわけ「国防計画の杜撰」や「西比利亜出兵問題の不徹底」を、口をきわめて非難した（『田健治郎日記』一九一八年八月一五日）。寺内が辞意を固めたのはこの頃のことである（同八月一七日）。「国民に自制心なく、之が為め忽ち一揆暴動して数千の群衆人家を焼討するが如き」は「誠に痛嘆に堪へざる」ところであり、「若し此国民をして今日の中欧国〔独墺〕に居らしめば、果して彼の食糧制限の下に辛抱する事を得べきか」（『萬象録』一九一八年八月一四日）。高橋はそう述べている。日本と日本人は国家総動員には堪えられないというのである。

特に憂慮すべきは、現今の物価騰貴にともなう「下級将校の窮状」である。この頃導入された「准尉制度は下士以下の士卒を奮起」させるためのものだったが、それには「物質上の待遇」改善が伴わねばならない。山県と米村はそんな会話も交わしている（「米村日記」一九一八年七月二〇日）。山県は将校の待遇改善に一層意を砕いた。八月一九日の米村日記はつぎのように記している。

…元帥が将校給与問題に就て首相陸相〔寺内と大島〕に如何に鞭撻されしかをわき〔脇〕ながら承り、本年三月予等の作業の徒爾ならざりしことを痛切に感じ、又元帥の我陸軍を思はるるの篤きに感ず（日はく、軍人は少尉と雖、陛下直属といふ意味に於ては勅任官なり。ただ他との権衡上大佐以下を奏任となしたり。今次の予算編成を見るに刀筆の吏たる判任官は優遇せられ、□□動員あれば出征すべき将校は食糧を半減せらる。暴政も之に過ぐるものあらんやと）。首相も陸相も之れに返へす言葉もなかりしとぞ。又元帥の食糧調節策をきく。

シベリア出兵は最悪のタイミングでおこなわれた。物価高騰に見合うだけの給与を支給できなければ、食糧問題をきっかけに外征軍の士気は崩壊するかもしれない。山県に言わせれば、それに有効な手立てを講じていない寺内内閣の施政は「暴政」以外のなにものでもない。

八月二三日、山県は米村に「此の如く戦況出来たる後、午後一週間に三度来るへし」と命じている。だが、「米村日記」には具体的な戦況は記録されていない。親独主義者同士、山県も米村もドイツの頽勢に直面して言葉を失っていたのかもしれない。八月二五日、「我浦塩派遣隊の捷報」に接した米村は勇んで小田原に電話している。だが、山県からは「明日来れとの答」があったのみであった。

九月一七日午前一一時、山県は自動車で小田原を出発、午後三時に五番町の自宅に入った。二一日、寺内は辞意を表明し、二九日には原敬政友会内閣が成立した。

この間、西部戦線のドイツ軍は後退を続けていた[29]。そしてそれとともに、「図上演習」に対する山県の意欲も急速に衰えていった。九月二七日、戦況報告に赴いた米村に対して、風邪気味の山県は終始ソファに横たわり、「情報を地図に引き合はすることすら物うき如く、成るべく速に読むべく命せら」れた。翌二八日、山県は風邪を理由に米村との面談を断っている（以上「米村日記」）。

九月二九日、この日はドイツ帝国にとって運命の一日だった。ベルギー北部スパの大本営に謁見のため参上した参謀総長のヒンデンブルクと参謀次長のルーデンドルフは、「戦局はもはや絶望的であり、あとは連合国側に和を乞う以外にないと皇帝ヴィルヘルム二世に奏上した」[30]。

休戦・講和の申し出はヴィルヘルムの退位を意味する。現にそれは協商国側の休戦条件に含まれており、帝政を支える軍隊の士気も急速に崩壊していった。

一〇月一三日、米村は「元帥邸伺候。独逸皇帝退位の件」を山県に報告した（実際の退位は一一月九日）。この時の山県の反応は不明だが、翌一四日、「元帥は日本の将来国体の事に付て大に嘆息」し、一五日にも「独逸の帝政の没落と共に日本の将来を大に憂慮」している（以上「米村日記」）。

一一月三日、山県は訪日中のフランス陸軍軍人モーリス・ジャナンを五番町の自宅に招き（「米村日記」）、レーニンの人となりについて問い質している[31]。そして、そこから触発された危機感を高橋につぎのように語った。

最後に話が欧州戦局談に移ると、「公〔山県〕は額に八の字を寄せて頻りに憂慮の體を現はし、此戦争の結果が日本に取りて由々しき大事を生ぜざるやと懸念に堪えへ」ない旨物語った。「露国ウクライナ辺に駐屯したる独逸兵中には既にレニン主義が浸潤して、近頃兵卒が将校を殺害したりなど云う報道」がある。オーストリアはすでに「露国同様の運命に瀕したる者と見て可ならん」。レーニンは十年以内に「独逸全部を我が主義に化すべしと放言したる由なるが、或はさる危険なきにも限らず」（傍線引用者）。

一〇月末にはドイツ北部のキール軍港で水兵の反乱が始まっていた。山県はそれを信じたくなかったのだろうが（傍線部）、不安は募るばかりであった。シベリアに駐屯する日本兵がアメリカ兵との待遇の格差に衝撃を受け、それが不平の心となり、「レニン主義の黴菌が我軍隊中に蔓延するやうの事あらば…殆んど之を救済するの途なかるべし」（以上『萬象録』一九一八年一一月四日）。「中央〔中欧〕諸帝国内の紛糾に就て我国に精神的に感染せずや」（「米村日記」一九一八年一一月五日）。

一一月九日、ヴィルヘルム二世はついに退位した。この間すでにバイエルンには共和国が成立し（一一月七日）、ベルリンでは民衆の蜂起が始まっていた。山県が盤石だと考えていたドイツ帝国は土崩瓦解した。

山県の受けた衝撃は甚大であった。とくに、タンネンベルク会戦（一九一四年九月）の「英雄」たるヒンデンブルクがベルリンの「社会主義政府に忠順を表せし報告」は山県を痛く落胆させた（「米村日記」一九一八年一一月二〇日）。「独逸の帝制破れるとは想ひ設けざりし。人には曰はされとも之のみは確に不適当なりし」。帰京すれば連合軍の祝勝会があるだろうが、自分は一向に嬉しくない。山県は米村に密かにこう漏らしている（「米村日記」一九一八年一一月二一日）。それは、維新以来営々と築き上げられてきた山県の世界観、あるいは親独イデオロギーが崩壊した瞬間であった。彼の政治的自我も大きく押し揺るがされた。

そして、ある種の「精神的危機」に陥った山県は「明治大帝」の面影に縋った。一〇月三〇日の「米村日記」

の記事はきわめて印象的である。

元帥と昼食を共にす。元帥本朝明治大帝廟〔明治神宮〕に参詣して暫くの御暇を乞はれたり。元帥曰はく。先帝に拝謁に行きたりと。夫人曰はく神宮に拝謁とは?元帥曰はく、先帝の英姿をまさまざと何時も拝むなりと。殊に階段を降る時の如き、先帝の大演習に坂を上らるるときの姿を面のあたりに見るの感ありと。

参拝を終えて明治神宮の社殿を降りる時に、山県はそこに今は亡き明治天皇の「英姿」を見たのである。こうして山県は「国体」の保全を期して、大正天皇の「輔導」に力を注いでゆく。「中欧諸帝国」の二の舞を演じないように、自分は「陛下の徳を大ならしむる為」に苦心している。山県は米村にそう物語っている(「米村日記」一九一八年一一月五日)。

だが、それは宮中某重大事件という悲劇的事件の一つの伏線となっていく。

おわりに――「日英同盟を顧みて、我が邦外交の基本と為」す

一九一八年一二月一〇日、山県は五番町の邸宅に「談話会」を開いた。これは山県系文官官僚グループを中心とするメンバーによって構成されており、後藤新平や田中義一も招かれていた[32]。山県は「談話会開催主旨書」を全員に配布し、「世界大戦の結果、過激思想漸く内外民心に浸潤、大は則ち国体を傷め、小は則ち平和を破るの虞尠からざる真相を述べ」、各自に対策を提示することを求めた。そこでの議論の要目は概ね次の通りである。

一、軍人士気振粛、過激の気風に染まらざるを期す事。
一、社会的健全思想涵養の方法。
一、社会的経済界利導の方法。
一、国民食糧及び物価調節問題解決の方法[33]。

ドイツ革命の衝撃は右四項目に歴然と現れている。山県はこの会を定例化したいと考えていた模様である[34]。それまでの知的リソースでは対応できない新事態に直面して、山県は態勢の立て直しを模索していたのであった。彼はデモクラシーやボルシェヴィズムの青年層への浸透を強く恐れており、今こそ「国民的大精神」の涵養が必要だと説いてやまなかった。

その際、山県が参照しようとしたのは、一九一八年革命の嵐のなかで君主制を維持した英国、イタリア、ベルギーの経験であった[35]。日本に必要なのは「世界的思潮」への迎合などではなく、「欧米諸国が独露の君主制を排して、英伊白の君主制を保持する所以」を審らかにし、「英米が強力を使用して以て同盟罷業を鎮圧せる所以を明」らかにすることである。「英米に取らずして露支《ママ》に従はんとする」は日本の精神的国家的自滅に等しい[36]。

この時期の彼の意見書には、アメリカの台頭に対する強い警戒心が見て取れる。もちろん、山県は英国の中国政策に対する警戒心を解いたわけではない。しかしながら、予測困難なアメリカよりは英国の方がよほどマシであり、しかも、英国は立憲君主国なのである。一九二〇年八月、山県は田健次郎にこう述べている。「日英同盟を顧みて、我が邦外交の基本と為し、若し米国此の同盟を破る所を為す有れば、我が邦世界の表面に於て孤立し、第二独逸の苦境に陥る」(『田健治郎日記』一九二〇年八月二日)であろう[37]。

山県はアメリカが日英を離間し、日本が「第二のドイツ」となることを強く警戒していた。かつての「模範国ドイツ」は今や日本の反面教師に転落していた。そして、英国の再評価とともに、彼は日英同盟こそが外交の基軸であると説くようになった。山県が皇太子裕仁親王の渡欧(一九二一年)に積極的だった背景には、こうした事情もまた存在していたのである。

最晩年の山県は「明治大帝」の思い出を通して、「尊王」精神に一層の回帰を遂げていく。宮中某重大事件もそのきっかけとなった。一九二二年二月一日、大常備軍の建設にともなう軍隊の大衆化と普通選挙との関係、さらには国民の思想問題などについて自分なりの結論を出すことなく、山県はこの世を去っていった。彼は国家総動員という苛烈な戦争形態に内心戸惑っていたように思われる。

(二〇二四年五月一三日脱稿)

註

1——入江貫一『山県公のおもかげ』(偕行社編纂部、一九二二年)一二七頁。
2——国立国会図書館憲政資料室『米村靖雄関係文書』所収。
3——憲政資料室編『米村靖雄関係文書目録』のデータによる。
4——五月六日、ドイツ軍は三〇四高地を制圧(H・P・ウィルモット著、五百旗頭真・等松春夫監修、山崎正浩訳『第一次世界大戦の歴史大図鑑』創元社、二〇一四年、一四〇頁)。
5——小田原市立図書館所蔵「山県文庫」所収の山県旧蔵書にたいする山県本人のメモによる。
6——前掲「山県文庫」所収、白耳義外務大臣・前駐独公使男爵ベーエンス著、町田梓楼訳『独逸戦前ノ真相』(早稲田大学出版部、一九一六年)一五四頁以下に対する山県のメモ。山県は同書掲載の「社会党名士ヴォルフガンク・ハイネ氏の宣言」の該当箇所(一五四頁、「此の宣言は社会党の新方針を示すもので、明に強大なる独逸軍備の根拠たる帝国主義、中央大集権制、帝権、軍隊等を謳歌するものである」)に傍線を引いている。
7——前掲、ベーエンス『独逸戦前ノ真相』一五四頁の山県の傍線による。
8——日本の対独参戦について、詳しくは奈良岡聰智『対華二十一カ条要求とは何だったのか』(名古屋大学出版会、二〇一五年）第二・三章を参照のこと。

9——ドゥーモン要塞の奪還はフランス側の士気を束の間高揚させた。ジャン・ルノワール監督の映画『大いなる幻影』（一九三七年）にはそうした描写が見られる。

10——以上、前掲、ウィルモット『第一次世界大戦の歴史・大図鑑』一三八〜一四三、一五八〜一六七頁。

11——これより以前、ロシア駐在武官の荒木貞夫は東部戦線に「ありったけの砲兵を援助として送」り、その掩護に歩兵三個旅団を随伴させるという構想を練っており（軍司令官には山口勝中将を想定。出兵費用は二、三億から五億円）、それを軍中央に意見具申していた。「ありったけの砲兵」と言っても、その実態は「戦後時代おくれになる」旧式火砲三六〇〜三七〇門にすぎないという。要は日露同盟軍でドイツ軍の堅塁を突破し、協商国陣営の勝利に直接貢献しようというのである。荒木の回想によれば、「山県さんが怒るから君〔荒木〕の電報は殆ど山県さんには見せられなかった」という（松重充浩編注「口述記録シベリア出兵」瀧下彩子・矢野真太郎編『軍人荒木貞夫と戦前の日中関係——東洋文庫所蔵の口述記録』東洋文庫、二〇二四年、二五〜二七頁。なお、同書九〜二一頁所収の兎内勇津留「荒木貞夫とシベリア出兵」も参照のこと）。

12——一九一六年三月八日、「ドイツ系バルト人が絶対多数を占めていたクーアラントの『邦国評議会』は…ドイツ皇帝とプロイセン国王に対して彼と彼の後継者がクーアラント公の君主の地位を受理するように請願する決議文を可決した」（フリッツ・フィッシャー著、村瀬興雄監訳『世界強国への道II——ドイツの挑戦・一九一四‐一九一八年』岩波書店、一九八三年、四〇八頁）。

13——以下、一九一八年のドイツ軍西方攻勢については、前掲、ウィルモット『第一次世界大戦の歴史 大図鑑』二五二〜二五九、二六二〜二六七頁参照。

14——グリゴリー・ミハーイロヴィチ・セミョーノフ（一八九〇〜一九四六）。コサックの父をもつ。満州里を拠点に反革命軍を指揮。一九一八年一〜三月にチタに侵攻を企てたが失敗した（前掲、瀧下ほか編『軍人荒木貞夫と戦前の日中関係』五四頁）。

15——中華民国前総理。一九一八年三月二五日〜一一月一一日頃まで約七カ月間滞日（竜門社編『渋沢栄一伝記資料』第三八巻、渋沢栄一伝記資料刊行会、一九六一年、六二七〜六三〇頁）。

16——以下、『萬象録』はすべて思文閣出版、一九八八〜八九年（第五・六巻）によった。

17——拙稿「大陸政策と人口問題」（伊藤之雄・川田稔編著『環太平洋の国際秩序の模索と日本』山川出版社、一九九九年)。

18――荒木と山県の立論の違いは、荒木が露独を分離して考えていたのに対して、山県はほぼ一体視しており、また、出兵規模も著しく異なっていた。荒木は比較的小規模な軍事介入でもドイツ軍に相当な打撃を与えられると考えていた模様だが、山県はそれが対露独全面戦争に転化し、日本は準備不充分のまま「総動員」を強いられることを危惧していた。

19――前掲、瀧下ほか編『軍人荒木貞夫と戦前の日中関係』二八～二九頁。

20――拙著『近代日本と軍部――1868-1945』(講談社現代新書、二〇二〇年)三三九～三四八頁。

21――「連合軍の旗色甚だ悪」し(『萬象録』一九一八年五月三〇日)。

22――森靖夫『「国家総動員」の時代――比較の視座から』(名古屋大学出版会、二〇二〇年)一七一～一八四頁。

23――尚友倶楽部・広瀬順皓編『田健治郎日記』4(芙蓉書房出版、二〇一四年)。以下、同日記はすべて芙蓉書房版によった。

24――聖マイケル・聖ジョージ第一等勲章(徳富猪一郎編述『公爵山県有朋伝』下巻、山県有朋公記念事業会、一九三三年、「年譜」七七頁)。一九〇三年の松方正義、一九〇七年の山本権兵衛に次ぐ叙勲であった。

25――拙稿「帝国国防方針の補修と日本陸軍」(『北九州大学創立五十周年記念法学部論文集』一九九七年)、前掲、拙著『近代日本と軍部――1868-1945』三三二～三三八頁、同『山県有朋――明治国家と権力』(中公新書、二〇二三年)二三四～二三九頁など。

26――北岡伸一『日本陸軍と大陸政策』(東京大学出版会、一九七八年)三二〇～三二七頁、同『官僚制としての日本陸軍』(筑摩書房、二〇一二年)九六～一〇一頁。

27――前掲、拙著『山県有朋』二三九頁、同『政党内閣の崩壊と満州事変』(ミネルヴァ書房、二〇一〇年)二一～二四頁。

28――やや時期は前後するが、米村は一九一八年一一月頃のメモに「独損害、160万死者、20万3千行方不明、61万8千俘虜、406万4千負傷」と記している(『米村靖雄文書』一二五)。

29――当時の米村のメモ帳にも、英軍がヒンデンブルク線を突破し、幅二四キロ、深さ一～二キロを奪取したとある(一九一八年九月二〇日。『米村靖雄関係文書』一二五)。

30――竹中亨『ヴィルヘルム2世』(中公新書、二〇一八年)一七五頁。

31――ジャナンは一九一六年にフランス軍事使節団を率いてロシアに渡り、この当時は在仏・在露両チェコスロヴァキア軍団全体の総司令官に就任していた(林忠行『チェコスロヴァキア軍団――ある義勇軍をめぐる世界史』岩波書店、二〇二一年、八二・一七八頁)。ジャナンの説明によって、山県は初めてレーニンの人となりを把握したが、それは「彼(レーニン)は自分(ジャナン)等より見れば殆んど狂人の如く」、その主義のためには「如何なる惨酷の事をも敢えてして憚らず、彼は露国反過激派の将校六万人を刑戮し、其他兵卒を殺せし事幾何なるを知らず、されば莫斯科(モスクワ)附近に於ては最早レニン一派に対抗する者なき有様にて、彼の位置は案外強硬(固カ)なり」というものだった(『萬象録』一九一八年一一月四日)。

32――山県により召集されたのは、平田東助、清浦奎吾、田健治郎、後藤新平、安広伴一郎、一木喜徳郎、小松原英太郎、有松英義、平山成信、上山満之進、井上友一、二上兵治、久保田譲、入江貫一の一四名である(『田健治郎日記』一九一八年一二月一〇日の条)。なお、松本剛吉も出席している(岡義武・林茂校訂『大正デモクラシー期の政治・松本剛吉政治日誌』(岩波書店、一九五九年、同日条)。松本によれば山県自ら「社会問題、国民思想の傾向、民本主義の研究」を講じ、同グループに対して「研究の主旨」を示したという。

33――以上『田健治郎日記』一九一八年一二月一〇日の条。

34――『松本剛吉政治日誌』一九一八年一二月二日の条。このとき山県は松本に「社会救済は焦眉の問題」であり、「政体は立憲君主制を執り、政治は民本主義でなければならぬ」と述べている。「民本主義」云々は松本の表現であり、山県が「民本主義」という言葉を実際に用いたかは不明。

35――ドイツ軍の侵攻・占領に屈しなかったベルギーの経験に山県は関心を示していた(『米村日記』一九一八年一〇月六・七日)。

36――「原首相、内閣各位閣下」宛山県(湘南一老生)「(思想・教育問題に関する意見書)」(一九二〇年一月、国立国会図書館憲政資料室所蔵『田健治郎関係文書』81-2)。

37――『田健治郎日記』一九一九年六月一五日の条にも、日英同盟を継続してアメリカを牽制するとの意見が登場する。

第2章

日本海軍における南進論と対米戦論の起源

日露戦争後から第一次世界大戦期までを中心に

奈良岡聰智

NARAOKA Sochi

はじめに

四年間という長きにわたって各参戦国があらゆる物的人的資源をつぎ込んでおこなわれた第一次世界大戦は、以後の大国間戦争は長期持久化・総力戦化するという認識を生み、当時の先進諸国は総力戦および国家総動員のための体制構築に向けて動き出した。日本においても、同大戦中から陸軍を中心に国家総動員構想が生まれ、資源局設立、国家総動員法成立などいくつかの画期を経て、総力戦体制が確立していった。この過程に関しては既に多くの研究がおこなわれ、様々な観点からの考察がなされている。しかし、本書序章で詳述されている通り、それらは陸軍に焦点を当てたものがほとんどで、海軍の対応については十分な検討がなされているとは言い難い。

海軍の第一次世界大戦への対応としては、大戦勃発翌年の一九一五年秋に臨時海軍軍事調査委員会を発足させ、戦訓調査を開始していたことが既に知られている。この委員会での一連の調査を経て、海軍は総力戦に対する認識を深め、戦艦が海軍力の基幹としての価値を失っていない、想定敵国の六割以上の海軍力が必要といった戦訓を得た。日本海軍自身の活動としては、一九一四年に青島戦に参加した他、一九一七年以降、連合国側からの要請に応じてインド洋、地中海やハワイに艦隊を派遣し、広範な海上護衛活動を展開したことが特筆される。一方、大戦が終結してワシントン海軍軍縮会議が開催されると、日本海軍は軍縮を受け入れつつ、空母、航空機や潜水艦の開発を推進するなど、大戦後の新たな状況への対応を進めた[1]。このように日本海軍は、政治体制や国策全体を視野に入れた形での総力戦に関する議論はあまりおこなわなかったものの、第一次世界大戦中から戦後にかけての兵器の発達や戦術の変化に積極的に対応したのである[2]。

海軍と総力戦のかかわりについて考える際には、こうした第一次世界大戦以降の対応のみならず、同大戦以前から海軍内部に南進論や対米戦論が存在し、それに沿って軍備の拡充や戦略の構築が進められていたということも考慮する必要がある。海軍で南進論や対米戦論が本格的に広がったのは一九三〇〜四〇年代であるが、具体的に姿を現し出したのは日露戦争後のことである。私見では、この時期の南進論や対米戦論は、海軍の総力戦準備の前提を形作る上で重要な意義を持っていたが、これまでその分析は不十分であったように思われる[3]。そこで本章では、日露戦争後から第一次世界大戦直後までの時期を主対象として、この問題を検討する。具体的な考察対象は、以下の二点である。

第一に、海軍の南進への関心を具体的に捉えるため、①日露戦争後に海軍が中国に駐留させていた部隊（第三艦隊、遣支艦隊、第一遣外艦隊）の変遷、②第一次世界大戦以降の海軍と旧ドイツ領ミクロネシア（南洋群島）の関わりを考察する。①に関しては部隊の編成、人事、艦艇の運用、②に関しては南洋群島獲得から軍政に至る時期の海軍の動向などについて検討するが、いずれに関しても、海軍が毎年実施していた遠洋練習航海（以下、遠航）も検討対象とする。遠航とは、海軍兵学校卒業直後の少尉候補生（一八九六年までは卒業間近の在校生）の技量を磨く目的で、海軍が一八七五年以来原則として毎年おこなっていたものである[4]。訪問地は戦略的に決定され、軍事目的の偵察や測量も兼ね、外交的役割も果たしていたため、遠航の実施状況からは、その時々に海軍という組織がどのような関心を持っていたかがよく分かる。また、遠航は毎年実施されていたため、海軍の関心の経年変化を追いやすい。日本海軍の一部で明治期から南進論が唱えられていたことは従来から指摘されているが、それを部隊の動向やオペレーションに即して分析した研究は少ないため、本稿の分析は海軍の南進論について具体的に把握することに貢献するであろう。

第二に、海軍が①ハワイの真珠湾、②パナマ運河というアメリカの戦略拠点をどのように見ていたかを考察する。両者は、アルフレッド・マハンが早くから領有を主張していたように、アメリカが二〇世紀初頭に太平洋地域で政治的影響力を高める上で決定的な意味を持っていた拠点であるが[5]、日本からすれば対米戦の可能性を意識する中で警戒対象となり得る場所であった。ハワイの真珠湾は、アメリカによる併合(一八九八年)以前から、太平洋で唯一同国の主要海軍基地になり得ると考えられていたが、浚渫やドックの建設など実質的開発が始まったのは一九〇八年のことであった。以後一九一九年に最初のドライドックが完成するなど、真珠湾の軍港としての整備は次第に進んでいった[6]。それと共に日本側も真珠湾に対する関心を深め、日本海軍の艦艇がハワイに寄港する際には、しばしば真珠湾の視察もおこなわれた。一方パナマ運河は、一九〇五年アメリカ資本によって建設が開始され、一四年に完成した[7]。同運河の完成は、アメリカが東海岸に置いている海軍の主力を、有事の際に西海岸に回航することを容易にし、同国とアジア・太平洋地域の結びつきを一挙に深めた。日本海軍にとってこれは大きな脅威であり、これ以降艦艇建造にあたって「パナマックスサイズ」(パナマ運河を通過できる最大のサイズ)が常に念頭に置かれるなど、同運河の存在はきわめて重要となった。こうした戦略的要地に関する情報収集は、日本海軍の対米戦準備の一環として捉えることができる。本章では、遠航やそれ以外の海軍軍人の訪問記録から、日本海軍がこれらの地点をどのように把握し、戦略策定に活かしていたのかを検討する。

1　南進論の高まり

日本海軍の間には、明治初期から南進論が存在した。日清戦争以降日本の揚子江流域に対する経済進出が進む中で[8]、陸軍で北守南進論が台頭し、海軍中央部もそれを支持したが[9]、海軍のオペレーションの中に南進という考え方が本格的に登場したのは日露戦争後のことである。以下では、海軍の日露戦争後の中国南部への関心の増大、第一次世界大戦後の南洋群島との関わりの増大に焦点を当て、海軍における南進論の高まりについて分析していく。

◆中国南部（南清、南支）への関心の増大

日露戦争終結直後の一九〇五年一二月、海軍は連合艦隊を解散すると共に新たに常備艦隊を編制し、南清艦隊を新設した[10]。同艦隊は揚子江流域および南清、台湾沿海の巡航警備や邦人保護を任務とし、発足当初所属した艦は高千穂、千歳、宇治、隅田の各艦であった（初代司令官は武富邦鼎少将。その後の歴代司令官は表2－1を参照）。このうち宇治、隅田は、欧米諸国の砲艦にならって日本が一九〇三年に就役させた浅吃水の砲艦で、当初から揚子江流域での運用を想定して建造されたものであった[11]。北清を担当する第二艦隊とは別に、揚子江流域などを担当する同艦隊が編制されたことは、日露戦争終結による対露関係の安定化を受けて、海軍が中国南部（南清）を重視し始めたことを意味している。

同艦隊は中国情勢の変化に対する即応能力を有しており、実際有事の際にはしばしば出動している。一九〇七年五～六月には、広東省汕頭で発生した暴動で日本人居留民の安全が懸念される状況になった際、防護巡洋艦浪

速（旗艦、艦長久保田彦七大佐）が上海から出動し、警戒に当たった[12]。一九〇八年二〜三月の第二辰丸事件に際しては、清を威嚇するため、南清艦隊の防護巡洋艦和泉（艦長山口九十郎大佐）が香港に派遣された[13]。和泉が香港に停泊する間、南清艦隊所属の艦艇は浪速、宇治が上海、隅田が漢口、伏見が鎮江で警戒に当たった他、第一艦隊所属の艦艇も見島、吾妻、明石、千早が古仁屋（奄美大島）、高千穂が木浦、摩耶が営口、関東丸が馬公で待機するなど、海軍は挙げて事態の悪化に備えていた[14]。

一九〇八年一二月、南清艦隊は第三艦隊に改編された。編制は巡洋艦、通報艦、砲艦七隻以内（ただし必要に応じて駆逐隊が付属）、任務は「台湾、澎湖列島、揚子江流域およびその以南における清国沿海の巡航警備」、根拠地は上海と定められた（初代司令官は寺垣猪三少将）[15]。揚子江流域は水深が浅く、外洋を航行するのとは異なるノウハウが必要だったが、この頃日本海軍は揚子江流域での航行のノウハウも蓄積していった。一九〇八年には、防護巡洋艦和泉艦長を務めていた山口九十郎大佐が、『水交社記事』に「清韓河川に於ける運用術」を発表し、揚子江流域を航行する際の注意点を示した[16]。一九一〇年には、同論文に実体験を加味する形で、防護巡洋艦橋立艦長の秋山真之大佐が『長江航泊心得』を海軍部内で刊行した[17]。同書の緒言で、秋山は以下のように述べている。

> 蓋し支那内地の交通機関が将来如何に発達するも、此長江のあらん限り、其航通の必要と利沢は永遠に消滅せざるならん。而して之を航行する船舶は其水路水勢等に対し、特別の留意を有し、海洋に操船すると自ら其趣を異にす。若し之を忽にするときは、不慮の危難に遭遇して、進退之れ谷まるに至ることあり。〔中略〕夫れ知らずして偶々安易なるは、知りて予め危難を避くるに如かず。惟ふに、後日甫めて長江を航する人は、必づ小官と其境遇と感想を同ふせらるべきを以て、聊か茲に従来の見聞を網羅し、又自家実験上の所見を加味して、此の一小冊を編纂し、これを後者の参考に供せんことを庶幾す。而して此等航泊の心得は長江の水

人名	在任期間	前職	主な後職
第一遣外艦隊司令官			
山岡豊一少将	1917.12.15～1919.11.8	海軍軍令部出仕	第四戦隊司令官
吉田増次郎少将	1919.11.8～1922.5.1	海軍軍令部第三班長	将官会議議員
小林研蔵少将	1922.5.1～1923.9.15	佐世保鎮守府参謀長	将官会議議員
野村吉三郎少将	1923.9.15～1925.4.20	ワシントン会議随員	練習艦隊司令官、第三艦隊司令長官、外相、駐米大使
永野修身少将	1925.4.20～8.20	第三戦隊司令官	練習艦隊司令官、海相、連合艦隊司令長官、軍令部総長
荒城二郎少将	1925.8.20～1927.12.1	第二潜水戦隊司令官	艦政本部第五部長、横須賀工廠長、北樺太石油社長
宇川済少将	1927.12.1～1928.12.10	横須賀鎮守府参謀長	第五戦隊司令官、久邇宮別当
米内光政少将	1928.12.10～1930.12.1	軍令部第三班長	横須賀鎮守府司令長官、連合艦隊司令長官、海相、首相
塩沢幸一少将	1930.12.1～1932.6.6	連合艦隊参謀長	海軍艦政本部長、横須賀鎮守府司令長官、軍事参議官
坂野常善少将	1932.6.6～1933.5.20	第三艦隊司令部附	第11戦隊司令官、海軍軍事普及部委員長

流と共に長えに服膺適用さるべきものなり。

同書は四部構成になっており、「長江を航行するに当り、海図は殆ど信頼するに足らず」という文章で始まる第一節「航行」では、揚子江流域の地勢や水流の特徴がまとめられている。第二節「碇泊」では、揚子江内に軍艦を碇泊させる方法について解説している。第三節「擱座」は揚子江内で船が座礁する場合とその対処法について、第四節「編隊航泊」は、揚子江を編隊で航行する際の方法について解説している。同書を読むと、日露戦争後は日本海軍が揚子江流域において本格的に展開を始め、航行のノウハウを蓄積し始めた時期であったことが分かる[18]。

一九一一年三月以降、第三艦隊の

表2-1　南進艦隊・第三艦隊・第一遣外艦隊司令官

人名	在任期間	前職	主な後職
南清艦隊司令官			
武富邦鼎少将	1905.12.20～1906.11.22	第三艦隊司令官	海軍省軍務局長、大湊要港部司令官
玉利親賢少将	1906.11.22～1908.8.28	旅順口鎮守府参謀長	大湊要港部司令官、馬公要港部司令官
寺垣猪三少将	1908.8.28～12.24	舞鶴水雷団長	第三艦隊司令官、竹敷要港部司令官
第三艦隊司令官			
寺垣猪三少将	1908.12.24～1910.12.1	南清艦隊司令官	竹敷要港部司令官
川島令次郎少将	1910.12.1～1912.4.20	海軍大学校長	水路部長、旅順要港部司令官
名和又八郎少将	1912.4.20～1914.3.25	呉鎮守府参謀長	第二艦隊司令官、横須賀鎮守府司令長官、軍事参議官
土屋光金少将	1914.3.25～1915.2.5	呉鎮守府艦隊司令官	第二水雷戦隊司令官、大湊要港部司令官、貴族院議員
財部彪中将	1915.2.5～12.25	海軍次官	横須賀鎮守府司令長官、海相、ロンドン海軍軍縮会議全権
村上格一中将	1915.12.13～1917.4.6	呉海軍工廠長	海軍教育本部長、軍事参議官
有馬良橘中将	1917.4.6～1918.12.1	海軍教育本部長	海軍教育本部長、明治神宮宮司、枢密顧問官

保護のもとで日本の汽船会社の揚子江上流での航行が始まるなど、同艦隊は日本の対中貿易拡大の上で大きな役割を果たしたと評価されている[19]。一方、同艦隊の有事における役割も増していった。辛亥革命勃発前、同艦隊は対馬(旗艦)、隅田を漢口、秋津洲を上海、宇治を広東、伏見を宜昌に配備していたが、革命が勃発すると、通報艦龍田、第二駆逐隊所属の駆逐艦など八隻の軍艦が新たに同艦隊に編入され、揚子江流域各地で警備行動に当たった。一九一二年には、宇治型砲艦を改造して航洋力を高めた河川・沿岸用砲艦嵯峨が竣工し、即日同艦隊に編入されるなど、第三艦隊の戦備は増強された[20]。革命勃発後漢口の各国租界では義勇隊が組織され、自衛の策に出たが、第三艦隊司令官の川島

令次郎中将(在職中に少将から中将に昇進)は列国海軍先任指揮官として、各国領事団から租界防衛の指揮権を委任されるなど、大きな役割を果たした[21]。

同艦隊は一九一三年の第二革命に際しても大きな役割を果たしており、同年八月の南京事件(日本人が殺害され、日本が中国に対して謝罪や賠償金の支払いを求めた事件)をめぐる日中交渉で日本側が要求を貫徹したのは、第三艦隊による「砲艦外交」の結果であった[22]。南京事件の際に出動した第三艦隊所属の防護巡洋艦新高(艦長飯田久恒大佐)乗組員は、この時の警備行動を記念して記念写真帖を刊行しており[23]、この時の出動が武勲だと認識されていたことが窺われる。

第一次世界大戦が勃発すると、海軍の中国南部(南支)に対する関心は一層強くなった。開戦時海軍では南進論者であった八代六郎が海相、秋山真之が海軍省軍務局長という海軍省中枢のポストを占めており、彼らは日本の早期参戦、対華二十一ヵ条要求提出を推進し、中国南部における日本の勢力拡大を図った[24]。一方、大戦中、日本海軍が中国に駐留させる艦艇に関係する体制は目まぐるしく変転した。大戦勃発直後、中国政府が中立を宣言したため、日本海軍の軍艦のうち航洋力のある巡洋艦は日本国内に退去したが、航洋力がない河用砲艦三隻(鳥羽、伏見、隅田)は上海に集合した上で、一九一四年八月二四日までに武装解除された。これに伴い、この三隻は形式的には佐世保鎮守府予備艦となり、第三艦隊から除外され、第三艦隊には新たに装甲巡洋艦の日進と春日が編入された[25]。一九一五年以降は、第三艦隊司令官は中将が補職されるポストとなった(表2-1)。中将として任命された最初の人物は、財部彪前海軍次官であった。任命にあたって八代海相は、財部を旅順に送るべきだという意見もあったが、自分は「直接軍隊を指揮し活動出来る処に配すべし」と主張し、第三艦隊司令官に任命することにしたと財部に語った。また、東郷平八郎元帥は、就任のあいさつに来た財部に対して、「前方舞台には働ける人物行かざれば不可也。予(財部)の任命は之を欣ぶ」と述べた[26]。財部の日記からは、岳父山本権兵衛前首相や、財部の妻、姉などもこの人事を大変喜んでいたことが記されており、第三艦隊司令官が相当働き甲斐がある要職だと受け止められていたことが分かる[27]。

その後第三艦隊は、大戦中南方に進出した第二艦隊の留守部隊として再編制された。一九一七年八月に中国が連合軍側に立って参戦すると、上海で武装解除されていた砲艦三隻が定員を再配置され、警備行動を再開した。同年一二月、防護巡洋艦千代田と砲艦四隻(宇治、隅田、伏見、鳥羽)で第七戦隊が編制され、第三艦隊に編入された(翌年二月には砲艦嵯峨が編入)。この第七戦隊が、一九一八年には遣支艦隊に、翌一九年には第一遣外艦隊に改組され、第一次世界大戦以降も揚子江流域を担当する部隊となる[28]。このように、大戦前後で体制は目まぐるしく変わったが、日本海軍の艦艇五隻程度が上海を根拠地として、揚子江流域の警備を担当する体制は基本的に変わらなかった。むしろ、大戦後は第一遣外艦隊という独立艦隊となることで、日本海軍が中国南部を重視する姿勢がより鮮明になったと言える。第一遣外艦隊は、中国情勢が不安定になった一九二五年頃から増強されていき、一九二七年一二月には防護巡洋艦矢矧、利根など一六隻を統括するに至る。司令官には少将が補職されたが、野村吉三郎(一九二三年)、永野修身(二五年)、米内光政(二八年)など錚々たる人物が任命されており、この部隊が重視されていたことが窺われる(表2-1)。

海軍の中国南部への関心の増大は、練習艦隊が実施する遠航の動きからも明瞭に窺われる。日露戦争以前の遠航では、おそらく清国や欧米列強との摩擦を避けるため、中国の各都市訪問はあまりおこなわれなかった。しかし、一九〇六年以降は、遠航またはその前後におこなわれる近海練習航海(以下、近航)で中国の各都市への寄港がおこなわれるのが常となった[29]。これらの訪問では、日露戦争の爪痕が多数残されていた旅順や大連への訪問が、少尉候補生たちに特に強い印象を残すことが多かったが[30]、満洲以外の中国や台湾の各都市への訪問も重視されていた。例えば、一九〇六年には威海衛、青島、呉淞(上海の外港)、馬公(澎湖島)、香港、〇七年には青島、呉淞、馬公、〇八年には香港、馬公への寄港がおこなわれた[31]。これらの都市は、いずれも軍事上・経済上きわめて重要であり、日本海軍の将来を担う少尉候補生たちへの教育効果を考えて寄港地が選定されたと考えられる。

一九〇六年の遠航の際は、軍艦橋立乗組員の横尾義遠少佐が『読売新聞』に手記を連載しており、当時の様子がよく分かるので、以下では同手記をもとに青島から香港までの練習艦隊(司令官島村速雄少将、参加艦艇は厳島、橋立、松島)の動向を紹介し、この時期の日本海軍と揚子江流域の関わりの一端を検討する。二月一五日に横須賀を発した練習艦隊は、朝鮮半島のいくつかの都市に帰港した後、威海衛を経て、三月九日に青島に到着した。膠州湾一帯は一八九七年にドイツの租借地になったばかりで、当時青島の名前は日本ではまだ人口に膾炙していなかった。横尾は一二日に上海から送付した記事の中で、膠州湾一帯の概況を記し、ドイツによってドック、防波堤や桟橋が既に整備されていること、港内にはドイツ軍艦ハンザが係留されている他、日本海海戦の際に同湾に逃げ込んだロシアの軍艦ツェザレビッチとノビックが目下修理中であること、在留日本人はまだ僅か二五〇名ほどであることなどを詳細に記した。手記中には、膠州湾の湾口、海岸、内外両港の様子が具体的に記されており、横尾が地形や港湾施設に関心を寄せ、記録していたことが分かる[32]。ここからは、日露戦後に日本の海軍軍人が膠州湾一帯に戦略的関心から目を向け始めていた様子が窺われ、興味深い。「日本のマハン」と称される佐藤鉄太郎が、日露戦後ドイツを第一の仮想敵国と見なしていたことは有名であるが[33]、横尾の手記からは当時海軍部内でドイツに対する関心が高かったことが分かる。

三月一〇日、練習艦隊一行は在留日本人から見送りを受けながら青島を出港した。山東半島から揚子江の間は水深が浅い地域も多いが、当時は測量が不十分な箇所が少なくなかったため、出港後沿岸地帯を避けて南東に進路を取った後、南西に変針して揚子江に入った。この間一行は、高速運転、防火訓練、負傷者収容訓練、戦闘訓練などを実施した。揚子江口の仮泊地で水先案内人を乗艦させると、一行は揚子江を遡航し、一三日に呉淞に到着した。呉淞は上海の外港で、揚子江とその支流である黄浦江の合流地に位置する。同地から上海に行くには、さらに約一二、三里黄浦江を遡航する必要があるが、水深が浅いため大型船は満潮時でなければ上海に入港できなかった。日本の軍艦もそのようにしていたが、練習艦隊一行は石炭や物資を満載し、喫水が深くなっていたためそれが叶わず、呉淞港に投錨・停泊した。揚子江の流れは速く、投錨地でも艦は大きく振れ回り、上陸のための端艇の操縦も困難なほどだったという[34]。

横尾が「此大河に関しては列国皆非常なる注意をなし従って此れが研究に従事するもの頗る多く、業に已に其細微なる記事まで世に紹介せられ居候」と記したように、日本人は揚子江流域の地形や港湾施設について、既に相当程度の知識を蓄積していた[35]。しかし横尾が手記の中で、日本海海戦数日前にバルチック艦隊の数隻が上海に避泊していたこと、同海戦後ロシアの軍艦数隻の武装解除が上海でおこなわれたこと、上海はウラジオストックとの密貿易の拠点になっていることを記しているように、上海は日本海軍にとって戦略的にきわめて重要な地であり、最新情報を常に仕入れておく必要があった[36]。当然同地の特質や戦略的価値は、揚子江の「大陸的雄景」を初めて見る少尉候補生たちにも、講話や上陸時の各種行事、視察を通して伝えられていたはずである[37]。練習艦隊は三日間の滞在の後、一六日に呉淞を発ったが、出港時には中国海軍の巡洋艦海圻と司令官の相互訪問、礼砲交換がおこなわれた。遠航が中国海軍との交流の機会になっていたことは興味深い。

一六日に呉淞を発った練習艦隊一行は、一八日、一九日に台湾海峡を通過する際、様々に陣形を変えながら射撃演習を繰り返した。通常であれば中国沿岸の光景が見えるところ、この二日間はあいにくの霧中航行となったが、一行は無事二〇日に香港の港外に仮泊するに至った。仮泊中も濃霧が続き、一行は水深の計測などに苦労を重ねたが、香港当局から差し向けられた水雷艇の案内で無事入港した。香港は商港として開放され、多くの外国商船が往来していたが、軍艦の出入りも多く、「列国軍艦展覧会」のような様相を呈していた。横尾は手記の中で、英仏米独の軍艦およびその停泊場所、指揮官について詳細に記載しており、各国海軍の動向に注意を払っていた様子が分かる。こうした中で練習艦隊の三艦は、イギリス側の厚意でイギリス海軍用の停泊地に繋留された。入港時橋立がイギリス軍艦アンドロメダとすれ違った際には、登舷礼式と礼砲を交換し、互いに航海の安全を祈願しており[38]、日英同盟全盛期の両国海軍の交情が窺われる。このように日本海軍は、遠航を通して中国の港や近海の様々な情報を入手し、かつそれを若い少尉候補生と共有する仕組みを作り上げていた。

第一次世界大戦中の一九一四年八月〜一九一七年八月は、日本が連合国側に立って参戦する一方で、中国が中立国であったため、練習艦隊といえども中国の都市には寄港できなくなったが、この時期を除けば練習艦隊は遠航または近航で上海（呉淞）に寄港することが多かった。一九〇九〜二九年の練習艦隊の行動記録を見ると、〇九年（近航）、一〇年（遠航）、一二年（遠航）、一三年（遠航）、一四年（近航）、一九年（遠航）、二三年（遠航）、二五年（遠航）、二六年（遠航）、二八年（遠航）、二九年（近航）に上海（呉淞）に寄港している[39]。これらの実施状況についての分析は今後の検討課題とするが、練習艦隊の寄港が継続的に続いたことは、日本海軍が上海をはじめとする中国南部への強い関心を持続させていたことを示している[40]。

◆旧ドイツ領ミクロネシア（南洋群島）の領有

海軍の南進論を考える上でより重要なのは、海軍が大戦中、ドイツ領ミクロネシア（南洋群島）占領、インド・太平洋地域や地中海における海上護衛戦、シンガポールにおけるインド兵反乱の鎮圧やハワイ警備など広範な活動を展開したことである[41]。この間インド・太平洋地域で活動した海軍の部隊は、特別南遣枝隊（司令官加藤寛治大佐）、第一南遣枝隊（司令官山屋他人中将）、第二南遣枝隊（司令官松村龍雄少将）、第一特務艦隊（司令官小栗孝三郎少将）などであった。参加部隊・艦艇はしばしば記念写真帖を作成したが、それらがいずれも「南征記念」と題されているのは[42]、海軍においてこれらのオペレーションが「南進」と位置づけられていたことを示しており興味深い。こうした海軍の活動は、日本国内で大きく報道されることが多かった。例えば、一九一五年一月一七日に第一南遣支隊が帰国した際は、横須賀入港時に鈴木海軍次官、島村軍令部長、伊地知横須賀鎮守府長官や松村侍従武官らが出迎え、「堂々たる各艦の雄姿」などと報じられた。『東京朝日新聞』のインタビューに応じた同隊の同

表2-2　臨時南洋群島防備隊司令官

氏名	在職期間	前職	主な後職
松村龍雄少将	1914.12.28〜1915.8.6	第二南遣枝隊司令官	練習艦隊司令官、第一水雷戦隊司令官、旅順要港部司令官
東郷吉太郎少将	1915.8.6〜1916.12.1	第一戦隊司令官	旅順要港部司令官、将官会議議員
吉田増次郎少将	1916.12.1〜1917.12.1	香取艦長	第一遣外艦隊司令官、将官会議議員
永田泰次郎少将	1917.12.1〜1919.12.1	横須賀鎮守府参謀長	将官会議議員、神戸高等商船校長
野﨑小十郎少将	1919.12.1〜1922.4.1	横須賀鎮守府附	将官会議議員

隊参謀の吉田少佐は、南洋群島ではコプラ（椰子の実）などが産出し、原住民は祖先が日本人で「親日派」であるので、「前途有望」な土地であると語った[43]。

矢野暢氏は、南洋群島の占領以降、日本では南進論が高まり、従来から唱えられてきた南方経営論が単なる机上の空論の域を越えて現実政策として位置づけられるようになったと指摘しているが[44]、このことは海軍においても当てはまる。海軍は南洋群島を占領すると、松村龍雄少将を司令官とする臨時南洋群島防備隊を設置した。同隊は海軍根拠地の業務のみならず、南洋群島の軍政も統括し、六行政区に配置された守備隊長が軍政長も兼任して行政をおこなった。一九一八年になると、軍政長が民政署に改組され、文官が民政署長として行政を担当するようになったが、防備隊司令官が民政部門を統括する体制は一九二一年まで続いた。司令官にはそれほど有力な者は充てられなかったが、少将が補職された（表2－2）[45]。

第一次世界大戦中、海軍は民間に対して南進論を鼓吹する役割も担った。一九一五年に南洋協会が発足した際には、海軍からも鈴木貫太郎（海軍次官）、秋山真之（海軍省軍務局長）が創立発起人として加わっている[46]。一九一四年一〇月に文部省が帝国大学教授など研究者から成る南洋諸島学術調査団を組織したが、民間航路がなかったため、彼らの輸送の任を担ったのは海軍の御用船であった[47]。翌年には、海軍の支援によって第二回調査団や貴族院議員の南洋視察団も派遣された[48]。逆に、海軍が南洋群島の原住民の観光団を組織し、日本に連れてくることもあった。第一回の観光団は一九一五年八月に海軍の御用船によって来日し、日本で大きく報じられ、歓迎された[49]。これは、彼らを教化し、将来の領土化への布石にしようとする国策の一環で、翌年、翌々年も繰り返された[50]。

こうして日本と南洋の間の人の往来が徐々に増えていくと、一九一五年一一月には、海軍が軍事費を活用して南洋貿易会社に補助金を与える形で、月一回程度の日本・南洋間の定期航路が開始された[51]。当初定期航路の維持は容易ではなかったが、翌年一一月に運航事業者が日本郵船に変わってから事業が好転したようで、大戦末期には「毎船往復共に載貨満載の好況」で、船舶が不足していると報じられるまでになった[52]。他方で、日本が南洋群島の開発を進めるにあたっては、海軍と民間事業者の癒着が云々されることもあった。南洋群島はリン鉱石の産地で、ドイツ南洋リン鉱会社が一九〇九年からパラオ諸島の南にあるアンガウル島で採掘をおこなっていたが、日本政府は南洋群島占領後、同社から鉱業権と設備一式を買収し、南洋経営組合に採掘事業を引き継がせていた。しかし、同組合・西澤商会代表者の西澤吉治、同組合への出資者である山本条太郎、秋山海軍省軍務局長が癒着しているという報道がなされ、紆余曲折の末、同事業は海軍が直営する形に変わった[53]。その後海軍は再び同事業を民間に払い下げる検討をおこなったがうまくいかず[54]、海軍直営の体制が続いた後、一九二二年に南洋庁に経営が引き継がれることになった[55]。

海軍の南洋群島への関心は、第一次世界大戦中に遠航による寄港が続いたことからも裏付けられる。遠航によるミクロネシア訪問は大戦前一度もおこなわれていなかったが、日本が占領した一九一五年以降五年連続で実施された。大戦中は中立国の都市への寄港ができず、訪問可能な場所が限られていた関係もあったが、戦後の領土化に向けて、国家意思を示す狙いもあったものと思われる。

例えば一九一八年の遠航では、練習艦隊(司令官鈴木貫太郎中将、参加艦艇は磐手、浅間)一行は、アメリカ西海岸およびハワイを訪問した後、ヤルート島、クサイ島、ポンペイ(ポナペ)島、トラック島、サイパン島に寄港している(その後、小笠原諸島を経て日本に帰国)[56]。アメリカの連合国側への参戦により、前年の遠航では横須賀出港後にルートの変更がなされ、三年ぶりにアメリカ西海岸(サンフランシスコ、サンペドロ)への寄港がおこなわれていた。司令官の鈴木貫太郎は、前年の石井・ランシング協定の締結を踏まえて各地で歓迎行事に参加し、各地でアメリカとの友好関係増進を訴える演説をおこなった[57]。これに対して在留日本人がほとんどいない南洋群島では、大規模な歓迎行事は開催されなかった。同地で練習艦隊は基本的に訓練に明け暮れており、射撃訓練、教練運転、発射水中爆発作業などがおこなわれた他、少尉候補生に対して射撃や通信などの検定(試験)も実施された。この間ヤルート島、ポンペイ島では見学もおこなわれた。

以上の通り海軍は第一次世界大戦中に広範な活動をおこない、日本が国策として南進を進める上で大きな影響を及ぼしたものの、これを機に組織として南進を志向するようになった訳では必ずしもないことには注意が必要である。海軍は、シベリア出兵中居留民保護のためウラジオストクに出兵しているし、尼港事件で北樺太を保障占領して以降は、石油資源の確保のためむしろ北方に関心を向ける傾向もあった。一九二六年に海軍の肝いりで北樺太石油株式会社が設立され、中里重次海軍中将が初代社長に就任したのは象徴的である[58]。大戦を機に海軍が南進に関心を持つようになったのは事実だが、海軍にとってそれよりも重要だったのは、大戦中の様々なオペレーションを通して、インド・太平洋地域において様々な経験を蓄積したことと、外洋展開能力を高めたことにあったと見るべきであろう。

2 アメリカの戦略的要地に対する観察

続いて、日露戦争後から第一次世界大戦期に、日本海軍がハワイの真珠湾、パナマ運河というアメリカの太平洋地域における戦略的要地をどのように見ていたかを考察していく。

◆真珠湾

一八七五年の第一回遠航で軍艦筑波がホノルルを訪問していることが象徴するように、日本海軍は明治初期からハワイに強い関心を寄せ、しばしば軍艦を派遣した。明治期に多いのは遠航による寄港だが[59]、一八九三年、九七年にはハワイの政変に伴い、邦人保護のため防護巡洋艦浪速がハワイに派遣されている(それぞれ艦長は東郷平八郎大佐、黒岡帯刀大佐)。

ハワイ併合以降、マハンの戦略論の強い影響を受けていたセオドア・ローズベルト大統領は、将来的な日本との対決の可能性も視野に入れて、真珠湾の軍港化を推進した。併合の翌年(一八九九年)には河川・港湾法が成立し、十万ドルが真珠湾開発予算として計上され、その全額が海軍省に分配された。一九〇一年以降は、真珠湾を軍港として整備するために周辺の土地の収容が進められた。一九〇五年末には、陸軍長官ハワード・タフトを長とする検討委員会が報告書を提出して、議会にホノルルと真珠湾の防衛のための基地拡充を求めた。真珠湾開発が本格化したのは、一九〇八年以降であった。この年七月、前年から世界周航を開始していたアメリカ海軍大西洋艦隊(俗にグレート・ホワイト・フリートの名称で知られている)がホノルルに寄港した。ローズベルト政権はこの機会に真珠湾開発に三〇〇万ドルの予算を計上して、軍艦用ドライドック、船舶修理工場や石炭貯蔵庫の建設、湾口の珊瑚礁の浚渫を進めた。真珠湾が公式に軍港として開港したのは、一九一一年一二月のことであった[60]。

このように真珠湾開発が進行する間、日本海軍は遠航のため練習艦隊を何度かハワイに派遣した。日露戦争後に遠航で練習艦隊が初めてハワイを訪問したのは、一九〇七年のことであった（司令官は富岡定恭少将、参加艦艇は厳島、松島、橋立）。当初この年の遠航ではアメリカ西海岸（サンディエゴ、サンフランシスコ、シアトル）の訪問が予定されていたが、サンフランシスコ学童隔離問題により現地で反日感情が高まり、不測の事態も予想されたため、西海岸訪問が中止されたという経緯があった[61]。しかし、対日感情が良好なハワイへの訪問は、予定通り実施された。この頃までに恒例化していたハワイ在留日本人による漁船を繰り出した歓迎は問題なくおこなわれ、ホノルル上陸後の歓迎諸行事も滞りなく実施された。この年の日本の新聞報道では、アメリカが真珠湾の防備を固めているという報道がなされていたものの[62]、練習艦隊が提出した報告書を見る限り、この問題が遠航によるハワイ訪問に悪影響を与えた様子は見られない（乗組員が真珠湾を訪問する機会があったのかは不明）[63]。

もっとも、日本の海軍当局は真珠湾の軍港化の進捗状況に強い関心を有しており、この年の練習艦隊にはある重大な任務が与えられていた。それは、在ホノルル日本総領事館に対して、真珠湾の軍港化や要塞建設に関する情報を日本に定期的に報告する体制を構築することであった。軍令部参謀（第四班長）の江頭安太郎大佐は、練習艦隊参謀の斎藤七五郎少佐を通して、在ホノルル総領事の齋藤幹にこのことを伝え、人選を依頼した。その結果、故黒川通軌陸軍中将の甥（通軌の実弟通弘の子）で、ホノルル在住の黒川通幸後備陸軍曹長を「秘密取調報告人」に選定し、毎月五〇円を支払って、秘密情報を調査・報告させることが決定された。以後黒川は在ホノルル総領事館に書記や嘱託として勤務して、東京の外務省に定期的に報告書を送付し、それが海軍軍令部に転送されることとなった[64]。要塞建設の様子には陸軍も関心を寄せていたため、陸軍からも調査のための謝金が支給され、報告書が参謀本部にも送られることになった[65]。

第一回報告書は、一九〇七年三月六日に齋藤総領事から外務次官宛に送付された。以後この年は確認できるものだけでも、三月一五日、四月二八日、五月八日、六月一七日、七月一五日、八月一四日、一一日、九月九日、一〇月八日、二二日、一一月一四日、二一日、一二月一六日に報告書が送付された。現存する史料からは翌年以降一九二二年まで同一ペース（概ね毎月）で報告書が送付されていたことが確認でき、かなりのハイペースで報告がなされていたことが分かる。報告書は部分的にしか残っていないが、現存するものからは、日本の外務省・陸海軍が真珠湾の軍港化や要塞建設に神経を尖らせていたことが窺われる。例えば、グレート・ホワイト・フリートのホノルル訪問の後、真珠湾の浚渫工事が開始された際の報告書は、以下の通りとなっている[66]。

真珠湾浚渫工事に関する件

当地真珠湾は其位置及湾形共に甚だ佳良なりと雖、現在の儘にては湾口狭くして水浅く、且所々に岩石突出するを見受候。右に付き本年十月中旬米国太平洋艦隊〔ママ〕当地寄港の際布哇振興会の案内にて同湾の見物を為したる同艦隊士官中には右真珠湾を卓越なる海軍根拠地たらしむるには不日米国政府に於てアイエアの向側に当るマウカよりフォールド島に至る岩礁は之を除去するを要するとの意見を発表したる者ある由にて、専門家の見地よりすれば幾多改良を要する点可有之。愈同工事に着手する暁には先づ湾口を取り広め、且海底を深くし、目下設計中の船渠に至る通路を安全ならしむべきは勿論尚湾内に於て艦隊操練の場所を備ふるが如きは必要欠くべからざる要目にして、其外多岐に渉り種々の工事を含み居るを以て此回の真珠湾浚渫工事は偉大の設計にして、其工事も着々歩を進め本年十二月一日頃華府に於て右工事に関する入札をおこなう由にて、之に付き少からざる利害関係を有する当地知名の請負師は近来引続き同地へ向け出発致居る有様に有之。当地布哇浚渫会社よりは既にオアフ鉄道並地所会社監督技師ジョージ・ピー・デニソン氏並ダブリユー・エフ・ヂリングソン氏を差向けたる由聞及候。右不取敢真珠湾浚渫工事進捗の事情具申致度、此段申進候。敬具この報告書には、真珠湾の地図が添付されている（図2－1・2－2）。写真2－1の通り、この当時の真珠湾はまだ全く未開発の状態であったが、この地にアメリカの一大軍港ができることの意義を日本側は的確に認識していたことが分かる。その後も日本の在ホノルル総領事は、浚渫工事や船渠建設工事の進捗状況を詳細に報告し続けた。また、陸軍が担当する要塞の建設やフィリピンへの兵員輸送などについての情報も逐一報告された。一例として、一九一一年三月に黒川が海軍軍令部第四班長の竹下勇、陸軍参謀本部総務部長の大島健一に宛てて送った報告書の項目を列挙すると、以下の通りである。

㈠　榴弾砲の試射
㈡　比律賓島の兵営、弾薬及軍服送還を命ぜらる
㈢　新桟橋築設の工事開始す
㈣　要塞、港湾視察官の来布
㈤　騎兵連隊長着任期
㈥　島通ひ船の新造
㈦　将来構築せんとする要塞及増加すべき陸軍

一九〇九年には、練習艦隊が再び遠航でハワイを訪問した（司令官は伊地知彦次郎少将、参加艦艇は阿蘇、宗谷）。前年に高平・ルート協定が締結されるなど日米関係は小康状態にあり、練習艦隊はアメリカにおける「排日」ムードを払拭して日米親善を増進するため努力を傾けた。アメリカ側も練習艦隊を歓迎したが、特にホノルルでは大きな歓迎を受け、様々な行事がおこなわれた[67]。終了後に練習艦隊が提出した報告書によると、この年のハワイでの歓迎ぶりは「未曽有の盛況」で、ハワイ県知事が初めて少尉候補生を官邸の園遊会に招待するといったこ

図2-1　真珠湾地図(1908年8月)

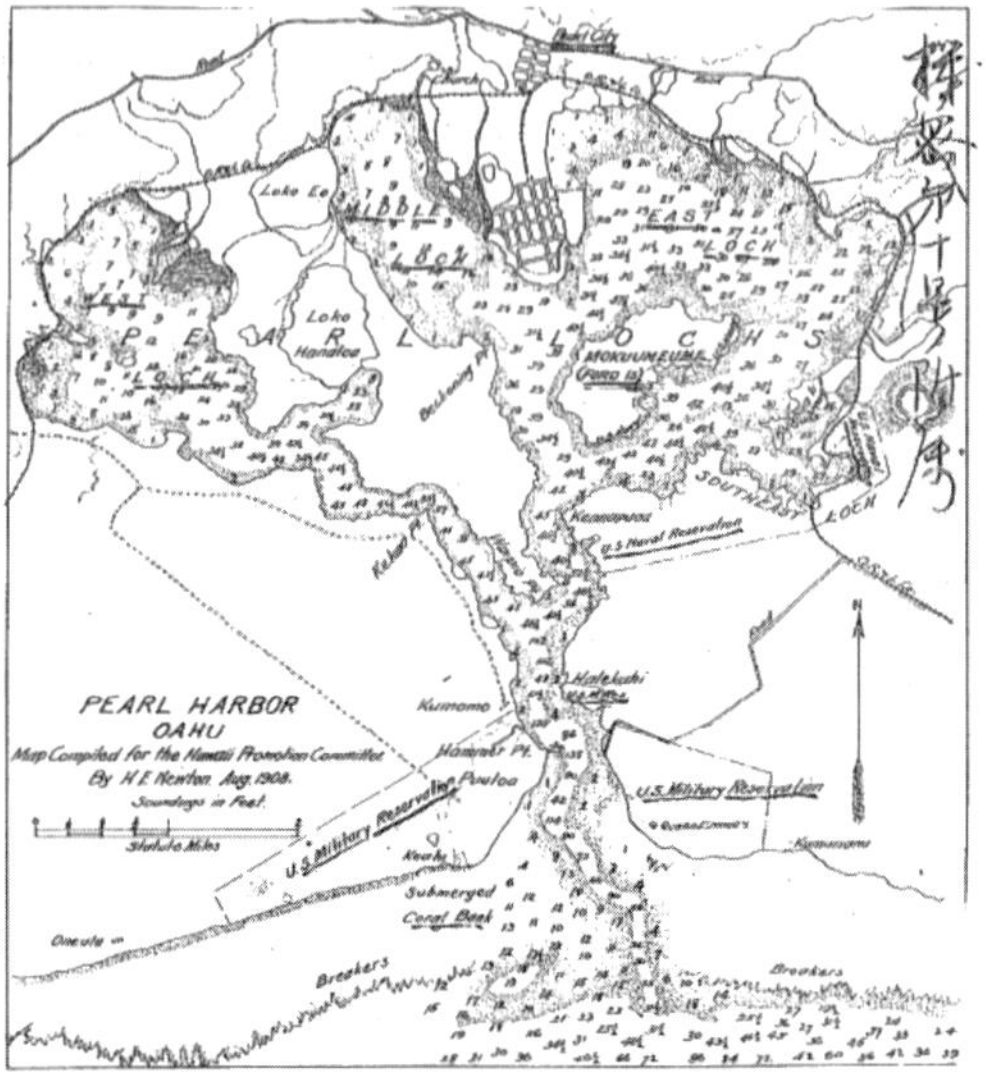

図2-2　オアフ島全図(1908年8月)

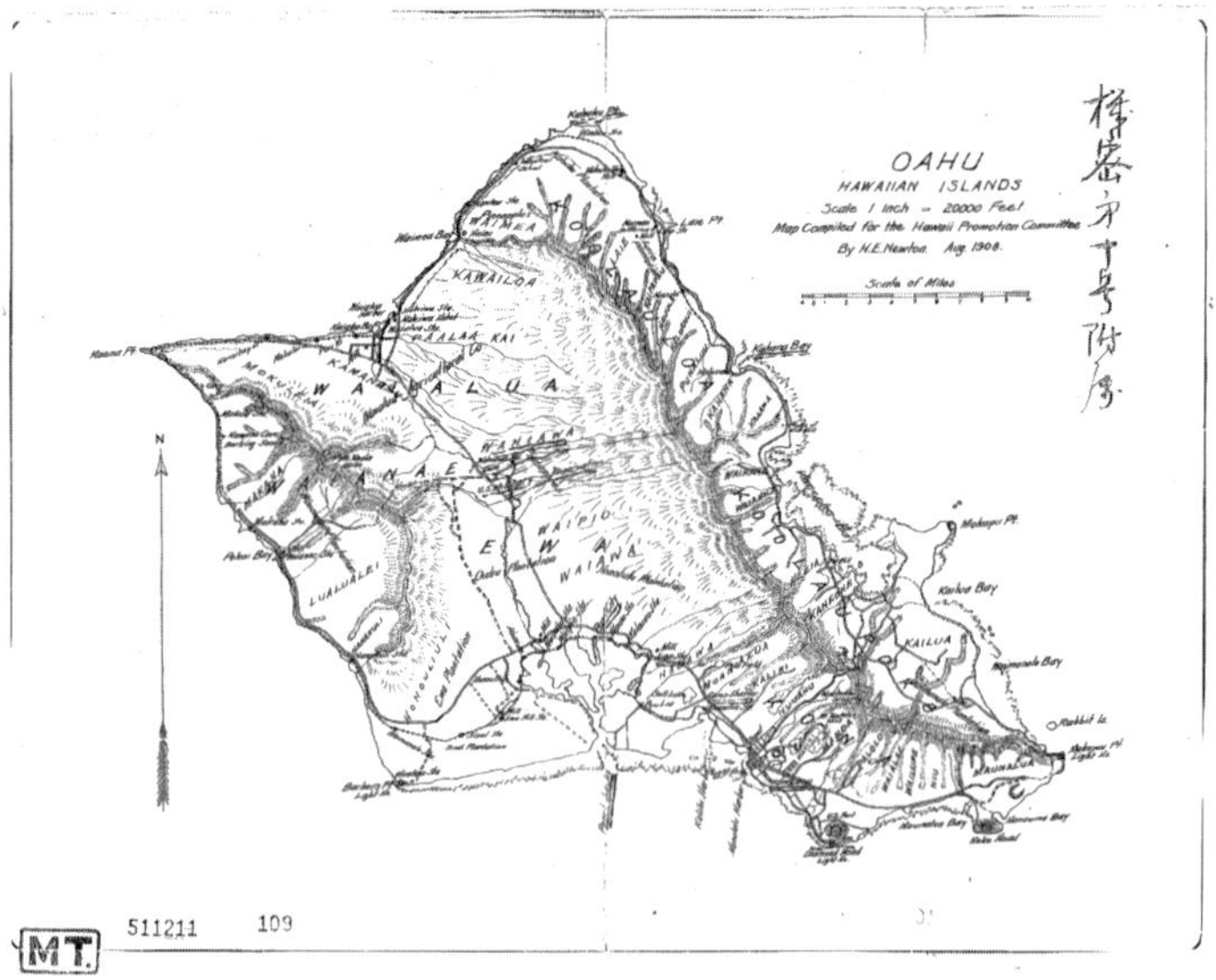

出典：「各国一般軍備及軍費関係雑纂　ホノルル軍備調査」(アジア歴史資料センターレファレンスコードB07090031700)

写真2-1　真珠湾（1910年）

出典：Allan Seiden, *Pearl Harbor: From Fishponds to Warships: A Complete Illustrated History*, Honolulu: Mutual Publishing, 2016, p.19

とまでおこなわれたという[68]。こうした友好ムードの中で、ホノルル滞在中の四月六日に、アメリカ側の計らいで真珠湾見学がおこなわれた。この見学はハワイの海軍指揮官リース大佐の招待で実現したもので、伊地知司令官、坂本則俊参謀、石井義太郎阿蘇艦長、佐藤鉄太郎宗谷艦長ら一〇名の士官が参加し、アメリカ側からはハワイ知事、ホノルル市長、商業会議所重役なども同行した。ホノルル港の海軍桟橋を午前一〇時に船で出発した一行は、真珠湾に着くと、海図と実地に基づいて水路や予定設計地などの説明を聞きながら港内を巡航し、帰りは特別列車でホノルルに戻った[69]。残念ながら伊地知司令官らがどのような感想を持ったのかは、報告書にも詳しい記載がないため分からないが、同司令官は真珠湾訪問前に黒川から現状について説明を受け、以後の調査について訓旨を授けており、真珠湾の動向を注視していたのは間違いない[70]。

　なおこの年練習艦隊はオアフ島の後、ハワイ島も訪問した。ハワイ島に二日間滞在した後、四月一三日にサンペドロに向けてヒロを出発した練習艦隊は、洋上で四季演習（一八九七年の海軍演習令で定められたもので、大演習、小演習と並ぶ演習の形式の一つ）を実施した。演習は、居留民保護の目的で北米方面に出動するためヒロ港碇泊中の軍艦が、某港に出港を命ぜられたという想定のもとで、甲軍（阿蘇）、乙軍（宗谷）に分かれておこなわれ、艦船の追尾・発見、手旗及び旗旒信号の確認、艦隊捜索の二艦対抗戦などが実施された[71]。この演習は対米戦を想定したものではないが、今後ハワイや北米方面が居留民保護などのための作戦海域となり得ることを少尉候補生に強く自覚させる効果を持ったと考えられる。

真珠湾の見学は、翌年（一九一〇年）の練習艦隊（司令官八代六郎少将、参加艦艇は浅間、笠置）のホノルル寄港の際にも実施された。この年はホノルル寄港中の一一月五日に、八代司令官以下士官二四名に加え、少尉候補生二〇名、指導官二名、上野総領事、森副領事、赤井横浜正金銀行ホノルル支店長の他、フリア知事、フォスター前仮政府大統領、フォスター在ホノルル英国領事なども参加し、より大規模におこなわれた。一行は、朝九時にホノルル港の海軍桟橋で灯台監視船ユクイに乗り、海路真珠湾に入った。アメリカの軍楽隊による音楽演奏がおこなわれる中、一行は浚渫作業、フォード島、東港のドック建設の様子などを見学した。その後、フォード島の北側に投錨して対岸に上陸し、特別列車で次の見学場所ハレイワに向かった[72]。この時の訪問に関して、軍艦浅間の艦内新聞は、この「宏量には感服せざるを得ない」と記した[73]。軍艦笠置のある士官（五日の真珠湾見学には参加せず、前日のオアフ島内見学の際真珠湾を汽車から目視）は、『東京朝日新聞』への寄稿で、真珠湾について現地で聞いた話を以下の通り伝えている[74]。

▽布哇の軍備

汽車は水清き真珠湾の滸を進む。布哇は太平洋に於ける米国の前哨地、殊に巴奈馬運河開通の暁には軍事上最も重要なる地点となるので、米政府は巨費を投じて之が防備を厳にし、真珠湾の軍港の如き其浚渫工事を荐りに急いで居るし、金剛角（ダイヤモンドヘッド）の要塞工事亦竣工に近いとの話である。

この時の練習艦隊の情報収集の仕方については、大変興味深い逸話がある[75]。練習艦隊参謀の山本英輔海軍少佐は、ホノルル到着六日目に当たる一一月七日に八代司令官らと共に、海兵隊長ロング少佐らを表敬訪問した。ロング少佐の部屋に入室した際、山本少佐は壁面に真珠湾軍港の設計図が貼り付けられているのに気付いた。山本は五日の軍港視察にも参加していたが、海上の汽船から視察しただけで、軍港の陸上施設全体の設計を理解できたわけではなかった。そこで山本はこの思いがけない「好餌」を「逸すべからず」と思い、ロングらとの談話中ひそかに壁面を注視して、設計図大体の内容を頭に入れた。しかし、さらに精査する必要があると感じた彼は、告別の挨拶をするという名目で、ホノルル出港前日の一〇日にロング少佐を再訪し、記念品を贈呈して長話をしつつ時折壁面を見て、設計図の概略をほとんど自分で作図できるほど記憶した。またその後、真珠湾の兵営はいつ、どこに建設されるかなどと問いかけると、ロング少佐が設計図を指さして説明を始めたので、山本はこの機を活かして壁面に近づいて、同図に書かれている文字や数字を熟視した。こうして設計図の内容を記憶した山本は、部屋を辞去した後設計図および知り得た情報を詳細に書き留めた。こうして山本が作成・提出した設計図が図2-3であるが、アメリカ軍人との面談中に目視のみで作成したとは思えないほど精緻な内容である。当時の日本の海軍軍人が、いかに真珠湾の情報収集に力を入れていたかが分かる。

一九一一年一二月一四日、浚渫工事が完了し、真珠湾は正式に軍港として開港することになった。開港に先立って、上野専一在ホノルル総領事は真珠湾軍港の現況を、浚渫、乾船渠、火薬庫、貯炭場、建築、海兵団兵営などに分けて詳報した[76]。工事竣工当日には、アメリカ太平洋艦隊旗艦カリフォルニアがトーマス提督指揮の下で真珠湾に入って、新築中のドック前に投錨し、入港式が挙行された。上野総領事は入港式に招待され、カリフォルニア艦上から式典に参加した[77]。同艦上には、元ハワイ女王リリオカラーニをはじめとする約二五〇名の招待客も乗艦していたが、イギリスおよびポルトガル領事は招待されておらず、アメリカ側が日本に気を遣っ

図2-3　真珠湾軍港設計図（山本英輔作成、1910年）

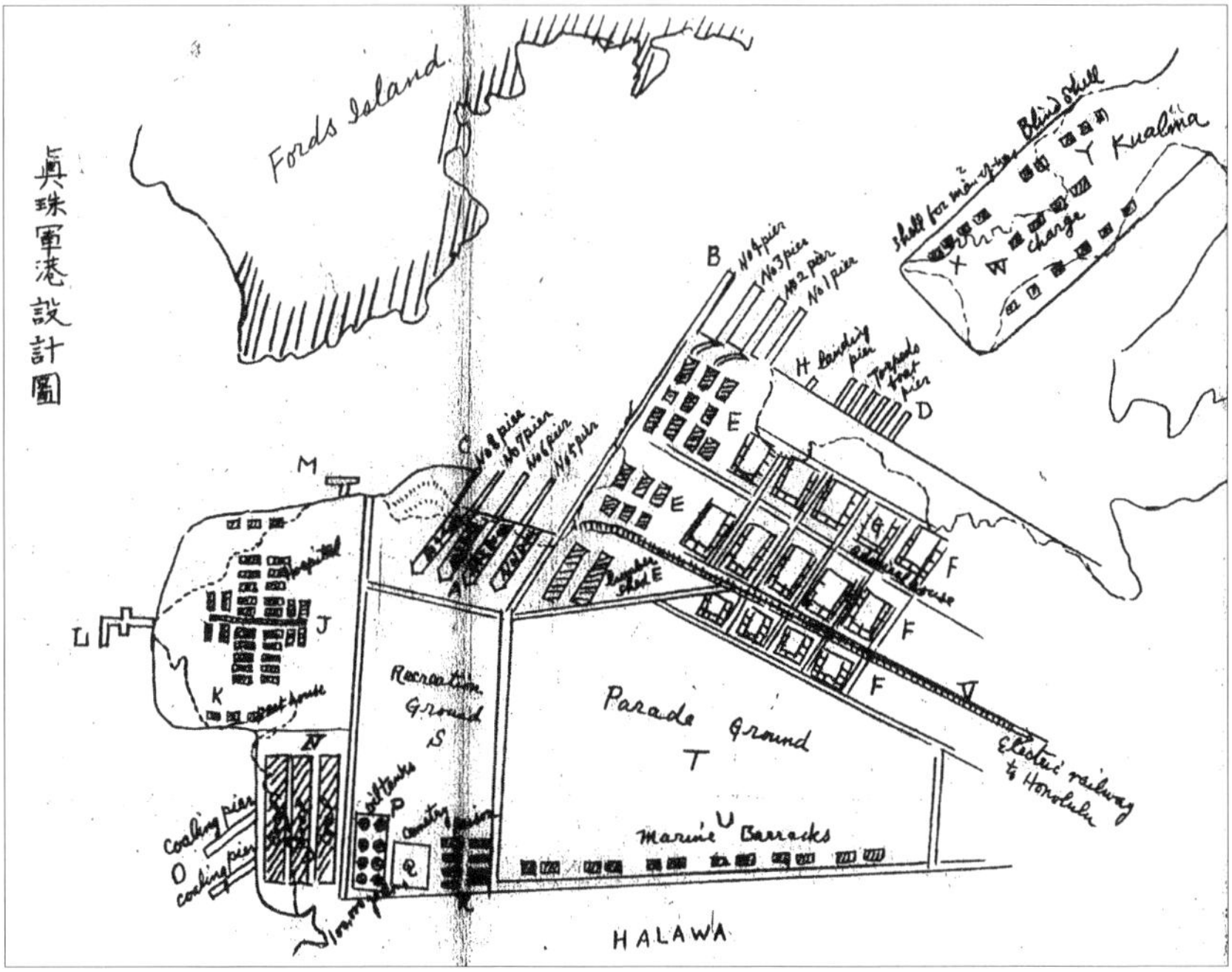

出典：「明治四三年公文備考」巻四四（艦船二七）（アジア歴史資料センターレファレンスコードC06092355200）

ていたらしいことが窺われる（なお、日本人招待客は上野のみであった）。式典では、カリフォルニアが射った礼砲に対して、ドック付近に派遣された陸軍野砲隊が答砲を発した。その後陸上で元皇太子クヒオの名義で催される祝宴のため、乗艦者一同は上陸し、艦隊司令長官、陸軍軍区司令官、鎮守府司令官、知事などの祝賀演説がおこなわれた。当日式典に参加したアメリカ西部都督ムレー少将は、帰任後以下のように語り、真珠湾の防備をさらに強化する必要があるという認識を示したという[78]。

オアフ島南面の防備は現在の儘にて十分なれども、真珠湾には尚ほ陸上防備強固にするの要あり。島の北面に於ては最も強大なる要塞を築き、以て敵の背面よりの侵来に備ふる所なかるべからずと。

このように日露戦争後日米両国は、移民問題を契機として時に緊張が高まることがありつつも、友好関係を維持したが、その一方でアメリカ側は将来の対日戦に備える形でハワイの防備を強化し、日本がその様子を注視するという複雑な関係にあった。この間、日米架空戦記が多数出版されたのに象徴されるように[79]、両国の社会においては「反米」「反日(排日)」意識が高まり、お互いを潜在的敵国として見なす風潮が存在した。このことは、真珠湾をめぐる報道や言説からも確実に窺われる。

日露戦争前から真珠湾の存在は日本人識者の間で注目されており、一九〇二年一月にハワイを訪問した台湾総督府の今井技師は、真珠湾が「早晩太平洋無比の良軍港なるを得べく、米国政府は如何なる巨資を投ずるも之を完全なる軍港となさざる可からず」という現地視察中のアメリカ人実業家の見方を新聞紙上で紹介していた[80]。日露戦争後、真珠湾軍港化のための予算が議会に提出された時などに、日本の新聞や雑誌は真珠湾の状況を報道するようになった[81]。一九〇八年には『東京朝日新聞』が、アメリカがハワイを「第二のマルタ」にしようとしていると報じた[82]。一九一〇年には同紙が、アメリカのメイヤー海軍長官が真珠湾の防備を厳にして、ハワイを「太平洋のジブラルタル」にする計画であると語ったという記事を掲載した[83]。一九一一年に真珠湾の浚渫工事が完了する頃になると、在ハワイ陸軍の動向も含めてより詳細な報道がおこなわれるようになった。例えば、『読売新聞』は一九一一年五月三日付で「布哇の大防備(海軍根拠地の移動)」と題する記事を掲げ、真珠湾の軍港化工事の進捗状況、アメリカ太平洋艦隊が同年秋にハワイ沖で予定している演習の内容、在ハワイの陸軍の兵力などについて詳細に報じた[84]。

以上のように報道が活発化する中で、日本海軍周辺でもハワイのアメリカ海軍の動向により目を向けるべきだという声が増えていったようである。例えばハワイ在住の弁護士根来源之は、海軍大学校嘱託を務めるなど海軍とゆかりの深い国際法学者高橋作衛(東京帝国大学教授)が一九一一年に刊行した編著『日米之新関係』に論説「布哇移民」を寄稿し、次のように述べている[85]。

米国政治家軍略家は稍々もすれば即ち曰く、布哇にして若し敵国の手中に陥る事あらば其日は米大陸太平洋沿岸の地は即ち敵手に落つる時なりと。

斯の如く布哇が米国の国防上枢要なる位地を占むる丈け、それ丈け布哇は太平洋上に利益を有する諸国に対して重要なる関係を有するなり。故に言ふを休めよ。布哇は絶海の一孤島なり、顧みるに足らずと。特に日本に取りては此一般的利益関係の外、同島に七万有余の臣民を有し、同地に於て米国の資本家と経済的に協力して多年五十余万噸の砂糖――四千万弗以上の砂糖――を生産しつつあり。

この年、『二六新報』記者、雑誌『大日本』主幹を歴任したジャーナリスト川島清治郎は著書『国防海軍論』を発表した。川島は「米国海軍」と題した章の中で、①アメリカ議会の真珠湾軍港委員会の報告書を引用しつつ、アメリカ海軍が真珠湾に「完全なる海軍根拠地」を置くのは単にハワイを防備するためではなく、アメリカ太平洋沿岸全部に対する防衛地たらしめると共に、アメリカ海軍に「覇を太平洋上に称せしめんが為」である、②アメリカの太平洋における海軍戦略は、パナマ運河、サンフランシスコとピュージェット湾（湾岸にシアトル、タコマがあるワシントン州の湾）と並んで、ハワイとフィリピンの連鎖を防護するものである、③フィリピンに海軍根拠地を建造せよという声もあるが、アメリカではフィリピンよりも先に真珠湾に根拠地を設置するのを優先すべきという声が大勢であり、マハン少将も日露戦争前のロシアの愚を避け、優勢な米国海軍を二分することは避けるべきだと主張している、などと論じた。また、オアフ島は、真珠湾口にフォート・カメハメハが置かれ、同湾への正面攻撃が不可能となっている他、ホノルル近郊にフォート・ド・ルシー、ダイヤモンドヘッド裏にフォート・ラッジャーが建設され、約二千名の陸軍兵力が配置されているため、ホノルルを陥落させるには日数を要するという分析を示した[86]。同書は、満洲を放棄しても可とするなど、陸軍が推進していた大陸政策を批判しており[87]、佐藤鉄太郎が『帝国国防論』などで主張した「海主陸従」の国防構想に通じるところがあった[88]。実際同書には坂本俊篤海軍中将が序文を寄せており、同書の示した分析は海軍の見方と大きな懸隔はなかったものと推測される[89]。

第一次世界大戦が勃発すると、日本は連合国側に立って参戦したが、アメリカは中立を宣言した。以後国際法の中立規則を厳守するため日本の軍艦はアメリカに寄港できなくなったが、一九一七年四月に同国がドイツに宣戦布告すると、日本の軍艦は再びアメリカを訪問できるようになり、翌一八年には練習艦隊（鈴木貫太郎司令官）が遠航でサンフランシスコ、ロサンゼルス、サンディエゴやハワイに寄港した。大戦中も真珠湾の工事は進められており、一九一五年には乾ドックを除くほとんどの造営物が完成していたが、練習艦隊は真珠湾への寄港を許可され、同港で石炭の搭載をおこなった。のちに鈴木司令官は、「ヨーロッパ大戦で日米は同じ味方同士だったから好意で入れてくれたのだろうと思う」と振り返っている[90]。

一九一七年九月には日米海軍間で太平洋警備に関する協定が締結され、同年一二月以降、軍艦常磐（艦長森本義寛大佐、一八年八月以降は浅間（艦長古川弘大佐））がアメリカ海軍に代わってハワイの警備を担当することになった[91]。この間常磐・浅間はホノルル港の海軍桟橋を拠点に行動し、ヒロ港、カワイハエ港（ハワイ島）、ライハナ港（マウイ島）、ワイメヤ湾（カウアイ島）などに行くこともあった。これらは日本海軍にとって貴重な情報収集の機会でもあり、森本艦長は海軍軍令部に定期的に送付した「軍艦常磐警備概報」の中で、各港の地勢などについて詳細に報告した[92]。

常磐は、燃料補給などのために真珠湾に行くことも頻繁にあった。森本艦長は、アメリカ側から無用の猜疑心を招かないようにするため、載炭桟橋繋留中乗員に対して公用以外には一切上陸を許さず、上陸桟橋以外には一切舟艇を発着させなかった。また、陸上設備の見学などもおこなわず、真珠湾停泊中は艦内手入れと艦内訓練のみをおこなうのを原則とした。しかし、載炭桟橋付近は平地が広がり、周囲に高い樹木も少なかったため、軍艦の檣楼に登れば湾内が全部一望できた。また、真珠湾内の重要施設は湾口から栈橋の間に全て集中していて、艦内から見渡せたため、出入港の際には士官を檣楼に登らせて視察をおこなった。また、森本艦長は着任時に軍港司令官クラーク大佐からハワイ諸島の海図を借用していた他、何度か同大佐を訪問した際に実地で港内を踏査し、重要施設の配置などを確かめた。森本はこうして収集した情報を報告書と手書きの地図にまとめて、軍令部に送付した[93]。報告書添付の別紙「真珠湾に於ける炭、油及淡水の貯蔵並供給設備」には、①石炭の貯蔵法、給炭法と貯蔵場所、②重油貯蔵の状況、③淡水の供給状況が具体的に記され、栈橋から貯炭場に至る施設の配置場所の地図が示されていた。ちなみに常磐に勤務していた木下三雄少尉(のち多賀城海軍工廠長)は、当時の真珠湾の様子について、第二次世界大戦後に回顧録の中で以下のように記している[94]。

今度の戦争で真珠湾軍港を知らぬものはないだろう。ホノルルの北方程近いところで多くの島を抱いた入江がある。軍港としての施設はあるが戦前のように整ってはいなかった。入口は狭くて中は広いが島々には何の施設もない。陸岸には石炭栈橋があり、石炭補給の機械施設があり海兵団、兵舎、クラブなどがある。石炭搭載のため真珠湾に入港した。

石炭栈橋に横付けしてエスカレーターのような設備で石炭を甲板まで運ぶ。これを炭庫に運ぶのに運びきれぬように積み込速度が速い。載炭終って湾内に投錨して数日碇泊した。この間に米海軍の招待でクラブに行ったり剣道柔道の仕合を見せたり日米海軍の交歓をやった。また湾内で水泳をやったり釣をやったり自由にふるまった。後年の日米関係から見れば隔世の感がある。真珠湾にはその後も数回入泊した。真珠湾には目をつむってでも入れるようになった。特殊潜航艇乗組にでもなったらうまくはいれたろうに、世代が違って九軍神になれなかった。

このように日本海軍は大戦中の長期にわたる警備行動を利用して、真珠湾についてかなり詳細な情報を入手した。

大戦末期のアメリカでは、一時的にせよ日本に警備を依頼するなど、ハワイ防備の弱点が露わになったとして、さらなる海軍軍備強化を求める声が強くなった。一九一九年にはウィルソン政権のダニエルズ海軍長官のもとで、政府が真珠湾内の全漁業権を掌握し、戦時に湾内から一般市民を排除する権限を獲得した。また、外国船舶入港が禁止されることになった。さらに同年、太平洋側の海軍造船所を調査した海軍基地調査会が、大型艦艇の入港を可能にするため真珠湾のさらなる浚渫工事を即刻実行すべきだと主張した[95]。しかし、大戦後のワシントン体制の下で、真珠湾のさらなる開発を進めることは不可能となった。真珠湾に勤務する軍人の数は、一九二五年時点で六〇〇名、一九三六年でも一〇〇〇名程度であり、真珠湾の拡充が本格化したのは一九三〇年代後半以降のことである[96]。それまでの間、アメリカが仮想敵国日本を警戒し、真珠湾の閉鎖性を強化しようとするのに対して、日本側は在ホノルル総領事館による軍事情報収集活動や練習艦隊のホノルル寄港時の調査・見学などによって、引き続き真珠湾の最新情報を入手するための努力を続けることになる[97]。すなわち、真珠湾に関する情報の秘匿・入手は、いわば日米戦の前哨戦における一つのテーマとなっていくのである[98]。

◆パナマ運河

次いで、日本海軍がパナマ運河の建設をどのように見ていたかを検討していく。真珠湾の開発がほぼ純然たる軍事問題であったのに対して、パナマ運河の開削は軍事以外にも外交、運輸、通商など関わる問題が多岐にわたっていたため、日露戦争以前から各方面からより注目されていた。例えば二〇世紀初頭の一〇年間の『東京朝日新聞』で、真珠湾を主題とした社説が全くなかったのに対して、パナマ運河そのものを主題とした社説は八本あり[99]、関連する社説や記事も真珠湾関係のものとは比べ物にならないほど多かった。一九〇八年に日本に来航したアメリカのグレート・ホワイト・フリートは、バージニア州のハンプトン・ローズを出発した後、マゼラン海峡、アメリカ西海岸、ハワイ、オーストラリア、フィリンピンを経て来日したが、日本人に対して、パナマ運河が完成すればアメリカとアジア・太平洋が一層密に結び付くことを強く認識させた[100]。パナマ運河建設のために一時日本人労働者を募集する動きがあったこと[101]、一九〇九年一月に大統領就任を前にタフト前陸軍長官がパナマ運河を訪問したこと[102]、同年末頃から一九一五年のパナマ運河完成を期してパナマ博覧会を開催する準備が始まったことなども日本から注目された[103]。

一九一〇年頃になるとパナマ運河の開通が近いという認識が広がり、同運河開通後の軍事情勢に対する分析や論評が多数発表されるようになった。この年は海軍が主張した海軍拡張計画の是非が大きな問題となり、第二次桂太郎内閣が当初計画を大幅に縮小したうえで予算化を認めた年であったが[104]、海軍拡張に賛同する論者は、パナマ運河の脅威を強調する傾向があった。例えば国民党領袖の大石正己は、パナマ運河が完成した暁には日本海軍がアメリカ海軍に対抗することが困難になるという見方に立って桂内閣を批判し[105]、日本はパナマ運河開通以前に「大海軍」を建設すべきだと主張した[106]。海軍に近い研究者やジャーナリストの間でも、パナマ運河の脅威はしばしば強調された。海軍大学校嘱託教授の経歴を持つ国際法学者有賀長雄は、一九一〇年に『外交時報』に寄稿した論文「パナマ運河の軍事上の性質」の中で、日本はヘイ=ポンスフォート条約(アメリカ単独によるパナマ運河の建設・運営、イギリスの運河の自由航行などを英米両国が認めた条約)を遵守する必要はなく、日米が開戦した場合、日本は同運河に対する交戦権を行使できると論じた[107]。ジャーナリストの川島清治郎は、一九一一年に発表した著作『国防海軍論』の中で、パナマ運河についての詳細な分析を示し、一九一五年に日英同盟失効と同時に同運河が完成することに警鐘を鳴らした[108]。

このように日本の政界やメディアでは、パナマ運河の脅威を強調する議論が盛んになったが、海軍当局は冷静であり、この問題を利用して日米対立を煽ったり、海軍軍拡を主張したりすることはなかった。「日本のマハン」

佐藤鉄太郎中佐は、海軍大学校の講義録をベースとして一九〇八年に出版した『帝国国防史論』の中で、「『パナマ』運河竣工する暁とても、開戦の後軍用航路に適するや否やは一箇の問題であ」り、大西洋、太平洋、フィリピンに分割されている米海軍が日本に対して攻勢に出ることは困難であるという見解を示したが、一九一〇年に刊行された同書補修版ではこの記述を削除した[109]。この間佐藤がパナマ運河の軍事的有効性を認める見解に転じたことが分かるが[110]、ドイツを第一の想定敵国とし、アメリカは第二とする佐藤の基本的考えは変わっておらず、パナマ運河問題は対米観を根本的に変えるほど大きな問題だと捉えられていなかったものと推測される[111]。また、海軍水路部長、海軍大学校長などを歴任し、海軍の広報において大きな役割を果たした肝付兼行海軍中将[112]は、日露戦争後パナマ運河に関する意見を何度か発表しているが、同運河開通により日米間の物流が活発になり、経済的メリットが大きいことを強調している[113]。

もっとも、この時期日本海軍のパナマ運河問題に対する軍事的関心が弱かったわけでは決してない。むしろ海軍の現場レベルでは、パナマ運河開通後の状況に対処するための準備が始まっていた。このことは、一九一一年にパナマ運河を訪問した練習艦隊(八代六郎司令官)の動向から明瞭に窺われる[114]。

この前年、一八八八年以来二回目となる練習艦隊のパナマ寄港がおこなわれるという情報を得た陸軍参謀本部は、同運河などへの上陸作戦について研究するため、同艦隊に参謀本部員の伊丹松雄少佐(のち陸軍中将)を同行させることにした。参謀総長から伊丹少佐に下された訓令には、視察研究事項として以下の三点が示された[115]。

(一) 北米合衆国西海岸及墨其西哥太平洋沿岸の防備及軍事上の諸施設

(二) 北米合衆国と開戦の場合を顧慮し「カリホルニヤ」州の要地占領の目的を以て上陸地の撰定及其附近の地形並に之に関連する仮根拠地の研究

(三) 同上巴拿馬占領の目的を以て上陸地の撰定及其附近の地形並に之れに関連する仮根拠地の研究

伊丹の身分は、表向き海軍教授（Naval Instructor）とされた[116]。伊丹は最初の上陸地オアフ島で黒川通幸に面会し、各地の視察に同行した[117]。山本英輔参謀と共に真珠湾も見学した他、汽車で島の北方に回って上陸想定地点の調査もおこなった[118]。練習艦隊はその後サンフランシスコ、サンペドロ（ロサンゼルスの外港）に寄港したが、同地では以下の調査をおこなった[119]。

㈠ 桑港湾口の防備及湾内沿岸の地勢
㈡ 桑港以上Tomales湾及Russian河口の沿岸偵察並にSanta Rosa平野及其附近山地の偵察（汽車旅行）
㈢ 加州首府たるSacrament市及其附近サクラメント河孟の偵察（汽車旅行）
㈣ 桑港より東南Fresno及San Joaquin河孟に沿ふ加州南地地勢の偵察（汽車旅行）
㈤ 桑港南方Monterey湾の偵察（汽車旅行）
㈥ 桑港よりLos Angeles市迄汽車旅行により一帯の海岸及附近内地の地勢を視察し、殊に途中下車してSan Luis Obispo湾の偵察
㈦ ロスアンゼルス北方マウント・ロー附近の地勢偵察
㈧ ロスアンゼルスに近きSanta Monica湾及サンペドロ沿岸一帯の偵察

サンペドロ出港後、練習艦隊一行はメキシコのアカプルコなどに寄港した後、一九一一年一月七〜一二日にパナマを訪問した。パナマでは、運河工事委員長ゴーソールス大佐の厚意により、少尉候補生、士官全部が特別列車で運河工事の状況全体を詳しく視察し、カリブ海側のコロンやアメリカ公使館なども訪問したが、伊丹もこれに同行した[120]。山本参謀によれば、サンフランシスコで知り合ったゴート島海兵団の練習船長ブラウン中佐、

アメリカのパナマ公使館在勤で東京に二年間勤務経験のある秘書官チャールズ・キャンベル・ジュニア、イギリスのパナマ公使マレットらの助力で詳しい見学が可能になったという。山本は運河やガツン湖(運河の水利機構を構成する人造湖で当時はまだ樹木が繁茂していた)の開鑿の様子、ダムの構造などを二日間かけてすっかり見せてもらい、深く理解できたため、帰国後はその成果を各地で図解しながら講演できたほどであった[121]。伊丹がどれだけ理解できたかは不明だが、工事の様子を長時間かなり詳しく視察したのは間違いない。なお、運河見学後、練習艦隊は艦上レセプション(アットホーム)を催し、パナマ大統領、市民有力者、アメリカ政府関係者などを歓待した。

パナマ運河を視察した練習艦隊一行は、メキシコに戻った後、再び太平洋を渡ってホノルルに寄港し、日本に向かった。日本への帰国途中、笠置艦長の山路一善大佐は、分隊長を務める臼井國大尉(のち海軍中将)、長谷川清大尉(のち海軍大将)に「パナマ運河防備の帝国将来に及ぼす利害」について考察するという課題を与えた。両者のこれに対する答案(各一八枚)が残されているので、その概略を紹介しておく。

臼井はまず諸論において、パナマ運河の成否、アメリカが同運河から専得すべき「商業的福利と軍事的絶大利益」いずれに関しても、もはや何人も疑い得ないことを指摘し、同運河の防備が日本に与える影響について考察するのは「刻下の問題」であると主張した。本論の第一「武備の目的、防御法並に能力」では、アメリカは平時においては通商保護のために運河の中立を維持し、戦時は自国に戦略上の利益を提供するために運河を防御するとし、そのために配備されている大砲、敷設水雷について分析した。本論第二「運河防備の我が帝国の将来に及ぼす影響」では、戦略上に及ぼす影響が「日米開戦の場合」を中心に分析された。この中で彼は、日米関係が切迫して、アメリカが太平洋に配している艦隊枝隊をフィリピンに集中させると共に、大西洋艦隊の艦艇も太平洋に回航させた場合、日本は(甲)大西洋艦隊が回航される前に枝隊と会戦をおこない、個々に各隊を撃滅する、(乙)大西洋・太平洋合同艦隊を太平洋上で全滅させるという二策が考えられるが、乙策は好ましくなく、いかにして甲策を実現するかが問題だとした。

臼井は、アメリカ側は乙策を選択し、持久戦に持ち込もうとする一方で、日本側が甲策を取るのは明らかであるとした。そのため、日本海軍は大西洋艦隊の「到達前に彼〔アメリカ〕の在東枝隊を撃破し、更に兵備を整へて新鋭の来敵を迎へ」るのが望ましいが、これは「容易に確保し難き所」であった。そのため彼は、大西洋艦隊の「運河渡航に先ちて之を閉塞するを上策とす」と指摘した。もっとも彼は、「該運河の閉塞作業は吾が軍の力を以て実行し得ること殆んど不可能」とも認めており、「巧に中米人士を教唆して之を実行するの政略に出づるを可」とするとしつつ、その具体的手段は示し得ず、「其実行の手段に就きては尚ほ研究を要するも万難を排して之が実行を工夫せざるべからず」というのが彼の結論であった。他方で臼井は、パナマ運河が日本に及ぼす不利な点を以下の通り多数列挙している。

一、中米国人をして開戦に先ち或は開戦中運河の通航断絶を企てしむるに当りては困難にして、寧ろ無備に乗じて以て之を破壊するに如かず。
二、日米開戦に当り米国は運河防備の為めに其勢力を割く必要なく、全勢力を作戦地に集中せしむることを得、之れ吾軍の苦痛とする所なり。
三、太平洋に於て勢力を失したる艦隊が大西洋に於て更に戦闘力を整え、再び出動するの庇護を与ふ。
四、大西洋より太平洋方面に向ひ軍資兵力の輸送を安んじて行ふことを得せしめ、従って其輸送力を増加す。
五、運河の両入口は共に其将来米国戦略地点となるべし。従て其造兵、造船、給兵其他諸種の機関を武備の保護下に置くの利益を彼に与ふべし。
六、米国国民に安堵の念を与へ得べし。之れ日軍の不利なり。

このようにパナマ運河開通は日本に不利というのが臼井の分析であったが、彼は日米関係全般を悲観的に見ていたわけではなく、この問題を冷静に捉えるべきだと考えていた。臼井は答案の最終段落で、アメリカの海軍拡張、パナマ運河防備は日本を主対象としたものだが、為政者による「恐日論者」に対する政略という面もあり、そもそもアメリカは「戦はずして吾を屈せしめんとするの対日政略多きに居るを思はずんばあらず」、「平時に於て持満策を講じ以て吾をして機乗ずべきの隙なきを思はしむるものにあらずや」と指摘した。その上で、孫子の「百戦百勝、善の善なる者に非らず也。戦わずして人の兵を屈するのは善の善なる者なり」という言葉を引用し、「帝国国民の自覚を要求するや切なり」と結語した。

長谷川も、一九一四年に予定通りパナマ運河が完成するのは確実と考え、対応策を考える必要があると考えていた。彼は臼井とは対照的に、日米関係の前途に非常に悲観的であった。答案の冒頭では日米開戦について分析されているが、「地理上の対勢は日米を以て最も激甚なる競争者となすなり」「米国は東洋に勢力の扶植を事とし、近時支那に着目して口には其領土保全並に機会均等を唱へて陰に陽に支那に利権を獲収せんと悶へつつあり。運河の開通後米国の跋扈は愈大なるべく斯くて日米の将来は利害の衝突頻々たるべく〈中略〉何れか譲歩せざる限日米の開戦は避くる能はざる可し。悲惨なる戦役は両者素より欲する所にあらざるべきも、絶対的国利民福の為めには之れ止むを得ざるなり」「日米の衝突は海上武力の勝敗を以て全局を制すべく、斯くて海上の勝利者は軈て太平洋の支配者となり全世界を制するに至るべきなり」という悲観的見通しが示されていた。

長谷川は、日米両国が開戦した場合、地理的条件および艦艇の航続力の関係から、両海軍が台湾、フィリピン付近で戦闘することになるだろうと予想した。アメリカは時局が切迫するに先立ち、大西洋艦隊を太平洋に回航し、事情が許せばそれをハワイ経由でフィリピンまで展開させるだろうから、日本は同艦隊のフィリピン到着に先立って戦端を開き、

陸軍でフィリピンを占領すべきであるというのが長谷川の見立てであった。すなわち彼は「最も緊要なる」

は「先制」だと考えていたが、日本陸海軍の能力を考えると、フィリンピン占領前にアメリカの艦隊が来航するのは予期せざるを得ないとした。長谷川は、艦船の航行能力からすると、近い将来において日本の艦隊がハワイに出動するのは困難で、ハワイ付近に適当な根拠地がないことを考えると、ハワイへの攻撃も難しいとも考えていた。ましてやハワイを越えてパナマ運河付近に出動するのはほとんど不可能で、いざ戦争になれば、アメリカ以南の軍備は何ら探知できなくなると彼は予想した。

このように長谷川は日米開戦後の軍事的展開にも悲観的見通しを持つ一方、パナマ運河に対して日本がなし得ることは少ないと考えていた。後半のパナマ運河の防備に関して分析した部分では、長谷川は以下のように記している。

我国が戦時運河を利用して大西洋に出動するが如きは防備の有無に拘らず絶対に不可能なり。防備あれば勿論のこと、防備なき中立地帯とするも運河其物は米国の領有なれば、国家危急の場合に於ては米国は敵の利用を許すが如きことなく必ずや自ら破壊すべし。

米艦隊の来航前に我兵力を以て運河を攻撃破壊するが如きは絶対に不可能なり。又水道の閉塞、機雷の沈置の如きも不可能と言はざるを得ず。

或は言はん、巴奈馬の独立はコロンビヤ国の喜ばざる所なれば、吾はコロンビヤ国を手慣け之を使〔指〕嗾し米国の有事に際し奮然蹶起巴奈馬州の恢復を謀らしめ運河の管轄権を獲得せしめ以て米国の運河利用を防がしむ可し。〔中略〕然れども之れ空想にして実現は期待すべからず。〔中略〕未だ同胞の在留する者一人もなき地にあらずや。〔中略〕コロンビヤ国の煽動は実現不可能と断言せざるを得ず。

こうした分析を踏まえて、長谷川は、アメリカがパナマ運河を防備することは可とすると言わざるを得ないと結論付けた。運河を破壊して交通路を閉塞すれば各国から批判を招き、その干渉を惹起する懸念もある上に、運河地帯の防備は堅固で、攻撃は難事だというのが長谷川の考えであった。最終段落で彼は、「之を要するに、運河の防備の有無は将来に於ける日米開戦に於て戦局に及ぼすべき影響は極めて小にして、無きに近しと言はざる可からず」と述べている。このようにアメリカに対する見方は異なるものの、臼井、長谷川いずれもパナマ運河開通の影響について冷静に受け止めていた。民間には対米戦を煽るような言説も見られる中で、優秀な若手海軍士官がそうした風潮に流されず、冷静な対米観を持っていたことは興味深い。

この年の練習艦隊のパナマ寄港時には、報道をめぐって奇妙な騒動が起きた。前述したとおり、練習艦隊の八代司令官以下一行は、パナマ滞在中に上陸して運河工事の様子をつぶさに視察した。その際、八代司令官がアメリカによる砲台設置を批判したため、ウィリアム・タフト大統領がそれに対抗措置を取ろうとしているという報道がアメリカで大々的になされたのである。この報道はすぐに日本でも紹介され、一月一二日の『東京朝日新聞』には「八代司令官は米国が運河に砲台を築くを誤謬なりと思惟する旨語れり」と報じた[122]。同紙は、一四日に続報としてサンフランシスコ特派員発の特電記事を掲載し、八代司令官がタフト大統領のパナマ運河防備政策を非難した、この発言はアメリカ政府関係者に物議を巻き起こし、同政府は真偽を確かめるため調査をおこなっている、同大統領は八代司令官の批評は国際礼儀を無視したもので、国際問題として捉えていると報じた[123]。当時アメリカではパナマ運河防備の予算が大きな問題となっており、タフト大統領が五〇〇万ドルの砲台建築予算を組み、「パナマ運河完成の暁には同運河は事実上合衆国の広大なる海岸線となるものなれば、同地に砲台を築くは合衆国の権利にして又義務なり」と言明したと報じられていた[124]。こうした状況であったため、八代の「発言」は全米でセンセーショナルに報じられ、大きな騒動を引き起こした。

この状況を憂慮した在メキシコ代理公使堀口九萬一は、パナマを出港した練習艦隊が二〇日にアカプルコに入港するのに合わせて電報を打ち、「無根の事とは思へども御参考迄」と八代司令官に状況を伝えた。一驚を喫した八代は、二一日に堀口宛に「電報を謝す。小官パナマに於て要塞云々に就て何等演説したることなし。全く事実無根なり。為念八代」と返電し、ワシントンのアメリカ大使館付武官の平賀中佐、海軍次官にも同様の電報を送った。これを踏まえて堀口が各方面に働きかけて誤解を解くことに努めたため、一連の報道は「誤報」であることがアメリカやメキシコに伝わり、事態は沈静化したという[125]。日本では、この報道を見た関係者が早くも一六日発行の『東京朝日新聞』に談話を寄せ、八代司令官は「頗る細心周密」であり、「公開の歓迎席上に斯る言を為せしとは想像し能はざる」と語った[126]。二二日には、八代が海軍省に送った電報全文が日本の新聞で紹介され、一連の報道は「事実無根」であるとされた[127]。この騒動は、日米関係が緊張する中で、アメリカに日本のパナマ運河に対する態度を警戒する世論が存在していたことをよく示している。

ちなみにパナマ運河の建設には、日本人技師青山士が参加していたことが知られている。青山は一九〇三年に東京帝国大学工科大学を卒業後渡米し、ニューヨークセントラル・アンド・ハドソンリバー鉄道会社を経て、翌年パナマ運河工事委員会に入局した。青山は採用当初は末端の測量員だったが、やがて勤勉さと手腕を高く評価されて昇進を重ね、技術者としてガトゥン閘門の重要部分の設計を担当し、ガトゥン工区の副技師長に就任した。しかし彼はパナマ運河の完成を見ることなく、一九一一年一一月に帰国の途に就き、そのまま辞職した(その後内務省内務技監、土木学会会長などを歴任)。辞職の理由は、当時アメリカで日本への警戒や日本人排斥運動が高まり、パナマ運河のような軍事的役割を果たす施設の建造に日本人技術者が携わるのが難しくなったためだったとも言われる。八代司令官の発言をめぐる騒動のことを考えると、首肯できる説明ではあるが、青山を技術者として高く評価していた同僚たちは彼を強く慰留しており、真相は定かではない[128]。

一九一四年八月一五日、パナマ運河が開通した。同運河の開通は日本でも注目されており、この日『東京朝日新聞』は社説を掲げて「万国の公道」たる同運河の開通を祝福した[129]。日本では、この機会にアメリカの軍艦二〇余隻がパナマ運河を通過し、東洋に来航するという噂が流れた[130]。これはグレート・ホワイト・フリート来航時と同様、民間の一部におけるアメリカに対する過剰な危機意識から生まれたものだと考えられるが、世論は冷静であり、大きなパニックは生じなかった。この年一二月一日には、イギリスの汽船シセサ号が、パナマ運河を通過した船として初めて日本に来航した[131]。一二月九日から一〇日にかけては、日本郵船の徳島丸が日本船として初めて同運河を通過した[132]。いずれの船も人々の関心を惹いたようで、新聞でパナマ運河通過時の様子などが詳しく報じられた。

一九一五年一月一日にはアメリカ大統領参列のもとで大々的な開通式が開催され、各国が軍艦を派遣することになっており[133]、日本からも巡洋戦艦伊吹、一等巡洋艦筑摩が派遣される予定であった[134]。しかし、第一次世界大戦の勃発により運河開通式は延期され、一九一五年九月から翌年四月までは地滑りにより運河が閉塞されたため[135]、結局大規模な開通式はおこなわれなかった。一九一五年二月から一二月まで開催されたパナマ・太平洋万国博覧会(サンフランシスコ万国博覧会)がそれに代わる役割を果たし、日本からは特使として出羽重遠海軍大将、同博覧会事務局総裁の瓜生外吉海軍大将が派遣された[136]。出羽大将はワシントンでウィルソン大統領と会見するなど、日米の友好増進に努め、アメリカ側も出羽の一行を歓待した[137]。このように、パナマ運河開通はむしろ日米が友好関係を深める機会となった。

第一次世界大戦以降も海軍はパナマ運河の動向に関心を寄せており、一九一八年、一九二二年、一九二三年、一九二四年、一九二七年、一九二九年、一九三三年、一九三六年に遠航で寄港している。一九一一年の時と同様、パナマ運河の戦略的価値についての研究も続けられていたようである。一九二七年に遠航に参加した少尉候補生の小泉義雄によれば、運河通過時に候補生たちは、研究課題としてパナマ運河の効果的な破壊方法を考えるよう申し渡されたという[138]。これらの研究結果については不詳であるが、太平洋戦争の際にパナマ運河破壊作戦がほとんど真剣に検討されなかったことを考えると[139]、一九一一年の時と大きくは変わらなかったようにも思われる。この点については、今後の検討課題としたい。

おわりに

本章では、日本海軍の総力戦への対応について考える前提として、日本海軍において南進論、対米戦論がいかにして形成されたのかを、日露戦争後から第一次世界大戦期を中心に検討してきた。

南進論に関しては、第一に、日露戦争後に日本海軍が中国南部への関心を深め、中国駐留の部隊（第三艦隊、遣支艦隊、第一遣外艦隊）を拡充すると共に、部隊運用に必要なノウハウを蓄積していったことを明らかにした。日本海軍で揚子江流域を専門に担当する艦隊の嚆矢となったのは、一九〇五年に新設された南清艦隊であった。同艦隊は、欧米諸国にならって就役したばかりの砲艦を麾下に従え、中国南部の情勢変化に対する即応能力を備えていた。日露戦後に日本が中国大陸への進出を進める中で、しばしば日本人居留民の安全が懸念される事態が生じたが、同艦隊およびその後身の第三艦隊が実際に揚子江流域に出動し、「砲艦外交」をおこなう場面も少なくなかった。こうした中で日本海軍は同流域における艦船航行のためのノウハウや諸情報を蓄積していった。海軍の中国南部への関心は、第一次世界大戦勃発以降ますます増大した。本章ではこのことを、練習艦隊の中国訪問、第三艦隊所属の第七戦隊の第一遣外艦隊への改組などから考察した。

第二に、第一次世界大戦以降、日本海軍は中国南部のみならず、旧ドイツ領ミクロネシア（南洋群島）への関心を高めていったことを明らかにした。第一次世界大戦を機に日本で南進への関心が高まり、「南洋熱」が生まれたことはよく知られているが、海軍はそうした世論が形成されるうえで極めて大きな役割を果たした。海軍は、特別南遣枝隊、第一南遣枝隊、第二南遣枝隊、第一特務艦隊などを組織して、大戦中インド・太平洋地域で広範な活動を展開した。南洋群島の占領後は、同群島の軍政は海軍が統括することとなり、海軍少将を司令官とする臨時南洋群島防備隊が設置された。海軍は、日本と南洋群島の間の航路を維持し、日本からの学術調査団が現地を訪問する一方で、南洋の原住民を観光団として組織して来日させるなど、日本と南洋を結びつけるためのさまざまな活動をおこなった。練習艦隊によるこの地域の訪問も、第一次世界大戦期に始まっている。

対米戦論については、日本海軍がハワイの真珠湾、パナマ運河というアメリカの戦略拠点をどのように見ていたかを通して分析した。真珠湾に関しては、海軍が練習艦隊による遠航などあらゆる機会を捉えて、軍港化のための工事の最新情報を得ようとしていたことを明らかにした。アメリカはハワイ併合以降、真珠湾の開発を徐々に進めたが、日本は一九〇七年以降、在ホノルル総領事館が陸海軍に真珠湾に関する情報を報告する体制を構築し、毎月情報を送り続けた。情報収集で中心的役割を果たしたのは、同総領事館に嘱託などとして勤務した元陸軍軍人黒川通幸であった。また、数年おきにハワイを訪問する練習艦隊も、しばしば真珠湾の工事の様子を見学するのを許可され、情報収集に力を入れた。第一次世界大戦中に日本海軍はアメリカ政府からの依頼でハワイの警備をおこなったが、当時日米関係が小康状態であったため、警備を担当した軍艦常磐やこの時期にハワイを訪問した練習艦隊は、真珠湾についてかなり詳しい情報を入手していた。第一次世界大戦以降、アメリカは真珠湾のさらなる増強に着手し、外国船舶や一般市民の立ち入りをより厳しく制限するようになったが、日本は大戦までのノウハウを活かしてその後も情報収集活動を継続したものと考えられる。

パナマ運河に関しては、一九〇三年の建設開始以来、日本の各方面が外交、経済、軍事など様々な観点から注目していた。一九〇九年のタフト政権の誕生の頃から、同運河への関心は日米両国でさらに高まり、軍事的観点からの論評も増えていった。当時は移民問題のため日米関係が緊張し、架空戦記が多数出版されていた時期で、日本の民間ではパナマ運河が日本にとって脅威となるという分析が多かった。これに対して日本海軍は冷静な姿勢で一貫しており、同運河の問題を利用して日米対立を煽ったり、海軍軍拡を主張したりすることはなかった。もっとも海軍はパナマ運河の軍事的影響には強い関心を寄せており、一九一一年の練習艦隊のパナマ訪問時には、陸軍軍人を同行させて現地で情報収集をおこない、乗員に同運河が日本に及ぼす利害について研究させるなど、同運河開通後の状況に対処するための準備を始めていた。これに対してアメリカでは、日本のパナマ運河に対する意図を警戒する世論が存在し、パナマ寄港時に練習艦隊司令官の発言をめぐる誤報にもとづく騒動が発生する一幕もあった。日本海軍は、第一次世界大戦以降も引き続きパナマ運河に関心を寄せ、情報収集と研究を継続した。

このように日露戦争以降南進論と対米戦論が徐々に形成されていったが、日本海軍は一九〇七年に帝国国防方針を策定して以来、日本近海に敵国艦隊を引きつけ、攻撃漸減しつつ最終的に主力艦隊決戦に臨むことを基本戦略としたため、日本艦隊が遠方へ進出するという発想はあまりなく、実際にさらなる南進や対米戦をおこなうための能力は不十分であった[140]。しかし、第一次世界大戦中から戦後にかけて、日本海軍は外洋での様々な長期行動を経験すると共に、それらを遂行するための装備を充実させ、本格的な外洋航行能力を持つ外洋海軍(ブルーウォーター・ネイビー)として成長していくことになる。例えば海軍は、大戦後半期に第一特務艦隊をインド洋に、第二特務艦隊を地中海に派遣し、長期外洋航行、海上護衛活動や対潜水艦戦の貴重な教訓を得ている[141]。第二特務艦隊の主力として活躍した樺型駆逐艦八隻、桃型駆逐艦四隻(いずれも大戦勃発後に発注され、一九一五年以降就役)は、大型艦艇に先んじて重油専焼缶が取り付けられており、同艦隊の活動は、日本海軍が燃料を石炭から重油に転換させる上でも大きな意味を持つものだった[142]。

また、第一次世界大戦期、日本海軍は給油艦の建造や石油備蓄施設の整備も積極的に進めた。日本では第一次世界大戦期に重油の需要が大きく伸び、輸入量も激増したが、民間の大型油槽船(タンカー)が存在しなかった。そのため海軍は、一九一七年以降自身で知床型給油艦の整備に着手し、外国からの重油輸送に従事させた[143]。

石油備蓄に関しては、一九二〇年海軍省に軍需局、各鎮守府および要港部には軍需部および同支部が設置され、燃料の備蓄・供給体制が整えられた。また、一九二一年には八八艦隊の出現を見越して、徳山に第三海軍燃料廠が設置された[144]。このように海軍の総力戦準備は、第一次世界大戦期の経験や戦訓研究を基礎として、産業基盤構築や官民の役割分担をも考慮しながら進行していった。これらについては、今後の検討課題としたい。

註

1――麻田貞雄『両大戦間期の日米関係――海軍と政策決定』(東京大学出版会、一九九三年)。

2――平間洋一『第一次世界大戦と日本海軍――外交と軍事の連接』(慶應義塾大学出版会、一九九八年)。

3――明治期の南進論については、矢野暢の先駆的研究が今なお示唆に富むが(同『「南進」の系譜――日本の南洋史観』千倉書房、二〇〇九年)、考察の主対象は民間の思想であり、海軍について掘り下げて考察しているわけではない。明治期の南進論に関する近年の研究として、林晟一「「海国」日本――明治期南進論の対外構想」(『教育と研究』三一号、二〇一七年)、石川徳幸「戦前期日本の「南洋」認識とメディア言説――『日本及日本人』の「南洋」関連記事を題材として」(『政経研究』五六巻二号、二〇一九年七月)、日露戦争後の海軍の南進論に触れた近年の主な研究として、中村茂生「「南洋民族学」と松岡静雄」(『史苑』五五巻二号、一九九五年三月)、西川吉光「日米関係と沖縄」(二)(『国際地域学研究』一五号、二〇一二年三月)、久保田裕次「辛亥革命期の日本海軍と南進――華中・華南を中心に」(兒玉州平・手嶋泰伸編『日本海軍と近代社会』吉川弘文館、二〇二三年)などがある。日露戦争後のアメリカの対日戦論については、エドワード・ミラー著、沢田博訳『オレンジ計画――アメリカの対日侵攻五〇年戦略』(新潮社、一九九四年)、安部文司「グレート・ホワイト・フリート世界周航と石炭問題」(『大阪教育大学紀要　第II部門社会科学・生活科学』六四巻二号、二〇一六年二月)など、詳細な研究がある。これに対して日本の対米戦論については、秦郁彦『太平洋国際関係史』(創元社、一九五七年)、斎藤眞「米国艦隊の世界周航とT・ローズヴェルト」(本間長世編『現代アメリカの出現』東京大学出版会、一九八八年)、高橋勝浩「日露戦争後の日米関係と移民問題――海軍建艦競争への道程」(日本国際政治学会編『国際政治』一二八号、二〇〇一年一〇月)、高橋文雄「明治四〇年帝国国防方針制定期の地政学的戦略眼——日本海軍はオレンジ・プランの原型を読み解けたか」(『防衛研究所紀要』六巻三号、二〇〇四年三月)、川井裕「外国軍艦の日本訪問に関する一考察——一九〇八(明治四一)年の米国大西洋艦隊を対象として」(『戦史研究年報』一四号、二〇一一年三月)といった著作で考察されているものの、本格的研究は少ない。

4——拙稿「遠洋練習航海論——大日本帝国海軍・海上自衛隊を例として」(太田出・川島真・森口(土屋)由香・奈良岡聰智共編著『領海・漁業・外交——一九～二〇世紀の海洋への新視点』晃洋書房、二〇一三年)。

5——麻田貞雄「歴史に及ぼしたマハンの影響——海上権力論と海外膨張論」(同編・訳『マハン海上権力論集』講談社学術文庫、二〇一〇年)。

6——堅田義明『日本海軍とアメリカ』(日本評論社、二〇一一年)。

7——山本厚子『パナマ運河百年の攻防——一九〇四年建設から返還まで』(藤原書店、二〇一一年)。

8——片山邦雄『近代日本海運とアジア』(御茶の水書房、一九九六年)第五・六章。

9——小林道彦「日清戦後の大陸政策と陸海軍——一八九五～一九〇六年」(『史林』七五巻二号、一九九二年三月)。

10——防衛庁防衛研究所戦史室『戦史叢書　中国方面海軍作戦〈一〉』(朝雲新聞社、一九七四年)八四頁。

11——大内健二『砲艦 駆潜艇 水雷艇 掃海艇』(光人社NF文庫、二〇一五年)二二～二三頁。一九世紀半ば以降、揚子江流域では欧米列強の砲艦が活動していたが、二〇世紀に入る頃から日本、清国の砲艦も活動を本格化させた。揚子江流域の各国の砲艦の動向については、Angus Konstam, Yangtze River Gunboats 1900-49, Osprey Publishing, 2011, ケンプ・トリー著、長野洋子訳『長江パトロール——中国におけるアメリカ海軍』(出版協同社、一九八八年)、横山宏章『中国砲艦『中山艦』の生涯』(汲古書院、二〇〇二年)、馮青『中国海軍と近代日中関係』(錦正社、二〇一一年)第四章を参照。

12——「汕頭付近ニ於ケル暴動ニ関シ吉田領事ヨリ報告ノ件(明治四十年六月)」(「清国各地暴動雑件」第四巻、外務省外交史料館所蔵、アジア歴史資料センターレファレンスコード〈以下、Ref.〉B08090150800)、『東京朝日新聞』一九〇七年五月三一日、六月六日、一六日。

13——一九〇八年三月八(一八)日齊藤実海相宛和泉艦長山口九十郎報告(「汽船辰丸事件」「明治四一年公文備考」巻三四艦船二七、防衛省防衛研究所所蔵、Ref. C06092034300)、『東京朝日新聞』一九〇八年二月二九日、三月六日。

14——『東京朝日新聞』一九〇八年三月七日。

15――『東京朝日新聞』一九〇九年一月一〇日。
16――山口九十郎「清韓河川に於ける運用術」(『水交社記事』五巻三号、一九〇八年九月)。
17――秋山真之『長江航泊心得』(『水交社記事』七巻一号附録、一九一〇年三月)。
18――この頃秋山は「日本の海軍の事はもうこれで宜しい、之れからは支那問題、大亜細亜洲の問題だ」と語っていたようで、音羽艦長時代には第三艦隊の増強を主張していた(秋山真之会『秋山真之　第二版』秋山真之会、一九三三年、二五四～二五五頁)。
19――前掲、防衛庁防衛研究所戦史室『戦史叢書　中国方面海軍作戦〈一〉』八五頁。
20――大内健二『砲艦 駆潜艇 水雷艇 掃海艇』六七～七一頁。
21――同右、八五～一〇三頁、波多野勝『近代東アジアの政治変動と日本の外交』(慶應通信、一九九五年)一四六～一五二頁、前掲、久保田裕次「辛亥革命期の日本海軍と南進」。
22――前掲、波多野『近代東アジアの政治変動と日本の外交』一七二～一八二頁。
23――記念写真帖編纂委員編『軍艦新高 長江警備記念』(田山宗興、一九一四年四月)。
24――前掲、平間『第一次世界大戦と日本海軍』、樋口秀美『日本海軍から見た日中関係史研究』(芙蓉書房出版、二〇〇二年)。
25――前掲、防衛庁防衛研究所戦史室『戦史叢書　中国方面海軍作戦〈一〉』一一一～一一二頁。
26――坂野潤治・広瀬順晧・増田知子・渡辺恭夫編『財部彪日記　海軍次官時代』下(山川出版社、一九八三年)一九一五年二月六日の条。
27――同右、一九一五年二月五日、一一日の条。
28――同右、一一二～一二〇頁。
29――例えば一九〇九年は、三月から八月まで遠航が実施され、横須賀を出港後、ホノルル、ヒロ、サンフランシスコ、エスカイモルト、バンクーバー、タコマ、シアトル、ホノルル、函館、大湊に寄港した後、横須賀に帰港した。近航はそれに先立つ一九〇八年一一月から翌年一月にかけて行われ、寄港地は広島、舞鶴、竹敷、釜山、鎮海、仁川、大連、旅順、芝罘、呉淞、佐世保、鹿児島、神戸、津、横須賀という具合であった(「練習艦隊近海航路予定表」、「明治四二年公文備考」巻二一艦船六練習艦隊一、防衛省防衛研究所所蔵、Ref. C06092165300)。
30――前掲、拙稿「遠洋練習航海論」。

31――一九〇八年の遠航の際は、四月馬公寄港中に練習艦松島が火薬庫の爆発により沈没するという惨事が発生し、それ以降の航程が縮小された(「佐世保以往航路予定ノ件」「明治四一年公文備考」巻一三艦船六、防衛省防衛研究所所蔵、Ref. C06091999100、『東京朝日新聞』一九〇八年五月二四日、六月一二日)。妹尾作太男『遠洋航海余話』巻末には遠洋練習航海の寄港地一覧があるが、一九〇八年の記載には不備があり、馬公で事故が発生して以降の寄港地(佐世保、中城湾、仁川、旅順、大連、釜山、大湊、函館、横須賀)が記載されていない。前掲、拙稿「遠洋練習航海論」ではこのことに気付かず、一七四頁の表五-二ではこれをこのまま踏襲してしまった。ここで訂正しておきたい。

32――横尾義遠「練習艦隊遠洋航海記(第三信の二)」(『読売新聞』一九〇六年三月三一日)。

33――佐藤鉄太郎の国防構想については、石川泰志『新装版 海軍国防思想史』(原書房、一九九七年)、『新編 佐藤鐵太郎海軍中将伝――日本海軍戦略思想の興亡』(石川泰志、二〇一九年)を参照。

34――同右。

35――横尾義遠「練習艦隊遠洋航海記(第四信〔の一〕)」(『読売新聞』一九〇六年四月二八日)。

36――横尾義遠「練習艦隊遠洋航海記(第四信〔の二〕)」(『読売新聞』一九〇六年五月六日)。

37――横尾が艦に残ったため、手記には詳しく記されていないが、三日間の停泊中、上海では在留日本人の世話により園遊会などの各種行事や視察が行われた(前掲、横尾「練習艦隊遠洋航海記(第四信〔の一〕)」)。これらは、少尉候補生たちが中国情勢を肌身で知り、国際感覚を身に着ける良い機会となったはずである。

38――前掲、横尾「練習艦隊遠洋航海記(第四信〔の二〕)」、同「練習艦隊遠洋航海記(第五信」(『読売新聞』一九〇六年六月二五日)。

39――前掲、拙稿「遠洋練習航海論」、前掲「練習艦隊近海航路予定表」(Ref. C06092166300)。

40――例えば一九一四年に練習艦隊が近航で上海、南京に寄港した際には、南京の視察(市内の一般状況、軍備、揚子江の無線電信の状況)、第二革命時の中国の国内情勢、上海の視察(戒厳令施行をめぐる状況、江南機総局の状況、共同租界の各国の兵力)に関する報告書が作成されており、同艦隊が各種の情報を積極的に収集していた様子が窺われる(一九一四年二月七日齋藤実海相宛黒井悌次郎司令官報告「大正三年　公文備考」巻三二(艦船一八)、防衛省防衛研究所所蔵、Ref. C08020427200)。

41――前掲、平間『第一次世界大戦と日本海軍』、等松春夫『日本帝国と委任統治――南洋群島をめぐる国際政治 一九一四-一九四七』(名古屋大学出版会、二〇一一年)、Mark R. Peattie, *Nan'yō: the rise and fall of the Japanese in Micronesia,*

1885-1945, University of Hawaii Press, 1988.

42――『第一南遣枝隊南征記念』（東京印刷、一九一五年）、『軍艦新高南征記念』上下巻（画報社、一九一七年）、『軍艦新高南征記念　大正七・八年』（画報社、一九一九年）、『軍艦春日南征記念写真帖』（画報社、一九一八年）。

43――『東京朝日新聞』一九一五年一月一八日。

44――矢野暢『「南進」の系譜――日本の南洋史観』（千倉書房、二〇〇九年）五四頁。

45――南洋庁長官房編『南洋庁施政十年史』（南洋庁長官房、一九三二年）三五〜四六頁。

46――『南洋協会二十年史』（南洋協会、一九三五年）四〜五頁。

47――『東京朝日新聞』一九一四年一二月二日、二二日。

48――『東京朝日新聞』一九一五年一月八日、二月九日、一九日、四月一七日。

49――『東京朝日新聞』一九一五年七月三日、二四日、八月八日。

50――『東京朝日新聞』一九一六年七月二三日、八月一七日、二九日、一九一七年八月一日。

51――『東京朝日新聞』一九一五年一〇月六日、一一月一三日。

52――『東京朝日新聞』一九一八年一〇月二七日。

53――『東京朝日新聞』一九一五年七月七日、八日、二四日。山本がかつてジーメンス事件に関わっていたことも疑惑を招く一因になっていた。西澤については、平岡昭利「東沙島への日本人の進出と西澤島事件」（『地理空間』四巻一号、二〇一一年六月）を参照。

54――『東京朝日新聞』一九一五年一二月一日。

55――小川和美「太平洋島嶼地域におけるリン鉱石採掘事業の歴史と現在」（日本女子大学史学研究会『史艸』三九号、一九九八年一一月）。

56――「遠洋航海行動一覧表」（「大正七年公文備考」防衛省防衛研究所所蔵、Ref. C08021125000）。

57――拙稿「日本海軍による遠洋練習航海の外交史的意味」（近刊）。

58――村上隆『北樺太石油コンセッション　一九二五‐一九四四』（北海道大学図書刊行会、二〇〇四年）。

59――前掲、拙稿「遠洋練習航海論」。

60――前掲、堅田『日本海軍とアメリカ』一四一〜一四二頁。

61――練習艦隊航路予定表、外務次官より加藤秘書官へ口頭覚書（一九〇七年一月一一日付）（「明治四十年公文備考」巻一五（艦船七）、防衛省防衛研究所所蔵、Ref. C06091868400）。

62——『東京朝日新聞』一九〇七年一一月三〇日。

63——一九〇七年四月二七日付林董外相宛齋藤幹総領事報告（「明治四十年公文備考」巻一五（艦船七）、防衛省防衛研究所所蔵、Ref. C06091868700）、『東京朝日新聞』一九〇七年三月一四日。

64——一九〇七年二月二七日付珍田捨巳外務次官宛齋藤幹総領事書簡（「各国一般軍備及軍費関係雑纂　ホノルル軍備調査一」、外務省外交史料館所蔵、Ref. B07090031600）。

65——黒川の前歴や渡航の経緯は不明だが、一九〇二年までにはホノルルに定住し、以後少なくとも一九三三年頃まで在ホノルル総領事館に勤務していたことが確認できる（奥村多喜衛『楽園おち葉』第五篇、奥村多喜衛、一九四一年、一三頁、日布時事社編輯局編『日布時事布哇年鑑　昭和八—九年』日布時事社、一九三三年、八二頁）。ハワイで発行されていた日本語新聞『日布時事』掲載の記事では、黒川の肩書は、一九一〇年代には「書記」（『日布時事』一九一三年五月九日、一九一四年五月一二日）、一九二〇年代には「嘱託」（同一九二九年一一月三〇日）とされていた。黒川は、一九〇九年に広島高等女学校出身でヌアヌ日本人学校教師の中島よし子と結婚した。日本語新聞で時折インタビューに応じ、息子や娘のことが写真付きで紹介されるなど、表向きは他の総領事館職員と大差なく勤務していたが（同一九〇九年六月二五日、一九一一年一二月一四日、一九一四年一月一日、一九二七年六月一二日）、実際には一貫して軍事調査を行うという特殊任務を帯びていたことになる。

66——一九〇八年一一月一六日付小村寿太郎外相宛上野専一総領事報告書（前掲「各国一般軍備及軍費関係雑纂　ホノルル軍備調査一」Ref. B07090031700）。

67——一九〇九年四月一二日付小村寿太郎外相宛上野専一総領事報告、一九〇九年齋藤実海相宛伊地知彦次郎司令官報告（「明治四二年公文備考」巻二一（艦船六）、防衛省防衛研究所所蔵、Ref. C06092166700、C06092167500）。

68——「練習艦隊実務練習成績及経過報告」（「明治四二年公文備考」巻二五（艦船十）、防衛省防衛研究所所蔵、Ref. C06092171800）。

69——「明治四二年自四月一日至四月卅日練習艦隊日誌」（「明治四二年公文備考」巻二二（艦船七）、防衛省防衛研究所所蔵、Ref. C06092168500）。真珠湾見学者の人数を一五名としている史料もある（杉本由良吉・橋本正直・山岡三良「練習艦隊軍艦阿蘇遠洋航海医務衛生記事抄録」『海軍医事報告撮要』五四号、海軍省医務局、一九一〇年七月、一一三〇頁）。

70――一九〇九年四月一〇日付石井菊次郎外務次官宛上野専一総領事報告(前掲「各国一般軍備及軍費関係雑纂　ホノルル軍備調査一」Ref. B07090031800)。

71――前掲「明治四二年自四月一日至四月卅日練習艦隊日誌」(Ref. C06092168600)。

72――「練習艦隊要誌第三　自九月一六日至一一月一二日」(「明治四三年公文備考」巻四五(艦船一八)、防衛省防衛研究所所蔵、Ref. C06092356600)。

73――練習艦隊軍艦浅間編『浅間遠航記事』(軍港堂、一九一一年)三九頁。

74――笠置一士官「練習艦隊遠航記　第四信(ホノルルより)」(『東京朝日新聞』一九一〇年一二月二〇日)。

75――一九一〇年一一月一九日付八代六郎司令官宛山本英輔参謀報告(「明治四三年公文備考」巻四四(艦船一七)、防衛省防衛研究所所蔵、Ref. C06092355200)。この逸話は、山本の著書でも紹介されている(山本英輔『七転び八起の智仁勇』山本英輔、一九五七年、二四一～二四三頁)。

76――一九一一年一一月二七日付内田康哉外相宛上野専一総領事報告(「各国一般軍備及軍費関係雑纂　ホノルル軍備調査二」防衛省防衛研究所所蔵、Ref. B07090032500)。

77――一九一一年一二月一六日付内田康哉外相宛上野専一総領事報告(前掲「各国一般軍備及軍費関係雑纂　ホノルル軍備調査二」Ref. B07090032500)。

78――明治四十五年軍令部秘報第三号(一月十七日)(前掲「各国一般軍備及軍費関係雑纂　ホノルル軍備調査二」Ref. B07090032500)。

79――猪瀬直樹『黒船の世紀：ガイアツと日米未来戦記』(文春文庫、二〇一〇年)。

80――『東京朝日新聞』一九〇二年一月二六日。

81――東京朝日新聞』一九〇七年一一月三〇日、一九〇八年八月六日、一九〇九年一一月一四日、一九一〇年二月二一日、一九一一年一月三〇日、「布哇比律賓防備」(『外交時報』一二巻一二号、一九〇九年一二月)、「米国海軍現状」(『日本経済新誌』六巻一一号、一九一〇年三月)、「米国の布哇軍港の防備」(『海之世界』五巻二号、一九一一年二月)など。

82――『東京朝日新聞』一九〇八年九月六日。

83――『東京朝日新聞』一九一〇年一〇月一八日。アメリカが真珠湾を「太平洋のジブラルタル」にすることを計画しているという言説は当時よく紹介されている(例えば、吉川潤二郎編『偉人ローズベルト』内外出版協会、一九一〇年、一五八頁)。

84——「布哇の大防備(海軍根拠地の移動)」(『読売新聞』一九一一年五月三日)。

85——根来源之「布哇移民」(高橋作衛編『日米之新関係』清水書店、一九一〇年、三八八頁)。

86——川島清治郎『国防海軍論』(嵩山房、一九一一年)四一〇〜四一一頁、四六三〜四六七頁。

87——同右、七四七〜七六〇頁。

88——佐藤の国防構想については、前掲、石川『新装版 海軍国防思想史』、前掲『佐藤鐵太郎海軍中将伝』を参照。

89——川島は一九一三年に本書の続編とも言うべき『列国海軍の均整　附日米交戦関係』(玄黄色社、一九一三年)を出版しているが、同書にも成田勝郎海軍少将が序文を寄せている。

90——鈴木一編『鈴木貫太郎自伝』(時事通信社、一九六八年)二〇六〜二〇七頁。

91——前掲、平間『第一次世界大戦と日本海軍』一二〇〜一三一頁。

92——「軍艦常磐警備概報」第一〜第十(「大正六年公文備考」巻二七(艦船九)、防衛省防衛研究所所蔵、Ref. C08020939300)。

93——「軍艦常磐警備概報」第三(前掲「大正六年公文備考」巻二七(艦船九)、Ref. C08020939300)。

94——木下三雄編『六十年の回顧』(木下光敏、一九六五年)五六頁、木下啓次郎『砲術科士官の一記録——木下三雄「六十年の回顧」補足編』(木下啓次郎、一九七七年)六四頁。

95——前掲、堅田『日本海軍とアメリカ』一四四頁。

96——Chris Cook, *Serving in Paradise: An Illustrative Narrative of the U.S. Military in Hawai'i*, Honolulu: Mutual Publishing, 2016, p.25.

97——堅田義明「二〇世紀前半における真珠湾とホノルル港開発」(『名城大学外国語学部紀要』四号、二〇二〇年)。報告書は、ワシントン海軍軍縮会議の最中にも変わらず送付されている。一例として一九二二年二月に送付された報告書の小見出しを示すと、グアム島知事の新任、海兵監の来往、クーン少将帰米、米国海陸軍両卿の日本往訪、飛行機防御砲及爆弾投下隊の比島行取消、カリヒ湾口の十六吋砲要塞といった具合で、ハワイ・真珠湾に限らず、ハワイで収集し得た太平洋地域のアメリカ軍の動向全般に関する情報が報告されていたことが分かる(一九二二年二月一一日付田中都吉外務次官宛矢田長之助総領事報告、「各国一般軍備及軍費関係雑纂　ホノルル軍備調査四」防衛省防衛研究所所蔵、Ref. B07090033500)。

98——一九三〇年代後半になると、練習艦隊が遠航でハワイを訪問する際も真珠湾への立ち入りは一切できなくなった

（中村悌次『生涯海軍士官』中央公論新社、二〇〇九年、二〇頁）。よく知られている通り、真珠湾攻撃直前には、元海軍軍人の吉川猛夫が在ホノルル総領事館員としてハワイに勤務し、真珠湾の最新動向を探った（吉川猛夫『真珠湾スパイの回想』朝日ソノラマ、一九八五年）。

99――社説「パナマ運河問題」（『東京朝日新聞』一九〇一年六月一〇日）、社説「中米運河問題の現況」（同上一九〇一年一二月二日）、社説「中米運河問題の現況（再び）」（同上一九〇二年二月一日）、社説「巴奈馬開鑿決定」（同上一九〇三年三月二七日）、社説「巴奈馬運河問題」（同上一九〇三年一一月八日）、社説「パナマ運河」（同上一九〇六年六月二五日）、社説「巴奈馬運河財政」（同上一九〇九年八月二六日）、社説「巴奈馬運河防備」（同上一九一〇年九月八日）。

100――例えば、「米国艦隊来航録」（一）（『東京朝日新聞』一九〇八年一〇月六日）、社説「日米益親善」（同上一九〇八年一〇月一九日）。高橋文雄は、パナマ運河建設中の戦略環境について、「日本海軍としては、タイムリミット付海軍力整備が要求される環境となった」と指摘している（前掲、高橋「明治四〇年帝国国防方針制定期の地政学的戦略眼」）。

101――『東京朝日新聞』一九〇五年七月二六日、八月二日。

102――『東京朝日新聞』一九〇八年一二月一六日、一九〇九年一月二五日、二月一四日。

103――『東京朝日新聞』一九〇九年一二月一〇日、一九一〇年一月七日。一九一五年にサンフランシスコで開催されたパナマ・太平洋万国博覧会については、山城新「パナマ・太平洋万国博覧会とその意義について：別冊解説」（Panama-Pacific International Exposition, San Francisco, 1915, pt.1-2, Tokyo: Athena Press, 2016-17）を参照。

104――平野龍二「第二次桂内閣における海軍拡張計画：桂内閣と海軍の攻防を中心に」（防衛省防衛研究所戦史研究センター編『戦史研究年報』二〇号、二〇一七年三月）。

105――『東京朝日新聞』一九一〇年一一月一六日（大石正己談）。

106――大石正己「海軍拡張と米国」（犬養毅・大石正己述『最近政界之真相』二松堂、一九一一年）七二頁。

107――有賀長雄「パナマ運河の軍事上の性質」（『外交時報』一三巻一〇号、一九一〇年一〇月）。

108――前掲、川島『国防海軍論』四二五～四四二頁、六五五頁。

109――浅利恒太「佐藤鉄太郎海軍中将の国防戦略―対米関係の視点から―」（『政治学研究』三八号、二〇〇八年）二七頁。

110――佐藤の見解が変わった理由は定かではないが、この間佐藤が一九〇九年に宗谷艦長、一〇年に阿蘇艦長として遠航に参加し、北米、ハワイやフィリピンを巡っていたことも影響していたものと思われる（ただし、パナマ運河方面には行っていない)。

111 佐藤が『帝国国防史論』で示したドイツ、アメリカに対する想定敵国論については、前掲、石川『新編　佐藤鐵太郎海軍中将伝』第六章第一節を参照。

112 肝付の経歴と事績については、柴崎力栄「海軍の広報を担当した肝付兼行」(『大阪工業大学紀要　人文社会篇』五五巻二号、二〇一一年二月)を参照。

113 肝付兼行「海事眼に映ずるパナマ運河開通の影響」(『慶応義塾学報』一七一号、一九一一年一〇月)。

114 当初、パナマ運河開通後南米の関係が発展するという見込みのもとで、ペルーまで行く計画もあったが、旅程の都合からか実現しなかった(一九一〇年八月六日付齋藤実海相宛八代六郎司令官上申書「明治四三年　公文備考」巻四三(艦船一六)防衛省防衛研究所所蔵、Ref. C06092353200)。

115 一九一〇年一〇月一三日付石本新六陸軍次官宛福島安正参謀次長通知(「密大日記　明治四三年」防衛省防衛研究所所蔵、Ref. C03022992300)。

116 一九一〇年一〇月一四日付石本新六陸軍次官宛財部彪海軍次官通知(前掲「密大日記　明治四三年」Ref. C03022992300)。

117 一九一一年三月七日付齋藤実海相宛八代六郎司令官報告(「明治四三年公文備考」巻四三(艦船一六)防衛省防衛研究所所蔵、Ref. C06092353600)。

118 前掲、山本『七転び八起の智仁勇』二四三頁。

119 前掲、一九一一年三月七日付齋藤実海相宛八代六郎司令官報告。なお、サンディエゴの視察は海軍軍人が担当し、伊丹は行わなかった。

120 前掲、一九一一年三月七日付齋藤実海相宛八代六郎司令官報告、「少尉候補生第一期実務練習経過報告」(「明治四三年　公文備考」巻四四(艦船一七)防衛省防衛研究所所蔵、Ref. C06092354500)。

121 一九一一年一月二一日付小林躋造海軍省副官宛山本英輔書簡(「明治四三年　公文備考」巻四三(艦船一六)防衛省防衛研究所所蔵、Ref. C06092353800)、前掲、山本『七転び八起の智仁勇』二四八頁。

122 『東京朝日新聞』一九一一年一月一二日。

123 『東京朝日新聞』一九一一年一月一四日。

124 『東京朝日新聞』一九一一年一月一五日。

125――一九一一年一月二一日付海軍次官宛八代六郎司令官電報（「明治四三年公文備考」巻四三（艦船二六）防衛省防衛研究所所蔵、Ref. C06092353800）、同年二月一五日付齋藤実海相宛八代六郎司令官報告（「明治四三年公文備考」巻四四（艦船二七）防衛省防衛研究所所蔵、Ref. C06092354500）。
126――『東京朝日新聞』一九一一年一月一六日。
127――『東京朝日新聞』一九一一年一月二二日。
128――高崎哲郎『評伝技師青山士　その精神の軌跡：万象ニ天意ヲ覚ル者ハ…』（鹿島出版会、二〇〇八年）一四二頁。
129――「巴奈馬運河（本日開通）」（『東京朝日新聞』一九一四年八月一五日）。
130――『読売新聞』一九一四年八月一〇日、一一日、一四日。
131――『読売新聞』一九一四年一二月四日。
132――『東京朝日新聞』一九一四年一二月一二日、『読売新聞』一九一五年一月一七日。
133――『東京朝日新聞』一九一四年六月一六日。一九一四年八月一五日の開通日に小規模な開通式は行われていた。初めて運河を通過したのはアメリカ陸軍省が所有する汽船アンコ号で、パナマ大統領が乗船していた（『東京朝日新聞』一九一四年八月一八日）。
134――『東京朝日新聞』一九一四年五月六日。
135――『東京朝日新聞』一九一五年一〇月六日、一九一六年三月一八日、四月一七日。
136――『東京朝日新聞』一九一五年二月四日、六日。
137――『東京朝日新聞』一九一五年二月一二日、三月二日、『読売新聞』同年四月八日（出羽重遠談）。
138――小泉昌義『ある海軍中佐一家の家計簿：戦時下に子供を三人かかえて転勤七回』（光人社NF文庫、二〇〇九年）八二頁。
139――日本海軍は太平洋戦争中、艦上攻撃機「晴嵐」三機を搭載した伊四〇〇型潜水艦から成る潜水艦隊建造を進めたが、二隻が完成した段階で沖縄戦となり、パナマ運河攻撃は実行されなかった（佐藤次男『幻の潜水空母――帝国海軍最後の作戦パナマ運河爆砕』光人社ノンフィクション文庫、二〇〇一年）。ちなみに、太平洋戦争中に、海軍からパナマ運河についての情報提供を求められた青山士は、「私は造ることは知っているが壊し方は知らない」と答え、拒否したとよく言われるが（例えば、「パナマ運河の歴史」在パナマ日本国大使館HP、https://www.panama.emb-japan.go.jp/jp/panama-canal/?p=history）、高崎哲郎氏によれば、実際には多くの資料を提供したらしい。もっとも、パナマ運河の防衛体制の強固さも説明し、「せっかく苦労して造ったものであり、そっくりそのまま貰うことを考えてはどうじゃ」と皮肉ったとしている。この時青山のもとを訪問した今井少尉は、一九一一年の練習艦隊のパナマ訪問時に青山と親しくなった長谷川清海軍大将（当時台湾総督）の紹介状を持参していたという（前掲、高崎『評伝技師青山士』二六八～二七一頁）。

140――『海軍軍戦備（一）』（朝雲新聞社、一九六九年）。

141――両艦隊の活動については、前掲、平間『第一次世界大戦と日本海軍』、片岡覚太郎著、C・W・ニコル編『日本海軍地中海遠征記：若き海軍主計中尉の見た第一次世界大戦』（河出書房新社、二〇〇一年）、C・W・ニコル著、村上博基訳『特務艦隊』（文春文庫、二〇〇八年）を参照。

142――燃料懇話会編『日本海軍燃料史』上巻（原書房、一九七二年）一七頁、岩間敏「戦争と石油（五）――世界最初の「戦略石油備蓄」」（『石油・天然ガスレビュー』四五巻二号、二〇一一年三月）。

143――前掲、燃料懇話会編『日本海軍燃料史』上巻、五九八～六〇〇頁、大内健二『敷設艦 工作艦 給油艦 病院船』（光人社NF文庫、二〇一六年）。大正末期頃から民間のタンカーが成長すると、知床型給油艦は重油輸送任務を止め、洋上給油装置を装備して艦隊に随伴して給油を行うようになる。

144――前掲、燃料懇話会編『日本海軍燃料史』上巻、一七～二〇頁、脇英夫・大西昭生・兼重宗和・冨吉繁貴『徳山海軍燃料廠』（徳山大学総合経済研究所、一九八九年）。

第3章

第一次世界大戦の経験と在郷軍人・パラミリタリー組織の国際比較史

玉木寛輝
TAMAKI Hiroki

はじめに

本章で扱う一九一〇年代後半から三〇年代にかけての時代は、広く職業軍人以外の国民も軍事的責任を負い、また軍事へ関与していく時代であった。第一次世界大戦という未曾有の総力戦は、職業軍人のみでは戦争を担えないことを世界各国に痛感させ、後述するように幅広い国民に軍事的訓練を課す国々が次々と登場した。また、同大戦の衝撃が国家の疲弊と政治体制の動揺をもたらしたことへの不満から、本来であれば終戦とともに日常生活に戻っていくはずの国民が大戦後も在郷軍人あるいはパラミリタリーグループとして活動し、ときには暴力をもってして政治に大きな影響を及ぼすこともあった。そのことは「なぜ第一次世界大戦は終わり損ねたのか」という疑問をヨーロッパ史研究に投げかけるとともに、同大戦後の在郷軍人やパラミリタリーグループの暴力が直線的に「ファシズム」をもたらしたか否かをめぐり議論が続けられている[1]。それらの意味での「軍事の国民化」は第一次世界大戦後の刮目すべき大きなテーマであり、同時代の日本もその趨勢を注視していた。

しかしながら同大戦後の日本の青年訓練や在郷軍人の政治化については、それらを世界史のなかに位置づけた研究はほとんどないように思われる。一九二〇年代に制度化される学校教練についても「軍国主義」の一環として位置付けられ[2]、日本が同制度と関連して世界の趨勢をいかに認識していたのか、同様の措置を講じていた国は日本だけであったのかなどは、わずかな近年の例外的な研究[3]を除いて問われることはない。また、在郷軍人やパラミリタリーグループの研究についても、いわゆる「ファシズム」体制といかに関連するのか、日本、ドイツ、イタリアを比較の観点から論じた古典的研究はあるものの、それらは日本が「ファシズム」体制であるという前提で論じているために、在郷軍人やパラミリタリーグループの果たした役割は他の二国と異なる様相を呈したにもかかわらず、何がその相違を生じさせたのか、単にドイツ、イタリアとの比較のみで十分なのかについては課題として残されているように思われる[4]。

そこでまず第一節では、一九二〇年代に学校教練、青年訓練所といった形で制度化する青年訓練につき、日本が同時代の世界のいかなる国と組織の情報を集めていたのかを明らかにする。そこでは同時に、イギリス、アメリカの事例も簡単に確認し、日本の青年訓練を世界史のなかに位置づける。続いて第二節では日本、ドイツ、イタリアの政治化する在郷軍人・パラミリタリーグループが果たした役割について比較を試み、その役割につきドイツ、イタリアと日本の間でなぜ相違が生じたのかについて検討する。第三節では、一九三〇年代前半から半ばにかけておこなわれた在郷軍人の草の根の交流につき検討することで、流動化する国際情勢のなかでいかなる国家間の関係構築が目指されていたのかを明らかにする。そこでは、第二次世界大戦時の日本、ドイツ、イタリア陣営とイギリス、アメリカ、フランス陣営の対立という、しばしば適用される図式が有効ではないことも同時に提示できよう。

その意味で本章は、しばしば適用される第二次世界大戦時の対立構図を一度解体して「軍事の国民化」について考察する試みでもある。

1 第一次世界大戦の経験と日本の「国民国防」のモデル

◆模範としてのイギリス

本節では、第一次世界大戦後の一九二〇年代に学校教練あるいは青年訓練所という形で制度化される青年訓練にスポットを当てる。前者は中学校以上の諸学校に現役将校を派遣して学生に軍事訓練をおこなわせるものとして一九二五年に始まり、後者は一九二六年に制度化され一六歳から二〇歳までの青年を対象として、四年間のなかで軍事教練四〇〇時間、その他に修身及び公民科、普通学科と職業教育を四〇〇時間教授するものであった。長期的にみれば、確かに両制度には職業軍人以外の国民にも軍事的素養を身につけさせ、将来起こり得る総力戦に有効に活用しようという思惑があったことは間違いないであろう。しかし本節では、一九二〇年代にそれらの制度が実施されるにあたって、必ずしも軍事的技術の獲得のみが期待されていたわけではなく、同制度を通じて人々に規律、協同・団結の精神を養わせ、国家への責務を自覚させるという点に重点が置かれていたこと、それを実現するために日本がどの国のどのような制度や組織を参照していたのか、また、イギリス、アメリカなど他の国でも日本と同様の軍事訓練を含む青年訓練が必要とされていたことを明らかにする。

以上を明かにするにあたっては、第一次大戦後の日本の青年訓練について記した雑誌『訓練』が有用であろう。同誌は一九二七年という学校教練、青年訓練所が制度化された時期に創刊されているために、それらの制度が世界のいかなる動向を参照していたのかを探るのに最適である。同誌は日本の情報のみならず、同様の制度を持つ国々を幅広く紹介するものであり、その意味でグローバルな青年訓練の動向を日本に媒介しようとするものであった。まず同誌上において注目されるのは、青年訓練の目的は必ずしも「速成の兵士」を作り上げることにはない、という議論が盛んに展開されており、日本の当局者もその点を同誌上で強調している点である。たとえば、一九二七年当時陸軍次官であった畑英太郎は同誌の創刊号において、軍事教練の目的は「青少年に紀律、節制、協同、団結等の諸徳を涵養」する点にあり、「速成の兵士」を作り上げることではないと断じる[5]。また同号において陸軍省軍務局徴募課の見解も載せられているが、そこでは青年訓練に期待するところは軍隊教育そのものではなく、「国民が国家に対する責務を自覚」すること、「同胞一致協力」を実現する精神を涵養するところにあると指摘する[6]。

訓練は軍事教育が主眼ではなく、協同や団結の精神を身につけることが本旨であると強調されたのは、第一次世界大戦中から大戦景気に乗じて成金などが登場する一方、一九二〇年代に入ると社会運動が激化し、社会に分断がもたらされているという認識があったからであろう。実際、一九二五年に陸軍大臣の宇垣一成は青年訓練について、国民が「浮華ニ流レ軽佻」に走っているために、協同、団結などの「諸徳」の涵養が必要だと論じていたし[7]、貴族院でも個人主義と物質万能主義が「思想界の動揺」を来しているため、その思想対策として軍隊教育が有効なのであり、国防能力の増進は必ずしも第一義ではないと文部大臣岡田良平が答弁している[8]。すなわち、国民が「浮華」や「軽佻」に走った結果、階級対立のような形で社会に分断がもたらされているため、その溝を埋めるべく青年訓練を通じて協同、団結、愛国心の精神を養うことが重視され、必ずしも軍事技術の獲得は主眼とされていなかったのである。その意味で学校教練、青年訓練所として制度化される青年訓練を、単に軍事訓練を国民に押し付ける軍国主義と速断することには慎重になる必要があろう。そして、青年訓練を通じた協同や団結、愛国心の精神を体得することで、社会の分断を克服しようと考えていたのは、これから見ていくように日本のみならずイギリス、アメリカでも同様であった。

ではの日本の模範となるべき青年訓練を実施している国があるとすれば、それはどこだと考えられていたのであろうか。一九二〇年代から三〇年代初頭にかけて最もよく参照されていたのは、イギリスの事例であった。『訓練』誌上では、イギリスにおいても青年訓練を通じて「国民として公民としての心身修養をすることは、英国々民の国家に対する義務であると云ふ観念」が養われていると紹介される[9]。重要なのは、必ずしも日本の青年訓練の目標が必ずしも本格的な軍事技術の取得や「兵士の速成」に置かれていなかったために、イギリスのボーイスカウトが参照の対象となったと思われる点である。イギリスのボーイスカウトは一八九九年のボーア戦争に従軍したロバート・ベーデンパウエル大佐が、同戦争を機に青少年の身体的水準の低下およびモラルの興廃を痛感したことに端を発する。以後パウエルによって発展させられていくボーイスカウト運動は、とりわけ労働者階級の生活の規律化と、同階級にも愛国心、利他心、市民精神、名誉、忠誠、義務の価値観を備えさせることに主眼が置かれていく。とはいえ、ボーイスカウトには多くの退役軍人が関わっており、当初からパトロールなどの訓練もこなしていたため、第一次世界大戦時にも有用に活用された。そこで期待された役割は、橋や電話線をスパイの破壊から守るためにパトロールすること、食糧の徴用、救助活動、偵察隊としての活動、沿岸警備隊の補助などであり、その中でも海岸線の警備については特筆すべき活動を展開し、一五〜一七歳のスカウトには軍事教練と射撃術も教授されたという[10]。このようにボーイスカウトは、必ずしも軍事教育を主眼としなかったものの、有事に際して軍事面でも貴重な成果を上げた。その意味で、「兵士の速成」を主眼としないものの、平時には規律と団結心、愛国心を養うことができ、有事には軍事的貢献も期待できる組織としてイギリスのボーイスカウトが注目されたものと思われる。

実際、一九二八年に陸軍次官となった阿部信行は、『訓練』誌上において第一次世界大戦後の「露西亜、仏蘭西、伊太利」と「英国及米国」が軍事予備教育として軍事訓練をおこなっていることに触れつつ、それとは別にイギリス、アメリカ両国は「少年斥候隊」などを設けて「青少年の心身を鍛錬して、国民資質の向上を計り、かねて間接的に、萬一の国防に貢献」させているという点を特筆する。そのうえで日本も「国民資質の向上と云ふことを主眼」として訓練に関する制度を整えてきたし、以後もその充実が必要だと述べる[11]。また阿部信行は興味深いことに「教練の趣味化」を唱えていた。阿部の考える青年訓練の目的は「心身の鍛錬」であったが、それには無味乾燥な軍事教育のみでは有効ではなく、「体操、遊戯等を加へ」ることで「趣味のあるうちに、心身の鍛錬となる」という[12]。そのような阿部の唱える「趣味化」のうちに鍛錬を実現している例として、イギリスとボーイスカウトが『訓練』誌上でしばしば引き合いに出されている。同誌上では、イギリスにおける学校教練では野営地でスポーツなどをやらせ自然と規律と協同が身につけられていること、ボーイスカウトのおこなう野営もまた「一大行楽」として「参加を楽み」ながら心身の鍛錬と「国民性の陶冶に多大の効果を齎しつゝある」ことが紹介されている[13]。「兵士の速成」を主眼としないがゆえに、「趣味化」を通じて軍事の基礎となる規律の精神を身に付けているイギリスのボーイスカウトは参考にし得るものであった。

さらに日本の青年訓練と相通ずる興味深い点は、イギリスのボーイスカウトもまた、訓練により協同の精神や愛国心を無産階級に芽生えさせることを通じて、階級の融和と思想対策を想定していたことである[14]。もっともそこまで日本がイギリスを参照していたかは定かではない。しかしイギリスでは民兵制があらゆる社会階級に国家的団結心と同胞愛を育むため、短期兵役の徴兵制を導入すべきとする議論もあったようであり[15]、ここでは階級の融和と思想対策に軍事訓練を含む青年訓練が有用だと考えていたのは、必ずしも日本のみでなかったことを確認しておきたい。この点は後述するようにアメリカでも同様である。

このように学校教練と青年訓練所が制度化された時期に日本が注意深く参照していたのはイギリスであった。もちろんこれらの情報のみで両制度がイギリスをモデルにしていたと速断するのは早計であろう。しかしながら重要なのは、第一次世界大戦中及び同大戦前から長く日本がイギリスの事例に注視してきた点である。

とりわけボーイスカウトには第一次世界大戦中から注目しており、臨時軍事調査委員の調べのなかでもその

「国家的活動」を「頗る目覚しきもの」あるいは「本戦役に於て現はしたる功績は実に嘆賞の外なく英国人が今や之を以て国家に緊要欠くべからざる教育団体と認め之を創設したるを以て英人の誇とする亦故なきにあらざるを覚ゆ」と評している[16]。一九一八年には田中義一も、欧州では各国が青年指導に力を入れているとしつつ、イギリスのボーイスカウトが「堕落した国民を救済する」ことを主義として活躍していることを指摘する。田中義一の議論で興味深いのは、イギリスのボーイスカウトとフランスの事例を取上げて、後者は「全く軍事予備教育」を施しているとし、日本は「仏蘭西の如き主義を執る必要は無論ない」と述べていることであろう。田中もまた日本に必要なのは、完全な軍事予備教育ではなく、イギリス式の「堕落した国民」を規律化するという意味での青年指導だと考えていたのである[17]。ボーイスカウトについては、すでに第一次世界大戦前から乃木希典が注目しており、実際にイギリスで同組織を見てきた乃木は「規律が如何にも厳粛で、下手な軍隊の不活発な運動」よりも有用であると述べていた[18]。それ以来ボーイスカウトは日本にも頻繁に紹介がなされていた。このように大戦前からボーイスカウトについて情報を得ることができ、同大戦中・後も同組織に注目できたのは、日英同盟があり、情報を収集しやすかったことも関係していよう[19]。

もっとも、同大戦中の日本の視線はボーイスカウト以外の制度にも向けられていた。その点で確認しておく必要があるのは、第一次世界大戦中のイギリスに武官として滞在していた本間雅晴の報告である。本間は「同盟国軍隊ノ了解」に資するためとして、イギリスの大戦中における情報を本国に送っている。そこではボーイスカウトについても「我国ニ於テモ相当ニ研究セラレ」ていると記されているが、注目されるのは後に日本で実現する学校教練と類似するイギリスの制度につき報告されている点である。それはOTC(Officer's Training Corps)と呼ばれるもので、第一次世界大戦前から同国の大学では軍事教練が施されてきた。同制度について本間は当初はパブリックスクールで導入され、その後、中学校などがこれにならったとしたうえで、以下のように述べる。

現役将校ヲ派遣シテ教官タラシムルノ案ハ屡〻論議ニ上ルモ実行ノ運ヒニ至ラス小官ハ第二案トシテ各歩兵連隊ニ附近ノ中学校以上ノ数個学校ヲ配当分担セシメ時々将校ヲ派遣シテ指導ニ任セシメ…等ノ手段ヲ提案セントス[20]

本間は、イギリスの大学でおこなわれている軍事教育と将校養成を担うOTCと同様の仕組みが日本にも必要であるとして、学校の近くの連隊から将校を派遣し青年訓練をおこなうことを提案しているのである。将校を学校に派遣して指導に当らせるという提案は、のちに実現する学校教練に類似していることが指摘できよう。もちろん本間報告がどこまで生かされたかも定かではない。しかし、OTCの制度はその後雑誌『訓練』でも言及されていくようになり[21]、日本でも学校教練における合否が軍の幹部候補の有資格者となる条件とされ[22]、教練が幹部育成と結びつけられた点は、将校を養成するイギリスのOTCに類似しているとも言えよう。以上を踏まえれば、日本の実現する青年訓練とイギリスのボーイスカウトおよびOTCの関連性はより深く検討される余地があるだろう。

◆模範としてのアメリカおよびその他の国について

前項ではイギリスの青年訓練が日本にとって大きな影響を持っていた可能性について論じてきた。もっとも、日本が青年訓練を実施するに際してよく参照していたのはイギリスにとどまらない。ここではアメリカの青年訓練に対する日本の情報収集についても見て置く必要がある。

第一次世界大戦中に日本が情報を収集していたのはイギリスのみならずアメリカについても同様であり、同大戦中に内相も務めた後藤新平のもとにはアメリカにおける戦時中の青年訓練についての情報が寄せられている。丸山鶴吉から後藤に宛てた書簡では、アメリカにおける「少年軍」についての報告がなされ、そこでは、「米国ノ少年軍ハ範ヲ英国ノ少年軍ニ採リ最近ニ発達シタルモノ」であり、平時より「各種訓練」を積みながら、宣戦布告後は食料不足の救済、沿岸防護、赤十字の援助などの活動に従事すると決まったこと、それぞれの活動で目覚ましい活動をおこなっていることが報告されている[23]。そして前項でも触れたように雑誌『訓練』ではアメリカの「少年斥候隊」にも注意を払っており、一九二八年の記事は、軍事的技術の獲得ではなく協同の観念や愛国心を養成するものとしてアメリカのボーイスカウトを紹介している[24]。イギリスのボーイスカウトと同様、軍事教育を主眼としないものの、規律や協同を訓練し、結果的に国防にも資するものとして注目されたのであろう。

またアメリカでは、一九二〇年の国防法に基づいて、学生を予備将校へと育成するために大学で軍事教練をおこなう予備将校訓練課程(Reserve Officer's Training Corps, 以下「ROTC」と表記する)が設置された[25]。これは前項で触れたイギリスのOTCと類似するものであり、『訓練』誌上でも言及されている。たとえば、「「アメリカ人」と云へば金持ちで、戦嫌ひで、単なる黄金主義者の集まりのやうに考へて居るものがある」がそれは正しい観察とは言えないとして、アメリカでも予備将校育成のための学校教練がおこなわれていることに触れている[26]。そして興味深いことに、日本の陸軍省は一九二四年に欧米諸国の軍事予備教育をまとめた『欧米諸国軍事予備教育の状況』なる図書を出しているが[27]、翌年には『米国に於ける軍事予備教育の状況』という形でアメリカについてのみ詳細に記した書が偕行社から別に出版されている。そこでも予備将校訓練課程の学校教練について触れられており[28]、日本がアメリカでおこなわれている職業軍人以外の軍事教育に大きな関心を持っていたことが窺えよう。なお、このROTCについてはアメリカ国内でも、学生の公共の精神や愛国心を養うのに有用だとされ、実施される学校の側でも身体的、道徳的指導に最適だとして歓迎するものもあったという[29]。その意味でアメリカにおけるROTCもまた、兵士の育成のみに重点が置かれたわけではなかった。とすれば、道徳心や愛国心、規律を養いつつ最終的には国防に資するものとして、日本が学校における教練を採用するにあたり、アメリカのROTCを参考にしていた可能性も十分に考えられよう。ここでは人々の規律、協同・団結の精神を養い、国家への責務を自覚するために軍事訓練を含む青年訓練を使おうとしていたのは、日本のみではなかった点も確認できる。

さらに日本とイギリスに相通ずる点で確認する必要があるのはヘンリー・スティムソンの構想である。スティムソンは、第一次世界大戦期から徴兵制の導入を訴えていたが、その狙いは国防への貢献のみならず、訓練を通じて階級的対立を超えて国家という意識を形成させることにあった。スティムソンはアメリカにおける階級対立の高まりと国家の分断を懸念していたが、訓練は、軍事的価値を別にして教育面で多大な貢献を国家になすと主張していた[30]。アメリカでは二〇世紀後半に急激な産業化と経済成長を達成する一方、コミュニティの分断が進んでいるとされており[31]、スティムソンはそのような亀裂を埋めるべく国民の意識に、協同と愛国心を植え付けるものとして訓練を重視したのである。階級対立と思想対策に訓練を利用しようとしていたのも日本のみではなかったのである。

そしてスティムソンとともに徴兵制導入を訴えていたレナード・ウッドは、一九一五年にニューヨーク州にプラッツバーグキャンプという軍事訓練所を設置していた。その後同様の訓練所はアメリカ各地に設置されていくが、重要なのは当初高等教育を受けたエリート層が入所していたのに対し、ウッドはそれをより広い国民に広げ、階級の対立、動揺する思想への対策にすることを視野に入れていた点である。ウッドは階級が何であれ、ともに訓練をおこなうことで、祖国の福祉という共通の目的を持つようになり、富める者と貧しい者を結び付ける役割を果たすと述べている[32]。スティムソンと同様にウッドもまた、訓練を通じて涵養される愛国心と協同の精神が社会の溝を埋めると考えていたのである。そして両名が関わって設立された国家安全保障連盟もまた、訓練は単なる軍事的準備にとどまるものではなく、富める者も貧しい者もともに協同の意識を育ませるものであり、階級意識を緩和することに役立つと考えていた。同連盟は大戦が末期に近づくにつれ、訓練の意義を戦後の階級対立の解決に見出していくようになる[33]。以上のように、日本とイギリスのみならずアメリカにおいても、青年に軍事訓練が必要であるとされ、かつ階級対立の分断を埋めるべく協同と団結の精神を養うものとしてそれが有用であるという議論がおこなわれていたのである。その意味で、訓練を通じた団結と協同と愛国心の養成が必要だとする議論は、世界史の一つの趨勢だったのである。

以上では、日本がイギリス、アメリカを中心に青年訓練を参考にしていたと思われる点を確認してきたが、その他の国の青年訓練について全く日本が注目していなかったわけではない。先の『欧米諸国軍事予備教育の状況』には、第一次世界大戦前および大戦中のドイツの軍事予備教育の記述の部分に附録が設けられており、それなりに注目されていたことがわかる。しかし戦間期に発刊された『訓練』はドイツについて、体育団体がドイツ復興のために尽していることに言及するものが主であり[34]、具体的な軍事訓練の制度について触れられることはほとんどない。おそらくそれは、第一次世界大戦における敗戦の結果、ドイツでは軍事目的の組織の設立が制限されたからであろう。そのことは、ドイツでは「平和条約に依り軍事教育は禁ぜられた」[35]と同時代の日本で言及されている点からも分かる。第一次世界大戦の結果、軍事教育に制限が課せられたドイツについては、あまり具体的な点を参考にすることができなかったのであろう。それゆえ、イギリス、アメリカ両国の記述が大戦後は中心となっていくのである。

もちろん、日本で成立する学校教練や青年訓練所の施設が正確にどこの国のどの制度を参考にしていたのかは定かではない。しかしここでは、日本が第一次世界大戦前後から満遍なく各国の軍事訓練に関する情報を集めており、おそらくは各国の情報を総合して両制度を整えたであろうこと、その中でイギリス、アメリカの施設が重きを置いて観察され、少なからず日本の制度に影響があったであろうことを確認しておきたい。また、階級対立克服、思想対策のために人々の規律、協同・団結の精神を養い、国家への責務を自覚させるべく軍事訓練を含む青年訓練を利用する議論があったのは、日本のみではなかった。その意味で日本の学校教練、青年訓練所といった青年訓練の制度も世界史の趨勢のなかで考える必要があるだろう。

2　日本の在郷軍人の果たした役割を世界史のなかに位置づける

◆ドイツ、イタリアにおける在郷軍人とパラミリタリーグループ

すでに少し述べたように、在郷軍人ないしパラミリタリー組織はイタリアファシズムよびナチズムが政権を握るにあたって重要な役割を果たした。その役割の一つに、「政治の軍事化」を推し進めたことが挙げられるであろう。「政治の軍事化」とは、合法的な対話ではなく、暴力をもってして政敵を倒す事も厭わない政治のことである。もっともそれがイタリアファシズムやナチズムへと直線的につながっていくのかは議論がある[36]。しかし少なくとも、ドイツ、イタリア両国において在郷軍人やパラミリタリーグループが「政治の軍事化」を促進し、ベニト・ムッソリーニやアドルフ・ヒトラーの政権獲得のための地ならしをしたことも、これから見て行くように指摘されている。イタリアやドイツで「政治の軍事化」が進んだのは、第一次世界大戦に伴う国家の疲弊と政治体制の動揺のなかで、社会主義・共産主義勢力が大幅な伸張を見せたことがある。

第一次世界大戦後のイタリアは、戦争の勝者であるにもかかわらず、多額の負債を抱えたことで国内では混乱が生じ、著しい左派の伸張が起きていた。ロシア革命に呼応したイタリア社会党が下院の第一党に躍り出ただけでなく、一九二〇年には労働者が約六〇〇以上の工場を占拠して、労働者評議会の政権を打ち立てるなど、国内は混乱状態に陥っていた[37]。それゆえ、大戦から帰還した兵士たちのなかには、自国の統一を目指して従軍したにもかかわらず、むしろ国内の分断を促進する共産主義が跋扈している事態に、現状の政治体制が有効に機能していないと認識しムッソリーニのもとに集っていく者もいた。一九一九年、ムッソリーニはミラノにおいて第

一次大戦に従軍した突撃隊「アルディーティ」から構成される「イタリア戦闘ファッシ」を組織した。加えて、大戦には出征できなかった世代が多く参加した「ファシスト行動隊」なるパラミリタリー組織も、社会党が市政を握る地方政府への攻撃や、労働組合、社会党系の政治組織に、文字通りの「暴力」をもってして対抗したのである。内戦の様相さえも呈した一九一九年〜二二年にかけて、約三〇〇〇人が殺害されたとも言われる。そのような「暴力」にもかかわらず、国民ファシスト党は同時期に党員を一〇倍以上に拡大させたのである[38]。もっとも、大戦に参加した在郷軍人たちの大多数が必ずしもイタリアファシズムに完全に共鳴していたわけではないとされる。しかし在郷軍人のなかには大戦に参加していない若者に攻撃的な精神を注入するとともにローマ進軍に参加したものもいたし、在郷軍人の存在はファシズムに不可欠なシンボルになっていたという[39]。

一方で先行研究は、このようなパラミリタリーグループによる暴力がそのままムッソリーニの政権獲得を実現させたわけではなく、イタリアファシズムも後述するナチスの場合もともに、その政権掌握過程には、それらと手を組もうと考える体制内の「保守派」との「同盟」があって初めて実現したことを指摘する。すなわち、イタリアの場合では、一九二一年時に首相の座にあったジョヴァンニ・ジョリッティが、社会主義政党に対抗するために、ムッソリーニのファシスト党（PNF）を選挙連合のリストに加えたのである。一九一九年の総選挙以降、マルクス主義を奉じるイタリア社会党（PSI）や、急進的な社会改革を主張するイタリア人民党が議会で躍進しており、この左派に多数を握られている状態を打破するために、「保守派」はムッソリーニの「ファシズム」勢力と「同盟」を組むことを選択したのである[40]。

このように、第一段階でパラミリタリーグループの暴力による政権への地ならし、すなわち「政治の軍事化」がおこなわれたうえで、「保守派」との「同盟」という第二段階を経ることによって、ムッソリーニは政権を獲得することに成功した。一九二二年にもムッソリーニは在郷軍人やパラミリタリーグループにローマへの進軍を命じ、そこで政権を握っていたルイージ・ファクタ首相は、当初戒厳令を出してローマ進軍を鎮圧する気でいたものの、「保守派」とされる国王ヴィットーリオ・エマヌエーレ三世が戒厳に署名することを拒み、むしろムッソリーニに首相の地位を申し出たのである[41]。こうして、ムッソリーニとファシスト党は「保守派」と巧妙に「同盟」を組んでいくことで政権の座に近づいていったのである。

第一次世界大戦で敗戦国となったドイツでも、パラミリタリーグループがナチスの政権掌握過程で重要な役割を果たした。もっとも、ドイツの場合も第一次世界大戦に参加した在郷軍人たちが必ずしも直線的にナチスの台頭につながる役割を果たしたわけではないとされている点にも注意が必要である。第一次世界大戦に参加した在郷軍人のなかにはむしろ平和主義運動に携わるグループも登場しており、在郷軍人の戦争経験や義勇軍経験がそのまま直線的にドイツにおける「政治の軍事化」につながったわけではない[42]。

しかしそれでもなお、ヴァイマル共和国のなかでパラミリタリーグループによる「政治の軍事化」現象がなくなったわけではない。先行研究によれば、むしろヴァイマル期全体を通じて、ナチスの突撃隊（SA）のみならず、共産党員、在郷軍人組織の鉄兜団、左派系の国旗団など様々な組織がパラミリタリーグループとして街頭に繰り出し、文字通りの「暴力」を政治的活動のために利用した。その中でも共産党とSAの衝突は激しく、とりわけナチスのSAは積極的に街頭へ繰り出しては、旗や制服を着て行進するというシンボルを使った闘争や、文字通りの物理的暴力を行使していた。注目されるのは、この物理的暴力の行使がナチスへの支持調達の役割を少なからず果たしていたとされる点である。この街頭における暴力の行使は、人々の目に否応なくに留まる存在としてナチスを宣伝することを可能にしたのである。ヴァイマル共和国においては、本来議論と討議を担うべき政党が武装した組織を有しており、そのために政治と暴力が容易に結び付く状況にあったとされる。しかし、政治的暴力が最も激しい中でおこなわれた一九三二年七月の選挙でも、暴力の激化にもかかわらずナチスは得票を伸ばしており、必ずしもマイナスには働かなかったという[43]。このようにドイツにおいてもパラミリタリー組織がナチスの政権掌握の地ならしをしていたのである。

しかし先行研究は、ドイツにおいても単に暴力のみでナチスによる政権獲得が果たされたわけではなく、ナチスと「保守派」との「同盟」が想起される必要があると指摘する。一九三二年一一月の選挙ではナチスの勢いに陰りが生じ、得票数は下がっていたという。しかし、クルト・フォン・シュライヒャー首相が気にくわなかったフランツ・フォン・パーペンは、ヒトラーを首相に、自らを副首相に据える一計を案じ、パウル・フォン・ヒンデンブルク大統領に進言してそれを実現させた。それでも一九三三年三月の選挙でナチスの得票は過半数に届かなったが、共産党員による国会議事堂放火事件があったことで、ヒトラーは四年間だけ議会や大統領に諮らなくても権力を行使できる「全権委任法」を成立させることに成功したのである。以上みてきたように、「保守派」としてのパーペンの役割があってこそ、ナチスは政権掌握が可能だった[44]。もっとも同時に、それまでの過程でパラミリタリーグループが「政治の軍事化」を進め、政権獲得の地ならしの役割を果たしていた点も見落とせない。

◆「政治の軍事化」と日本の在郷軍人

前項ではドイツ、イタリアの事例を見てきたが、ではしばしば両国と同列に置かれる日本において、パラミリタリーグループの在郷軍人たちによる「政治の軍事化」や特定の政治指導者の政権獲得への地ならし、あるいは「保守派」との「同盟」はおこなわれたのであろうか。この点を順に見て行きたい。

まず注目されるのは、イタリアファシズムで在郷軍人が一つの政治の原動力となっていることに注目して、一九二〇年代から三〇年代にかけて、日本でも在郷軍人を中心とした政治刷新を目指す動きが現れていた点である。たとえば北昤吉は、「ファシズム」の構成要素は「主として在郷軍人」などの『国民の中堅分子』であると看破しており、日本においても中堅分子である在郷軍人に政治は答えなければならないと論じている[45]。またイタリア通として知られた下位春吉も、中原謹司ら後述する長野県の政治的在郷軍人グループに招かれておこなった講演のなかで、イタリアの「ファッショ運動の中堅」となったのは「戦争から帰った在郷軍人」であり、ガブリエーレ・ダヌンツィオと義勇軍のフィウメ進軍などを例にあげつつ、「此熱烈な意気込みは今日の日本吾々同胞の在郷軍人や青年に見らるゝであらうか」と発破をかけている[46]。同様に中谷武世は、もともとムッソリーニに倣って「ファッショ」をやるつもりだと周囲に宣言していたが[47]、当時からイタリアにおける「急進的国民主義運動の成功若しくは発展」は「在郷軍人がその中軸をなし」[48]ていたからであると考えていた。

そしてここで取り上げた人物たちは、地域の在郷軍人会へ講演に赴き、彼らを組織化することを試み、かつ中央では在郷軍人を政治の原動力に据えることを目指す愛国勤労党(および実現はしなかったものの同党の前身となることが期待された愛国大衆党)の結党に関わっていく。愛国勤労党は「軍人会其他の主催する演説会に出席すること(中略)軍人会幹部と頻繁に意見を交換すること(中略)軍人会其の他の為めに講師を派遣すること」を方針として、明らかに在郷軍人の組織化を目標としていた[49]。そして、北や中谷らが働きかけをおこなっていた長野県下伊那地域の在郷軍人たちの組織する団体は、この愛国勤労党南信支部となっていくのである。長野県の同地域は一九二〇年代に入ってから極めて活発な社会主義運動、共産主義運動が展開された地域であった。そのような動きに対処するために、同地域の在郷軍人会役員の森本州平や中原謹司は一九二〇年代の頭から国民精神作興会を開き、同地域の青年らを対象とした啓蒙活動を展開していたのである。

その意味で下位春吉や北昤吉、中谷武世らはイタリアファシズムを中心に他国の情勢にも目を配りながら、在郷軍人やパラミリタリーグループによる政治革新が世界の趨勢になっていると考え、その動きを在郷軍人会を通じて日本の地域に媒介しようとしていたのである[50]。その意味で長野県下伊那地域の在郷軍人グループの歴史は、世界史のなかに位置づけられると考えている。とすれば、日本とイタリアおよびドイツの事例を比較してみる必要があろう。実際、愛国勤労党には、五・一五事件を起こした海軍の青年士官らの集まりである王師会を作った藤井斉も出入りしていたし、愛国勤労党の天野辰夫は神兵隊事件でクーデター未遂を起こしていたから、彼らと愛国勤労党傘下の在郷軍人グループが連携してイタリアやドイツにおけるパラミリタリーグループの役割を果たせていれば、日本においても「政治の軍事化」が広まる可能性はあり得たかもしれない。また中谷は、軍部が一般国民と社会を牽引していくことを提言していたから[51]、愛国勤労党をイタリアにおけるファシスト党やドイツにおける国民社会主義労働者党と同様の存在にしつつ、軍部と手を握る構想を描いていたものと思われる。したがって愛国勤労党自身も、イタリアファシスト党やナチスに相当する立ち位置を占めて体制内の「保守派」と同盟を組むことも起こり得たかもしれない。しかしそれは実現せず、日本の在郷軍人たちは、イタリアやドイツにおけるような「政治の軍事化」をもたらすこともなかった。

まずは、なぜ日本の在郷軍人たちが「政治の軍事化」を導くことはなかったのかを考えてみたい。第一に、イタリアやドイツにおいては、第一次世界大戦の衝撃が政治体制を揺るがし、既存の政党や議会政治に否定的な左右両極の勢力を伸張させ、政治の不安定化をもたらしたのに対し、日本の場合は同大戦への参加が本格的ではなかったために、政治体制が不安定化することなく、大戦前から着実に力を付けてきた既存の政党が強い磁場を維持していたことが挙げられよう。第一次世界大戦後の日本では、既存の政党が大きなダメージを受けることなく普通選挙と政党政治の慣行を実現させていき、自らの地位を上昇させていく。それゆえ、一九三〇年代初頭に至るまで政治に暴力の論理が浸透する余地はなかった。そのなかで在郷軍人らパラミリタリーグループも、ある程度穏健な既存の政党へ系列化されていた節がある。確かに一九二〇年代後半から在郷軍人たちは政党政治への倦怠感と不満を募らせつつあったが、在郷軍人たちも既成政党がただちに凋落へと向かうとは考えていなかったように思われる。

実際、在郷軍人を革新の原動力に据える方針を取っていた愛国勤労党は一九三〇年に中央で先に結党を実現するものの、長野県下伊那地域の在郷軍人たちが同党の南信支部を作るまでには躊躇があったようである。同地域の在郷軍人のリーダー格である中原謹司はまだ民政党とのつながりを維持しており(中原自身民政党に属していた)、それをただちに捨てて愛国勤労党へと乗り換えることに積極的ではなかった。一九三〇年二月の段階で中原は依然として民政党から立候補することをも視野に入れていた[52]。それゆえ、在郷軍人の組織化を進めようとしていた中谷武世らからは、中原の「キヒ」が運動の行方と成否に大きく関わるとして「フンキヲノゾム」[53]と促されている。また、中原ら下伊那地域の在郷軍人は愛国勤労党に期待する地域の青年層からももっと積極的に動くべきであると突き上げられてもいる。世界恐慌後に左派が拡大しつつあると危機感を覚えた下伊那地域の青年たちは、中原や森本ら在郷軍人が中心となった組織の革新運動について、「奮起、具体的実行に進むべく頼む」、あるいは「ハツキリと力を入れて貰ひ度」[54]いとして、積極的な在郷軍人たちの奮起を促している。ここでは、合法的な対話を重視する既成政党から在郷軍人を革新の原動力とする愛国勤労党へ移ることへのためらいが、中原ら在郷軍人にあったことが窺えよう。もっとも、青年たちからの突き上げもあってようやく中原は一九三一年に愛国勤労党南信支部の結成を決定し、民政党からも脱党していくが、このように在郷軍人たち自身もまだ既成政党の磁力から抜け出しきっておらず[55]、それゆえ合法的な対話路線が根付いていたものと思われる。そのことは、五・一五事件後に愛国勤労党の中谷武世から「郷軍に望みをかけしが駄目」と不満を言われた中原が「中央部のセン鋭分子の如くは参りません」[56]と述べている点からも窺える。中原の言う「中央部のセン鋭分子」が暗殺事件を起こした青年将校や同様のクーデター未遂事件を起こした愛国勤労党の天野辰夫を指しているのかは定かではないが、「セン鋭」的な革新には出るつもりはなかったのである。

第二に、ドイツ、イタリアと比べた際の日本の左派勢力の過激化をめぐる問題が関係していると思われる。先に触れたように第一次世界大戦後のドイツでは、SAのみならず共産党など左派も準軍事組織をもって議会外における街頭での日常的な闘争をしており、双方の衝突が「政治の軍事化」をもたらしていた。しかし、第一次世界大戦が深甚な影響を持たなかった日本では、左派勢力自体がドイツ、イタリアほどに伸張せず、また同勢力も既存の政党により推し進められた普通選挙と議会政治に国民の期待があることを感じ取り、従来の無産運動は

「極く狭い範囲」の「街頭の政治行動」に限られていたとして街頭政治に限界を見出していた。そして同大戦後の左派勢力は「一般大衆は今尚多少の希望を以て議政壇上を見上げてゐる。然も此の一般的形成は決して小さな問題ではない」[57]と述べて、街頭闘争ではなく「理性の府」たる議会の政治へ収斂していく。それゆえ、戦間期の日本ではドイツにおけるように、街頭で在郷軍人やパラミリタリーグループが暴力をもって衝突する「政治の軍事化」は生じなかったのである。したがって長野県の在郷軍人たちも、下伊那地域における無産運動に対して暴力で対処するのではなく、むしろ合法的に説得する余地があるとすら考えていた。例えば中原は長野県の無産運動について、それが国体に背くものでない限りは「吾人は之に賛し之に共鳴するに吝なるものではない」として一定の理解すら示しつつ、のちには「搾取ナキ国家」の実現と「産業大権」による「全産業ノ国家的統制」を掲げ、自らが合法的に彼らに歩み寄ることで対処しようとしていた[58]。これは別稿を期しているが、資本家、労働者、小作人も同一の組織に属するために、日本の在郷軍人会には労資間の対立の融和を率先して実現することが期待されていた[59]。それゆえ日本の在郷軍人会では左派の台頭に暴力で対処することを説く議論は見当たらない。日本のパラミリタリーグループの暴力性に着目した研究もあるが[60]、在郷軍人の観点から見る限り、慎重に検討する必要があろう。

◆日本の在郷軍人と「ファシズムの同盟」

前項で述べたように日本の在郷軍人は「政治の軍事化」をもたらさなかった。それゆえ、同党と連絡のあった青年将校の藤井斉も「勤労党は駄目」[61]と日記に記さざるを得なかったし、在郷軍人の組織化を目指してきた北昤吉は、愛国勤労党の系譜にある団体に在郷軍人がほとんど活動に参加できておらず「ファシズム」から遠ざかりつつあると指摘せざるを得なかったのである[62]。しかし、一九三〇年代初頭には陸軍省内部にも皇道派のように、愛国勤労党傘下の在郷軍人グループと密接な関係を築いていたグループもいた。では愛国勤労党傘下の在郷軍人グループと軍中央の「同盟」はなぜ実現しなかったのだろうか。

その答えとしては、そもそもイタリア、ドイツの事例と異なり、日本では体制側が在郷軍人グループの手を借りる必要性を感じていなかったことが挙げられよう。イタリアやドイツにおいては、体制内の「保守派」が共産主義の脅威により体制の存続と基盤が危ういと考え、左派への対抗を含めた幅広い連合[63]として、パラミリタリーグループを含む「ファシズム」勢力との「同盟」を選択したのである。確かに一九二〇年代後半から一九三〇年代の初めには、世界恐慌が日本にも波及してきていた。しかし日本は比較的早くに恐慌からの回復傾向を見せており、かつそもそも共産主義運動は一九二〇年代後半の検挙によりダメージを被っていたために、体制側にとって脅威になるものではなかった。それゆえ、国家の基盤は大きな動揺を被っておらず、軍中央の総意としては、共産主義に対抗するために在郷軍人グループや愛国勤労党の力を借りる必要はなかったのである。それゆえ、むしろ在郷軍人らによる革新の動きは、国家の基盤を動揺させるものとして軍中央から忌避されたのである。

この点を具体的に見て行こう。愛国勤労党南信支部を構成する長野県下伊那地域の中原謹司らを中心とする在郷軍人グループは、一九三二年に信州郷軍同志会を結成し、自然消滅しつつあった愛国勤労党に代わり、政治に関与してはならないという在郷軍人会のルールに真っ向から挑戦しつつ軍との「同盟」を模索していく。そして当初こそ、陸軍省のなかで荒木貞夫、真崎甚三郎につながるいわゆる皇道派系軍人も信州郷軍同志会には一定の期待を寄せ、援助していたのである。例えば陸軍省の新聞班長であり、皇道派系の軍人である根本博は、同会に金銭的援助だけでなく、頻繁に面会もおこなっている[64]。しかし軍全体として見たときには、同志会グループの動きは、陸軍が政治を掌握するための地ならしとして必ずしも歓迎されておらず、同志会グループ自体が軍の「同盟」相手として歓迎されることもなかった。本来政治的な手足を持たない軍としては、自らに親和的な在郷軍人グループを議会などに進出させて、軍が政治を握るための地ならしを任せることや、自らの「同盟」相手とすることもできたであろう。しかしそれらを軍中央は自ら抑制していく。興味深いのは、地域の在郷軍人たちが議会における「軍部非難」などの議論を糾弾し、帝国在郷軍人会本部にまで糾弾を要求していることを受けて、一九三三年に同会本部が次のように述べていることである。

議院内ノ言動ニ就テ外部ヨリ抗議スルコトハ如何カト存ゼラレマス若シ之ヲ許ストナラバ今回ノ予算会議ニ於テ○○○○党ノ○○代議士ガ一人非常時予算ニ反対セシノミナラズ同党ガ連盟脱退ノ反対ノ声明書ヲ発シタルカ如キ之レモ一々本会ニ於テ反対意見ヲ発表シ又ハ釈明ヲ要求セザル可ラザルコトトナリ終ニハ知ラズ知ラズ政治圏内ニ足ヲ踏ミ込ムコトトナル〔65〕

ここでは中央の在郷軍人会本部が、たとえ自由主義的な議論であっても、帝国議会や地方議会に対し「外部」から在郷軍人たちが介入して批判を上げることに、必ずしも積極的でなかったことを示している。本来であれば議会における議論に「外から」在郷軍人たちが批判の声を上げることは、自由主義的な議論を掃討して軍などに都合の良い土壌を作る政治的な地ならしとなるはずである。しかし、政治に関われればかえって在郷軍人会内に分裂を招くとして、中央は必ずしもそれを望んでいなかったのである。

在郷軍人たちと軍の「同盟」は、貴族院における美濃部達吉の議論に端を発した、国体明徴運動期においても進まなかったように思われる。確かに、同年二月に美濃部の議論が問題視されてから、またたく間に天皇機関説を学説として排撃する国体明徴運動が激化し、各地域の在郷軍人たちは美濃部学説の排撃に立ち上がって在郷軍人会本部や陸軍省に強い態度を取るよう再三要求した。そこには信州郷軍同志会も含まれていたが、同会は国体明徴運動を展開することで自由主義的な言論に圧力を加え、軍が政治を握る地ならしをするとともに、自らが軍の「同盟」相手となることも視野に入れていたものと思われる。同志会グループは四月には長野から上京、明治神宮を参拝している。

しかし、この年には政治化する在郷軍人の立場はすでに悪くなり始めていた。すでに、同年の三月の時点で信州郷軍同志会グループから中原謹司が単身上京した際には、在郷軍人会本部より中原に対し「政治に拘る事象なるを以て(中略)賛するを得ず」と同問題につき在郷軍人が声を上げることに否定的な反応がなされたという[66]。この時点では同志会グループとつながりのある皇道派もまだ陸軍省内に健在ではあったが、すでに同省内においても政治化する在郷軍人の動きに否定的な見解を示す永田鉄山らの意向が強くなっていた時期であった。永田は陸軍中央が外部の革新勢力と結びつくことを警戒していた[67]。その意味で、イタリアやドイツのように、体制内の勢力が革新的な外部勢力と「同盟」を組むことは否定されるべきことだったのである。そのことは、皇道派系軍人と在郷軍人のつながりを警戒する憲兵司令官の田代皖一郎が「新聞班調査班等此種人物の一大刷新を要す」と日記に記している点にも窺えよう[68]。田代が刷新を要すると記した新聞班の班長は、先述のように信州郷軍同志会に援助をおこなっていた根本である。外部の勢力と「同盟」を組もうとする体制内の勢力は、むしろ刷新されるべき対象であった。それゆえ、美濃部問題で上京した信州郷軍同志会グループは「全日本の同志に訴ふ」というビラを配ることを中止させられ、活動には「取締官憲」の「厳しい制限」を課されることになった[69]。

このなかで信州郷軍同志会とつながりのある陸軍の皇道派は、その頭領的存在である真崎が教育総監を罷免され、秦真次が予備役へ編入させられていく。こうして同志会グループの「同盟」相手は体制内から取り除かれていく。これらの在郷軍人会本部と陸軍省の否定的な動きに対して、同志会グループ周辺からは「軍人会等…今後ハ吾人ヲ追撃スルヤ必然…軍中央部中堅分子之思想…全ク不可解ナリ」との批判があがっていた[70]。それゆえ、同時期に信州郷軍同志会は以下の象徴的な文章を記さざるを得なかったのである。

日本改造運動の陣営に於ては最近まで軍部がその中心となつて革新運動をリードするが如き感を與へて居たが、現在それは不可能であると共に、それが必ずしも望ましい事ではないと考えられるやうになつた[71]

ここからは、信州郷軍同志会というパラミリタリー組織が軍と「同盟」を組むことに限界を感じていること窺えよう。それゆえ、同会グループは「我等の支柱が失はれた観がある」という観測と「陸軍支持」のみでは「駄目」との結論を出さざるを得なかったのである[72]。

このように日本のパラミリタリーグループである在郷軍人は軍の「同盟」相手にもならなかったし、特定の勢力が政権を握るための地ならしをすることにも成功しなかった。このことを考えるとき、イタリアやドイツのみならず、パラミリタリーグループが登場しながらも、それが大きな役割を必ずしも果たせず、押さえ込まれたイギリスなどとの比較も交えつつ[73]、世界史のなかに日本を位置づける作業が必要のようにも思われる。

3 在郷軍人による「草の根」の交流と友好関係構築の模索

◆ヨーロッパにおける在郷軍人の「草の根」の交流

前節では日本において、必ずしも在郷軍人による「政治の軍事化」などが成功しなかったことを明らかにした。その意味で先述のように、パラミリタリーグループの観点から見た際に、日本を世界史のどこに位置づけるかは、改めて検討の必要があろう。同様のことは本節で述べる、在郷軍人の国境を超えたネットワークの構築と交流という点からも見て取れる。これから述べるように、在郷軍人は国境を超えて草の根のつながりを生み出せる存在とみなされていた。そして、一九三〇年代前半から半ばにおいて、在郷軍人たちがどの国と草の根の紐帯を作り出そうとしていたのかを見るとき、のちの第二次世界大戦時の枢軸国陣営、連合国陣営という二項対立の図式はまだ固定的ではなかったことが明らかになるであろう。まず本項では、イタリア、ドイツ、フランスの事例を簡単に確認しておきたい。

すでに指摘されているように、一九三〇年代前半から半ばまでの国際関係においては、第二次世界大戦時の枢軸国陣営と連合国陣営といった単純な図式はまだ形成されていなかった。「ファシズム」陣営として一括りにされがちなドイツとイタリアは、「ファシズム」の主導権をどちらが握るかという問題を抱え、必ずしも当初から蜜月な関係にあったわけではない。一九三三年にヒトラーが政権を獲得したのち、安全保障の観点からムッソリーニのイタリアは、ドイツによるオーストリア併合を防ぐため、同国のエンゲルベルト・ドルフス政権を支援していた。また一九三三年七月には「ローマの普遍性のための行動委員会」が設立され、翌年には同会主導のもと、モントルーでヨーロッパ・ファシスト国際会議が開かれた。そこでも、ドイツとイタリアの間で主導権争いがおこなわれ、そこにはナチスドイツからは有力者が参加しなかった一方、集まったファシストたちのなかにはイタリアの主張ではなく、ドイツの主張に賛同する者もあったという[74]。そして一九三五年にはドイツの再軍備宣言を受け、それに対処すべくムッソリーニはイギリス、フランスとともにストレーザで会談をおこない、共同戦線の構築を決めたのである。

このようなナチスドイツの台頭に伴う国際関係の歪みは、在郷軍人のクロスボーダーな交流にも影響していた。注目されるのはフランスの在郷軍人、パラミリタリーグループである。フランスでも戦間期にフェソー団など在郷軍人を構成員とする組織ができあがっていたが[75]、何よりも注目されるのは一九一八年に設立された在郷軍人組織のUnion Fédérale（以下、UFと略す）であろう。同組織は、当初ドイツの共和主義的な在郷軍人のみならず、のちにナチスに吸収される在郷軍人組織である鉄兜団のフランツ・ゼルテと友好的な交流を持とうとしたものの、それが叶わないとみるや、イタリアファシズムの在郷軍人たちとの関係を構築しようとした。そしてイタリア側もそれを歓迎したのである[76]。イタリア側ものちのストレーザ戦線でそうであったように、台頭するナチスドイツへの警戒から、依然としてフランスとの関係構築を必要としたのであろう。そして一九三四年の三月から四月には、フランスの在郷軍人約五〇〇人がトリノやローマ、ナポリ、ヴェニス、ミラノを訪れたが、それをムッソリーニは暖かく出迎え、戦友の精神へ宣誓をおこなったのである。その数週間後、フランスの警察は、自信をもってフランスとイタリアの友好関係が増大していると報告した。実際、同年五月には第一次世界大戦でイタリアとフランスが共同関係にあったことを呼び起こす大々的なセレモニーがフランスのリヨンやトゥールーズでおこなわれ、そこでもイタリアファシスト党およびイタリア在郷軍人グループのリーダー、フランスのUFおよび別のフランスの在郷軍人グループであるUnion Nationale des Combattants（以下、UNCと略す）のリーダーたちの友好を再確認したのである[77]。その後、先述のように一九三五年にストレーザにおける共同戦線が確認されると、それは再びイタリアとフランスの在郷軍人たちの交流を活発化させ、一七〇〇人ほどのフランスの在郷軍人がイタリアを訪れ、戦友関係にあることを祝った。しかし一方で、同年のイタリアによるエチオピア侵攻はそのような在郷軍人による友好関係構築にも暗雲をもたらし、フランスではUNCがイタリアファシズムを支持したのに対し、UFはイタリアに批判的になっていく。UFにとっては、国際関係の安定に依然として重点があった。加えて、フランスの在郷軍人たちの主眼は、交流を通じてイタリアとの関係を強固なものにし、潜在的な脅威でドイツを孤立させることにあった[78]。しかし周知の通り、以後次第にイタリアはドイツとの関係構築に傾いていくのである。

以上ここではヨーロッパの事例を見てきたが、在郷軍人の国境を超えた草の根の関係構築の試みは、のちの第二次世界大戦期におけるドイツ、イタリアの提携へと直接的につながるものではなく、むしろ前者への警戒からイタリアとフランスが接近する可能性を秘めたものであったこと、在郷軍人によるネットワーク構築は友好関係構築の手段となり得ると考えられていた点を確認しておきたい。このことは次項で述べる日本についても当てはまるまるであろう。

◆日本の在郷軍人会の「草の根」の交流をいかに考えるか

前項ではヨーロッパにおけるクロスボーダーな在郷軍人の交流を見たが、本項では日本の在郷軍人会の国際的ネットワーク構築の試みを見たい。前項のヨーロッパの事例がどこまで公的色彩を帯びていたのか定かではないのに対し、日本の事例は在郷軍人会として推進しており、公的な色彩が強い「草の根」のネットワーク構築の試みであった。

その試みは、一九三五年にアメリカの在郷軍人組織（Veterans of Foreign Wars of United States, 以下「老兵会」と略す）からら日本の在郷軍人会員を招待するオファーをアメリカ駐在武官である海軍の山口多聞と陸軍の松本健児が取り次いだことに始まる。取次を経て帝国在郷軍人会の会長である鈴木荘六のもとへ届いたと思われる老兵会からのオファーの内容は、日本とアメリカの二つの大きな在郷軍人組織の間に相互的かつ友好的に理解を促進し、深めるために会合をおこなう計画がある、というものであった。同オファーは、互いをよく知らないことからくる恐怖や憎しみがかえって戦争を招くのだとも述べており、日米の相互の理解を通じて関係改善を試みようとするものであった。このオファーに接した山口と松本は、「日米関係は満州事変軍縮問題等を繞り微妙を極め其間無智猜疑は両国の親善を少なからず毀損致居る次第」であると警鐘を鳴らしたうえで「我の立場を米国人に正解せしむるは日米関係の大局上、寄与すること相当大」であるとして、積極的に応じるべきだとの立場から陸海軍両省にも連絡したようである。もっともそれに対する陸海軍両省の反応は定かではないものの、老兵会の会員は「米国各階級を通し相当有力者あり而して団員の家族竝にこれか支持者を合し約二百万の投票数を有し政界に相当の勢力を有し其発言は議会に反映すること少しとせす」として、在郷軍人会同士の交流を通じたアメリカ議会への影響力の浸透を視野に入れる議論や、「今回の招待を契機として両国在郷軍人会相互招待の気運醸成せられんか日米平和工作上多大の貢献となるへく我国現下の国際環境上如斯は国策遂行に直接間接的援助を與ふるものと信んす《ママ》」との強い希望も両省に送られたようである[79]。

こうして同年八月に日本から在郷軍人会顧問の竹下勇海軍大将、同会審議員の二宮治重陸軍中将、同じく審議員の藤田茂一郎神田区連合分会長、同会理事の中村寛海軍大佐がアメリカへ派遣された。竹下の派遣はアメリカと縁の深い人選であると当時のメディアでは評されているが、恐らくそれは日本側の意図を正しく言い当てていると言えよう。『新世界朝日新聞』では日本の在郷軍人会側が「招請に衷心より欣諾の意を表し」ていること、派遣される竹下大将は日露戦争時にワシントンの大使館付武官を勤め、一九一七年には石井・ランシング協定のため石井菊次郎特使とともに渡米した経歴のあるアメリカと「因縁殊に深い」人物であることが紹介されている[80]。

渡米後の詳細な記録が残っているわけではないため回顧などに頼るしかないが、竹下一行は九月にニューオーリンズでは市長からも歓迎を受け、公会堂に向うと一〇〇〇名近くの会員からの歓待を受けたという。そこで日本から一行が持ってきた刀を取り出し、竹下が「武」の文字は「止戈《ほこをとゞむ》」という意味を持っていると述べ、「平和を象徴する」ものとして同刀をアメリカの老兵会に贈呈した[81]。帰朝した藤田茂一郎は「日米の真の親善を策するは今が潮時なるべしと私如き者にも痛感致され候」[82]と記している。ここで興味深いのは、藤田は同年の二月から始まっていた国体明徴運動では美濃部学説の糾弾を訴える論者であった点であろう。ここでは、国内の強硬な在郷軍人が外に対しては必ずしも強硬ではなかったことが窺えよう。

この日本とアメリカの在郷軍人の交流は一九三五年のみでは終わらなかった。翌三六年には、アメリカ老兵会の側の訪日が実現した。在郷軍人会機関誌『戦友』では、訪日前の段階ですでに、日本の各地訪問の際には「その地方の方々には、多大の御斡旋を願ふことになると思ふ」[83]と述べるとともに、「日米両国郷軍互に歓交を交はすは、両国の国交に尠からず貢献する所あるを信じ、吾等誠意を披瀝し一行を歓迎する」とした在郷軍人会会長である鈴木荘六の「米国老兵会代表の来訪を歓迎す」を掲載している〔84〕。

そして実際アメリカの老兵会は、同年四月二四日に横浜に到着、約一カ月の滞在ののち五月一六日まで滞在し日本の各地を訪れた。日本滞在中、同会は四月二五日に閑院宮熾仁帝国在郷軍人会総裁に伺候し、その後も陸海両大臣、関係各官を訪問し、在郷軍人会会長の鈴木荘六とも面会している。そこで鈴木は「一世紀に垂んとする日米両国今日迄の親善は今後とも同様と信ずるが、実にこの平和こそ人類の福祉を進め、文化を向上する唯一無二のものたることは言を俟たない」と述べ、日本が「東亜の安定勢力」として「世界の平和に貢献」しようとしていること、アメリカが「正義人道に厚く、同情友愛の念に富み常に平和を愛好」している点につき敬意を表すると述べた。それに対し老兵会側も、日本訪問によって「戦友たるのきづ《〔ママ〕》なが将来益々固く、之がより高き相互の理解、親善の基礎たらん事を願ふ」と答辞した〔85〕。同会一行はその後五月一六日に帰国の途についたが、帰国の船のなかで老兵会会頭は「日本人の米国に対する感情は非常に好良」であり、「日本の将来の発展は日米親交に頼る所大」であり日米間の戦争などは「殆ど絶無」であると述べている〔86〕。その後帰国した老兵会メンバーは、アメリカ国民および日本に向けて、訪日は一種の「交歓の実を挙ぐべき修好の使節とも言ひ得らる」としたうえで、「国際場裡に於ける日本帝国の地位に対し甚深なる賞賛と尊敬を払ふ」と述べ、さらに「日本訪問は必ずや日米間に一層密なる和親了解の緒を齎し将来相互各種の問題の解決を容易ならしむるものであると確信す」と論じた〔87〕。もちろん、同会はアメリカに各種ある在郷軍人関連組織の一つであったから、自ら述べているようにアメリカの意見をどこまで代表しているのかは、割り引いて見る必要があろう。また、同会の意図や様子も現段階では日本側の史料のみに頼っているため、アメリカ側史料での補強が必要であろう。

しかしいずれにせよ日本側は在郷軍人会の草の根の交流によりアメリカとの関係を良好なものにしようとしていた。それは一九三七年に日中戦争が始まってからも同様であり、同戦争勃発後、帝国在郷軍人会会長鈴木荘六は、正確な日付は定かではないものの一九三七年一一月までに、交流を持った老兵会に対し同戦争における日本側の意図を説明する手紙を送っている。そこでは「帝国の根本方針は日、満、支の親善を図りて共存共栄の実を挙げ」ることにあり、今度の日中戦争は長年にわたる排日と「赤化勢力に操られ居る国民政府」が隠忍自重しなかった結果であり、「若し支那をして今覚醒せしめざれば、東亜を赤化し、独り日、満、支の親善成らざるのみか、延ては列国の東亜に有する権益をも、蹂躪するに至るなきを保せぬ」ため、膺懲に立ち上がったのだと訴えている。もっとも一方であくまで領土的野心はなく、「列国の権益確保にも万全の処置を講じつゝある」として、ここでは日本が他国の権益を脅かす意図はないことを伝えている。そのうえで「事変勃発以来貴国政府の執り来れる極めて公正なる態度は吾人として飽くまで之を持続せられたい」と強調しており、アメリカに丁寧な言葉を使いながらも介入を排除しようとしている。また日本が国際法を遵守していること、通州事件のように国際法を破って虐殺を起しているのは国民政府側であるとし「支那の宣伝に乗ぜらるゝことなき」よう訴えている[88]。日本は二年間の間におこなわれた草の根の交流を、日中戦争に対するアメリカの好意を引き出すために使わんとしていたのである。その意味で在郷軍人会を単なる対外的な強硬論を推進した勢力として規定してしまうと、アメリカ陣営との関係構築を目指していた事実を整合的に説明できなくなってしまうであろう。

おわりに

以上のように本章では、まず学校教練や青年訓練所といった青年訓練の実施に際して、イギリスとアメリカを中心に幅広く情報を集めて参考にしていたことを明らかにした。先行研究は第二次世界大戦時においてすら、日本は同盟国、敵国問わず有益な政治体制を構築するため幅広く情報を収集していたことを示しているが[89]、世界の幅広い情報を仕入れようとする姿勢は第一次世界大戦前・中・後から変わっていなかったのである。同時に、軍事訓練も取り入れた青年訓練を実施することで、規律と団結心、愛国心を養成し、階級対立や思想の動揺への対策にしようとする試みは、日本のみならず一般的に民主主義とされるイギリス、アメリカでもおこなわれていたこと、その意味で日本も世界史の趨勢のなかにあったことを示した。世界史の趨勢という意味では、イタリアやドイツにおける在郷軍人やパラミリタリーグループを政治革新の原動力とする動きに敏感な勢力は確かに日本にも存在した。しかし日本の在郷軍人やパラミリタリーグループが結果的に果たした役割はドイツ、イタリアと比べ異なる。その意味でパラミリタリーグループが登場しつつも、それらが大きな役割を果たし得なかったイギリスなどをも視野にいれながら、日本の立ち位置を探る必要があろう。そして第三節で確認した日本の在郷軍人の草の根の交流は、一九三〇年代半ばになっても対外関係の修復を目指す動きが在郷軍人会内部で依然強かったことをも示していた。その意味で、在郷軍人会が対外的な強硬論を唱えたのだとすれば、それはどこに対し、いつからであるのかを明確にしていくことも課題となる。少なくとも、一九三〇年代半ばまでは日本の在郷軍人会はアメリカとの友好な関係の構築を目指しており、対立を避けたいと考えていたのである。

以上のことが示しているのは、第二次世界大戦時の日本、ドイツ、イタリア陣営とイギリス、アメリカ、フランス陣営という対立図式が、青年訓練やパラミリタリーグループを検討する際に必ずしも有効ではないことをも示している。しばしば適用されるその二項対立は、あくまで戦時の外交関係を規定する同盟関係でしかない。それをもってして国内政治や同盟前の外交関係を逆照射することには無理がある。そのような図式から自由になって議論するためにも、日本を世界史のなかに位置づけ直す作業が、今後ますます必要になってくるのであろう。

註

1——この点については、今井宏昌「解説『英霊』の遺したもの」(ジョージ・L・モッセ、宮武実知子訳『英霊 世界大戦の記憶の再構築』ちくま学芸文庫、二〇二二年)三四七〜三五四頁を参照されたい。そのほか、同『暴力の経験史——第一次世界大戦後ドイツの義勇軍経験一九一八〜一九二三』(法律文化社、二〇一六年)、小関隆『アイルランド革命一九一三-二三——第一次世界大戦と二つの国家の誕生』(岩波書店、二〇一八年)、ローベルト・ゲルヴァルト、小原淳訳『敗北者たち——第一次世界大戦はなぜ終わり損ねたのか 一九一七-一九二三』(みすず書房、二〇二〇年)や原田昌博『政治的暴力の共和国——ワイマル時代における街頭・酒場とナチズム』(名古屋大学出版会、二〇二一年)、鍋谷郁太郎編『第一次世界大戦と民間人——「武器を持たない兵士」の出現と戦後社会への影響』(錦正社、二〇二二年)などを参照。そのほかに、参照したものとして、Gerwarth, Robert and Horne, John (eds), *War In Peace: Paramilitary Violence in Europe after the Great War* (Oxford: Oxford University Press, 2012) Ziemann, Benjamin *Contested Commemoration: Republican War Veterans and Weimar Political Culture* (Cambridge: Cambridge University Press, 2013), Alcalde, Angel *War Veterans And Fascism In Interwar Europe* (Cambridge: Cambridge University Press, 2017)。

2——たとえば、由井正臣『軍部と民衆統合——日清戦争期から満州事変まで』(岩波書店、二〇〇九年)の第六章や松本裕行「一九二〇年代政治史の展開と軍事教育——軍事教練の実施について」(『史泉』第五九巻、一九八四年二月)など。一方で青年訓練所に「帝国主義」的色彩を見出しながらも公民教育の意図も含まれていることを指摘したものとして大蔵隆雄「青年訓練所設立経過」(『人文学報』第三二号、一九六三年三月)がある。その他に田中義一が第一次世界大戦前の欧州視察から青年教育が軍事に偏重する教育に疑念を抱いていたことについては、小野雄大・友添秀則・長島和幸・根本想「田中義一の青年団体育奨励構想(一九〇八〜一九一六)に関する研究」(『スポーツ教育学研究』第三六巻二号、二〇一六年一一月)も参照されたい。

3——本論で触れる青年訓練、予備将校制度についてイギリス、アメリカの事例に触れているのは森靖夫『「国家総動員」の時代——比較の視座から』(名古屋大学出版会、二〇二〇年)の第一章、第二章。また青年訓練をメインには論じていないものの、国際比較の視座から軍隊とスポーツの関係を論じ、本章とも関連する研究として高嶋航『越境する近代一三 軍隊とスポーツの近代』(青弓社、二〇一五年)がある。

4——日本をドイツとイタリアとの比較の中で論じた古典的なものとして、丸山真男「日本ファシズムの思想と運動」

（丸山真男著、古矢旬編『超国家主義の論理と心理　他八篇』（岩波文庫、二〇一三年第一一刷）、山口定『ファシズム』（岩波現代文庫、二〇〇六年）がある。そのほか、パラミリタリーという観点を取り入れて戦前日本の政治を分析しようとした近年の研究として、Hofmann, Reto *The Fascist Effect: Japan and Italy, 1915-1952* (Ithaca and London: Cornel University Press, 2015)やエイコ・マルコ・シナワ、藤田美菜子訳『悪党・ヤクザ・ナショナリスト――近代日本の暴力政治』（朝日新聞出版、二〇二〇年）などがあるが、両者とも在郷軍人についてはほとんど触れていない。また、在郷軍人会と暴力という点については、藤野裕子『都市と暴動の民衆史　東京・一九〇五－一九二三』（有志舎、二〇一五年）および同『民衆暴力――一揆・暴動・虐殺の日本近代』（中公新書、二〇二〇年）なども参照。

5――畑英太郎「教練の本質を闡明す」（『訓練』創刊号、一九二七年九月）二～三頁。なお、本稿で使用する『訓練』はすべて宮崎県都城市立図書館上原文庫所蔵のものを使用している。

6――陸軍省軍務局徴募課「青年教練指導者の為に」（同右所収）、四～五頁。この点については、前掲、高嶋『軍隊とスポーツの近代』の第二章や第三章も参考になる。

7――陸軍省編『学校教練青年教練査閲官、学校配属将校等業務指針』（小林又七兵用図書、一九二六年）一～二頁。

8――「何故に教練を採用したか」（『訓練』第一巻二号、一九二七年一〇月）二～三頁。

9――河村董「英国の青年教練――学生の野営地に臨んで」（同右所収）九頁。

10――田中治彦『少年団運動の成立と展開――英国ボーイスカウトから学校少年団まで』（九州大学出版会、一九九九年）二八～四九頁。

11――阿部信行「国防と市民」（『訓練』第三巻一〇号、一九二八年一〇月）六頁。

12――阿部信行「教練の趣味化に就て」（『訓練』第一巻四号、一九二七年一二月）八～九頁。

13――河村董「欧米旅行片談（三）」（『訓練』第三巻八号、一九二八年八月）一八～一九頁。

14――前掲、田中『少年団運動の成立と展開』二八～三八頁。

15――前掲、森『「国家総動員」の時代』一〇一～一〇二頁。

16――臨時軍事調査委員編纂『欧洲戦と列強の青年』（川流堂、一九一六年）一二四、一三四頁。本史料につき御教示下さった葛原和三先生に御礼申し上げる。

17――田中義一『帝国の使命と青年の覚悟』（誠文堂書店、一九一八年）一五～一六頁。

18――乃木希典述、岡本学編『修養訓』（吉川弘文館、一九一二年）一一二～一一三頁。

19——日英同盟をバンドワゴン理論に基づく同盟と解釈するか否かは議論の余地があろうが、強国から利益を得るべく勝ち馬に乗るバンドワゴン式の同盟においては、その強国から得られる利益に文化も含まれ得ることが示唆されており(土山實男『安全保障の国際政治学』有斐閣、二〇一四年第二版、三〇八頁)、ボーイスカウトなどの情報を得やすかったこともその点から説明できるか検討が必要であろう。この点については、戸部良一「二〇世紀における同盟政策」(三宅正樹・庄司潤一郎・石津朋之・山本文史編著『検証　太平洋戦争とその戦略二　戦争と外交・同盟戦略』中央公論新社、二〇一三年)二六～二七頁なども参考になるだろう。

20——防衛省防衛研究所所蔵『大正七～八年　英国陸軍隊附視察報告』(中央-軍事行政その他-一-一八)。

21——前掲、阿部「国防と市民」六頁。

22——この点については、長野耕司・植松孝司・石丸安蔵「研究ノート　日本軍の人的戦力整備について——昭和初期の予備役制度を中心として」(『防衛研究所紀要』第一七巻二号、二〇一五年二月)一四九および一五三頁を参照されたい。

23——「戦争ト少年軍ノ活動」(オンライン版『後藤新平文書』第三部V-三四-一-五)

24——森本義一「米国の青少年訓練を観て」(『訓練』第二巻四号、一九二八年四月)三～四頁。

25——前掲、森『「国家総動員」の時代』四七頁。

26——河村董「欧米旅行片談(二十四)」(『訓練』第四巻九号、一九三〇年九月)二四～二五頁。

27——陸軍省編『欧米諸国軍事予備教育の状況』(陸軍省、一九二四年)。

28——陸軍省『米国に於ける軍事予備教育の状況』(偕行社、一九二五年)三～九頁。

29——Neiberg, Michael S. *Making Citizen-Soldiers: ROTC and the Ideology of American Military Service* (Cambridge: Harvard University Press, 2000), pp. 26-28.

30——中野博文「二〇世紀初頭の陸軍改革と合衆国の政党政治——一九一七年選抜徴兵法制定をめぐって」(『歴史学研究』第六五七号、一九九四年四月)二七～二八頁。

31——中野耕太郎『二〇世紀アメリカ国民秩序の形成』(名古屋大学出版会、二〇一五年)三六～四一頁。

32——Clifford, John Garry "Leonard Wood, Samuel Gompers, and the Plattsburg Training Camps" *New York History*, 52-2(April 1971), pp. 170-173, 187-188.

33——Ward, Robert D. "The Origin and Activities of the National Security League, 1914-1919" *The Mississippi Valley Historical*

Review, 47-1(January 1960), pp. 56-60.

34――例えば大西白文「復興途上のドイツ青年を見て」(『訓練』第四巻八号、一九三〇年八月)六～七頁など。

35――上田作一『青年訓練とは何んぞ』(公民教育研究会、一九二六年)三五頁。

36――前掲、今井「解説『英霊』の遺したもの」三五五～三五六頁。

37――前掲、ゲルヴァルト『敗北者たち』二二七～二二八頁。

38――同右、二二九～二三一頁。

39――Alcalde, op.cit., pp. 89-94.

40――ロバート・パクストン、瀬戸岡紘訳『ファシズムの解剖学』(桜井書店、二〇〇九年)一四二～一四三頁。「同盟」については前掲、山口『ファシズム』も参照されたい。

41――前掲、パクストン『ファシズムの解剖学』一四二～一四五頁。

42――この点については、前掲、Ziemann, *Contested Commemoration* や前掲、今井『暴力の経験史』の第三章などを参照されたい。

43――前掲、原田『政治的暴力の共和国』二九六～二九八頁。

44――前掲、パクストン『ファシズムの解剖学』一五四、一七二頁。

45――玉木寛輝「戦前期日本の「ファシスト」の在郷軍人への接近と乖離――北昤吉と長野県下伊那地域の在郷軍人を中心に」(『近代日本研究』第三九号、二〇二三年)二五四頁。

46――同右、二五五頁。

47――木下宏一『二〇世紀ナショナリズムの一動態――中谷武世と大正・昭和期日本』(三元社、二〇一一年)七八頁。

48――前掲、玉木「戦前期日本の「ファシスト」の在郷軍人への接近と乖離」二五五頁。

49――玉木寛輝『昭和期政軍関係の模索と総力戦構想――戦前・戦中の陸海軍・知識人の葛藤』(慶應義塾大学出版会、二〇二〇年)三三頁。

50――中谷はイタリアのみならずナチスドイツの在郷軍人の役割にも気を配っていたし(中谷武世「社会思想と軍隊」『祖国』第五巻三号、一九三二年三月、七三頁)、在郷軍人会で幾度も講演し同会嘱託を務めていた蜷川新は、『欧米に於ける在郷軍人の国民的活動』(有終会、一九二二年)や『戦後欧米の国民的活動』(帝国在郷軍人会本部、一九二二年)などでイタリアやドイツのみならず、アメリカ、フランスにおける在郷軍人の動きにまで言及し、在郷軍人の動きが世界の趨勢になっていることを説いていた。実際、一九二四年の排日移民法でもアメリカの在郷軍人が一つの推進力となっていたし(この点については、廣部泉「『排日移民法』と日米関係の展開――一九二四年－一九四一年」川田稔・伊藤之雄編『二〇世紀日米関係と東アジア』風媒社、二〇〇二年を参照されたい)、フランスでも一九二〇年代に、出征軍人らが多く参加するフェソー団が結成されている(この点は深澤民司『フランスにおけるファシズムの形成――ブーランジスムからフェソーまで』岩波書店、一九九九年の第六章を参照)。その意味でも在郷軍人の動きが世界的に重要であることを、日本の知識人たちは敏感に感じていた。また、藤岡寛己「下位春吉とイタリア＝ファシズム――ダヌンツィオ、ムッソリーニ、日本」(『福岡国際大学紀要』第二五号、二〇一一年三月)によれば、下位はイタリア軍に同道して第一次世界大戦の前線に赴き、そこで後にフィウメ進軍を主導するダヌンツィオと意気投合していたし(五五頁)、北昤吉も一九三〇年代にムッソリーニに面会していることに鑑みると、(もっとも北は愛国勤労党からすでに距離を取りつつあったが)、この日本の事例も、先行研究が明らかにしつつある、ムッソリーニのイタリアによる「ファシズム」の輸出との関係で議論ができるのかもしれない。ムッソリーニのイタリアは、在外イタリア人を「在外ファッシ」として組織化し、自らをモデルとして宣伝しようとしていたという(板橋拓己「戦間期ヨーロッパにおける民主政の崩壊とファシズム・権威主義の浸透」細谷雄一・板橋拓己編著『民主主義は甦るのか?――歴史から考えるポピュリズム』慶應義塾大学出版会、二〇二四年)三六頁。

51――前掲、中谷「社会思想と軍隊」七四～七五頁。

52――須崎慎一『日本ファシズムとその時代――天皇制・軍部・戦争・民衆』(大月書店、一九九八年)九五頁。

53――「手帳　昭和五年一～三月」(国立国会図書館憲政資料室所蔵『中原謹司関係文書』三八五八)。

54――「手帳　昭和六年一～三月」(国立国会図書館憲政資料室所蔵『中原謹司関係文書』三八六一)。

55――前掲、須崎『日本ファシズムとその時代』も「従来の日本ファシズム論の欠陥の一つ」を「既成政党の力の強さを捨象してきた点にある」としている(九五頁)。

56――「手帳　昭和九年七月～一〇月」(国立国会図書館憲政資料室所蔵『中原謹司関係文書』三〇八一)。

57――「第一線」復刻版刊行会編『復刻版　第一線』(「第一線」復刻版刊行会、一九八四年)所収の羽生三七「階級勢力の集中組織」(『第一線』第六号、一九二四年二月)四三頁。

58――長野県下伊那地域の在郷軍人たちのイデオロギー的な無産運動への接近については、前掲、玉木『昭和期政軍関係の模索と総力戦構想』の第一章を参照されたい。

59──たとえば田中義一『大処高処より』(兵書出版社、一九二五年)七八頁。

60──前掲、シナワ『悪党・ヤクザ・ナショナリスト』の第四章など。

61──前掲、木下『二〇世紀ナショナリズムの一動態』八二頁。

62──前掲、玉木「戦前期日本の「ファシスト」の在郷軍人への接近と乖離」二七六頁。

63──Kallis, Aristotle *"The 'Fascist Effect': On the Dynamics of Political Hybridization in Inter-War Europe"* Pinto, Antonio Costa and Kallis Aristotle(eds) *Rethinking Fascism and Dictatorship in Europe* (Basingstoke: Palgrave Macmillan, 2014), p. 30.

64──この点については前掲、須崎『日本ファシズムとその時代』二六六頁など。

65──「総務理事口演要旨抜粋」(松本市文書館所蔵『昭和八年　庶務　里山辺村分会』一〇三五)。

66──前掲、玉木『昭和期政軍関係の模索と総力戦構想』三九頁。

67──同右、四〇頁。

68──同右、四〇頁。

69──久保田雅文氏所蔵『国光宣揚祈願行記念寫眞帖　信州郷軍同志会』。

70──前掲、玉木『昭和期政軍関係の模索と総力戦構想』四〇〜四一頁。

71──「郷軍情報(二)」(国立国会図書館憲政資料室所蔵『中原謹司関係文書』一七三三―一)。

72──前掲、玉木『昭和期政軍関係の模索と総力戦構想』四三頁。

73──この点については、山本みずき「イギリスの経験──「議会主義への懐疑」と「自由放任の終焉」」(前掲、細谷・板橋編著『民主主義は甦るのか?』八八〜八九頁を参照。

74──前掲、板橋「戦間期ヨーロッパにおける民主政の崩壊とファシズム・権威主義の浸透」三八〜三九頁。

75──フランスにおける在郷軍人組織、パラミリタリー組織については、前掲、深澤『フランスにおけるファシズムの形成』の第六章や、綾部恒雄監修、福井憲彦編『結社の世界史三　アソシアシオンで読み解くフランス史』(山川出版社、二〇〇六年)の「第Ⅳ章　政治経済の動力としての結社的結合」、剣持久木『記憶の中のファシズム──「火の十字団」とフランス現代史』(講談社選書メチエ、二〇〇八年)、松沼美穂「兵士たちのフランス軍団──ヴィシー政権下の退役兵士団体」(『思想』第一〇〇六号、二〇〇八年二月)などを参照。

76──Alcalde, *op. cit.*, pp. 234-235.

77──Ibid., p. 236.

78――Ibid., pp. 238-239.

79――「昭和一〇年二月二五日　米国に於ける在郷軍人大会に日本在郷軍人の出席希望申出に関する件」ＪＡＣＡＲ（アジア歴史資料センター）Ref.C11080558700『在外大公使館附武官往復文書　昭和九〜一〇年』（防衛省防衛研究所）。

80――「Shin Sekai Asahi Shinbun 1935. 07.11」ＪＡＣＡＲ（アジア歴史資料センター）Ref.J21022050000『新世界朝日新聞』（スタンフォード大学フーヴァー研究所）三面。

81――藤田茂一郎「米国出征従軍老兵大会　第三十六回大会へ参列して」（『戦友』第三〇五号、一九三五年一一月）三七〜三八頁。

82――「遣米役員消息」（同右所収）四〇頁。

83――「米国出征従軍老兵会役員の招待」（『戦友』第三一〇号、一九三六年四月）三四頁。

84――鈴木荘六「米国老兵会代表の来訪を歓迎す」（『戦友』第三一一号、一九三六年五月）一頁。

85――「米国出征老兵会代表の来朝」（『戦友』第三一二号、一九三六年六月）二六〜二七頁。

86――「Nichibei Shinbun-19360530」ＪＡＣＡＲ（アジア歴史資料センター）Ref.J20011695500『日米新聞』（スタンフォード大学フーヴァー研究所）三面。

87――「米国老兵会代表の訪日感」（『戦友』第三一二号、一九三六年六月）一三頁。

88――「米国老兵会へ――本会々長より老兵会長への手紙」（『戦友』三二九号、一九三七年一一月）二四〜二八頁。

89――シェルドン・ギャロン「日本史の立場からトランスナショナル・ヒストリーを書く」（羽田正編『グローバル・ヒストリーの可能性』山川出版社、二〇一七年）を参照されたい。

第4章

戦間期日本における結社の規制

結社規制法の解釈・運用過程を中心に 一九二八～三四年

萩原淳
HAGIHARA Atsushi

はじめに

本章の目的は、一九二八年から三四年までの無産政党・国家主義(右翼)団体[1]・日本共産党の外郭団体[2]に対する結社規制の歴史的展開を結社規制法(治安警察法・治安維持法)の解釈・運用過程に焦点を当てて分析することである。

近代国家において結社の自由は基本的人権の一つと位置づけられている。しかしその一方で、とりわけ政治結社の自由と秩序維持との両立は政治的課題であり続けている。

近代日本では集会条例(一八八〇年制定)以後、本格的に結社[3]の規制がおこなわれるようになった。九〇年に施行された明治憲法では「法律ノ範囲内ニ於テ」のみ結社の自由が認められた。その後も政府は集会及政社法

（九〇年公布）、治安警察法（一九〇〇年制定）、治安維持法（二五年制定）により結社を規制した。周知の如く、結社規制法の転換点となったのが治安維持法の制定である。治安維持法では国体変革あるいは私有財産制度を否認する結社への取締り規定などが設けられた。同法の二八年改正に際しては目的遂行罪が導入され、取締り対象は大きく拡大する。

当局は三・一五事件、四・一六事件で日本共産党・日本共産青年同盟の関係者を一斉検挙し、打撃を与えた。しかし、一九三〇年前後には外郭団体、無産政党、国家主義団体の叢生により、社会運動の様相はそれまで以上に複雑となる。その中でも、文化団体などの形態を取り共産主義を標榜しないが、実質的に日本共産党を支持あるいは支援する結社、忠君愛国を掲げるが一国社会主義の実現を目指す結社に対して、当局はいかなる結社をどのような基準で非合法とするのか、難しい判断を迫られた。

先行研究で当該期の結社規制そのものを分析したものは見当たらない。しかし、治安維持法が「結社規制法」として成立したことから、治安維持法の運用に関する分析の中で結社規制への言及は少なからずある。

現在においても通説的地位を占めるのが奥平康弘氏の研究である。奥平氏は、治安維持法の適用対象拡大の過程を分析する中で、①治安維持法体制確立において目的遂行罪導入がきわめて重要な意味を持ったこと、②一九三〇年から翌年にかけての日本共産党第三次検挙では、検挙対象がフラクション、資金提供者、外郭組織の関係者にも及んだこと、③同時期には、地域的な社会主義団体やサークル活動をも治安維持法の対象としたこと、④三〇年代初頭、政府当局は外郭団体そのものを非合法とみなすことができず、団体への所属のみをもって目的遂行罪に問えなかったこと、⑤三三年後半以降、当局は日本プロレタリア文化連盟（コップ）を非合法結社とするため、新たな解釈を示し、コップの組織自体を支援団体としたこと、⑥当局は国体変革を喧伝し、私有財産制度については重視しなかったこと、などを指摘している[4]。この理解の大枠は、荻野富士夫氏、内田博文氏の研究にも引き継がれている。荻野氏は史料を博捜したうえで、特高の組織や取締り方針の変遷に焦点を当てて分析し、より実証的に位置づけている[5]。また、内田氏は事件の審理過程を多数取り上げ、裁判所が検察側の提示する拡大適用の論理に追随していったことを論証している[6]。他方、渡辺治氏は宗教団体への統制に焦点を当てて分析をおこない、特高は三三年前後に転向政策が軌道に乗り、外郭団体の弾圧に一応成功したことから、自らの組織縮小を避けるため、新たな取締り対象を探し、類似宗教団体の取締りに乗り出したと指摘している[7]。治安維持法研究において当局が三〇年代前半、目的遂行罪を活用して取締り対象を拡大し、外郭団体への弾圧を強めたことは既に通説となっている。この点について筆者も異論はない。

ただし、これらの研究はいずれも結社規制に焦点を当てているわけでなく、奥平氏、荻野氏の研究でも治安維持法の適用過程に関する分析の中で、概説的に言及されているにとどまる。たとえば、奥平氏は、当局は外郭団体を取り締まるため無理な解釈論を発案し、三三年作成の治安維持法改正案でそれを明文規定にしようとしたと指摘し、当局の融通無碍さを描いているが、実際に結社規制がどのような論理でどの程度おこなわれたのかについては、十分に言及していない。

他方、無産政党やプロレタリア文化運動を担う団体の動向についても、実証研究が蓄積されている[8]。もっとも、これらの研究の問題関心は個々の団体の活動と論理を一次史料に基づき詳細に明らかにすることにあり、本章の分析視角とは異なる。

以上を踏まえると、治安維持法の本格的発動が始まる一九二八年から共産主義運動が一旦哀亡する三四年までの結社規制の実態を内在的に明らかにするためには、主に二つの解明すべき課題が残されている。

第一に、外郭団体への結社規制がいかなる基準、論理で、どの程度発動されたのかを具体的な事例をもとに明らかにすることである。たしかに二八年以降、日本共産党・日本共産青年同盟及びその外郭団体に対する弾圧は苛烈を極めた。しかしその一方で、後に述べるように、三〇年代前半までに結社自体を規制した事例はごく少数にとどまり、治安警察法に基づく結社禁止処分、秘密結社禁止違反も発動されなかった。政府当局が三四年の治安維持法改正案の提出理由として最も強調したのが外郭団体規制の不備である。政府当局がなぜこのような運用をせざるを得なかったのか、その内在的な要因を明らかにする必要がある。

第二に、無産政党・国家主義団体に対する結社規制の発動を外郭団体との比較のうえで分析し、位置づけることである。先行研究において、日本共産党・日本共産青年同盟及びその外郭団体以外の結社規制については分析の枠外に置かれている。しかし、一九二〇年代後半から全国で無産政党の設立が相次ぎ、三一年以降は国家社会主義や「昭和維新」を掲げる結社も数多く設立された。三二年五月に政党内閣時代が終わり、その後軍部が政治的影響力を増していくことになるが、結社に着目すると、それ以前にも増して多様な結社が叢生する時代であったといえる。それらの多くは治安警察法の対象となる結社であるためか、先行研究ではほとんど触れられていない。

なお、当然ながら当局は社会運動全体ではなく、非合法の運動のみを取り締まる方針を示していたが、その判断は容易ではなかった。

当時の合法・非合法の基準として最も一般的な区別は、理想の実現を法の許容する範囲内で目指す社会民主主義は合法とし、法を無視し革命や直接行動により理想を実現しようとする共産主義、無政府主義は非合法とするものである[9]。しかし、合法団体でも非合法に活動する場合がある。また、非合法団体でも目的を偽装して合法と見られることもあり、合法・非合法は実際の活動内容を踏まえて判断するしかない。

この点について、内務官僚の曾根忠一は一九三〇年の著作で、「共産党の如き非合法団体の指導下にあるものは、仮令現在に於て形式上合法団体であっても、漸次非合法に吸収される傾向にある」とし、「非合法性傾向にあるものを合法的に指導する処に取締の苦心が潜んで居よう[10]」と指摘している。また、内務省警保局が一九三〇年に著した『無産階級運動に於ける合法と非合法』では、無産階級運動について、多少なりとも非合法の要素を含み、法の範囲内で漸進的に理想を実現しようとすれば合法主義とされ、革命主義、直接行動主義を適用すると非合法とされるが、具体的に判断する必要がある。運動は一つの抽象概念であり「単にその運動がその内容に於て如何に多くの合法的行動を含み、また如何に多くの非合法的行動を含むかを示すに過ぎ」ない[11]、と指摘している。

以上のような性質を持つがゆえに、当局は合法運動の取締りにも苦慮していた。安井英二内務事務官は三一年七月、立法者は憲法で規定された言論・著作・印行・集会及結社の自由はなるべく尊重しなければならず、社会運動の合法運動は非合法運動の検挙と異なり、「違法行為を誘発するに至るも図り難き行為に対し制限、禁止其の他の取締を為す」ことから、「果して取締るべき必要ありや否や、又取締るべき必要ありとするも取締の方法及び程度は果して妥当なりや否やということが特に問題とされ勝ちになる……それはその国、その時代の社会通念乃至社会感情に合致することを要する……其の判断の困難なる場合は必ずしも少くない」[12]と述べている。

さらに、のちに述べるように、二九年一一月の新労農党結成に際して、当局は禁止するほどでないにせよ綱領の中に多少首肯し難い部分があり、指導者の思想言行にもなお疑問点があるが、さらに弾圧を加えることは思想善導の目的にも反するという政策的意見もあり、結局、党の存立を容認した。つまり、むやみに社会運動を取り締まれば、かえって非合法派の勢力を助長してしまうとの懸念が示されていたのである。

一方、日本共産党及び外郭団体関係者においても、合法・非合法の問題は意識されていた。その一例として、宮内勇の回想を挙げる。宮内は一九三一年に日本共産党に入党し、その後、前年に設立された農民闘争社の運営に携わった。農民闘争社は合法的な雑誌社の体裁をとっていたが、その実体は「半非合法」であった。農民闘争社は日本共産党の「農民組合対策本部として暗躍」し、同社の雑誌は後述する全国農民組合全国会議（全農全国会議、全農全国会議派）の党フラクション（分派）の機関紙であった。宮内自身、全農全国会議設立後、農民闘争社から全農全国会議中央書記局専属に配置転換された[13]。

宮内は回想で次のように述べる。全農全国会議では雑誌社の農民闘争社が中央書記局を非合法的に担ったが、地方の府県連組織は組合の看板を掲げて合法的に闘争している状況であった。「もっとも、当時の左翼団体は、全農全国会議に限らず文化団体や救援団体をも含めて、合法舞台と非合法部分とのこうした使い分けに最高の技術を要するのが、むしろ通例であったといってもよい[14]」、と。

以上のように、社会運動の取締りにあたって、合法・非合法の判別自体が容易ではなかった。また、目的を擬装して合法性を強調し、公然と活動する結社自体を取り締まるためには実際の活動を把握し、真の目的を明らかにする必要があった。さらに、非合法への転換や違法行為誘発を理由に、当初合法とされていた公然たる運動・結社を規制する場合もあったが、その場合、秩序維持への影響を踏まえ、取締りの方法及び程度についても考慮しなければならなかったのである。たしかに、検事・司法警察官は捜査において一定の裁量を有し、検事は公訴権を独占していた。しかし、組織として誤認逮捕や無罪判決はなるべく避けなければならず、証拠に加えて一定の法的解釈や取締りの根拠が求められたことは言うまでもない。やはり、当局の法解釈・運用の内在的な論理を踏まえ、結社規制の構造を明らかにする必要があるだろう。

以上を踏まえ、本章では一九二八年から三四年までの結社規制の歴史的展開を合法・非合法が争点となった無産政党・国家主義団体・外郭団体の動向を中心に分析する。

本章では文献を直接引用する際でも、読みやすさを第一に考え、適宜句読点、濁点を付し、原則として旧漢字・異体字は常用漢字に、片仮名・変体仮名は平仮名に、歴史的仮名遣いは現代仮名遣いに改めた。また、引用文中の〔 〕は筆者による補足である。頻出文献については次のように略記し、文末にかっこ付けで表記する形とした。『東京朝日新聞』は『東朝』、『読売新聞』は『読売』、『社会運動通信』(『日本社会運動通信』『社会運動新聞』)は『社通』、『特高月報』は『月報』と略す。『社会運動の状況』は『状況』と略し、:の後に頁数を記載する。ただし、日本資料刊行会版(項目別)の『社会運動の状況』については、共産主義運動編、労働運動編、文化運動編、無産政党運動編と分かれているため、それぞれ共、労、文、無と略す。第一巻の場合は①と略記し、:の後に頁数を記載する。

1　第一次世界大戦後日本における結社規制法の転換と結社規制の運用

本節では、第一次世界大戦後日本における結社規制法の転換と結社規制の運用について述べる。なお、この問題についてはすでに別稿[15]で論じたので、ここでは別稿に基づき本章の前提として重要な概略を簡潔に示すにとどめる。

治安維持法制定以前、治安法の中核的位置にあったのが一九〇〇年に制定された治安警察法である。治安警察法は集会や結社、多衆運動(デモ)、同盟罷業の煽動など様々な規制事項を含んでいた。結社規制としては主に次の三点を規定した。第一に、政治結社の届け出制を定めた。なお、公事結社で政治に関係しないものであっても、安寧秩序保持のため届け出を必要とする場合があるとも定めた。第二に、内相に結社禁止権を付与した。内相は安寧秩序を保持するために必要な場合は結社を禁止することができ、この場合に違法処分により権利を侵害されたと考える者は行政裁判所に出訴できる規定を設けた。第三に、秘密結社を禁止した。罰則としては、最も重い秘密結社禁止違反でも六月以上一年以下の軽禁錮となっており、のちの治安維持法に比べると刑罰は軽い[16]。

なお、治安警察法はドイツ法をモデルとした集会条例、集会及政社法の流れを汲むものであり、新たに加えられた労働運動などの規制についても、欧州の立法例とその傾向を踏まえ、概ねドイツ法に準拠した形で制定された[17]。

治安警察法下における結社規制の主な対象は社会主義、共産主義、無政府主義の結社であった。まず、一九〇一年に社会民主党に対し結社禁止処分が下された。続いて、政府当局は綱領や党則の内容にかかわらず、社会民主党と同様とみなす結社や平民社系の政治結社については禁止する方針を採った。また、平民社の活動に対し厳しい弾圧を加え、非政社（非政治結社）の社会主義協会も結社禁止処分とした。その後、一九〇六年に結成された日本社会党は国法の範囲内で社会主義を主張する方針を掲げ、結社の存立を認められた。原敬内相（第一次西園寺公望内閣）は結社禁止の効果がほとんどなく、かえって取締りに困難をもたらすと認識しており、社会主義も到底消滅させる手段がないと考えていた。しかしその翌年、日本社会党が党則を変更し、「社会主義の実行を目的」とすることなどを打ち出したことから、原は結社禁止を決断した。以後、政府当局は綱領の内容にかかわらず、平民社グループによる日本社会党と同様の政治結社の存立を認めない方針に転じる[18]。

一九一〇年の大逆事件後、一八年までに五つの社会主義の政治結社が組織されたが、四社が結社後間もなく結社禁止処分となった。二社は平民社グループの社会主義者による政党で、二社は福田狂二による政党であった。一八年頃から第一次世界大戦の思想的影響を受け、日本でも社会主義運動が再び隆盛し、マルクス主義の影響を受けた結社が多数設立されるようになる。とりわけ、二一年の近藤栄蔵事件・暁民共産党事件は当局に衝撃を与えた。コミンテルンの指示を受け日本で共産党の結社を組織する者が現れ、彼らが共産主義革命のために軍隊や労働者に対し宣伝をおこなうというこれまでにない事態が生じたのである。二二年には日本共産党が創立される。また、同年以後、地方でも共産主義や無政府主義の秘密結社が叢生した[19]。

こうした情勢の変化を受け、二一年中頃から司法省・内務省は新たな取締法案作成のための調査を本格的に開始した。二二年に議会に提出された過激社会運動取締法案では、①無政府主義・共産主義その他に関し朝憲紊乱事項を宣伝または宣伝しようとした者は七年以下の懲役または禁錮に処すこと（第一条第一項）、②第一条第一項を実行または宣伝する目的で結社または集会、多衆運動をおこなった者は一〇年以下の懲役または禁錮に処すこと、などが定められた。これは共産主義者・無政府主義者を内乱罪に準じた重罪として司法処分をおこなおうとするもので、結社規制法の転換を図るものであった[20]。

もっとも、第一次世界大戦終結直後においては各国でも共産主義思想拡大の脅威を感じており、過激社会運動取締法案立案の際、司法省・内務省は事前に外国立法例を調査していた。立法例調査の第一番目に記載され、二八年の治安維持法改正まで当局が議会で言及し続けたのが、アメリカ各州で制定されたサンディカリズム取締法である。ただし、取締り概念としては内乱罪に由来する日本独自の概念を採用し、アメリカの州法などと比べ、概括的な点に日本の特徴があった。法案が議会に提出されると、議員はドイツとイギリスの先例を挙げ、取締法により思想を抑圧することはできず、国民思想の充実の必要性などを訴えた。結果として、過激社会運動取締法案は審議未了で廃案となった[21]。

結社規制に話を戻す。暁民共産党事件後、内務省警察は日本共産党及び共産主義・無政府主義の秘密結社に対し、それまで一例しか適用されていなかった秘密結社禁止違反の発動に踏み切ることになる。ただし、二五年頃までの発動件数は比較的限られていた。また、非政社に対する結社禁止処分は日本社会主義同盟と自由青年連盟のみであった。さらに、一一年の普通選挙同盟会への政社認定後には、政社認定がおこなわれなくなった[22]。

司法省・内務省が本格的に治安維持法の作成に乗り出すのは、虎ノ門事件が発生してからである。二五年に制定された治安維持法では、①国体変革または私有財産制度否認を目的として結社を組織し、または情を知ってこれに加入した者は一〇年以下の懲役または禁錮に処すこと(第一条第一項)、②第一条第一項の目的の実行に関し協議をおこなった者は七年以下の懲役または禁錮に処すこと、③第一条第一項の目的の事項を煽動した者は七年以下の懲役または禁錮に処すこと、などを定めた[23]。

外国立法例では、立法例の第一番目をドイツとしている点に変化がみられる。ドイツでは一九二二年六月のラーテナウ外相暗殺を機に、七月に議会で共和国擁護法が可決された。同法では、①共和政府閣僚を殺害排除することを目的とする結社または謀議に参加する者は五年以上の懲役もしくは無期懲役に処すこと、②右の種類の目的の既遂または未遂の殺人がおこなわれた場合、結社または謀議に参加し、その目的を知った者は死刑もしくは無期懲役に処すこと、などを定め、国家の存立に対する侵害を禁止・処罰しようとした。一方で、厳罰的な治安法を定めていたアメリカでは、共産主義への脅威が薄らいでいった。上記のドイツ法と治安維持法を比較すれば、政体を危険にする結社を規制するという点で共通点がある。量刑についても、日本と比べて刑期が長い。ただし、ドイツは右派の取締りを主眼とし、取締り事項を列挙したという点で、日本との差異が存在した[24]。

同時期には普通選挙法の制定を受け、単一無産政党結成に向けた運動が活発となった。その結果、農民労働党が結成されたが、即日結社禁止処分が下された。その際、若槻礼次郎内相は結社の合法・非合法の基準を示した。すなわち、共産主義的主張及びそれを綱領に載せることを禁止し、共産主義的主張がなくても党の目的が共産主義的主張の遂行にあると認められる場合は禁止する。また、党創設に関係した者が共産主義的主張をおこなっていた場合、その党が共産主義的主張の実現を目指すと解釈して禁止するとしたのである。農民労働党結社禁止後、再び単一無産政党結成の動きが進み、左派を除外したうえで労働農民党が結成された。しかしその後、労働農民党は分裂し、左傾化を強めていく。なお、二五年中には地方で無産政党の設立が相次いだ。また、二七年から二八年にかけても多数の共産系の思想団体が設立された。しかし、これらの結社に対して内務省警察は監視を強めたが、結社規制はおこなわなかった。また、治安維持法の結社罪も集産党事件を除き、適用されていない。その後、二八年に三・一五事件が起こる。ここで日本共産党員ではないが、日本共産党のために活動している者を起訴できないことが明らかとなった。翌月、日本共産党とのつながりを理由に、労働農民党、日本労働組合評議会、全日本無産青年同盟に対し結社禁止処分が下った。また、同年一二月には旧労働農民党員を中心とする新党組織準備会に対しても、日本共産党との関係を絶っていないことを理由に結社禁止処分が下った[25]。

共産主義運動の拡大と結社罪の限界が露呈したことを受け、同年六月に治安維持法が改正される。改正の要点は、次の二点である。第一に刑の厳罰化である。第一条を第一項と第二項に分け、国体変革を目的として結社を組織した者や役員その他指導者の任務に従事した者には、死刑または無期、もしくは五年以上の懲役もしくは禁錮に処すと規定した。第二に、国体変革または私有財産制度否認を目的とする「結社の目的遂行の為にする行為を為したる者」も処罰できるようにした。二八年の段階において欧米民主諸国で類似の立法例は存在せず、当局が作成した立法例の第一番目はソ連へと変化した。また、内乱罪、大逆罪に類すると位置づけられたことから、各国の大逆罪に関する立法例も議会で配布された[26]。

以上をまとめると、国際的位置づけの点では次のように指摘できる。日本の結社規制法の転換は第一次世界大戦の影響を受けた過激社会運動取締法案の立案において、内乱罪が準用され、アメリカ法も参照されたことによりもたらされた。治安維持法での立法例の第一番目はドイツとなり、同法二八年改正ではソ連へと変遷した。

また、結社規制の運用については次のように指摘できる。まず、第一次世界大戦後、治安警察法に基づく結社規制の発動は、比較的少数にとどまった。第一次世界大戦後、結社の存立を許されなかったのは日本共産党や一部の共産主義、無政府主義の秘密結社であった。農民労働党結成以前において結社禁止処分を受けた非政社は二社にとどまった。政社認定については普通選挙同盟会を最後におこなわれなくなっていた。結社規制の発動が限定的であった要因としては、①無形の結合、目的を擬装あるいは秘密にする結社への取締りが困難であったこと、②結社規制は弾圧に有効ではなく、出版や集会の規制、不敬罪などを選択した可能性があること、③大正デモクラシーの風潮を受け、当局では政治結社の届け出制の廃止や結社禁止前の制限規定の創設などを検討していたこと、④政府当局は無政府主義、国家主義の結社を脅威と認識しなかったことなどが挙げられる。

次節ではこれらの前提をもとに、新党組織準備会結社禁止後の展開を見ていく。

2　無産政党・国家主義団体に対する結社規制

◆左派無産政党設立をめぐる対立と結社規制

本節では新党組織準備会結社禁止後から一九三四年までの無産政党・国家主義団体に対する結社規制を述べる。一九二八年一二月二四日、旧労働農民党の党員らが結集した新党組織準備会に結社禁止処が下された。これを受け、日本共産党は「大衆の離散を防ぎ、且党勢拡張に利用する為」に、直ちに準備会内の党の活動分子を通じて、一二月二五日頃、政治的自由獲得労農同盟全国準備委員会（政治的自由獲得労農同盟、のちに労農同盟に改称。以下、労農同盟と表記）を組織させ、党の大衆化を画策した[27]。また、大山郁夫らは処分を不服として翌年二月、違反処分取消訴訟を行政裁判所に提起した（『読売』二九年二月二三日）。しかし結社禁止後、伏在していた旧新党組織準備会内部の合法派と非合法派との対立関係が鮮明となり、地方支部では合法路線と非合法路線との対立により分裂状態に陥っていく。

既に二八年一二月二二日、泉国三郎らが合法政党を標榜して岩手無産党を結成していた。翌年一月、旧新党組織準備会の京都支部連合会では合法的政党の結成を主張する水谷長三郎らの一派と、合法政党を結成せず本部の指令に基づき労農同盟を組織して活動すべきとする山本宣治らの一派が対立した。幹部による両派の調停は功を奏さず、同月、水谷らは労農大衆党を結成した[28]。二月には中国無産党（広島）、四月にも大和無産統一党（奈良）が設立された[29]。水谷らが離脱した結果、労農同盟に所属する衆議院議員は山本宣治一人となったが、その山本も第五六議会会期中の三月五日、右翼団体七生義団員に宿舎で刺殺され、所属議員はゼロとなった（『状況』二九年：無①：九二九頁）。

なお、京都支部の非合法派は二九年一月九日、労農政治同盟準備会の組織を決定するとともに、役員、声明書の起草委員を決定した。ここで京都府警察当局は翌日、起草委員委員長を招致し、厳重戒告をおこなった。また、労農政治同盟準備会の中堅分子一五名も検束して厳重な取締りをおこなった結果、その後非合法派は、ほとんど表面的に動くことができなかった。他方、大阪支部、福岡支部でも中央部の指令に基づき、労農同盟の支部として活動することを申し合せた。しかし、いずれも警察の取締りにより表面的に活動を展開できなかった[30]。

労農同盟の「秘密本部は常に共産党の直接指導下に置」かれた。同盟では福富正雄（日本共産党員）らが組織の中心的役割を担い、大山一派は「事実上単なる飾物」の状況であったとされる[31]。その後四・一六事件により福富らが検挙され、活動は沈滞しつつあったが、なおも地方同志に文書を配付して宣伝煽動し、内務省警保局は「名実共に共産党の運動と何等異なる所なき状態[32]」とみなしていた。

一方、大山、細迫らは非合法運動に限界を覚え、細迫らを中心に五月頃から新労農党結成について協議しはじめた。大山は当初反対だったが、その後賛成に転じたという（『社通』二九年八月一九日）。八月、大山、細迫らは正式に合法的政党の労農党（以後、新労農党と表記）樹立を提唱するとともに、組織綱領を発表した（『読売』二九年八月九日）。新労農党設立の動きに対し、労農同盟などは合法政党排撃の姿勢を示した[33]。

しかしその後も党設立準備は進み、九月二二日に新労農党の政策、綱領が決定された。その要点は、①組合の確立を重大任務とすること、②戦線の統一を図ること、③労働者、農民、無産市民の利益と自由を擁護伸張することに努めること、にあると報じられた（同右、二九年九月二三日）。

この前後、新聞は新労農党の結党許否をめぐる動きを度々報じた。『読売』は九月二日、内務省責任者は大山らが「当局の今尚、過激〔思〕想と目する社会民主主義をも排撃せんとす〔る〕は即ち彼等が共産主義を棄てぬ証左である」とし、「共産党の如きは最早当局の目標ではない、要は思想そのものである」などの見解を示したことを受け、あくまでも実体を突き止め、最後の判断を下すとの見方を報じた。その後、同紙の九月二七日の記事では、内務省警保局は綱領政策案を検討し、多少首肯し難い部分があり、指導者の思想言行にもなお疑問点があるが、禁止するほどの理由を発見できないと判断した。また、指導者においても相当真面目な態度を有することが明瞭になり、「此の際更に弾圧を加うる事は思想善導の目的にも反するという政策的意見もあって」、今後特別な事情がない限り、結社を認める方針を示したと報じている。

しかし、実際には一〇月以降も、警察当局は査察を続けた。一〇月一九日と二四日、警視庁当局は大山と細迫を招致し、党の提案書、綱領について具体的な説明を求めた。その後、大塚惟精警保局長は新聞談話で、前もって態度は決まっていないが、「赤くさえなければ結党の自由は憲法によって認められているのですから許可するのが当然」であり、「許可しても赤いことがわかれば即時解散させればいい」と述べている(『東朝』二九年一〇月二六日)。

同月二八日には、大塚警保局長が安達謙蔵内相と協議し、警保局ではしばらく黙認して、結党後に公安を害する時は禁止してもよい、と伝えたと報じられた(同右、二九年一〇月二九日)。その後、一一月一日に大山を委員長、細迫を書記長とする新労農党の結党大会が開催され、結社の存立は認められた(『読売』二九年一一月一日)。

なお、労農同盟の運動は二九年九月に入ると衰退した。その後、同盟の極左系分子は「将来に於ては政党的色彩を帯べる本同盟を解体し、労農会議の性質を持つべきものなるも、現在の如き共産党の強化せざる間は一時的動的なる『カムパニア』の組織体として、労農同盟書記局が必要」だと主張し、運動しようとした。しかし効果を挙げず、同年秋には自然消滅したとされる[34]。

以上のように、警察当局は労農同盟支部については、説諭により事実上結社組織を禁止した。一方、左翼無産政党の新労農党結党に際しては慎重に査察をおこなったうえで、結社の存立を認めた。他方で、労農同盟本部への結社規制はおこなわれなかった。その理由は明確ではないが、厳重な取締りにより十分に活動できず、潜行的な宣伝行為にとどまったことに加えて、結社の性質も影響していた可能性がある。たしかに、労農同盟は行動綱領・組織を定めていた。しかしその一方で、『労働農民新聞』は前述の新労農党設立に対する労農同盟の声明が

「労農同盟全国委員会」の名で出されたが、そのような「恒常的、固定的、組織は絶対に存在していない」。それは「固定的組織を持つならば、労農同盟が政党化する危険がある、という従来の左翼の組織理論が忠実に守られて来たからだ[35]」と指摘し、声明に反駁している。つまり、労農同盟は一時的で流動的な組織に過ぎず、結社の要件を満たさない可能性があったと思われる。

◆全国大衆党への弾圧

さて、一九二九年には中間派・右翼派の無産政党においても、集合離散が相次ぎ、内務省警保局が指摘するように、「実に嘗て見ざるの著しき混乱状態を呈」するに至った(『状況』二九年：労①：五一〇～五一二頁)。以下、中間派・右翼派・左翼派の動向について簡潔に述べる。

まず、中間派の動向であるが、二八年一二月、日本労農党、無産大衆党、日本農民党など七党の合同により日本大衆党が結成された。これにより中間派の大同団結が実現した。しかし、結党の翌月、党内不平分子の福田狂二らが、平野力三・麻生久と資本家・既成政党領袖との間で金銭上の取引がおこなわれたと主張し、その後党は内紛を繰り返すことになる。四月頃には平野派の社民合流運動、旧無産大衆党系による新党樹立運動が起こり、ここで党本部の支柱であった旧日本労農党の勢力は、平野・鈴木茂三郎ら五名を除名した。これに対し、党内左翼派・無産大衆党系は日本大衆党分裂反対同盟に拠って本部の指導力を自派に収めようとした。しかし、かえって本部から離反する結果となったため、一〇月、日本大衆党分裂反対同盟は解体した。その後復党運動をおこなったが容れられず、一二月に東京無産党を結成するに至る[36]。

右翼派では二九年一二月、日本労働総同盟の第三次分裂などに起因し、社会民衆党が分裂した。脱退派は翌年一月、全国民衆党を結成した(『状況』三〇年：無①：七三八頁)。

左翼派においても、新労農党結成後半年経たずして党首脳部の大山一派と河上肇一派との間で、指導理論をめぐり対立が生じた。河上一派は共産党支持、非合法運動に転化すべきと主張したが、大山一派は時期尚早であると反対したのである。この影響で三〇年八月、大阪支部連合会が新労農党解消を決議した。一〇月にも河上ら三名が新労農党即時解消論を発表するなど(同右、七三七〜七三八頁)、党内は混乱状態に陥った。

この間の三〇年二月に衆議院議員総選挙がおこなわれたが、無産政党からの当選は社会民衆党二名、新労農党一名、社会大衆党二名のみであった。この結果については「予想を裏切る無産派の惨敗」(『社通』三〇年二月二五日)と報じられた。総選挙での惨敗を受け、日本大衆党の提議により日本大衆党、全国民衆党、無産政党統一全国協議会の合同がなされ、三〇年七月に全国大衆党が設立された(『状況』三〇年:無①:七三八〜七三九頁)。

他方、三〇年一二月からは全国大衆党、新労農党、社会民衆党の間で合同の動きが見られるようになった。その後、全国大衆党と社会民衆党の関係が悪化したことから、三一年三月以降、全国大衆党と新労農党が結成した無産党合同協議会に、社民党合同実現同盟も加わることで合同を推し進めていくことになった[37]。七月、全国労農大衆党が結成され、無産政党の全国政党は同党と社会民衆党の二党となった。

この間、内務省・警察は全国大衆党系青年団体と全国労農大衆党の結成に際して綱領、スローガンの修正を指示したことが確認できる。

特高は三〇年七月の段階で、全国大衆党は旧日本大衆党の農村不況打破運動の「闘争方針を踏襲し居れるものの如く、先づ合同大会において、失業反対闘争、農村窮乏打破の闘争」等を議題として上程可決したと記しており(『月報』三〇年七月:三〇頁)、警戒感を示していた。三〇年には日本大衆党・全国大衆党の演説会や大会で警察官による中止検束が度々おこなわれた。たとえば、三〇年の九州地方における日本大衆党の演説会では、前後一二回中八回、中止解散を命じられた。また、愛媛県で開催された演説会では、警察により枢密院廃止、軍事教育、学生思想、経済界不況について演説することを禁止された(『東朝』三〇年八月一三日)。

一一月の全国大衆党の労農会議では、東京、大阪、京都とも演説の中止の末、解散となり、検束者も出た(『社通』三〇年一一月五日、一一月七日)。翌月の全国大衆党第二回大会でも、開会前に警察当局から議案中の「失業反対闘争の件」「植民地政治的差別撤廃に関する件」「労農自警団組織に関する件」の三件について不穏当だと指摘され、議案全部を没収された。交渉の結果、党側は三件を削除することで開会にこぎつけた。大会中、中止検束、乱闘による混乱が続いたが、のちに問題となる「枢密院貴族院廃止の件」については審議決定されている(『東朝』三〇年一二月二日、一二月三日、一二月四日)。

弾圧が続いたことを受け、『東朝』(三〇年一二月一二日)では、浜口雄幸内閣は組閣当初、言論の自由を保障すると高唱し、総選挙でも極端な圧迫はなかったが、最近その声明を裏切る組織的弾圧が相次ぎ、各方面から非難の声が上がっている。政府側は方針変更していないと弁解しているが、「新聞記事の差止め発禁等も著るしく増加している」、と指摘している。

その翌月には、全国大衆党系青年分子による栃木県無産青年同盟創立に際して、県当局は宣言、綱領等の中に「極めて不穏矯激なるもの」があるとして、訂正、削除を指示した。具体的には宣言中の「農村に工場に捲き起りつつある革命の波の昂揚しつつある実状は無産大衆が自らを餓死より護らんとする不可逆的血みどろの闘争に外ならぬ」「我等無産青年夫れ自身の上に課せられつつある歴史的任務と階級的使命とを決定的に遂行する為には、如何なる支配階級の弾圧迫害の狂嵐、白色テロの横行があろうとも、之れと徹底的に抗争し、階級闘争の機関車として凡ゆる階級的犠牲を満喫しつつ邁進するものである」などの文言が削除対象となった。特高は同盟の行動について、「特に厳密な視察取締りを行う必要がある」と記している(『月報』三一年一月:一六頁)。

◆全国労農大衆党に対する結社規制

全国労農大衆党結党前に話を戻すと、その後新労農党・全国大衆党・社会民衆党分派による合同協議会は、一九三一年七月五日からの合同大会に向けて草案などを決定した。しかし、同月一日、警察当局は綱領第二項

「我党は資本主義諸制度を根本的に改革し以て無産階級の解放を期す」のうち、「根本的に」を削除するよう指示した。加えて、綱領のうち「合法的手段云云の字句なき理由を質問」した。さらに、スローガン中の「土地を農民へ」「一切の帝国主義軍備撤廃」「資本家地主の政府打倒」「搾取なき社会の建設」、政策中の「枢密院、貴族院の廃止」「戒厳令及び緊急勅令の廃止」「帷幄上奏権の廃止」「参謀本部、海軍々令部の廃止」「憲兵制度、軍法会議の廃止」についても、削除指示を通達した。この指示に、新労農党は強く反発した。同党は削除を指示された政策、スローガンなどは既に労農、大衆各派の政策などにおいても、「悉く既に合法的スローガンとして掲げられているもの」で、綱領の一部削除も承服しがたいと主張した。たとえば、「土地を農民へ」は新労農党などで公然と掲げており、「資本家地主の政府打倒」は各所の演説会場で公然と発表されているとした。一方、全国大衆党は合同第一主義を唱え、内相に抗議して当局に合同大会の解散及び結社禁止の口実を与えないようにすべきと主張した(『社通』三一年七月四日、七月五日)。

その後新労農党側の歩み寄りにより七月三日、委員一〇名が次田大三郎内務省警保局長に抗議したところ、次田は警視庁が削除したのであれば内務省に抗議する筋合いはなく、「内務省としては新党に弾圧を加える意志はない」と突っぱねた。そのため、同日、特高課南警部立ち会いの上で、上古風警務部長に交渉したが、警視庁の態度は「従来政党に許可した綱領政策スローガンと雖も新党に対しては許可し得ない」ときわめて強硬な姿勢で、交渉は決裂した。その後、委員は再び次田と会見し、「漸くその妥協点を見出すに至った」と報じられている(『読売』三一年七月四日)。

結局、七月四日午前二時から開催された合同協議会常任委員会において、削除命令を受け入れることに決めた。ただし、枢密院・貴族院の廃止、帷幄上奏権の廃止は「合同大会後これを掲げる」こととした(『東朝』三一年七月五日)。七月五日、予定通り三派合同大会が開催され[38]、全国労農大衆党の結党は認められた。

管見の限り、これまで中央の無産政党結党過程において当局が綱領などに介入した事例はなく、異例の対応と言える。

ただし、農民労働党結党前の二五年一一月にも党綱領の撤回、修正を指示するかどうか検討されていた。この時には党側に撤回、修正を指示せず、翌月に即日結社禁止処分を下す形となったので、綱領に介入した前例ではない。ただし、前述のように、内相は結社禁止処分を出した際、訓令で合法・非合法の基準を示し、農民労働党の綱領中で撤回、修正を要する事項も具体的に示していた。撤回すべき事項として、たとえば「耕作者の土地共同管理権の獲得」を挙げ、その理由としては共産主義社会への段階的要求であり、労兵農階級独裁制の確立を希望していると指摘した。また、「無産階級の国際的団結に対する一切の障害排撃」については、国際共産党運動の宣伝であり、共産党宣言の主旨を実行するためであると記している。修正すべき点としては、「無産階級運動暴圧法令」の撤廃、義務教育に於ける「資本主義的教育」の撤廃、などを挙げ、「括弧内の用語穏当ならず」と指摘している[39]。

このように、農民労働党結党の際、政府当局は共産主義的主張を含む事項について撤回させようとしたことがわかる。全国労農大衆党結党時と比較すると、「資本家地主の政府打倒」などのスローガンはプロレタリア独裁への道につながりかねず、共産主義的主張の範囲内にあると言えなくもない。しかし、「枢密院、貴族院の廃止」のように、共産主義と直接的には関係がないにもかかわらず禁止した点では相違がある。枢密院廃止論については、二八年七月に民政党秉燭会が治安維持法改正緊急勅令をめぐる枢密院の態度に不満を持ち、枢密院廃止を決議しているが(『東朝』二八年七月七日、『読売』二八年七月一七日)、当局による規制が加えられた形跡はない。

もっとも、前述のように三〇年半ば以降、政府による全国大衆党などへの言論弾圧が強化されていた。枢密院廃止論は三〇年半ば以降演説内容としては既に非合法的とみなされるようになっていた可能性があるが、明確ではなかった。警察当局は新党結成に際して党綱領として非合法であることを明確にしたのである。

全国労農大衆党結党後も、大会でのスローガン掲示をめぐり警察が介入した事例があった。二一年一二月の大会会場の正面には、①我党大結成の強化躍進、②失業反対、農民窮破、③農民に土地を確保せよ、④ファッショ反動を粉砕せよ、⑤労働組合戦線の統一強化、⑥強力執行部の確立、⑦帝国主義戦争絶対反対、⑧政権を無産大衆に獲得せよ、という八項のスローガンが掲げられた。このうち、⑧については所轄警察署において注意し、任意に撤去させている（『状況』三一年：無①：五四八頁）。

◆満洲事変後の無産政党の変質と結社規制

内務省警保局が指摘したように、一九三一年九月に発生した満洲事変は「我国社会運動の戦線に異常の衝動を与え、其の一部に急激なるファシズム的傾向を生じたるが、無産政党に於ても亦、其影響を受け、著しき情勢の変化を見る」に至った（『状況』三二年：無②：五九三頁）。社会民衆党の赤松克麿らは満洲事変が起こると、主義転向を策して党を脱退し、三二年五月に日本国家社会党を結成した。同月には下中弥三郎の一派も新日本国民同盟を結成した。その結果、社会民衆党と全国労農大衆党はそれぞれ約三分の一の党員を失い、勢力は著しく衰退した。これを受け、両党では合同の機運が高まり、同年七月に社会大衆党を結成した。この結果、三二年後半の中央における無産政党は、中間右翼派の社会大衆党と最右翼派の日本国家社会党・新日本国民同盟が対立する構図となる（同右、五九三～五九五頁）。

これらの政党のうち、警察当局は社会大衆党の結党に際して綱領、政策に削除命令を出したことが確認できる。三二年六月二八日、無産党合同協議会第二回全体会議が開催され、綱領、建設大綱、規約草案を決定した（『東朝』三二年六月二九日）。七月二〇日の一般委員会では役員を決定するとともに、党名を社会大衆党とすることに決定した。七月二四日から合同大会を開催する予定であったが、ここで警察当局が綱領の削除命令を出したのである。それ以前から警察当局では「時局に鑑み、重要個所につき厳重警告」を発し、合同委員会側と数次にわたり折衝していたが、七月二〇日、毛利基特高課長は次の四項目の削除を命じた。①「社会主義の建設を期す」、②

「労働者の産業管理制の樹立」、③「○○○○〔労兵農兵〕軍制の建設」、④「世界植民地の解放」、である。これに対し、委員側は大会直前での不当な弾圧とみなして憤慨し、強硬な態度を示した（同右、三二年七月二一日）。

しかし、その後協議会側は内務当局と折衝した結果、目的の貫徹は困難と判断し、七月二二日、綱領対策委員会において削除または修正することに決めた。具体的には、綱領原案中、「社会主義の建設を期す」を「無産階級の解放を期す」、建設大綱中の「労働者産業管理制〔ママ〕の樹立」を「労働者の生産自治」と修正した。また、「労兵農兵軍制の建設」「世界植民地の解放」は削除した（『読売』三二年七月二三日）。削除した二項目については、天皇の統治大権に関わるおそれがあるため、削除せざるを得なかったのであろう。

七月二四日、予定通り合同大会が開催された（同右、三二年七月二五日）。大会では議事の演説で中止となる場面もあったものの、社会大衆党が正式に創設され（『社通』三二年七月二六日）、結社の存立を認められることになる。

なお、管見の限り、同時期に社会大衆党以外の無産政党に対し、結社規制が発動された事例は確認できない。地方無産政党の動向については十分に調査できていないが、内務省警保局保安課が三二年一〇月に作成した「無産政党綱領政策宣言集」はその参考となる。ここでは一五党の綱領などを掲載しているが、その冒頭で次のように記している。無産政党の綱領・政策・宣言についての「取締に関しては自ら基準あり、其時勢の実情に応じて適当なる制限」を加えて、「其行動の常軌を逸脱せざらんことを努め来れり」。しかし、「地方的無産政党の綱領政策等の中には往々にして不穏当と認めらるる字句を其儘不用意の間に認容せられたる事例少しとせず[40]」、と。つまり、地方無産政党の綱領などについては修正、削除指示が厳密になされなかったと指摘している。もっとも、具体的にどの点が「不穏当」とみなしたのかという点については言及がない。

◆国家主義団体に対する結社規制

他方、満洲事変以降は政党政治打破、資本主義打倒ないし修正などのスローガンを掲げ、国家革新を標榜する国家主義団体も相次いで結成された。一九三二年中に設立された団体は「二百余に及び、国家主義運動戦線は誠に百花繚乱の状況を呈した」。これらの団体の中には、すぐに消滅したものやほとんど実体のないものもあったが、三三年末時点での国家主義ないし国家社会主義団体数は五〇一団体にのぼっていた[41]。

国家主義団体の一部では議会に進出し、大衆を組織化することで、影響力の拡大を図ろうという動きも出た。その端緒が三一年六月に設立された大日本生産党である。同年一一月、同党は日本国民党など一六団体を糾合し、翌年には急進愛国党なども傘下に入った。しかし、三二年二月の衆議院議員総選挙で同党公認候補となった吉田益三は最下位で落選した(『状況』三二年：八二一頁、八二四頁、八二七頁)。その後も国家主義勢力の議会進出は成功せず、内務省警保局は三四年、衆議院で議席を持つ社会大衆党、愛国政治同盟を除いては、議会対策としてみるべき活動はないと分析している(『状況』三四年：七九六〜七九七頁)。

この時期、国家主義団体会員の一部はテロやクーデタ計画に関わり、治安上の脅威となった。警察当局が国家主義運動対策に本格的に乗り出すのは、三二年に入ってからである。

血盟団事件後になると、司法省も左傾右傾を問わず、暴力的な行動に対しては厳格に取り締まる旨を言明した。また、内務省でも右傾団体において、「新興的日本主義又は国家主義或は国家社会主義等の思想を取り入れ」「奇矯過激なる運動を展開せんとするの情勢」であることを憂慮し、このような傾向を有する団体はすべて特別高等課に移管統一し、専務者を置くことを決めた(『月報』三二年三月：四七頁)。もっとも、当局の対応は陰謀計画や実際の暴力行為の取締り、集会の監視などにとどまり、結社規制はおこなわなかった。

その後、三四年の治安維持法改正案の議会審議において、次に述べるように議員から国家主義団体の取締りを求める意見が度々出され、団体の綱領も問題とされた。しかし、ここで政府当局は治安維持法の国家主義団体への適用に否定的な見解を示した。

まず、久山知之は一九三五、三六年の国家危機を好機会として「一挙暴力に依る革命に依って、国家の政治機構を変革せんとする此団体に対して」、小山松吉法相はどのように対応するのか。忠君愛国の看板を掲げているので、共産党と同一と扱えない方針か、と質した。これに対し、小山は次のように答弁した。団体が皇室中心主義または愛国主義を標榜し、それを主義綱領としている場合、治安維持法での規制は難しい。多くはある団体の二、三人が出て、一方からある者が出るなどして犯罪団体ができる。立法技術として、看板の標榜は嘘であることが明瞭となれば、治安維持法で処分可能である[42]、と。

次に、高見之通は大日本正義団の綱領に「親分の命ずる所は水火も辞せず」との文言がある。また、日本国家社会党の綱領にも「亡国資本家地主に対する粉砕闘争」という文言がある。治安維持法第八条の解釈では、日本国家社会党の「亡国資本家地主に対する粉砕闘争」と、日本共産党の地主の土地を没収し労働者農民の政府を樹立することとの間にはどのような違いがあるのかを問うた。これに対し、小山は、大日本正義団の綱領は「見様に依っては非常に過激」だが、「孝道を完うする言葉のようにも見える……是だけでも何とも御答致し兼ねます」。「亡国資本家地主」というのも「どの程度のものを言うのか、是ももう少し日本国家社会党と云うものの綱領、趣旨等を能く研究した上で御答致したい」と答えた。加えて、右傾団体の綱領その他の過激なものは十分取締りをおこなっており、団体の行動は内務省でも十分に取締りをおこなっていると述べている[43]。

松本学内務省警保局長(政府委員)はより明確に、右翼(国家主義)団体への治安維持法適用を否定した。松本は高見の質問に対し、左翼は思想体系として確立されているが、右翼は「思想体系として確立して居ない、随て其思想体系自体を取締ると云うことは、殆ど出来ないと言って宜い、取締るべきものじゃない、是が実行に移った場合に初めて取締の対象として、十分やって行ける[44]」との見解を示した。また、松本は松村義一の質問への回答で、現在暴力により国家、社会、経済の機構を変革して、一挙に覆そうとする結社はないとの認識を示した[45]。さらに、松本は丸山鶴吉から血盟団は結社か否か問われた際にも、これらは党与であり、「犯罪を実行せんが為に、数人の者が集って徒党を組んで居る……犯罪実行と云うことに付て、永続性から言うならば、結社と云うことに認められない[46]」と答弁している。

なお、松本は回想でも、治安維持法は「左翼運動と国体否認を取り扱う独特な限局された法規だから、その中に単純な右翼的暴力運動を規定することになれば……特色を損い権威が失われてしまう[47]」と述べている。

内務省当局が国家主義団体への結社規制について事務上の注意をおこなったのは三四年五月になってからである。特高並外事警察事務打合会での注意事項として、①「国家主義的なる思想政治等諸団体の綱領主義政策等にして矯激にわたり其の他安寧秩序を紊す虞あるものに就てはなるべく結社の組織前可然加諭して削除、又は修正」させ、②「教化、思想団体を標榜するも綱領内容運動の実際等に徴し、政治結社として取扱……すべきものに就ては正規の届出手続を」させるよう注意すべきと指示している[48]。裏を返せば、この時期に至るまで国家主義団体の綱領などについて修正指示をおこなっておらず、治安警察法上の政治結社に該当する国家主義団体についても、届け出るよう指導していなかったことを傍証するものと思われる。

3　外郭団体に対する結社規制

◆一九二〇年代末の外郭団体の改組・結成と当局の認識

時期は前後するが、本節では一九二九年から三三年頃までの外郭団体への結社規制について論じる。二九年から三一年六月にかけて、日本共産党及び党フラクション、外郭団体の関係者が治安維持法により検挙されたことは言うまでもない。三〇年には、日本共産党の指導下、二月の衆議院議員総選挙で活動した非合法ないし半非合法的な組織体である選挙闘争同盟への弾圧もおこなわれている[49]。

その一方で、一九二〇年代末には外郭団体の改組・結成が相次いだ。ここでは『状況』三〇年で、日本共産党・日本共産青年同盟との関係が指摘された、①日本労働組合全国協議会（全協）、②全日本無産者芸術連盟（ナップ）、③解放運動犠牲者救援会、④日本反帝同盟、の動向と当局の認識を見ていく。

全協は二八年四月に結社禁止処分を受けた日本労働組合評議会（評議会）の後身である。評議会の結社禁止処分後に結成された全国協議会準備会では、同年一二月初旬に合法的機関紙を再刊し、それを通じて再建運動の合法性を獲得しようと計画していた。しかし結局、同月中旬に出された日本共産党からの指示を受け入れ、非合法活動の継続を決定した。同月二五日の全国労働組合代表者会議において行動綱領などを決定し、全協の組織が確立した。なお、評議会は二八年三月に国際赤色労働組合（プロフィンテルン）の日本支部となり、全協も日本支部として存続した[50]。

全協は成立当初から日本共産党の指導下にあった。二八年一二月、日本共産党が再建運動を開始すると、全協は「之に専属するを余儀なくせられ」た。翌年、四・一六事件により全協の指導的幹部八一名が起訴され、活動を一時休止する。しかしその後、検挙を免れた日本共産党員が団体幹部と連絡を取り、陣営を整えた。同年、大山らが新労農党結成を表明すると、新労農党排撃運動を展開した。また、フラクション運動を開始して、右翼派、中間派の浸食に努めた。さらに、「示威運動の如きも目標官署等を定めて襲撃を煽動する」などした（『状況』二九年：労①：四〇二～四〇五頁）。

内務省警保局は全協の活動について、日本共産党の党大衆化方針に準拠する傾向が顕著となり、「全く非合法的」になったと評している（同右、四〇五頁）。全協は三〇年に入ると、共産党の指導により暴力を伴う闘争の宣伝・煽動にとどまらず、現実に実行するに至った。四月、渋谷車庫への放火（未遂）をおこない、翌月のメーデーでは行動隊が武装デモを準備し、東京では議会襲撃、官庁焼打を計画したが、未遂に終わった。川崎市では、全協のメーデー参加禁止に憤慨した日本化学労組の会員らがメーデー会場に突入して多数の負傷者を出した。神戸などでも武装デモが敢行された。しかし、この行動は各方面から批判を浴びた。全協内でも極左的方針・活動に反対する勢力が全協刷新同盟を結成し、内部抗争を展開することになる[51]。なお、この武装メーデー事件の後、行動隊を指揮した全協幹部は「殆ど悉く検挙されたので当分再興の見込みがないと思われる状態に陥った[52]」とされる。

全協は設立当初から非合法であり弾圧を受けたものの、この時点で結社規制はおこなわれなかった。その要因は明らかではないが、少なくともこの時点において治安維持法の結社罪での検挙は困難とみなされていた可能性が高い。たとえば、少し時期は後になるが、三二年四月の大審院判決では、「全協は其れ自体経済闘争を使命とし従って国体変革、私有財産制度否認を目的とするものにあらざる[53]」との見解が示されている。

第二に、ナップの動向についてである。日本におけるプロレタリア文化(芸術)運動は、『種蒔く人』(一九二一年二月創刊)を端緒とするが、運動の画期となったのは二八年三月のナップ結成である。ナップは全日本プロレタリア芸術連盟など四団体の合同により成立したものであり、各専門部を設け、『戦旗』の発行、文芸講演会の開催などにより勢力拡大を努めた。同一二月には全日本無産者芸術団体協議会と改称し(略称はナップのまま)、各専門部を独立の同盟として再組織した(『状況』二九年:九七四~九七五頁)。

内務省警保局は二九年一二月の段階で、「凡そ極左系運動にして『ナップ』の関係せざるものは始《ママ》んど無き有様」であったと評している(同右、九七六頁)。しかし、この時点でナップと日本共産党との関係は明瞭でなく、三・一五事件、四・一六事件においてナップ幹部で連座した者もいなかった。そのため、警保局は「極左芸術団体は単に芸術其れ自身の研究向上を目的として行動するものに非ずして……極左系諸団体を極力支持しつつある状態なるを以て、之が取締は最も必要にして而も困難を加えつつある」(同右、一〇〇四頁)との認識を示している。

なお、二九年一月二〇日の日本プロレタリア美術家同盟創立大会に際して、当局が綱領の説明で「不穏な言辞を弄した」ことを理由に集会の解散を命じたことが確認できる(『状況』三〇年:九九〇頁)。この結果、同盟は非公式に創立する形となり、当初から非合法的存在であったといえるが、結社規制はおこなわれていない。

第三に、解放運動犠牲者救援会についてである。同会はソ連共産党・コミンテルンが設立した国際赤色救援会（モップル）の呼びかけに応じて、二八年四月に設立された。当初、各無産政党の有力者が参加しており、日本共産党との関わりも明確ではなかった。しかし翌年一月には、社会民主主義勢力が脱退し、左傾化を強めていく[54]。内務省警保局は、同会は二八年一二月付の声明書で合法的な行動を強調しているものの、本部の責任者は「極左的方針を以て其の指導に当りたる為、事実上は何等運動上の転換を見るに至らざりき……本会の組織は表面合法的団体なる如く装いつつ、常に地下的組織の確立に努むる[55]」と指摘している。

第四に、日本反帝同盟についてである。本同盟は対支非干渉同盟、戦争反対同盟の後身にあたり、二九年一一月に国際反帝同盟日本支部として発足した。戦争反対同盟組織の準備過程で、組織の目標と性格を戦争反対の人々すべてが参加できる超党派組織と位置づけた。しかし、帝国主義戦争の不可避性という当時の共産主義者の立場に立てば、革命の達成ということに他ならない。実際、賀川豊彦ら社会民主主義者を中心として結成された全国非戦同盟に対し、機関紙で批判的な記事を系統的に掲げていた[56]。また、日本共産党は反帝同盟設立前の九月に『赤旗』で、①党の支持隊となり、党の合法舞台を提供し、党と大衆を結び付ける有力な組織であること、②大衆的勢力となるために左翼団体のみならず、中間派、右翼未組織者からのも支持者を得ていかなければならないこと、などを表明した[57]。もっとも、官憲資料によると、九月中旬頃、川崎堅雄は前納善四郎から反帝同盟の指導を命じられ、全協の溝上彌久馬を通じて指導にあたったが、連絡が切れ、指導できずに終わったという（『状況』三〇年：共①：一三五頁）。

◆一九三〇年初頭の外郭団体の隆盛

一九三〇年から三一年にかけて、日本共産党による外郭団体への指導が明確となるとともに、外郭団体も左傾化を強めていく。ここでは、当局から非合法または半非合法とみなされた、①日本プロレタリア文化連盟（コップ）、

②全協、③解放運動犠牲者救援会、④日本反帝同盟、⑤全農全国会議、の概況と当局の取締り状況を確認する。

ナップの活動は三〇年に入るとより一層左傾化した。内務省警保局はナップの「昭和五年中の運動は昭和四年度に比し、一層其活動深刻にして、且つ、先鋭化の傾向あり。就中、美術家同盟、劇場同盟の進展特に著し」いと指摘している（『状況』三〇年：九七七頁）。内務省警察は『戦旗』に度々発禁処分をおこない[58]、打撃を与えた。また、「昭和四年末より昭和五年度に至りて『ナップ』幹部或は有力分子にして所謂『シンパサイザー』の立場に於て個人的に日本共産党の運動を援助し検挙せられたる者三十余名（内起訴者十二名、保留三名）」に達した（同右、一〇一五～一〇一六頁）。

三一年一一月にはナップ解体に伴い、コップが結成される。コップ結成の中心的役割を担ったのが三月中旬、文化諸団体の統一的結成及び指導の特命を帯びてソ連から帰国した蔵原惟人である。蔵原はプロフィンテルン第五回大会の決議に基づき、日本共産党の当面のスローガンである「多数者獲得」を念頭に、文化連盟の結成を目指した。当初、ナップ指導部はその方針に批判的であったが、蔵原は順次、ナップの指導分子に方針を徹底させた。七月下旬、ナップに党の総合フラクションを結成し、フラクションを通じて準備会を指導した。コップ結成に伴いナップは解体し、各構成団体は独自の立場でコップに加盟することに決定した。翌年一月には党フラクションを結成し、「加盟各団体の全活動を指導統制し、文化運動の合法場面を利用し、党の主義政策を反映せしめ、以て党の拡大強化に努めた」とされる（『状況』三二年：共①：一六～一七頁）。『社通』を見る限り、三一年中においてコップの集会は監視対象であったものの、多くは開催にこぎ着けていた。

三一年中にはのちにコップに加盟する団体も二つ結成された。

まず、三一年一月、日本プロレタリア・エスペランティスト同盟（プロエス同盟）が結成された。プロエス同盟は三〇年七月に結成されたプロレタリア・エスペランティスト協会（プロエス協会）の後身であり、コップには創立時から参加した。プロエス協会は全世界無民族協会の日本支部として結成されたが、時期を同じくして全世界無民族協会の中で、共産化を図る勢力と政治運動から距離を置くべきと主張する勢力が対立し、前者の要請に応じてプロエス同盟が結成されることになった。そのため、プロエス同盟は運動の最終的な目的をプロレタリア階級の革命に置いていた[59]。三二年には内務省警保局から極左分子の指導により「一般プロレタリアの解放運動に進出し、相当注意を要する団体」(『状況』三二年：五六九〜五七〇頁)とみなされた。同年三月の第二回全国大会では開会前に報告書・議案を押収され、開会後直ちに中止解散を命じられた。そのため、大会に代わる代議員会を開いて議案の審議をおこなった(『社通』三二年三月二三日、五月一日)。

次に、三一年九月、日本戦闘的無神論者同盟が結成された。同年四月、プロレタリア科学研究所(コップ加盟団体)の主唱により準備会が結成された(同右、三一年四月八日)。特高は当初、宗教打倒運動の発生地はソ連としつつも、「これは一種の精神運動であり、単に反宗教だけの理由では積極的に弾圧の手も下し得」ず、協議中との見方を示していた(『東朝』三一年四月一六日)。

しかし、八月の反宗教闘争講演会では弁士がすべて中止検束された(『社通』三一年八月二二日)。翌月の反宗教闘争同盟結成大会でも「当局の観る所極めて不穏矯激なるものあり、殊に国際的関係の下に創立を見るの実状」があったため、開会と同時に解散を命じた。そのため、同日夜に同志が集合し、創立大会を開催した。同盟幹部は非合法の部分なくさない方針を継続することを決め、名称を日本戦闘的無神論者同盟と改称した(同右、三一年九月二七日)。同盟は結成以来、宣伝煽動に注力した。当局は「秘密集会を開催する等運動専ら運動非合法化し来れるを以て」注意していたところ、三一年一一月、メンバーが密かに集会し、ロシア革命記念日闘争批判ピクニック開催したことから、検挙した(『状況』三一年：四四六頁)。もっとも、当局は反宗教運動全体を取り締まっていたわけではない。三一年一一月に開催された労農大衆党系の日本反宗教同盟結成大会では、中止は一、二件にとどまり平穏に終了している(『社通』三一年一一月六日)。

三二年になると、コップ内のフラクションの運動は漸次活発となり、当局は「看過し得ざるに至りたるを以て」、三二年三月から四月上旬にかけて、コップ内フラクションのメンバーを検挙した(『状況』三二年：共①：一六〜一八頁)。この検挙により蔵原ら幹部が検挙され、宮本顕治、小林多喜二らは「地下」潜入せざるを得なくなった。以後、コップは半非合法での活動に急傾斜したとされる[60]。

『社通』(三二年五月一一日)では「文化連盟への当局の弾圧は組織粉砕を以て臨まれているが(合法性の剥奪)連盟の組織は何等異状もなく、暴圧に抗して果敢な闘争が遂行されつつある」と報じている。しかし、五月の日本プロレタリア作家同盟の全国大会、翌月の日本プロレタリア演劇同盟(プロット)東京支部第一回総会及びコップ拡大中央協議会は中止解散となり(『社通』三二年五月一二日、六月二一日、六月二八日)、活動は困難に直面した。もっとも、六月のプロット大阪支部大会は注意、中止を受けつつも終了し、「大会の合法性を戦い取る」と報じられた(同右、三二年七月三日)。

第二に、全協の動向である。全協内の刷新同盟は三〇年八月のプロフィンテルン第五回大会の決議に基づき、一一月に解体した。三一年八月には中央指導部が一旦大衆的活動への展開を発表したものの、三二年に開催された第一回中央委員会で行動綱領に「天皇制打倒の為めの闘争」など「高度の政治的スローガン」を採用するに至った。この間、当局は中央部への弾圧を進め、三〇年八月に片山信忠らを検挙し中央部を一旦壊滅させた。次に、三二年四月にも溝上彌久馬らを検挙し、再建された中央部を一部壊滅させた[61]。

第三に、解放運動犠牲者救援会についてである。同会は四・一六事件及び三〇年二月の共産党事件の検挙などにより中心勢力を失い、「勢力萎靡不振」となったとされる[62]。しかしその後、三〇年八月の第二回大会を非合法で開催し、モップル加盟を決議した。それに伴い国際赤色救援会日本支部日本赤色救援会と改称した。同会は政党政派を問わず加入できると規定したが、事実上ほぼ完全に共産党系の団体として純化していくことになる[63]。

もっとも、特高は三二年一〇月時点で、救援会自体を非合法とみなしていない。八月、特高は「日本赤色救援会は最近合法性の獲得を唱導しつつあるが、此の『救援ハウス』の経営運動を以て、合法線上に浮び上るべく努力しつつあるやに見受けられる」と記している。また、特高は日本赤色救援会第三回全国大会の報告書において、一般活動方針で合法性獲得並に擁護の拡大と運動の大衆化を高唱したことに注目しつつ、「一面に於ては大衆行動の組織等極めて不穏行動を煽動しつつあり、決して赤救の運動の穏健化を目的とするものに非ず」とも指摘していた（『月報』三三年八月：二七頁、三三年一〇月：三〇～三一頁）。

第四に、日本反帝同盟についてである。二九年末に同盟幹部が検挙され、活動を一時停止したが、その後間もなく再建され、『反帝ニュース』などを発行した。しかし翌年には、全協刷新連盟がトップなどと呼応し中央部の乗っ取りを図り、内訌が起きた。結局、刷新同盟派が主導権を握り、七月に新組織方針を発表した[64]。その後、反帝同盟は三〇年一〇月創刊の『反帝新聞』において共産主義、反軍記事の宣伝を掲載し、はっきりとした形で日本共産党の指導を受けるようになる[65]。内務省警保局は、党はフラクションを通して運動を指導しつつあるが、同盟は共産党員を中心とする極左分子の地下的蠢動で「仮令結社禁止を命ずるも其の実効なく」と記している（『状況』三三年：三一四頁）。三一年一二月には、反帝同盟全国大会準備会を秘密に開催した会員が検挙されている（『社通』三一年一二月五日）。

第五に、三一年八月、全国農民組合から左翼が離脱し、全農全国会議が結成された。同会は日本共産党農民部の指導下にあり、翌年一月、日本共産党農民部は「全農全国会議の意義及び任務についての若干の修正と補足」などの指令的文書を発した。これに基づき作成された行動綱領は全六一項目あるが、大竹武七郎（司法書記官）は、このうち「土地を勤労農民へ、寄生地主的土地所有制の撤廃」「資本家地主の政府打倒」「労働者農民の政府樹立」について「充分に注意を要するもの」であり、後二者は「結局国体に関することを言っている」と述べている。三二年六月には全農全国会議富山県連合会が飯米闘争方針意見書を全農全国会議本部と日本共産党中央部に提出し、本部はこれを容れ、第六二議会で米よこせ会を組織し、運動を展開した[66]。当局は三三年二月に山梨の全

表4-1　コミンテルンと日本共産党及びその外郭団体との関係

団体名	所属	所属団体本部とコミンテルンとの関係
日本共産党	コミンテルン日本支部	—
日本共産青年同盟	国際共産青年同盟日本支部	指導（提唱）関係
日本労働組合全国協議会	国際赤色労働組合日本支部	指導（提唱）関係
日本赤色救援会	国際赤色救援会日本支部	指導（提唱）関係
日本反帝同盟	反帝国主義民族独立支持同盟日本支部	支持関係
日本労農救援会	国際労働者救援会日本支部	支持関係
日本戦闘的無神論者同盟	国際革命無神論同盟日本支部	支持関係
日本プロレタリア演劇同盟	国際革命芸術家同盟日本支部	支持関係

出典：「左翼運動系統図」（昭和7年11月 全国産業団体連合会事務局調査）（昭和戦前期プロレタリア文化運動資料研究会編『昭和戦前期プロレタリア文化運動資料集』丸善雄松堂学術ソリューション事業部開発部、2017年、2731）を参考に筆者作成。なお、新興教育研究所（コップ加盟団体）と日本一般使用人組合は、国際教育労働者組合と連絡関係にあった。また、日本共産青年同盟はコミンテルン及び日本共産党の指導下にあるが、全協は国際赤色労働組合を通じてコミンテルンの指導下にあり、日本共産党の直接の指導下にはなかった。

農全国会議指導者を検挙して組織を破壊した。その後共産党弾圧に伴い、全農全国会議の組織は打撃を受けた[67]。

以上のように、一九三〇年から三二年にかけて当局は外郭団体の集会や出版、フラクション、シンパを厳しく取り締まり、三二年にはコップなどを半非合法の状態に追いやった。しかし、依然として結社そのものへの規制はおこなわなかった。結果として、三二年までに全体として外郭団体の活動はより左傾化し、団体の結成・活動に歯止めをかけるまでには至らなかったと評価すべきだろう。

なお、内務省は一九三三年の「共産主義運動の視察取締に関する件」において、共産主義運動に携わり検挙された者の数は毎年増加しつつある。しかも、「其の殆んど総べてが一定の組織を作り、之に依って統制ある運動を進めている……日本共産党の他に、多数の大衆団体がその外郭に在って之に協力し、所謂共産主義の陣営は相当充実せるやの観があるのは最も注意すべき事象である[68]」と指摘している。同資料によると、正確な数はわからないと留保しつつも、主要な外郭団体一三団体の所属員は総計約五万七〇〇〇名で、影響下にある一万八〇〇〇名を加えると七万五〇〇〇名に達すると記している[69]。さらに、三二年一一月時点において外郭団体の中で、コミンテルンと間接的な指導関係にあった団体は日本共産青年同盟を含め三団体、間接的な支持関係にあった団体が四団体にのぼっていた。この時期には国際的な共産主義運動、プロレタリア運動とのつながりを持つ団体も一定数存在していたことがわかる。

では、なぜ当局は外郭団体の結社自体を取り締まらなかったのか。それはやはり大衆団体としての性質によるものであろう。前述の「共産主義運動の視察取締に関する件」では、外郭団体について、全協を除く「共産主義的外郭団体の様な大衆団体は……夫れ自体が革命的勢力として危険性が存するのであるが、然し個々の組成員に就いて云うならば、其の意識なり、危険性なりの程度は必ずしも一様ではなく、実際の情況から云っても、之に対して治安維持法の厳罰を以て臨むことの必ずしも妥当でない場合が少くない」。治安維持法の関係からすれば、危険性を判定する目安となるのは、「所属する大衆団体の本質(殊に前述の如き危険性)に関して認識を有するや否やの点である。何故なれば、一般に大衆団体は原則綱領を持たぬものであり、又持つべからざるものとされているから、其の指導精神は必ずしも団体員の全部に理解されているとは限らぬ……外郭団体に対しては、各構成員の当該団体の本質に関する認識の如何を問題とし」、目的遂行罪で処罰すべきと記している[70]。

◆一九三三年中の外郭団体に対する弾圧と結社規制の模索

しかし、三三年に入ると、当局において外郭団体への規制を強化すべきとの意見が度々出されるようになる。三三年一月、前年の熱海事件、大森ギャング事件などについての報道が解禁された。これらの事件は政界に大きな衝撃を与え、「強硬論者の中には治安維持法の拡大的改正さえ論られるに至った」と報じられた(『社通』三三年一月一九日、一月二〇日)。

三三年四月には、内務省警保局が局議を開き、対策要綱の大体を決定したと報じられた。その内、結社規制に関する事項は、①国体変革に関する罪を犯した者に対し、一層厳罰をもって臨み、死刑の規定も容赦なく適用すること、②治安維持法運用の拡大強化を図り、外郭団体の行動についても一層峻厳な態度で臨むこと、③治安警察法を改正し、結社禁止の場合、同一分子が別の名称をもって組織する結社に対しては前団体に対する処分を有効とすること、であった(『東朝』三三年四月一三日、『社通』三三年四月一四日)。

同年五月に作成された内務省警保局「共産主義運動対策に関する意見要旨」(各庁府県提出)でも、二つの方面で外郭団体への規制を強化すべきとの意見が出された。第一に、治安維持法の目的遂行罪・結社罪の適用である。党の大衆化を取り締まるためには、拡大強化に資する一切の行為を厳重に取り締まる必要があるが「現在に於ては相当深入りせる者のみを目遂罪に依り処罰しつつあるも、其の適用極めて少く治安の維持上遺憾の点多し」との意見や「外郭団体を治維法第一条に依り結社罪又は目遂罪として取締る」べきであるとの意見が出された。第二に、治安警察法の結社禁止処分に関わるものであり、「共産党との関係明瞭なるものは、此の際結社禁止を行うべき」というものであった[71]。実際、三三年一〇月時点で、外郭団体の活動のみを公訴事実として目的遂行罪で起訴した事例は一件(日本赤色救援会)にとどまっていた[72]。

三三年五月、内務省は司法当局と打ち合わせをおこなった上で、警保局長から各庁府県長官宛に次のような通達を出した。全協は創立当初から国体変革を目的とする結社であったが、三二年九月、行動綱領中に君主制の廃止を加え、運動も一層矯激になっているので、「従来の処理方針を改め、全協自体を治安維持法第一条第一項所定の結社として取扱う」。ただし、当分の間、起訴の範囲はなるべく三二年九月の全協第一回中央委員会以後の行動に参加した者のみとし、かつ全協の役員、その他指導者の任務に従事した者に限定する[73]、というものである。つまり、全協の結社自体を国体変革結社とみなす方針に転換したのである。

その後、特高は司法省・検事と打ち合わせをおこない、全協メンバーを一斉検挙し、国体変革結社として処罰することを決定した。しかし、全協メンバーは極度に警戒し、多数者による屋内集合を避けるなどの対策をおこなったことから、当局は逐次検挙していく方針に変え、間断なく弾圧を加えた。一〇月には新指導部のメンバーがほとんど検挙され、全協組織は壊滅状態となる[74]。

なお、全農全国会議については、全協に続いて国体変革結社に認定することも検討されていたが、合法運動への転換により見送られることになった。前述の大竹司法書記官はこの間の事情を次のように述べる。「私の個人的の考」えでは、「全協の次に治安維持法第一条違反の結社として検挙しなければならぬ」と考え、資料を抜粋して印刷し、三三年三月、各長官の手許まで参考のために送った。全農全国会議の第一回全国大会の結果によっては「愈々最後の決定をしなければならぬ」と様子を見ていたが、議案には、「プロレタリア独裁」「資本家地主政府打倒」という行動綱領は見当たらず、治安維持法で「直接問題になりそうな綱領」は「土地を農民へ」程度となった[75]、と。また、日本反帝同盟でも三三年に第二回大会において、「天皇制打倒」をスローガンに含めるか否か激論となった。しかし、結局このスローガンは削除され、行動綱領に「植民地抑圧と帝国主義戦争に協力する天皇主義的ファシズム、社会ファシズムの粉砕の為の闘争」と規定した。この判断の背景には、全協の綱領改定の教訓があったとされる[76]。その後反帝同盟が国体変革結社に認定されることはなかった。

さて、外郭団体への処罰強化方針に話を戻すが、司法省でも三三年六月末、治安維持法改正の根本方針が決定され、外郭団体への取締り規定が盛り込まれた。八月には内務省警保局で治安維持法改正案に外郭団体へ処罰規定を設けることから、刑罰の均衡を保つため、治安警察法を改正し、秘密結社禁止違反の罰則を重くする方針を決定した(『社通』三三年六月二七日、八月二三日)。

以上のように外郭団体への規制の動きが強まる中、外郭団体の活動は困難を極めた。同年四月のプロット第六回大会は開会直後に解散命令が下った。六月のコップ第二回拡大中央協議会では集会の参加者を検束して、開催不能に追い込んでいる(同右、三三年四月一八日、六月二日)。『月報』『社通』を見る限り、三三年になるとコップ及び加盟団体は表だった活動が困難となり、活動の中心は刊行物や声明、指令による発信によらざるを得なくなった。

この間の三三年二月には長野県で治安維持法の目的遂行罪の容疑で一斉検挙がおこなわれ（二・四事件）、その中に多数の教師たちが含まれていたことから「教員赤化事件」としてセンセーショナルに報道された。この事件では全協に所属する日本教育労働者組合（教労、のちに日本一般使用人組合教育労働部）長野支部と新興教育同盟準備会（新教）長野支部がターゲットとなった[77]。

他方、三三年六月には佐野学・鍋山貞親が転向声明を発表し、左翼運動に衝撃を与えた。たとえば、全農全国会議の牙城と目された秋田県仙北の協議会は既に三二年一二月の各支部代表者会議で、今後は極左指導者を排撃し、合法運動の範囲にとどまることを決議していたが、その傾向が一層顕著になった[78]。三三年九月には、全農全国会議千葉県連合会が合法運動への転換及び合法本部の確立を訴えた。翌年、京都、奈良、北海道などの諸組織が全農総本部派に復帰し、合同するに至った[79]。

三三年八月以降、外郭団体への取締りはさらに強まった。八月、赤色救援会中央部が再建運動の途上で検挙された（『社通』三三年九月二日）。九月には日本労農弁護士団所属の弁護士が一斉検挙され、弁護士団は壊滅した。公判などで党の拡大強化のため宣伝煽動しているとみなされたのである[80]。この事件を受け、『社通』では「合法舞台に露出する左翼団体は今後容赦なく弾圧され転向没落するものは退却」し、闘争しようとするものは地下に潜ることを余儀なくされると観測した（『社通』九月一四日、九月一五日）。

同年一〇月には、保安課長から各庁府県宛に取締りの参考として、①今般金沢地裁検事局において、日本プロレタリア作家同盟石川支部準備会の組織活動、文学サークル活動、機関紙配布などを理由に目的遂行罪で起訴したこと、②同月中には、東京地裁検事局でもコップ並びに日本プロレタリア演劇同盟の活動をもって目的遂行罪で起訴したことを通知した。コップ及びその加盟団体の活動自体にも目的遂行罪が適用されるに至ったのである[81]。

◆治安維持法改正案における外郭団体の位置づけ

前述のように、司法省・内務省は弾圧を強化する一方で、治安維持法改正案の立案を進め、三四年二月に議会に提出した。法案の主要な事項は、①国体変革を目的とする犯罪と私有財産制度否認を目的とする犯罪を別条に規定したこと、②外郭団体に対する処罰規定を設けたこと、③宣伝行為を処罰する規定を設けたこと、④刑の執行猶予の言い渡しを受けた者、または検事が不起訴処分とした者に対し、保護観察を付ける規定を設けたこと、⑤国体変革に関する罪により刑に処せられた者に対し、予防拘禁制度を設けたこと[82]、である。

外郭団体に対する処罰は第四条で規定された。その内容は、国体変革を目的とする結社を支援することを目的として結社（以下、支援結社と表記）を組織した者、または結社の役員その他指導者たる任務に従事した者に、無期または五年以上の懲役に処し、情を知って結社に加入した者または結社の目的遂行のためにする行為をおこなった者は二年以上の有期懲役に処す[83]、というものである。つまり、外郭団体の行動でも目的遂行罪である程度まで処罰可能だったが、刑罰は二年以上の懲役または禁錮となっており、結社組織罪と比べると刑は軽かった。また、規定自体も外郭団体を直接対象としているわけではないため、十分に取り締まることができなかった。しかし、この改正により支援結社の組織者や役員に対して、最高で無期懲役を科すことが可能になったのである[84]。

小山法相は衆議院で、法案提出理由を二つ挙げている。第一に、外郭団体に対する取締り規定の不備である。小山は共産主義者を検挙しても再建を企て、潜行的に活動する状況にあり、まずこれに対し徹底的な弾圧を加える必要があるが、その目的を達成するためには「外郭団体に対する取締の上に不備の点がある……党の再建運動を為すに至りましたのも全く是等外郭団体が存在致して居りまして、隠密に活躍」したためだと指摘している。第二に、現行刑事訴訟法による捜査手続の予期しない犯罪現象のため、手続き上の特例を設ける必要が生じたことであり、加えて、犯罪の予防と鎮圧のため保護観察制度と予防拘禁制度も創設したと述べている[85]。

第四条の立法理由については、内務省警保局保安課でも資料を作成している。ここでは、三二年テーゼでは革命の主要推進力をプロレタリアート、貧農及び中農(小漁業者)と規定しており、推進力に属する多数者を獲得することは、日本共産党の中心的な戦略目標である。しかし、同党のみの力では達成が至難であり、外郭団体の存立理由もここにある。「外郭団体(広義)は一面に於ては党の貯水池として、党員候補者を養成し、之を党に送って」おり、一九三二年中の治安維持法違反起訴者六五四名のうち、八三%(五四三名)は外郭団体関係者で、そのうち共産党員は半数以上(二七八名)を占めている。また、外郭団体は党の指導下に多種多様な闘争分野を分担しており、中央機関紙五〇紙余り、平均発行回数月二回、発行部数毎回約一〇万部に達する。「数字だけ見ても、伝力ベルトの機能の如何に大なるかは容易に之を知ることが出来る[86]」と指摘している。

では、当局はどのような結社を治安維持法上の支援結社とみなしたのか。内務省警保局保安課「改正治安維持法義解」(三四年一月)では、法案の成立を見越してどのような場合に国体変革に関する罪あるいは第四条が適用されるのかを詳細に記載している。

まず、綱領・規約等に関しては主に次の三点を指摘している。

第一に、国体変革とプロレタリア独裁との関係である。「義解」では、大審院判例の中に「帝国に無産階級独裁の政府を樹立せんとすること」をもって直ちに国体変革であるかのように書いたものもあるが(二九年五月三一日判決)、「之は精確ではない」。現在の日本共産党では、三二年テーゼにおける革命の過程として、まず天皇制を転覆し、次にソビエトが「革命的情勢の存在する時、就中天皇制の顛覆の瞬間に於て」樹立され、天皇制に代置される。さらにそれ以後に、ソビエト政府樹立と強化ならびにそのソビエト内における共産主義者の指導的役割が獲得されることを前提として、はじめてプロレタリア独裁が可能になる、と提示している。そのため、「日本に於けるプロレタリア独裁は国体変革と全然無関係ではないが、単に国体変革を遂行して後に始《〔ママ〕》めて実現されると云うに止まり、国体変革過程自体ではない[87]」と指摘している。

第二に、国体の変革と「労働者農民の政府樹立」(「資本家地主の政府打倒」)との関係である。「義解」では、この綱領は本来、三二年テーゼ中の「労働者農民ソヴエート政府の樹立」や二七年テーゼ中の「労働者農民の政府」と同一の意義を持ち、「天皇制顛覆と合して楯の両面を言い表したものと解すべきであろう、併し、文字だけからすれば一種の民主的な内閣組織を意味するに過ぎぬという解釈も可能であるから、本綱領を掲ぐるの故を以て、直ちに国体変革の目的を有するものとして問擬するは困難であろう[88]」と述べている。

第三に、国体変革と植民地独立運動との関係である。「義解」では植民地の独立の意義が先決問題だが、「共産主義に関する限り、それが領土権即ち地域的統治権の支配からの完全なる離脱を意味することは、極めて明瞭」である。また、共産主義者がどのような手段方法で実現しようとするのかも問題だが、平穏裡に天皇大権が発動されることは期待できないことはもちろんであるから、「国体変革に該当すべきは疑いを容れない」。しかし、「共産主義団体中には、其の綱領規約等に於て自ら直接に独立運動に参加すべき旨を明示せるものと、単に該運動を間接的に支持することを標榜するに過ぎざるもの」がある。「独立運動を支援するに止まるものは、改正治安維持法の解釈上(第三条と第四条とを別個に規定せる関係上)国体変革を目的とするものと做すを得ないであろう」と指摘している。具体的には、直接独立運動に参加すべきと主張する日本共産党、日本共産青年同盟、日本労働組合全国協議会は国体変革に該当するが、間接な支持にとどまる全農全国会議、日本赤色救援会、日本反帝同盟は国体変革に当らないと判断していた[89]。

次に、「義解」では結社の意義・目的について、次のように指摘している。

共産主義団体では通常の結社と異なり、「結合の動機となっている事項は必ずしも全成員に共通でない……高度の政治的要求に付ては共通でない場合が頗る多い」。「其の傾向は大衆的な外郭団体」で「特に顕著」だとする。そのため、「結社の実際的動向を仔細に観察して、該事項が如何なる程度に支配力を及ぼしているかにより之を決定せねばならぬ」。国体変革については、「該結社の行動に於て事実上追求されている目的と見得るならば、之を結社の目的と認むべく……動向を左右するに至っていないと見るならば、之を該結社の目的とすることは出来ない」と解釈した。また、外郭団体の中には、直接的には単に低度の目的を有することを表明するに止まるものがあるが、「高度の目的を隠蔽せんとする主たる目的は、第一には所謂大衆団体として大衆に接近するに容易ならしめんが為めであり、第二には厳重なる取締の鋭鋒を避けんが為めである」とする[90]。

これらを踏まえ、「義解」では外郭団体の例として、①日本反帝同盟、②日本赤色救援会、③コップ（加盟団体を含む）、④日本労農救援弁護士団（検挙により既に壊滅）を挙げている。また、低度の目的を標榜し「高度の目的との関連が未だ明確ならざるか乃至は、裁判上之を立証する材料の不十分な団体」を「準外郭団体」として定義し、その例として、①全農全国会議、②日本労農救援会準備会、③日本無産者医療同盟、④ソヴエートの友の会、⑤日本無産者消費組合、⑥全国水平社解消闘争委員会、⑦全国借家人組合戦闘化同盟を挙げている。その上で、第四条の適用範囲は日本反帝同盟、日本赤色救援会、コップのみであって、「所謂準外郭団体にまで及ぶものではない」と解釈した[91]。

なお、「義解」では、治安警察法に基づく「準外郭団体」への結社禁止処分について、「行政処分の実際的効果には疑が存するのみならず、之を断行するにしても材料の蒐集が必要であり、而して其の材料さえ備われば最早第四条の適用も困難ではない」と否定的であった。また、同法の秘密結社禁止違反の適用についても、外郭団体は大体において秘密結社と認めるべきであろうが、治安維持法の適用があるので、それで十分であり、「所謂準外郭団体は未だ秘密結社と認むべきものでない。（大会も公然開いている）[92]」とした。

以上のように、「義解」では治安維持法第四条を適用する外郭団体を四社（事実上三団体）に限定し、治安警察法については、「準外郭団体」を含め適用しない方針であった。大衆団体としての性質上、結社そのものの規制は慎重ならざるを得なかったのである。

政府当局の結社規制に対する慎重な姿勢は、一九三四年の治安維持法改正案の議会審議からも汲み取れる。

小山法相は岩田宙造から国体変革目的と私有財産制度否認目的との区別について問われた際、思想上区別すべきではないと言いうるが、政府の立場では思想を「取締をすることが困難である、寧ろ出来ない……取締をしようと云う立場から申しますと、其結果の主義綱領に現われて居るものを以て標準とするより外には、方法がない……仮令、国体変革をしようと云うこと迄を考えて居る者でありましても、其結社の主義綱領に現われて居るものを以て標準とするより外には、方法がない」と答弁した。加えて、「仮令、国体変革をしようと云うこと迄を考えて居る者でありましても、其結社の上に於ては、先づ此問題に触れない、所謂私有財産制度を否認すると云うことだけで宜しい、それのみを主義綱領に掲げて、単にそれを主張すると云う場合……国体変革を目的とするものなりとは云えない[93]」とも述べ、あくまでも主義綱領の文言を基準とすることを強調した。

なお、この時点で国体変革結社とみなされた外郭団体は全協のみであったが、この経緯についても小山法相は、「労働団体に這入って居る者、それが直に治安維持法に触れると云うことは言いにくいのであります、又認められないのであり」、「主義綱領に依って合法性であるか非合法性であるか」を検討していたところ、ソ連の方からの命令により「テーゼ」を改め、それが治安維持法に抵触したと述べている[94]。

◆外郭団体の衰亡

一九三四年二月に議会に提出された治安維持法改正案は、衆議院での委員会審議の結果、刑事手続と予防拘禁制度に関する条文の一部修正がなされた。加えて、「政府は宜しく朝憲紊乱せんとする暴力行為を厳重に取締り、且、之に関する適当の制裁法規を立案して、速に帝国議会に提出すべし」との希望条項が決議された上で、三月一六日に本会議で可決された。貴族院では委員会審議の結果、統治行為の不法変革、私有財産制度否認に関する宣伝行為の処罰規定も追加された。他方、予防拘禁に関する条文が全文削除されるものの、「予防拘禁制度の精神に関しては深く賛成する所なるも、本案の規定は幾多審議すべきものありと認むるを以て、政府は速に適切なる立案を為し更めて提案」することを望むという決議が付され、三月二五日の本会議で可決された。同日、両院協議会が設置されたが、会期切れのため審議未了、廃案となった[95]。

議会では様々な問題が議論されたが、その焦点は予防拘禁制度と前述の国家主義団体の取締りであった。一方、国体変革についてはほとんど議論にならず、それと関連する外郭団体に対する処罰についても、議員からの質問はなかった。この時点で、議員側でも外郭団体処罰の必要性については異論がなかったのである。

治安維持法改正案が廃案になったことを受け、司法省では次議会への提出を早い段階で内定し、協議を進めた。その結果、予防拘禁制度についての条文は削除することに決まった。また、議会の求める国家主義団体の処罰については、別法案とすることに決まり、三五年三月、衆議院に治安維持法改正案と不法団結等処罰に関する法律案を提出した。しかし、①法案の提出時期が遅れたことに加え、②不法団結等処罰に関する法律案、「人権問題」に質問が集中したこと、③閣僚らに「国体明徴」の信念を問う質問が多く出されたこと、により審議未了、廃案となった[96]。その後、四一年まで治安維持法改正案は提出されなかった。

しかし、治安維持法改正の動きは弾圧強化及び転向声明と相まって、外郭団体の活動に大きな影響を与えた。前述のように、三三年半ばから外郭団体への処罰規定の創設については新聞でたびたび報じられており、既に三三年九月の段階で、コップ内部は動揺していた。同月、徳永直が蔵原提唱の「唯物弁証法的創作方法」を創作上の行き詰まりの根源として批判し、その撤回を迫った。一〇月にも、林房雄が文化運動を政治闘争から分離することを主張した。その後、陣営内で、解散論と再建論が対立することになる[97]。

一〇月三〇日には『社通』において日本プロレタリア作家同盟が声明を出し、「画期的な方向転換」をおこなったと報じられた。その要旨は、①「政治の優位性」を否定したこと、②作家同盟は「治安維持法の規定する様な国体の変革、私有財産の否認を目的としたり、それを目的とする団体の支持を条件として結集されたものではない」こと、である。翌月には、左翼文化運動の指導的地位にあった藤森成吉が「治安維持法改正を前に」、作家同盟を脱退した（『社通』三三年一一月二七日）。コップは一二月末に拡大中央協議会開催を予定していたが、延期に延期を重ね、遂に開催できなかった[98]。一二月以降、横山俊男らコップの幹部も検挙され、その後、作家同盟は三四年二月、美術家同盟も同年一月に解体を決議し、それぞれ三月に声明書を発表した。その他の団体も漸次解消またはコップから脱退していく[99]。

さらに、三三年一二月末の宮本顕治らによるリンチ事件も外郭団体にとって打撃となった。この事件で全協中央部は日本共産党に不信感を持つ。それはリンチされた大泉兼蔵、小畑達夫は全協出身者で、特に大泉は長年にわたり大衆団体を指導しており、かつ全協中央部との関係も非常に密接であったためである。加えて、全協再建方針をめぐっても党と意見が対立した。これにより全協は孤立的活動となり、党と全協の混乱は必然的に日本共産青年同盟、日本赤色救援会、日本反帝同盟など「各外郭団体の無力、退却を招来した[100]」とされる。

結局、治安維持法改正案は審議未了、廃案に終ったが、同時代では議会を通過すると予想されていた。たとえば、『社通』（三四年三月二日）では、衆議院で審議が進んでいないとしつつも、結局は「多少の修正を行っても通過せしめるものと見られる、而して貴族院では比較的無難の賛成を得られるものと政府側では観測している」と報じた。また、『社会常識論叢』（三五年）では、第六五議会において治安維持法改正案は審議未了となったが、「次の議会に於て成立するであろうことは最早決定的である[101]」と記していた。外郭団体は治安維持法成立を見越して行動する必要があったのである。

最後に、治安維持法の国際的位置づけのため、同時期のドイツ共産党（ＫＰＤ）の状況について、邦語の先行研究をもとにごく簡潔に触れておきたい。

別稿で指摘したように、治安維持法制定時にはドイツ共和国擁護法が外国立法例の第一番目となったが、同法二八年改正ではソ連の例が持ち出されるなど、同時代の欧米民主主義国において類似の立法例が見当たらない状況であった[102]。

表4-2　ドイツ共産党のドイツ国会選挙における得票率と獲得議席数の推移

実施年月	得票率	獲得議席数
1919年1月	ボイコット	ボイコット（総議席数423）
1920年6月	2.1	4（総議席数466）
1924年5月	12.6	62（総議席数472）
1924年12月	9.0	45（総議席数493）
1928年5月	10.6	54（総議席数491）
1930年9月	13.1	77（総議席数577）
1932年7月	14.6	89（総議席数608）
1932年11月	16.9	100（総議席数584）
1933年3月	12.3	81（総議席数647）

出典：塚本健「社会ファシズム論の源泉と背景」（『社会科学紀要』32巻、1982年3月）133頁をもとに筆者作成。

この時期、欧米民主主義国の中においては、ドイツ共産党が強い政治的影響力を持っていた。表4－2のように、ドイツ共産党は二〇年から三三年までの間、国会に議席を持っていた。二四年以後は概ね一〇％の得票率を得ており、二四年と二八年の総選挙では第四党、三〇年から三三年にかけての総選挙では第三党の座にあった。特に、三二年一一月には一六・九％の得票率で一〇〇議席を獲得していた。なお、日本の無産政党（社会大衆党）が第三党に躍り出たのは三七年四月になってからであり、獲得議席数は三八議席（総議席数四六六）に過ぎない。ヴァイマル共和国体制下でドイツ共産党が確固たる政治的位置を占めていたことがわかる。

他方で、ドイツ共産党は二〇年代から三〇年代初頭にかけて、武装蜂起や政治的暴力事件を引き起こした。紙幅の都合上、ここでは二三年以降を取り上げる。ドイツでは二三年に入るとフランス・ベルギー両軍のルール進駐及び急激なインフレーションの進行により、国内各層の対立が尖鋭化し、危機的な状況に陥っていた。同年には右翼、民族派の運動も高揚しており、三月下旬、プロイセン内相の指示により「ドイツ民族自由党」が禁止された。ドイツ共産党は右翼・民族派への対抗として、大衆的な武装組織「プロレタリア百人隊」を結成した。これを受け、プロイセン内相は「プロレタリア百人隊」の組織化を禁止し、多くの邦もそれにならった。ただし、ザクセンなどではこの措置を実施しなかった[103]。

その後、ドイツ共産党は二三年八月、労働者政府成立を目標としてクーノ・ストライキを指導した。しかし目標を達成できず、スト終結後は当局により数千人の労働者、共産党員が逮捕され、八月下旬には一部の邦を除き半ば非合法の状態に追い込まれた[104]。しかしドイツ共産党は、その翌月にもコミンテルンの指導を受け、全ドイツにゼネスト準備、労働者の武装を呼びかけた。一〇月、ザクセンでは右翼クーデタを危惧するドイツ社会民主党（SPD）左派の思惑により社共連合政府樹立及び「プロレタリア百人隊」のザクセン警察への編入がはかられた。中央政府はザクセンの措置を否定したが、ザクセンはこれに従わず、結局、大統領緊急命令でザクセン政府閣僚を罷免した。これを受け、ドイツ共産党中央委員会は武装蜂起を決めたが、労働者多数の支持を得られず失敗した[105]。

一一月、執行権を委譲された陸軍司令官によりすべての共産主義団体に対する解散命令が出された。この禁止は二四年三月までであったが、バイエルンでは二五年二月まで続いた[106]。他方、二三年一一月にはナチ党もミュンヒェン一揆を起こした。しかし、このクーデタ計画も失敗に終わり、ナチ党は一旦独全土で禁止されたが、その後、二五年二月に党再建集会を開催した[107]。

二四年になると、ドイツ共産党はパラミリタリー（準軍隊）組織である赤色前線兵士同盟（RFB）を創設し、二〇年代後半以降、街頭で突撃隊（SS）など右翼組織と抗争を繰り広げることになる。原田昌博氏が作成したベルリンで発生した政治的暴力事例の表（二五年一月〜二九年七月）によると、全一三四件のうち九九件にドイツ共産党または赤色前線兵士同盟が関わっていた。その内五六件は彼らが一方的に別の組織に対する暴力行為に及んだ[108]。この時点でナチスはまだ弱小であり、右翼組織も左翼組織の襲撃対象であった[109]。二〇年代末になると、ナチスとドイツ共産党との対立は激化した。また、二九年のメーデーではベルリン警察が共産党のデモ隊に無差別の発砲をおこない、三三名の死亡者、一九八名の負傷者を出すに至った。政治的暴力の深刻化を受け、三一年には三度にわたり大統領緊急令が出され、違法行為を繰り返す団体の解散などの規定が設けられた。なお、ナチ党に対しては二七年にベルリンでの共産党員襲撃を理由に、ナチ党ベルリン・ブランデンブルク大管区とその下部組織に解散命令が下された[110]。

その後、三三年一月にナチ党が政権を獲得すると、ドイツ共産党の活動範囲は急激に制限されていった。二月初めには新聞、集会の禁止、党の地方局の捜索、職員の逮捕などにより活動が困難になった。同月二七日の国会議事堂放火事件について、ヒトラー政府は共産党による国家転覆の陰謀だと決めつけ、大統領を動かして緊急命令を出させた。これにより、言論・集会・結社の自由など共和国憲法の定める基本的人権が停止された。また、ドイツ共産党員を弾圧し、その地下組織をほぼ完全に崩壊させた。社会民主党と共産党は翌月の選挙戦を半非合法的な条件で戦うことになり、ナチ党が第一党の座についた。そして同月、議会で全権委任法が成立し、一党独裁体制の形成に向かっていく[11]。

以上のように、ドイツ共産党は二三年に武装蜂起を起こし、その後も三〇年代初頭まで政治的暴力事件を繰り返して秩序の不安定化をもたらした。しかし当局は、ナチ党政権獲得前までは結社の目的ではなく行為を問題視して弾圧した。ドイツ共産党の結社を禁止したこともあったが、ほとんどの時期は合法的存在であり、かつ国政政党であった。これは共産党の存立を一貫して認めず結社組織、指導した者に最高刑で死刑を科していた日本とは大きく異なる。また、日本共産党は三〇年を除き、組織的な暴力行為に及んでおらず、活動は宣伝煽動が中心であった。外郭団体の活動についても、結局のところ当局の杞憂に終わったといえる。もっとも、当局は外郭団体を弾圧したものの、結社規制には慎重であった。また、無産政党の存立は認められており、国家主義団体については一度も結社規制が発動されなかった。さらに、ドイツの状況はナチ体制の成立により一変したことも付言する必要があるだろう。

おわりに

本章では、一九二八年から三四年までの無産政党・国家主義団体・外郭団体に対する結社規制の歴史的展開を論じてきた。本章で明らかにした点は次の二点に集約できる。

第一に、当局は新党組織準備会禁止後、無産政党の結党前に必要に応じて綱領などを修正させることで、結社の存立を認める方針に転じた。この結果、説諭により事実上結社組織を禁止された労農同盟支部を除き、無産政党の存立は認められたことを明らかにした。

政府当局は一九二八年、労働農民党・日本労働組合評議会・全日本無産青年同盟・新党組織準備会に対し結社禁止処分を下した。新党組織準備会禁止後、無産政党極左派が合法的に活動することは困難となり、多くは合法政党の結成に向かった。非合法派の労農同盟については固定的な組織を持たず、潜行運動を展開したことから本部への結社規制はおこなわれなかったと考えられるが、支部の組織については、説諭により事実上禁止した。なお、労農同盟から離脱して結成された新労農党については禁止するほどの理由がなく、弾圧によりかえって思想善導の妨げになるという懸念もあり、結社の存立を認めた。

その後、無産政党は分裂を繰り返し、勢力を減退させることになる。しかし、当局は一九三〇年、特に日本大衆党・全国大衆党の集会に対する弾圧を強めた。また、当局は栃木県無産青年同盟及び全国労農大衆党の結成前に、綱領などについて修正を指示した。後者については「枢密院、貴族院の廃止」など共産主義と直接的には関係がない事項についても削除を命じ、党側がこれに応じることで結社の存立を認められた。社会大衆党結成に際しても、党側は当局からの綱領の修正指示を大枠において受け入れ、結社の存立を認められた。

一方、国家主義団体に対する結社規制は一度もおこなわれなかった。一九三四年の治安維持法改正案の議会審議でも、政府当局者は国家主義団体に治安維持法を適用することや同法に国家主義団体への処罰規定を追加することに否定的だった。内務省当局が治安警察法に基づき政治結社に該当する国家主義団体についても届け出の指導をするよう注意を促したのは、三四年五月になってからである。

第二に、外郭団体の大衆団体としての性質上、当局は国体変革結社とみなすことが困難であることから、個々の会員を目的遂行罪で検挙した。結果として、効果の疑わしい結社禁止処分の発動は見送られ、一九三〇年代前半期に治安維持法上の国体変革結社と認定されたのは全協のみであり、三四年の治安維持法改正案中の支援結社に該当すると想定された外郭団体も四団体（事実上三団体）にとどまったことを明らかにした。

一九二〇年代末には外郭団体の改組・結成が相次いだ。当局は三〇年頃までの間、外郭団体会員の中で、目的遂行罪に抵触する者のみを検挙し、集会や出版物に対しても必要に応じて規制を加えたが、外郭団体の拡大を止めるには至らなかった。三〇年から三二年にかけて、日本共産党による外郭団体への指導が明確となるとともに、外郭団体も左傾化を強めていくことになる。三二年になると、当局はコップ及びその加盟団体などに対する弾圧を強めた。この頃には、コップ及びその加盟団体、日本反帝同盟、日本赤色救援会は半非合法的存在となり、その他の外郭団体も活動範囲を狭められつつあった。しかし、依然として三三年時点の外郭団体所属員の総計は約五万七〇〇〇名に及んだ。また、コミンテルンと間接的な指導関係にあった団体は日本共産青年同盟を含め三団体、間接的な支持関係にあった団体は四団体にのぼった。

三三年に入ると、当局者の間でも外郭団体処罰強化の必要性が議論されるようになった。五月には外郭団体の検挙対象が「相当深入り」している者に限定されていることについて、部内から不満が出ていた。実際、三三年一〇月までに外郭団体の活動のみを公訴事実として目的遂行罪で起訴した事例は一件（日本赤色救援会）のみであった。当局は、外郭団体の会員の意識は多様であり、大衆団体としての性質上結社の目的が一般の団体員に共有されているとは限らないことから、個々の会員を目的遂行罪で検挙する方針であった。しかし、三三年五月に解釈を変更し、前年に天皇制の打倒を行動綱領に加えた全協を治安維持法上の国体変革結社に認定することを決めた。もっとも、その後国体変革結社として認定された外郭団体はなかった。全協が国体変革結社となった最も大きな要因は「天皇制打倒」を公然と掲げたことにあった。天皇制の廃止ないし打倒に関するスローガンを掲げることを検討しつつも、結局取りやめた日本反帝同盟と全農全国会議は国体変革結社と認定されなかった。

三三年六月には、鍋山・佐野の転向声明が出され、左翼陣営は衝撃を受けた。また、外郭団体への弾圧も激しさを増し、同年一〇月にはコップ及びその加盟団体の活動自体を理由として目的遂行罪で起訴するに至り、コップの活動は困難となった。こうした中、新聞では治安維持法改正による外郭団体処罰規定の創設について報じられ、外郭団体は動揺した。結局のところ、三四年と三五年に議会に提出された治安維持法改正案は審議未了、廃案となるが、同時代においては議会を通過し、成立するものと観測されていた。改正案提出の動きを受け、衰退基調にあった外郭団体は次々と活動を休止していく。

三四年の治安維持法改正案では支援結社の組織者や役員に対して、最高で無期懲役を科すことなどを盛り込んでいた。きわめて厳罰的な規定であるが、内務省はその適用について慎重な姿勢を示していた。綱領ではプロレタリア独裁、「労働者農民の政府樹立」について、それのみでは国体変革にならないと判断した。また、植民地独立運動については、直接独立運動に参加すべき旨を明示する団体は国体変革に該当するが、単に運動を間接的に支持している団体は国体変革に該当しないとした。「義解」で想定していた治安維持法の適用を受ける「外郭団体」は四団体(内一つは既に壊滅)のみであり、他は「準外郭団体」と位置づけられた。

議会の答弁でも小山法相は、国体変革と私有財産制度否認の区別を問われた際、政府としてはあくまでも主義綱領の文言を取締りの基準とすることを強調した。

なお、この間に治安警察法の結社禁止処分の適用も検討されたが、証拠を集めるのが困難であるだけでなく、結社禁止の実際的な効果も疑わしいことから見送られた。また、内務省警保局では治安維持法で外郭団体を処罰する関係上、治安警察法を改正し秘密結社禁止違反の罰則強化する方針であったが、結局治安警察法の改正はなされなかった。さらに、外郭団体の多くは合法性を標榜し公然と活動していることから、秘密結社とは言い難く、外郭団体に秘密結社禁止違反は適用されなかった。

一九三〇年代前半に日本共産党及びその外郭団体を事実上壊滅させた当局は、その後結社規制の適用対象を無政府主義団体、宗教団体、人民戦線運動を推進する団体にも拡大させ、弾圧をさらに進めていく。

だが、依然として結社は重要な問題であり続けた。治安維持法は四一年まで改正されず、この間に、党再建の機運を醸成することを主たる目的とする結社や結社に至らない集団が次々と生まれたのである。四一年の治安維持法改正案の提出理由において、三宅正太郎政府委員は次のように述べている。治安維持法の取締対象は立法当時の予想よりも著しく拡大し、複雑化している。たしかに、日本共産党のような有力な結社はほとんど全く活動を停止したが、「運動形態は従来の統一的組織的運動形態より、分散的個別的形態に移行し」、党の目的遂行ではなく、「党の組織再建の準備活動、又は党的気運の醸成の為の活動」がおこなわれるようになった。また、人民戦線戦術は「更に運動形態の複雑化を増大」させている[112]、と。

四一年の治安維持法改正案では支援結社、準備結社、結社に至らない集団、類似宗教団体への処罰規定などが創設された。三宅は支援結社について、唯物論研究会などの検挙事例もあり、「現在に於ても支援結社の処罰規定を設くる必要は十分にある」とする。準備結社については党再建の機運を醸成することを主たる目的とする結社を、治安維持法「第一条の結社と認め得ないことは勿論」で、相当の重刑をもって臨み、「結社其のものを捉えて之を処理するの必要」があるとした。集団については、「現行法の解釈として、結社は共同の目的の為にする特定多数人の任意の継続的結合にして、相当結合力の鞏固なるものであると解されて居ります為、其の結社の要件の一を欠く場合に於きましては、之を結社とは認め得ない」。「所謂『グループ』的存在の中には、或は共同目的の点に於きまして、或は構成員の特定性の点に於きまして、結社と認定し得ないものが相当に多く……取締の完璧を期し得ない[113]」と述べている。

以上のような結社規制の適用対象の拡大及び分散化、複雑化した結社、集団に対する規制の具体的展開については、別稿に譲りたい。

註

1――本章において国家主義(右翼)団体とは、国家主義、愛国主義、日本主義、農本主義、国民社会主義ないし国家社会主義のいずれかを標榜する団体を指す。

2――本章において外郭団体とは、日本共産党あるいは共産主義を支持、支援する文化団体、労働組合などを指す。

3――「結社」と「団体」について、同時代の辞典では異なる定義がなされている。たとえば、金沢庄三郎編『広辞林』(三省堂、一九三四年)では「結社」を「多数人が共同の目的を達せんがため、相合して団体を結ぶ」と定義し、「団体」については「むれ。くみ。あつまり」、「協同して団結したる一体」と定義している。つまり、団体は団結そのものを指し、結社は共同の目的を達成するために結成した団体を指す。しかし、同時代においてメディアや官僚・政治家は両者を厳密に区別していたわけではない。本稿では基本的に結社と表記するが、史料中に団体と表記している場合は団体と表記する。

4――奥平康弘『治安維持法小史』(筑摩書房、一九七七年)一〇〇~一三四頁。

5――荻野富士夫『特高警察体制史』増補新装版(明誠書林、二〇二〇年。なお、初版は一九八四年、せきた書房より刊行)二二一~二五二頁、なお、中澤俊輔『治安維持法』(中央公論新社、二〇一二年)第五章でも、奥平氏の像を大枠で踏襲している。

6――内田博文『治安維持法の教訓』(みすず書房、二〇一六年)第五章。

7――渡辺治「ファシズム期の宗教統制」(東京大学社会科学研究所編『戦時日本の法体制』東京大学出版会、一九七九年)一一九~一二二頁。

8――ここでは主要な研究のみ挙げる。まず外郭団体の研究としては、日本労働組合全国評議会の動向を分析した渡部徹『日本労働組合運動史』(青木書店、一九七〇年)、日本赤色救援会・日本反帝同盟・日本戦闘的無神論者同盟の動向を分析した田中真人氏の研究(「モップルと日本赤色救援会」『キリスト教社会問題研究』第二七巻、一九七八年一二月、「日本戦闘的無神論者同盟の活動」『社会科学』第二七巻、一九八一年二月、「日本反帝同盟の研究」『キリスト教社会問題研究』第三五巻、一九八七年三月)がある。近年では、日本反帝同盟の体系的研究として、井上學『日本反帝同盟』(不二出版、二〇〇八年)が出版された。また、立本紘之『転形期芸術運動の道標』(晃洋書房、二〇二〇年)はプロレタリア文化運動において地下に潜っていた日本共産党の権威が受け入れられていく過程を蔵原惟人の動向、理論を中心に分析している。無産政党研究では、日本労農党・日本大衆党・全国大衆党・全国労農大衆党・社会大衆党の動向を分析した増島宏、高橋彦博、大野節子『無産政党の研究：戦前日本の社会民主主義』（法政大学出版局、一九六九年）が今なお基礎的研究として重要である。近年では、『社会民衆新聞』『社会大衆新聞』及び大原社会問題研究所所蔵史料を活用した研究も進んでおり、福家崇洋「全国労農大衆党結党の検討」（『大原社会問題研究所雑誌』第七四〇巻、二〇二〇年六月）はその代表的な研究成果である。

9——曾根忠一『特高警察と社会運動の概説』（山形県警察部特別高等課、一九三〇年）八三頁。

10——同右、八四頁。

11——内務省警保局「無産階級運動に於ける合法と非合法」（同編『出版警察関係資料集成』第五巻、不二出版、一九八六年所収）一～二頁。

12——安井英二「社会運動取締管見」（『警察研究』第二巻第七号、一九三一年七月）一八頁、二七～二八頁

13——宮内勇『一九三〇年代日本共産党私史』（三一書房、一九七六年）四〇～四三頁、四六頁、一〇〇頁。

14——同右、九八～九九頁。

15——拙稿「第一次世界大戦後日本の治安法の変容と外国法」（『政策科学・国際関係論集』二二号、二〇二一年三月）、同「明治・大正期日本における政治結社の規制」（『政策科学・国際関係論集』二三号、二〇二三年三月）。

16——『法令全書　明治三三年』（内閣官報局）七九～八四頁。

17——前掲、拙稿「第一次世界大戦後日本の治安法の変容と外国法」九～一一頁。

18——前掲、拙稿「明治・大正期日本における政治結社の規制」九三～一〇一頁。

19——同右、一〇七～一一五頁。

20——拙稿「第一次世界大戦後日本の治安法の変容と外国法」一九～二五頁。

21——同右、二五～三二頁。

22——前掲、拙稿「明治・大正期日本における政治結社の規制」一〇七～一二一頁、一二五～一二七頁。

23——内閣官房記録課編『現行法令輯覧』中巻（帝国地方行政学会、一九二五年）一五頁。

24——前掲、拙稿「第一次世界大戦後日本の治安法の変容と外国法」三七～三八頁。

25——前掲、拙稿「明治・大正期日本における政治結社の規制」一三〇～一四五頁。

26——前掲、拙稿「第一次世界大戦後日本の治安法の変容と外国法」四四～四六頁。

27――警保局保安課「労農同盟」(「第五七回帝国議会説明参考資料―社会主義運動関係―」「桜田文庫」一二(国会図書館憲政資料室所蔵))九〜一〇頁。

28――「昭和三年十二月 特別高等警察資料 第一輯第四号」『特別高等警察資料』第二分冊(東洋文化社、一九七三年)九三〜一〇八頁。

29――前掲「労農同盟」一〇〜一一頁。

30――前掲「昭和三年十二月 特別高等警察資料 第一輯第四号」一〇八〜一一一頁。

31――前掲「労農同盟」一七〜一八頁。

32――同右、一八〜二〇頁。

33――新党組織準備会禁止前後から新労農党結成までの左派陣営における合法・非合法の議論の展開については、前掲「無産階級運動に於ける合法と非合法」に詳しい。

34――荻野富士夫編・解題『特高警察関係資料集成』第八巻(不二出版、一九九一年)一四一〜一四二頁、神田文人「政治的自由獲得労農同盟」(『国史大事典』第八巻、吉川弘文館、一九八七年)二二〇頁。

35――『社通』二九年八月二六日。なお、大山らも労農同盟になんら機関がなく、同盟では活動不可能だと主張し、これを受け、労農同盟では大山らを除名し、機関を確立する方針を示している(同前、二九年九月一日)。

36――以上の経緯については、『状況』二九年：無①：七四二〜七四三頁、『読売』二九年五月一七日、一二月二六日、河野密、赤松克麿、労農党書記局著『日本無産政党史』(白揚社、一九三一年)一二二〜一二七頁を参照。

37――前掲、福家「全国労農大衆党結党の検討」。

38――同右、六二頁。

39――前掲、拙稿「明治・大正期日本における政治結社の規制」一三二〜一三四頁。

40――前掲『特高警察関係資料集成』第八巻、二四五頁。

41――馬場義続『我国に於ける最近の国家主義乃至国家社会主義に就て』(一九三五年ヵ)二八頁。

42――社会問題資料研究会編『治安維持法に関する議事速記録並委員会議録(上)：第六十五回帝国議会』(東洋文化社、一九七五年)四五〜四八頁。

43――同右、二八五〜二八九頁。

44――同右、一二二頁。

45――社会問題資料研究会編『治安維持法に関する議事速記録並委員会議録(下)：第六十五回帝国議会』(東洋文化社、一九七五年)一〇八八～一〇八九頁。
46――同右、一〇二二～一〇二三頁。
47――松本学・述、伊藤隆監修『現代史を語る』④(現代史料出版、二〇〇六年)二七三頁。
48――荻野富士夫編・解題『特高警察関係資料集成』第三八巻(不二出版、二〇〇四年)四三三頁。
49――選挙闘争同盟は全協の提唱により結成され、衆議院議員総選挙の機会を利用して、同志を各地に立候補させたが(『社通』一九三〇年二月二一日)、その内実は日本共産党が大衆化のために組織させたものであり、各地で検挙が相次いだ。神奈川県では日本共産党員が選挙闘争同盟神奈川等地方委員会を組織させ、ビラを撒布したことなどにより、一斉検挙された(同前、一九三一年五月六日)。日本共産党は「当初は露骨なる表面運動」により基本組織が破壊されることをおそれ、選挙闘争同盟を利用する方針をとった(荻野富士夫編・解題『特高警察関係資料集成』第五巻、不二出版、一九九三年、一一二頁)。なお、第三次検挙については、前掲、奥平『治安維持法小史』一一八～一二〇頁参照。
50――『思想研究資料 第二十七輯』(司法省刑事局、一九三三年)七七～七八頁、九四～九八頁。
51――前掲、渡部『日本労働組合運動史』一三九～一四四頁、一五〇頁。
52――『思想彙報』第一七号(一九三〇年九月二〇日)七頁。
53――荻野富士夫編『治安維持法関係資料集』第二巻(新日本出版社、一九九六年)一四三頁。
54――田中真人「モップルと日本赤色救援会」(『キリスト教社会問題研究』二七巻、一九七八年一二月)一三四～一三五頁、一三九頁。
55――前掲「解放運動犠牲者救援会」七～一〇頁。
56――前掲、田中「日本反帝同盟の研究」一八四～一八七頁。
57――前掲、井上『日本反帝同盟史研究』一〇〇～一〇一頁。
58――三〇年六月の時点で六回の発禁処分が下されていた(『社通』三〇年六月二四日)。
59――尹智煥「一九三〇年代の日本のエスペラント運動と国際関係」(『相関社会科学』第一九巻、二〇〇九年)七六～七七頁。
60――鹿地亘「『プロレタリア文化』についての思い出に代えて」(祖父江昭二編『「プロレタリア文化・「コップ」別巻』

戦旗復刻版刊行会、一九七九年）二九頁。
61――『状況』三二年：二二五～二二七頁、前掲『特高警察関係資料集成』第五巻、一五七～一五八頁。
62――『思想彙報』第一五号（一九三〇年七月一五日）一頁。
63――前掲、田中「モップルと日本赤色救援会」一四四～一四七頁。
64――『思想彙報』第一五号（一九三〇年一〇月二〇日）八頁。
65――同右、第二一号（一九三一年一月二〇日）一頁。
66――大竹武七郎「外郭団体に就て」（『思想実務家会同に於ける講演会 思想実務家会同講演会 昭和十四年十月 昭和八年十月』東洋文化社、一九七六年）六八～七二頁。
67――一柳茂次「全農全国会議派の歴史的意義」（農民運動史研究会編『日本農民運動史』東洋経済新報社、一九六一年）三七七～三七八頁。
68――荻野富士夫編『治安維持法関係資料集』第一巻（新日本出版社、一九九六年）五四七頁。
69――同右、五四八頁。
70――同右、五五二頁。
71――荻野富士夫編『特高警察関係資料集成』第三一巻（不二出版、二〇〇四年）二九九～三〇〇頁。
72――前掲、大竹「外郭団体に就て」九八頁。もっとも、多数ある公訴事実の一つが日本赤色救援会の活動で、それを目的遂行罪として起訴した事例は既に存在していた（同前）。
73――前掲『治安維持法関係資料集』第一巻、五三七頁。
74――前掲『特高警察関係資料集成』第五巻、一五八～一六四頁。
75――前掲、大竹「外郭団体に就て」七五頁。
76――前掲、田中「日本反帝同盟の研究」二〇七～二〇八頁。
77――青木孝寿「二・四事件と信州の教師たち」（『季刊現代史』第七巻第七号、一九七六年六月）一四七頁、一五一～一五二頁、一五八頁。
78――前掲、大竹「外郭団体に就て」七六頁。
79――前掲、一柳「全農全国会議派の歴史的意義」三八二～三八三頁。
80――前掲、大竹「外郭団体に就て」一〇〇～一〇一頁。

81――前掲『治安維持法関係資料集』第一巻、五三七〜五三八頁。
82――前掲『治安維持法に関する議事速記録並委員会議録(上)』一〇〜一一頁。なお、日本の予防拘禁制度の国際的位置づけについては、奥平康弘「治安維持法における予防拘禁」(前掲『戦時日本の法体制』所収)で詳細に論じられている。
83――前掲『治安維持法に関する議事速記録並委員会議録(上)』四頁。
84――上島明記『社会常識論叢 昭和一〇年版』(春英堂、一九三四年)一九〇頁。
85――前掲『治安維持法に関する議事速記録並委員会議録(上)』九〜一〇頁。
86――前掲『治安維持法関係資料集』第二巻、一五七頁。
87――同右、一三七頁。
88――同右、一三七〜一三八頁。
89――同右、一三八〜一三九頁。
90――同右、一四〇〜一四一頁、一五二頁。
91――同右、一五二〜一五七頁。
92――同右、一五八頁、一八六〜一八七頁。
93――前掲『治安維持法に関する議事速記録並委員会議録(下)』一一一四〜一一一五頁。
94――同右、九六四頁。
95――荻野富士夫「解説」(荻野富士夫編『治安維持法関係資料集』第四巻、新日本出版社、一九九六年)六二八頁。
96――同右、六三一〜六三三頁。
97――平出禾『プロレタリア文化運動に就ての研究』(柏書房、一九六五年)八四〜八六頁。
98――同右、八九頁。
99――同右、八九〜九〇頁。
100――神庭仲之助、横山清一『社会運動年報』(新洋社、一九三五年)八〇〜八四頁。
101――前掲、上島『社会常識論叢』一八九頁。
102――前掲、拙稿「第一次世界大戦後日本の治安法の変容と外国法」。
103――山田徹『ヴァイマル共和国初期のドイツ共産党』(御茶の水書房、一九九七年)一八四〜一八五頁、二〇五〜二〇六頁、二一三頁。

104——同右、二五六～二五七頁、二六九～二八〇頁、二九三頁。

105——以上の経緯については、同右、第三章第三節、勝部元「死産した革命『ドイツの十月』」(『桃山学院大学人文科学研究』第二五巻第二号、一九九〇年一月)七八～九六頁、前掲、塚本「社会ファシズム論の源泉と背景」一一一～一一二頁、O・フレヒトハイム著、足利末男訳『ヴァイマル共和国時代のドイツ共産党』(東邦出版、一九七二年)一四四～一五一頁を参照。

106——公安調査庁『ドイツ連邦憲法裁判所の「ドイツ共産党」ならびに「社会主義国家党」に対する違憲判決』(公安調査庁、一九六〇年)一三頁。

107——石田勇治『ヒトラーとナチ・ドイツ』(講談社、二〇一五年)五四～五六頁、八〇頁。

108——原田昌博『政治的暴力の共和国』(名古屋大学出版会、二〇二一年)二～三頁、七一～七七頁。

109——同右、七七頁。

110——同右、八三～八四頁、一四九頁。

111——以上の経緯については、ハンス・モムゼン著、関口宏道訳『ヴァイマール共和国史』(水声社、二〇〇一年)四八四～四八五頁、四八七頁、四九〇頁、前掲、石田『ヒトラーとナチ・ドイツ』一四一～五九頁を参照。

112——『司法資料　別冊第六号　第七十五回帝国議会新法律関係資料』(司法省調査部、一九四〇～四一年)四六〇頁。

113——同右、四六〇～四六一頁。

※本研究は、科学研究費補助金課題番号：二一H〇〇六八一、二四K〇四二二六の成果の一部である。

第5章

第一次世界大戦の《経験》と日本の捕虜労働観

梶原克彦
KAJIWARA Katsuhiko

はじめに

第一次世界大戦は、史上初の総力戦と呼ばれ、交戦諸国に軍事はもとより社会全般にわたる多大な影響を与えた。その一つに「外国人労働力」の活用がある。壮年が前線に動員され、国内の労働力が不足した結果、女性や「外国人労働力」がこの欠落を埋める存在として浮上した。交戦各国は、国民のみならず、「国民ならざる者」も労働力として用いる事で総力戦を遂行していった。外国人が労働力として用いられたケースとしては、中立国の民間人労働者が砲弾の運搬などの危険な作業に従事したり、イギリスやフランスの海外植民地から現地の人々がヨーロッパへ送られたり、といったものに加えて、敵国民の民間人抑留者、そして捕虜の使役が挙げられる。

第一次世界大戦時には交戦国間で六〇〇万人以上の捕虜が生じ、この未曾有の数に上った捕虜の存在は、戦争の長期化と物資不足のなかで、バラックを備えた収容施設を設置するなど管理の合理化を招来した一方、労働力不足を補う手段として——国際法で定められた範囲を時に超えるものも含みつつ——その大規模な使役を促した。翻って日本の状況を見るに、ドイツ・オーストリアとの戦闘が局地的で相対的に短期に決したため、収容した捕虜の数も五千名弱と、ヨーロッパの状況とは異なっていた。しかしながら、独墺兵捕虜のもつ科学・技術へ寄せる期待も高く、とりわけ欧州戦線での停戦後にその雇用も進み、収容所が設置された地域への技術移転もおこなわれた。こうした第一次世界大戦期の日本管理下の捕虜と労働については、校條（二〇〇八）[1]、高橋（二〇一四）[2]、瀬戸（二〇〇六）[3]、森（二〇〇五）[4]、久留米市教育委員会（一九九九〜二〇一一）[5]らの先行研究があり、これらは郷土史や捕虜政策史の観点から捕虜処遇の実態把握、また国際「交流」や地域への技術移転の様子を考察している。一方、大津留（二〇一三、二〇二一）[6]は、日本の捕虜処遇の様子をヨーロッパのそれと同時代的に比較検討しながら、捕虜にとっての労働の意味合い、すなわち捕虜を生活する人間として把握し、外国人をも利用する総力戦のなかで働くことが捕虜にとって有した意味を問うている。このように先行研究では第一次世界大戦中の日本における捕虜労働の実相の解明に焦点が定められてきたが、第一次世界大戦の経験、特に欧州列強による捕虜労働を当時の日本がどのように解釈し、このことがのちの日本の捕虜政策にどのように影響を与えたのか（与えなかったのか）、よくわかっていない。そこで、本章は第一次世界大戦中の日本が同時代における捕虜労働そのものについて、総力戦体制との関係からどのような評価を下していたのかという点について検討したいと考えている。第一次世界大戦中の捕虜労働を同時代の日本がヨーロッパの状況に照らしどのように捉え、総括し、そしてかかる総力戦体制下の捕虜労働についての理解を後年どのように継承したのか。本章は、こうした総力戦体制に占める捕虜労働の位置づけを、日本の第一次世界大戦の《経験》として明らかにする。

そこで、本章では、第一次世界大戦時における日本の捕虜政策およびその使役を概観した上で、当時、日本の捕虜政策を統括した俘虜情報局が同時代の欧州各国の捕虜政策について接した情報や収集した資料を検討する。

次いで第一次世界大戦終結時の捕虜労働について同情報局の総括を考察した上で、大戦以後の捕虜労働をめぐる見解を紹介し、その異同を検討しながら、第一次世界大戦の経験が参照されている様子を見ていく。この作業を通して、第一次世界大戦の捕虜労働に関する「経験」とそこから得た「示唆」、これらが一九三〇年代に参照されている様子を把握し、大戦中の捕虜処遇の「経験」とのちの総動員体制における捕虜政策との継続性を探る。

1　第一次世界大戦における日本の捕虜政策と捕虜の労働

一九一四（大正三）年八月に始まった欧州の戦争はやがて世界大へと拡大した。東アジアおよび西太平洋でもドイツ海外植民地をめぐり戦端が開かれ、日本とドイツおよびオーストリア＝ハンガリーは主として同年一〇月から一一月にかけて中国のドイツ膠州湾租借地（青島）、そして西太平洋のドイツ領ニューギニア（南洋群島）において戦闘を繰り広げた。日本はこれに勝利を収め、最終的に約四五〇〇名のドイツ兵およびオーストリア＝ハンガリー兵捕虜を収容することになった。これらの捕虜は日本本土に移送され、当初全国一三カ所に設置された収容所で管理されたが、これらの収容所は公会堂などの公共施設や寺院といった既存の施設を主として流用したものであった。そのため、暫定的な対応のきらいがあり、風通し・採光・衛生・居住面積など捕虜が生活する上で問題を抱えていただけでなく、しばしばこれらの施設が街中にあるが故に警備の難しさや地元住民への道徳的・風紀的悪影響を懸念する声も生じた。結果、戦争の長期化と管理体制などの問題を受けて、全国に点在する収容施設を整理統合し、バラックを設けるなどの対策が採られた。最終的には六カ所（久留米［福岡県］、似島［広島県］、坂東［徳島県］、青野ヶ原［兵庫県］、名古屋［愛知県］）にまとめられ、収容人数も当初の四〇〇名あたりから最大一〇〇〇名強のそれへと変化した。

これら捕虜の処遇方針は、日露戦争時と同様、文明国としての認知を得るために国際法遵守を旨としたことで、厚遇をもって知られることとなった。日露戦争時にあった宣誓解放や自由散歩は認められなかったが、定期的な外出は認められ、また日本が主戦場でなく、食料および物資の不足に悩まされることがなかったことも与って、同時代の欧州とは異なり飢えや栄養失調とは無縁であった。第一次世界大戦期の日本の捕虜処遇は、暴力事件などもあったけれども、同時代の第三者による視察においてもおおむね肯定的に評価を下されるそれであった。こうした状況のもと、ドイツ兵・オーストリア兵捕虜を収容した地域では時に「国際交流」として語られるエピソードも登場した。捕虜の有する製造技術の伝播の事例としては、久留米におけるゴム製造技術のそれがあり、これが地下足袋製造に生かされ、のちのタイヤ製造につながったというものがある。その他にも、似島における菓子製造技術（バウムクーヘン）、名古屋におけるパン製造技術（敷島製パン）、習志野における食肉加工技術（ソーセージ及びハム製造）などの事例が知られている。またスポーツや芸術を通じて地元住民が異文化に触れた事例もあり、似島収容のドイツ兵捕虜と地元の学生とのサッカー試合や、久留米や坂東収容のドイツ兵捕虜によるクラシック音楽の演奏会などの逸話は、近年、地域振興の文脈で「再発見」され、兵士と市民の交流として描かれることもある。

このように第一次世界大戦中の日本管理下にあった捕虜の処遇は昭和期におけるそれに比べて国際法を強く意識し、これに厳格に則ったものであり、捕虜の使役もその枠内で検討された。ところで、捕虜使役に関するそれ以前の事例について通時的に見ると、日露戦争（一九〇四～一九〇五年）の例がある。この時も捕虜の取り扱いを定めたハーグ陸戦条約（一八九九年）が強制労働、過酷な労働、軍事関連労働を除き、下士卒以下の使役を認めており、靴の製造など軽微な作業に限られた形でロシア兵捕虜の使役が実施された。第一次世界大戦時の日本の捕虜使役を同時代の文脈で眺めれば、ハーグ陸戦条約（一九〇七年）で捕虜を労働力として用いる事は従来通り認められていたが、ヨーロッパでは、総動員体制における男性労働力の不足が女性、外国人の活用に加えて労働力としての捕虜を利用する誘因となっており、例えばドイツでは一九一六年の時点で一六〇万人いたとされる捕虜のおよそ九割が就労の状況にあった[7]。こうした同時代のヨーロッパでの状況や歴史的な経験に基づき、第一次世界大戦時に日本でも捕虜の使役が検討されていた。

捕虜使役の理由は大きく三点に求められ、第一に無聊を慰めること、第二に管理経費削減、第三に殖産興業であった。第一のそれは、祖国を離れ、無為のうちに暮らすことで生じる精神衛生の悪化を防ぐためであり、第二のそれは戦争の長期化により捕虜を扶養する経費がかさむので、これを自身の労賃で賄わせるためであった。これらの理由は戦争が長引く中で浮上してきた問題への対処ともいえるが、陸軍は捕虜を獲得した当初から使役を企図しており、その理由こそが第三のそれであった。陸軍は殖産興業や技術移転を目的として、ドイツ兵捕虜の持つ知識・技術に対して強い関心を寄せており、収容するや否や「俘虜職業調」によって捕虜が従軍前に就いていた職業を調査し、さらに「俘虜特殊技能調」を実施した。ここから、陸軍が特定の高いスキルを持つ捕虜雇用に前向きであった様子が窺えよう。

これらの理由から、陸軍は、特殊技能を生かした職業斡旋をおこなうべく、捕虜の中告に基づき官民に使役の希望を照会した。もっとも当初は、使役の条件が不明瞭で、こうした特殊技術を持つ人々の雇用へ向けた動きは非常に緩慢で低調であった。「俘虜労役規則」の整備に時間を要したという法制上の問題点に加えて、作業中に監視を必要としたり、雇用場所と捕虜収容所との距離が離れていたり、など雇用条件の厳しさや難しさから折り合いがつかなかったからである。しかし大戦終盤、とりわけ停戦から講和条約締結へむけた時期になると、監視体制の緩和もあり、こうした高度技能をもつ捕虜の雇用が検討された。

しかし、ドイツ兵捕虜の雇用状況は同時代の欧州で使役された捕虜の人数と比べても、経済的な観点からも、低調であったといえる。収容から解放までの五年間で、労役に携わったのべ人数は、約四六万人であり、一日当たり二三〇人(捕虜全体の約五%)しか働いていない。捕虜に支払われた賃金は総額七万三〇〇〇円となり、これは現在の額面に換算すればそれなりに大きな金額であるともいえるが、当時の地方都市の予算額に鑑みて、それほど大きな額とはいえない。そもそものドイツ兵捕虜自体の少なさに加えて、雇用されたドイツ兵が少なかったこともあり、特殊技能者のドイツ兵の賃金は高かったとはいえ、経済全体に与えた影響は確認できない。ところで、低調な雇用状況の原因には、先に挙げた法制度の準備や雇用条件の難しさに加えて、ドイツ兵捕虜の持つスキルの種類と日本側のニーズとのミスマッチも存在していた。ドイツ兵捕虜はいわば「高技能移民」としての雇用を目されたが、先に触れた「俘虜職業調」および「俘虜特殊技能調」に基づきその職業的内訳を見ると、現役軍人が七〇%を占め、官公吏が〇・四%、自由業が〇・一%で、商業・工業などは二・四%に過ぎなかった。さらに商業・工業のうち、工業は電機・機械・建築が多かったが五%に過ぎず、残りの九五%は商業であった。しかも、その内半数以上が貿易に従事し、その他は雑貨、機械、皮革商であったことから、軍属以外も特殊技能保持者というよりは商業従事者と言うのがふさわしく、ドイツ兵捕虜に占める技術者数の小ささに対して陸軍や地元の商工業者が寄せる関心の大きさとの間に不釣り合いな状況があった。

一方、ヨーロッパで大規模に展開されたような未熟練労働・低技能労働での使役はほとんど実施されなかった。その背景には、第一に、捕虜を酷使することによる国際問題化を恐れていた当時の日本の姿勢があった。第二に日本人の労働市場を「脅かす」といったことが懸念されたことがあった。「特殊技能に関わるものにあらずして普通の労役に俘虜を使用することは本邦労役者の職業に影響せざる範囲に於いて俘虜労役規則に依り実施し得るものとす」と当初考えられていたが、日本では一九一四年から一九一五年にかけて、大戦勃発による国際経済の混乱をうけて一時恐慌になったからであった。しかし戦争の長期化につれて、捕虜の管理に伴う経費を削減すべく、捕虜自身にこれを補わせるために、収容所内での「雇用」が検討・実施された。その例として、収容所外での作業として、歴史的モニュメント建設の基礎工事に八〇名が二日間使役されたもの(福岡収容所・元寇記念碑の修復)や、軍用土塁(久留米)や運動場の整地作業など、収容所内の作業には、警備、清掃、食事当番などがあった。

とはいえ、当時の日本では、農業や鉄道敷設といった労働集約産業において捕虜を未熟練労働者として大規模に使役するといった事例は見受けられなかった。

このように第一次世界大戦期の日本では捕虜による高技能労働への関心は高く、低技能労働へのそれは低いという状況であった。この就労と技能との関連性において、日欧の間では大きな違いがある。ヨーロッパの情勢はどちらかといえば、単純労働や肉体労働のようなものが多く、捕虜が軍務に就く以前の職業と関連しなくてもよい労働、つまり未熟練労働・低技能労働での使役が多かった。例えば、ドイツは一九一六年八月で捕虜全体（二五〇万人）の約六五％にあたる一六二万人が労働に就いており、そのうち半数が農業、その他は鉱山や土木工事などに従事していた[8]のに対して、日本では高技能労働者の雇用に関心が向けられていたのである。陸軍が高技能労働に注目した理由は先述した殖産興業にあるが、これを更に促す背景として大戦景気もあったかもしれない。日本は第一次世界大戦中に欧州が主戦場になったことを受けて、一九一五年あたりから景気が上向きとなっていき、いわゆる大戦景気を経験した。そのため、軍事産業や造船では特需が生じ、繊維産業を中心とした軽工業や、化学工業などの重工業も大戦末期にかけて拡張していった。こうした産業構造の転換にとって、ドイツ兵捕虜の高度技能も、国全体の工業化の流れの中で、ニーズが高まったといえるかもしれない[9]。

いずれにせよ、捕虜労働をめぐり欧州と日本との捕虜雇用の状況との間には相違があり、これは欧州においては、成人男性を兵士として大量に動員した結果、食糧生産、工場労働、建設作業といった様々な分野で労働力不足が生じ、これを捕虜の使役によって埋め合わせる必要が生じたのに対して、日本においてはその必要が無かったからであった。換言すれば、捕虜労働の雇用状況には、欧州と日本との間で総力戦経験の有無がはっきり穿たれていたことになる。ところで、現在の第一次世界大戦研究によれば、大戦は日本社会にも大きな影響を与えたことが知られており、日清・日露戦争に比べてそれほど影響を与えなかったという従来の見方に修正を迫っている。確かに捕虜の労働という点で言えば、その雇用状況は総力戦体制の経験のなさを物語るものであるが、しかしこのことは当時の日本が捕虜の大規模使役を知らなかったということを意味しない。実際、捕虜管理政策に携わっていた陸軍は、当時、欧州の捕虜管理について様々な形で情報を収集し、見聞を深めていた。こうした「経験」はのちの捕虜政策にどのような影響を与えたのだろうか。そこで以下ではまず陸軍による欧州捕虜政策の研究の様子を確認していく。

2 第一次世界大戦中における欧州列強の捕虜労働と日本

第一次世界大戦中、欧州の戦局や戦場の様子は同時代の日本に届けられ、市井の人々も新聞、写真・イラスト入りの雑誌、映画を通じ、史上初の総力戦の姿に触れていた。捕虜問題に関していえば、日本に収容されることになったドイツ兵・オーストリア兵捕虜はもちろんのこと、欧州列強による捕虜取り扱いも報道されていた。そこでは、同時代の日本管理下にあったドイツ兵・オーストリア兵捕虜の状況だけでなく、日露戦争時のロシア兵捕虜のそれとも大きく異なり、数十、数百倍を超える規模や処遇の苛烈さといった様子が伝えられていた。

第一次世界大戦時の捕虜処遇が従来のものとは位相を異にしている様子はこうした一般的なルートからも窺えたが、俘虜情報局が大戦終了後にまとめた蔵書リストからは、俘虜情報局と陸軍省がさらに詳細な情報に接していたことが分かる。情報局は、そうした情報の一部を翻訳し、「参考用翻訳書類」として回覧に供することで、自ら把握した列強の捕虜政策と捕虜使役の様子について局内および陸軍内で共有を図っていた訳である。文献を大別すると、赤十字国際委員会のレポート、英米など連合国・中立国のレポート、欧州における日本の在外公館からの現地報告、同時代のヨーロッパで出版された書籍（プロパガンダ的それも含む）の四類型となる。俘虜情報局が「参考翻訳物」としてまとめた六十七編の資料以外にも、大戦中に主として外務省を経由して陸軍に随時供与された資料もあり、それらもこの四類型のいずれかに該当する。以下では、それらのうち幾つかを時系列順に紹介し、俘虜情報局や陸軍が、捕虜労働に関してどのような情報に接していたのか、この点を明らかにする。

最初に採り上げるのは、赤十字国際委員会が作成した『英仏独俘虜収容視察報告』[10]である。原書は一九一五年三月に出版されたもので、俘虜情報局はこれを同年八月から翻訳し、十月に陸軍へ回覧のため送付している。本書はイギリス、フランス、ドイツの捕虜および民間人抑留者の処遇を視察に基づいて子細に報告しており、いずれの国においても捕虜の使役がおこなわれていることを確認できる内容となっている。陸軍が回覧した冊子には、労役部分に山かっこで強調が施されており、様々な情報のなかでも捕虜労働へ高い関心を寄せていた様子が窺える。

例えば、イギリス南部のドーチェスターに設置された収容所では、「若干俘虜は労役に従事せり即ち道路を改修し廠舎を建築し運動場に柵を施す等にして其他は靴工及裁縫工として労役に服せり労役者は毎週二志〔シリング 梶原〕を給与し炊事人も亦少額の給与を受く」[11]との記載部分に山かっこが施されている。またフランスに関しては、全般にわたる説明のなかで、「当局者は俘虜を労役に従事せしめ工場（モンフォールに於る如く鞍、蹄鉄、木履、□鉄等に関する）を組織し若くは造船廠を設置する等に努力せり。此目的に依り俘虜を二―五名乃至三百名の区隊に分け工場付近の高地若くは村落に収容せり。余は屢是等の区隊が道路の改修に従事し堤防を改築し石坑を開掘し其他農業に従事せるを目撃したり〔中略〕右の如く編成せられたる俘虜の労役に対し当局より支払うべき賃金は一時間に仏貨二仙（サンチーム）乃至四仙にして毎週末に一法〔フラン 梶原〕乃至二法四〇を交付す然れども此賃金は尋常の全櫃に納め是に依り俘虜の食餌を改良し特に功績ある者に対しては時として葡萄酒若干量を給与することとせり」[12]と労役部分にやはり山かっこで強調されている。ここで言及されているブルターニュ地方イルエビレーヌ県のモンフォール（スル・ム）収容所は、フランスに設置された数々の収容所の説明のなかでも、捕虜労働について詳述されていた収容人数一五〇〇人の施設であり、当時の日本の捕虜収容所とほぼ同じ規模であった。

「本収容所は真に労役の地にして俘虜は各自其職業に依り区分せられ一日仏貨「四十サンチーム」の給与を受く而して此給与は各週末に於て支給せられ給与の剰余は彼等の所得として計算し解放せらるときに之を与ふることとせり本収容所に於ては馬具製造所、木履製造所□鉄細工所自働鉄器銲着所〔はんだづけ〕蹄鉄所裁縫所製靴所、園芸場、石切場、道路工事等あり何等の技能なき者は是等工場に於て職業を修め或は人夫として使役せらる」〔13〕とその様子が伝えられて、やはりここにも閲覧者による強調が付されている。

イギリス、フランスに続いてドイツの記述に移るとゼンネラーガーといったいくつかの収容所の事例を除くと、労役の記述が少ないのが目立つが、報告された中には、捕虜生活における無為に対する「慈善」活動としての労役という箇所がある。「労役に従事せしむるは俘虜に対し一種の慈善にして無為に日月を送るは体育上及精神上極めて有害なりとす教育ある者は読書及文書の起草等に依り自己を慰撫するの機会ありと雖も教育なき者は身体の運動を必要とすべし将校に対して運動を制限するを得ず将校は独力之に従事せざるべからず。而して〔行間に以下の文あり——梶原〕〇此運動は教育の程度に随ひ強弱あり故に〕総ての俘虜に対し之を実施せしむるの果して支障なきかを知悉するは依然として問題に属せり何となれば将校に対しては老熟せる能力、野心、精力等を要するに因れり。／各将校は書籍を購買するを得但し予め掛官の検閲を経べきや勿論なりとす」〔14〕との部分に日本側が注目し、重要箇所の印を付けているが、これは先に確認したように、日本陸軍の捕虜使役の理由において「無聊を慰める」とした姿勢と通底しているものである。

しかしフランスの事例で示したように、ドイツの場合も捕虜労役への関心は余暇活動での様子だけでなく、実際に捕虜を労働力として投下していた事例にも注がれており、捕虜使役の事例は、他のルートから陸軍へ提供されていた。次に採り上げる資料は、ヨーロッパにおける日本の在外公館経由の情報に該当する。欧州の中立国や協商国にあった日本大使館・公使館から外務省へは、欧州で収集した情報や、利益代表国であったアメリカの駐独大使館を経由してもたらされたドイツからの告示が送致されていた。同資料は、まとまった書籍やレポートではないという点で俘虜情報局の参考用翻訳資料とは異なるが、ちょうど赤十字国際委員会の『英仏独俘虜収容視察報告』が出版された一九一五年四月にドイツが捕虜使役の方針について『ベルリン日刊（Berliner Tageblatt）』紙上で公表した記事を、在オランダ日本公使館が外務省へ摘訳と共に送付したものである[15]。

摘訳によると同紙記事では、「戦争に基く壮丁の召集と国内農商工業建築業其の他各種事業の多忙とは外国労働者の供絶杜絶と相俟ちて国内労働の欠乏を憂べしむるに至れり。鉄道業の方面に於ても然りとす。農工業の如き又鉱山業の如き已に俘虜の使役に関し相当の処置を講ぜられたるが鉄道に於ても春暖と共に諸方面に多数の労働者を要するに至るべきを以て当該労務の種類及性質上差支なきもの若し適当と認めらるるものにありては可成俘虜の労務を利用することとせざるべからず。例は鉄道線路関係の業務の如きは俘虜を使役すること面白からざるも鉄道関係の建築其の他方面に於て俘虜を使役し得ん場合少からざるべし。尤も如何なる業務に之を使役すべきやは一に之を鉄道管理局の選択に任すべし。而して俘虜労働者の監視に関しては軍隊の力に依頼するを得べきを以て俘虜の使役は実際上何等の困難なかるべく且国内に多数の収容所の設置ある今日俘虜を日々労務所に連れ行き若は連れ帰る等は勿論其の給養等に関しても格別の面倒なかるべし」とある。この送付された情報から日本が知るに至ったのは、ドイツにおいて総動員体制がもたらした労働力不足の状況、すなわち、第一に、成人男性の軍事動員により労働力は激減するのに対して農工業の需要は高まり、加えて外国人労働力供給路の封鎖によって労働力不足が生じたこと、第二に、戦前の国内男性労働力と外国人労働者への補完・代替手段として捕虜が使役されていたこと、そして第三に、農工業・鉱山業での従来の使役に加えて、さらに基幹・重要インフラ部分である鉄道工事関係においても捕虜を積極的に使役することが奨励されていること、であった。

在オランダ日本公使館からもたらされたドイツ労働大臣の捕虜使役に関する指示と同時期に、俘虜情報局は陸軍省へドイツの捕虜取扱規則の改定を報告している。これは、俘虜情報局ならびに陸軍が、ドイツにおける捕虜の積極的な使役について複数のルートから情報の提供を受けており、詳しい状況に接していたことを示している。

俘虜情報局はドイツの捕虜取扱規則の改定版を入手し、これを一九一五年三月に翻訳し、変更部分を抜き出して四月に回覧のため「独逸に於ける俘虜取扱規則（最近の増補に係る）」[16]を陸軍へ送付した。この報告は、居住・待遇の変更点を説明しているが、その大部分を労役に割いている。同報告では、ドイツの捕虜労役に関する趣旨や内容、方針が記載されており、例えば、「陸軍経理部の為の労役」として捕虜管理経費を削減するために収容所内の用務に充てることから始まり、道路、地域修繕、排水、練兵場、運動場、軍用地における農作など、使役する場面が多岐に及んでいること、また賃金、監視、経理等、使役にあたって必要となる細部の条件について説明を加えている。

このように、俘虜情報局ならびに陸軍は、複数のルートからドイツが大規模に捕虜労働を利用している状況を同時代にあって把握しており、総動員体制下での労働力不足とその補完策を「経験」していた。そしてさらにそうした捕虜の使役が、国際法上、どのように位置づけられるのか、という点についても情報の収集をおこなっていた。翻って当時の日本でも、経済的・軍事的観点から捕虜のもつ技術を積極的に活用したいという動機の一方で、使役した場合に日本に対して下されるであろう国際社会の評価に絶えず注意を払っていた。こうした捕虜労働と処遇の問題への関心に対して、国際法に鑑みたドイツの捕虜使役を考察した文献も参考にされていた。

一九一七年三月に出版されたアルベール・ルモワーヌ『俘虜取扱に関する国際条約と現在の戦争に於ける其の通用』[17]は翌年一月に俘虜情報局によって翻訳され、陸軍へ送付されている。「同時代のヨーロッパで出版された書籍」の類型となる本資料は、イギリス、フランス、ドイツにおける捕虜処遇と国際法の状況を解説したものであるが、本資料冒頭にある俘虜情報局に依る抜粋で「本書は俘虜に関する国際条約を解釈引用し仏独の俘虜取扱方を対照し独国の取扱の不正なるをしめせるなり」[18]とあるように、ドイツによる捕虜虐待、復讐行為、懲罰の厳しさなどを列挙し、これを非難する内容となっている。例えば、捕虜の取り扱いを定めたハーグ陸戦協定では捕虜を軍事関連の作業に従事させることは禁止されており、この点に鑑みて「独逸は俘虜を軍事労役として軍需品製造及塹壕掘に使用セリ。仏国は単に陸軍省の施設に関する軍事労役に使用したるに過ぎず」[19]と述べ、ドイツの国際法違反を糾弾している。その他にも、「一度吾人にして独逸に至らんが農事労務又は小工場に使役せられ、さまで不遇ならざる少数の俘虜を除きては幾多の俘虜が極めて悲惨にして吾人が分析せる法規と全然反対なる境遇に在るを見ん。特に苦痛にして不健康的なる労役たる沼地の開拓に俘虜を秩序的且継続的に使用し此労役には自由職業階級に属する俘虜を当らしむ。此事は過度の労務を禁止セル海牙条約の規則第六条の破廉恥なる違反として仏国政府が屡告訴せる所なり」[20]といった記述をはじめ、ドイツによる苛酷な捕虜使役と国際法違反に関する複数の事例を指摘している。

このように本書はドイツの捕虜処遇の状況を伝えるだけでなく、その不当性を知らしめんとするプロパガンダの傾向も含んでいる。もっとも、冒頭部分で「俘虜の手芸の利用は肉体的並に精神的の支給に必要なり。是は俘虜を捕獲せし国に取りては欠乏セル勢力の一部を工業及農業に供給するの手段となるなり」と述べているように、総力戦において捕虜を労働力として活用することそれ自体には著者であるルモワーヌも前向きであった。それどころかルモワーヌは、ドイツの捕虜使役について軍事関連作業を指弾したにもかかわらず、フランスにおいても同様の作業をドイツ兵捕虜におこなわせることに躊躇をみせなかった。ルモワーヌは、軍事に直接・間接に関係のある労務での使役について、こうした場合には捕虜を使用できないという説があることを紹介したうえで、現下の状況下では直接・間接の境界線を引きがたいがゆえに、捕虜を使用できるとするもう一つの説を紹介し、さらに、従来の国際法に基づく捕虜処遇の在り方は、実際の捕虜処遇の状況に鑑みれば、意味をなさないことを指摘している。いわく、旧来の捕虜処遇にまつわるルールの形骸化ともいえる事態は、いわば総力戦を遂行する上で不当なドイツの行為に対抗するための応報なのである。「大戦の当初、仏国陸軍大臣は過度に厳密に海牙条約の規則第六条を遵守し敵国俘虜をば農事労役石坑の採掘橋梁の架設商船の荷物陸揚に使役するに限りたりしが幾《いく》何《ばく》もなくして独逸人は国際正義を同一程度の厳密さを以て遵守しつつあらざりしことの証拠を得たり　茲に相互的手段として独逸俘虜は危険又は困難ならざれども軍事行動と多少の関係を有する労役立証せられたり……然れば現在仏国に於て独逸俘虜を火薬庫の建設鉄道の枕木並に戦闘圏内の鉄条網囲の小杭に用うる木材の伐採鉄道線路の敷設、工場、鉱抗等の労役に使用しつつなるは驚くに足らざるなり」。

　ルモワーヌの主張の趣旨はドイツの非道を暴くことにあるだろうが、客観的にみれば、フランスの処遇も同じ穴のムジナといった性格であることは否めない。フランスにおけるドイツ兵捕虜の苛酷な現場での使役は、同胞に対するドイツの手酷い処遇への応酬という側面だけでなく、国際法が課す制約の間隙を縫った労働力不足の解消という側面もあるだろう。これらの点は、日本が協商国側に立ってフランスの措置を「身びいき」して眺めていたとしても明らかであったろうし、総動員体制の中で捕虜労働を軍事関連作業で使役する事が、同盟国側と協商国側を問わず、不可欠な状況になっていることを強く印象付けたと思われる。このように、日本の俘虜情報局・陸軍などは、ドイツにおける大規模な捕虜活用をはじめとして、列強の捕虜使役の状況や国際法への向き合い方の情報に時を同じくして触れていた。そして、このことを通じて、総動員体制下での労働力不足とこれを補完するための捕虜活用の実相、さらには捕虜の処遇をめぐって国際法の順守が時にタテマエに過ぎず、実際には国際法の規定が形骸化していたと見做しうる事態を同時並行的に「経験」していたといえるだろう。

　こうした列強と軌を一にした捕虜処遇の姿勢は、当時の参謀本部の動きにも見て取れる。参謀本部は総力戦下で軍事動員をおこなった場合の経済状況について様々な角度から考察し、その結果を一九一七（大正六）年に『帝国国防資源』としてまとめている。その中で、ドイツの事例を参照しつつ、平時から戦時経済への移行についても検討し、移行当初は繊維業をはじめとした非軍需産業部門で大幅な失業が進行するも、やがては労働力不足が生じることを指摘している。そして、なお繊維産業では失業が続くとしても、「是等失業者数を兵役義務年齢男子の召集人員に比する時は真に九牛の一毛に過ぎず、従て此失職者を以て戦時必要品工業の為に要する労働力を補充するも尚不足を感ずること絶大なり。欧洲列国が此不足補充の為採用しつつあるものは軍隊の労働、俘虜の使役、婦人の労働及労働時間の延長等とす」[21]と述べている。このように、第一次世界大戦における日本は、大戦中の列強の捕虜処遇の実例に触れ、これを自家薬籠中の物とし、来たる総力戦の検討においては国家総動員システムを機能させるうえで捕虜の使役が不可欠であることをはっきりと認識していたのである。

3　第一次世界大戦の終了と捕虜労働経験の「総括」

第一次世界大戦における日本の捕虜処遇は、日露戦争の時分と同じく、文明国としての認知を得るために国際法の遵守を方針とした。総力戦体制のもたらす労働力不足を免れていたこともあり、日本は大戦末期まで国際社会の不興を買う恐れのある捕虜の大規模な使役に乗り出す事はなかった。これに対して、四年に及ぶ総力戦のなかで列強が示した捕虜の処遇とその国際法上の運用は、日本の方針とは異なっていた。こうした列強の捕虜処遇は、前節で確認した通り、同時代の日本にも様々なルートを通じて伝えられ、知られる所となっていた。

俘虜情報局は、史上初の総力戦とこれがもたらした捕虜処遇の変化について、日本を含む交戦各国の捕虜処遇をまとめた大戦末期のレポート『交戦各国に於ける俘虜の取扱』で取り扱っている[22]。同書は一九一八年一〇月に俘虜情報局により発行されたものであり、内容は、一般的な処遇や施設の状況、娯楽、酒保、賃金、墓地、など細かな事項に及んでいる。同書の冒頭の総説部分に執筆動機の一つとして、各国の捕虜政策の差異を知ることで自国の捕虜政策の参考にしようとしたことが記されていた。そしてその背景をなす状況として、列強は国際法遵守と主張していたはずなのに、各国は敵対思想の高まりのなかでこれを多々破り、互いに報復行為に出ており、結局それは同胞の苦難となったことを指摘している[23]。その報復と苦難をもたらした原因には、食糧難や衛生状況の悪化などもあったろうが、捕虜の苛酷な使役もその一端となっていたといえよう。人戦による捕虜処遇の在り方の変化と捕虜使役の増加を反映して、『交戦各国に於ける俘虜の取扱』全十五章のうち、第十四章に「労役」が割り当てられ、ドイツ、オーストリア、イギリス、フランス、ロシア、イタリア、日本の事例が採り上げられている。分けても、分量の半分がドイツに割かれているように、同国の捕虜の大規模な労働力としての投入が注目を集めていた。その記述によると、ドイツの捕虜処遇で注目すべきは労役であり、ドイツが労役を実施した理由として、ドイツの主張では表向きは無為無聊を避け、賃金で収容状況を改善し、さらにはホームシックを回避すること、とされているがその実、労力不足の解消にあったことは明白であると指摘している。すなわち、「独逸国に於ける俘虜の取扱に関し特に注目すべきは俘虜の労役なりとす、即ち独逸国に於いては陸戦条規の明文に基き或は国家の労務に又は公務所個人の為に盛に俘虜を労務者として使役しつつあり。其理由として唱導する所は主として俘虜の最も痛苦とすは無為無聊を慰め且労銀により境遇上の艱苦を軽減し且思郷心の興起を防ぐにありとなすも該国に於ける時を追って逼迫する糧食並に労力欠乏の大問題を解決する必要上多数の俘虜をして坐食せしむるは到底状況が之を許さざるものあるを以て其主目的たるや労力の欠乏を補ふにあること想像に難からず、就中農業に関する労力の欠を俘虜の労役により補填しあるは決して鮮少にあらざる如く、大正五年十月巴威政府の発表せん統計によれば該国内のみにて俘虜により新に開拓せられたる沼沢地の面積一〇四三「ヘクタル」(一「ヘクタル」は我約一町二十五歩)」に達せりと云ふ、以て其一般を類推し得べし」。

その後、イギリス、フランス、ロシアなどの事例が登場するが、いずれも労役投入が多いことを記載している。これら列強の事例に対して日本についてでは、労役の趣旨は労働力不足の補完ではなく、先に挙げた「無聊を慰める」、「俘虜経費削減」、「殖産興業」としているところから、第一次世界大戦「経験」の彼我の差がはっきりと認識されていたことを示すと同時に、総力戦体制ともなれば労働力不足を補うべく、捕虜の大規模雇用が不可避なこともまた見据えていた様子をこのレポートは知らしめている。

第一次世界大戦で捕虜の大規模使役という状況はいわば常識となっており、日本国内の捕虜収容所でも共有されていた。この点は、ドイツ兵・オーストリア＝ハンガリー兵捕虜の収容から送還に到るまで、およそ五年有余にわたる大戦中の捕虜処遇を総括した『俘虜取扱顛末』においても確認できるものである。『俘虜取扱顛末』中の最終章である「将来に関する意見」は、ドイツ兵・オーストリア兵捕虜を実際に管理した各収容所が様々な分野について提言をおこなったものであるが、ここに捕虜労役の考えに対して同時代の欧州の経験が影響を与えたと思える点が示されていた。久留米収容所の提言を採り上げれば、同所は開戦当時から開設された当時最大級の収容所であったが、ゴム製法の指導といった技術移転のエピソードはあったけれども、大規模な捕虜の使役はおこなっていなかった。この点を振り返って、久留米収容所は「俘虜の労役は……俘虜の技術利用の一部に止まり十分に利用せられざりしものと信ず。故に将来は可成大工場地に収容所の位置を撰定し一般労働の補助として遺憾なき利用をなさしむるを可とす」[24]と将来における捕虜の大規模雇用を提言している。

久留米収容所は大戦中に他の収容所の捕虜を受け入れ統合され、収容施設も既設の施設流用からバラックの新設がおこなわれたように、捕虜解放までの長期「大規模」収容に対応した施設であった。先に記したように、捕虜の収容所外での使役は停戦後に活発化したと言え、それ以前に整理・統合された収容所では、収容した捕虜の数も少なく、活発な捕虜使役の実体験はなかったといえる。例えば、静岡収容所は、最大収容時でも一〇〇人強と当時では最も小さい規模であり、また捕虜の職業別内訳でもほとんどが軍人だったため、特殊技能を生かした活動も、名古屋や坂東などに比べれば、実績に乏しかった施設の一つと言える。しかしそれでもなお、静岡収容所は「捕虜の利用」に多くの紙幅を割いており、分けても捕虜労働に関する提言を細かくおこなっている。その提言によれば、国際法で認められているので下士卒以下は全員使役すべきであるとされ、その理由は労働が捕虜に与える精神衛生上のプラスの影響に加えて、捕虜労働が国家にもたらす経済上の利点に求められた。曰く、「国歩艱難の際償還の見込なき国費を賭して坐食せしむるは経済上の欠陥」であるから、「特殊技能者を利用し国益に資益する」必要がある。大戦中もこうした利用は検討されたが「是畢竟最初に於て何事の準備計画なく完然之を利用せんとしたる為」、上手くいかなかった。それ故、今後は、「俘虜は予め其職業特殊技能等を調査し可成同一種類のものを纏めて収容所に収容」し、しかも「収容所の位置は可成其附近に諸種の工場を有し其他労役の目的を達するに便宜を得る場所に撰定すること」が提唱されている[25]。このように静岡収容所でも、大戦中の実体験の反省に立ち、従前以上に積極的に捕虜を活用することが叫ばれていた。その理由と方法は戦時に於ける経済合理性に基づくものであり、同様の主張は、離島に設置された収容人数五百名程の似島収容所からも提出されている[26]。

これらの他にも、名古屋収容所は主として技術移転の点から大規模利用を提言しており、これは同収容所が大戦末期から停戦後にかけて相対的に数多くの捕虜雇用を進め、技術移転がおこなわれた実績に基づくものと察せられる。しかし、捕虜処遇の指揮系統に関する提言の中で、某幕僚が捕虜の労役を「何か特殊有益事業の移植以外之を許すべきものにあらずと称し所長の労役申請に不同意を唱へたるものあり」[27]と付言していることから、技術移転以外の捕虜雇用にも前向きだった様子が看取できる。名古屋収容所同様、捕虜の使役が活発となった坂東収容所でも俘虜労役の奨励を有利として賛同している。久留米、坂東に並ぶ国内最大級の収容所であった習志野収容所は、捕虜雇用の理由に、静岡同様の立場に加えて、「今回の欧州戦役には各国競ふて之れを使役し相当の効果を挙げたり」と列強が捕虜を大規模に使役した点に言及し、特殊技能の持ち主だけでなく一般の労働者も総て各職業に応じて収容所外の労働に充てる事を進言しているように、同所の提言にも大戦の「経験」が刻まれている[28]。

上記の各収容所の提言を換言すれば経済的観点からの捕虜政策ともいえる内容であり、そのことは同セクションにおける「俘虜労役規則」の改正意見において以下のように集約されている。「俘虜労役規則は根本的に改良を要する」、その理由は「将来の戦争に在りては多数の俘虜を収容するものと考えざるべからず。然るに現今の如き窮屈なる規定を以てしては殆んど俘虜を使用するの余地なし。故に現に交戦諸国に於て実施したりたる如く大規模なる労役に服せしめ以て帝国殖産興業の一大補助たる如く使用するを可とす」[29]。

日本の第一次世界大戦の捕虜経験は、一方に南洋諸島・青島戦でのドイツ兵・オーストリア＝ハンガリー兵捕虜、他方に輸送船の乗組員をめぐる邦人抑留者、少数の義勇兵の邦人捕虜から成り立っており、規模の上で同時代の総力戦体制における捕虜処遇とは全く次元を異にしていた。しかしながら、当時の日本は共時的に欧州からの情報をもとにその一端を「経験」し、来る戦争の総力戦の姿、とりわけそこにおける捕虜の規模の大きさと捕虜労働の重要性を得心するに至ったと言えよう。

4　一九三〇年代における大戦「経験」の参照

欧州における総力戦の実相は、実体験としてではないものの、様々な情報を通じて「経験」されていた。欧州列強は、壮丁の軍事動員と外国人労働者の減少とによって生じる労働力不足を補うべく、捕虜を労働力として活用しており、日本はその様子を、自らの消極的な捕虜使役との対照性と共に熟知していた。そしてこの第一次世界大戦での列強による捕虜使役の様子は、その後、大正から昭和に時代が変わっても、総力戦に於ける労働力確保の引照基準として陸軍によって参照されていた。

その典型例として関東軍司令部が一九三七年にまとめた『国家総動員研究資料』[30]での記述を挙げることができる。表紙の注意書きに「本書は死蔵を避け活用すること」とある本書は、ドイツ、フランス、イギリス、イタリア、アメリカの五カ国の第一次世界大戦の概況を紹介し、来たる戦争での日本の国家総動員でかつての列強の経験を役立てんとした資料である。

冒頭に掲げられた「世界大戦に於ける独逸国国家総動員の概況」は、六編からなる本書のほぼ半分の紙幅を占めており、その詳述ぶりから大戦期ドイツの国家総動員への高い関心が窺える。この概況には、軍の動員、軍需産業・原料、食糧、財政、国民精神等の節が設けられているが、ここでは「国民労役問題」の節を採り上げたい。兵量不足から年を追うごとに召集が拡大し、最終的に一二二五万人が召集され、その割合は人口の一八％、成年男子の九割に達したことを述べたのち、労働力需給調節のために陸軍当局が兵役義務を有さないグループと兵役義務を有するが戦時工業に必要なグループとを利用したことが紹介されている。前者のグループは、失職者、婦女弱年者、戦傷者、自宅職業者（男女）、俘虜及抑留者、占領地の職工、中立国よりの職工、からなっている[31]。捕虜について[32]、その数は、開戦から二年目で総数約四四〇万人と見積もられ、少なくとも二〜三〇〇万人の捕虜が収容され、その約四分の三は労役に就かせたと看做されている。捕虜の使役に関連した管理システムについても細かく調査された跡が窺え、その記述によれば、捕虜は、軍団管区の大収容所（一〜二万人収容、百数十個あり）に一旦収容されたあと、その後、労役区分に従い大収容所に残る者もいるが、大部分は小収容所・労役収容所（＝労役する間の仮宿泊所）あるいは使役する個人が提供する宿舎に送致され、国家および私人の用務に利用された、とある。また使役に際しては衛兵を附し、大規模労役には労役隊を組織して派遣し、農業の場合は一班十名を最小単位として、必要に応じて分割使用したこと、そして国家の労役としては、開拓・開墾、道路・鉄道・河川の修築、建築、軍用品制作の準備作業、捕虜自身に必要なものの制作、私人の用務としては、農業、園芸、工業、鉱山業などの多岐にわたる業種での活用例が紹介されていた。

ドイツの労働力確保に関する叙述は、さらに占領地の民間人を使役した事例に及んでいる[33]。その叙述によると、国内労働力不足を補うため、当初よりベルギー、ポーランドなど占領地人民の自由意志でドイツ国内へ移住し、各労役に就くことを奨励したが、一九一六年五月、ブリュッセル占領地総督は、統治下の労役可能なベルギー人で労働に就かないものに労役を強制する布告を出し、多数のベルギー人をドイツ国内へ強制移住させ労役を強いた、と述べ、「此の強制移住は戦時国際法上の問題となり各国の抗議を受けたるも独逸は其の適当なるを主張して論駁しつつありたり」と結んでいる。

本書では、その他の列強の事例として「世界大戦に於ける仏国国家総動員の概況」で、ファンスが大戦中に労働力不足を補うため「部外労務力の利用」として、婦人、軍部に於ける兵役免除者、不具者、兵役に関係なき青年、外国人等を使用したことに言及している。その一つとして捕虜の使役があり、「俘虜は当初主として公共的事業例へば鉄道工事、道路修繕等にのみ使用せるが漸次其の使用範囲を拡張し農業、採礦業、港湾雑役等に盛に之を使役し英国収容の俘虜をも転用せり」とある。さらに国外労力の利用として、外国人民間人の使役に言及しており、「仏国は海外の交通比較的自由なる地位に在るを以て間接に国外の労力を利用せる外直接に盛に国外労力を輸入せり……。国外労働力の輸入は当初欧州諸小国並に本国に近き殖民地よりせるも漸次其の範囲を拡張し、千九百十六年中期以降印度支那より支那人労働力を輸入するに至り同年末頃より盛に支那本国より労働力を輸入せり」と述べている。ここにはドイツとフランスの第一次世界大戦の労働力補充をめぐる対照性、すなわち、前者が海外から労働力を供給するルートが協商国の海上封鎖によって途絶したため、占領地を含めた大陸内の捕虜や外国人を使役したのに対して、後者は大戦中も海外植民地や中立国からも外国人労働力を供給することが可能であり、とりわけ中国人労働者を多数雇用した点を確認するものであった[34]。

この一九三〇年代にまとめられた資料と第一次世界大戦期の「経験」との異同について見てみると、ドイツとフランスに関しては第一次世界大戦時の俘虜情報局での把握と基本的に同様であり、大戦の経験がその後も繰り返し参照されていた様子が確認できる。もっとも、イギリスとイタリアについては『国家総動員研究資料』においては捕虜の労役についての言及はなかった。これは蓋し、イギリスは第一次世界大戦中の捕虜使役が相対的に少なかったことを反映しており、捕虜を使役する代わりに、フランスと同様に植民地など海外からの労働力を利用していたため、国家総動員での捕虜投入事例としては参照されなかったと思われる。イタリアについては、他の調査時、例えば陸軍省調査班が一九二八(昭和三)年に『戦時経済法制』[35]を参照し、戦時経済における捕虜使役を検討したあとも窺える。その他の相違点としては、ドイツの事例に関して、捕虜と並んで占領地での民間人雇用・強制（オーバー・オスト、ワルシャワ、ブリュッセル）の事例への言及があったことだが、占領地における雇用・強制の情報は第一次世界大戦中にあっても把握されていた[36]。一方で本資料ではアメリカについて二編の論考が掲載され、食料政策のなかで捕虜使役の事例が採り上げられているのに対して、第一次世界大戦時の『交戦各国に於ける俘虜の取扱』ではこの点について言及されていなかった。第一次世界大戦後の総動員体制研究でアメリカの事例がしばしば参考にされたことが現在の研究で明らかにされており、『国家総動員研究資料』で同国を採り上げた事はこれを示すものである。大戦中に参照しなかった理由は判然としないが、「農業労働者の不足を補ふ為多数の青年を農耕業に転向せしめ又俘虜、抑留者の利用を図る」とあるように、アメリカが捕虜の使役を含む内容を総動員計画で検討していたこと、またそれをこの文献で参照している点が興味深い。

いずれにせよ、俘虜情報局がまとめた『交戦各国に於ける俘虜の取扱』や大戦中のレポートで高い関心を払われていたドイツでの捕虜労役は、依然として国家総動員における労働力確保のモデルとなっており、アメリカのような計画例も含めて、その他の列強における捕虜使役の事例も絶えず振り返り、その経験が参照されていた。

おわりに

以上見てきたように、史上初の総力戦である第一次世界大戦では、国民ならざる存在も含めて国家の総力を動員して戦争を遂行するシステムが構築され、成人男性が兵士として動員されたことに伴う労働力不足を、女性や若年層の国民だけでなく、外国人労働力をも使役して補っていた。その中で、活用されたのが捕虜であり、敵国人でありながら総力戦を戦う上でとくにドイツのように海外からの労働力供給が途絶した国では、ある意味不可欠な存在としてそのシステムに組み入れられていた。一方、捕虜の側からすれば、敵国の労働力となる事は利敵行為に他ならないとはいえ、自身が敵国に扶養されることなしには生きることができず、また長期に及ぶ無為徒食の状況は捕虜の精神状況を悪化させるものであったがゆえに、捕虜は働くことに自身の生きる意味を見出すこともあった。この点で、捕虜にとって敵国の総力戦体制に組み入れられることは生きていく上で必要な事であったと言えるが、交戦国は互いに捕虜を抱えあい、互いに敵兵の捕虜を扶養し合い、そして総力戦を遂行する為の貴重な労働力としてこれを使役していたとするならば、捕虜の国際的な存在は、史上初の総力戦が世界大でおこなわれたことと、盾の両面を為していたと言えよう。

こうした総力戦に伴う国際的な捕虜収容のネットワークに鑑みれば、第一次世界大戦期の日本の捕虜処遇はその厚遇という点でも、労役の点でも異質なものであった。大戦期の日本の捕虜労働は低調であり、また関心も高技能者の雇用へ向けられていたように、大規模でかつ労働集約的な産業への投入が図られた同時代の欧州の捕虜労働とはかなり異なった状況であった。これは、日本が第一次世界大戦の交戦国であったとはいえ、主戦場となったヨーロッパから遠く離れ、時間と場所をかなり限定した戦闘しかおこなっておらず、総力戦を十全に体験していなかった帰結であり、またその証左でもあった。

しかしながら、大戦中の日本の俘虜情報局・陸軍は、様々なルートを通じて欧州での捕虜政策の状況ならびに捕虜労働の実態を把握し、研究を重ねていた。とりわけ、海外からの外国人労働力の供給が途絶したドイツが多くの捕虜を使役したことが知られており、不足した労働力を補うべく、捕虜はもちろん、占領地住民を含めて大量の「外国人労働力」を食料生産、土木作業、工場作業、さらには国際法違反ながら軍事関連作業に投下していた様が日本側でも周知の状況となっていた。さらには、捕虜使役における国際法違反の状況が、ひとりドイツだけでなく、フランスにおいても確認できるものであり、総力戦を前に列強が捕虜処遇に関する国際法順守の姿勢をかなぐり捨て、総動員のシステムを稼働させている様子に触れてもいた。このように、大戦中の列強による捕虜の大規模使役の経験は、同時代の日本においても実体験は伴わないけれども、知識として共有されていた。大戦中の欧州での経験をわが身の糧とするこの姿勢は大戦終了直後のレポートからも窺えるものであった。第一次世界大戦における捕虜使役の事例は、国家総動員において労働力不足を解消するための範例であり、捕虜を労働力として投下する際の引照基準であり続けた。

第一次世界大戦における捕虜使役の「経験」は、一九三八年四月の国家総動員法の制定前でも参照されていた。この後、日本は実際に総力戦に突入し、捕虜を抱え、占領地の軍政もおこなっていく。昭和の捕虜処遇と明治・大正のそれとは酷遇と厚遇との対照性を為し、前者にあっては過酷な捕虜の労働がおこなわれることがあったが、国際法をなおざりにしても敵味方問わず総力戦が遂行されることを昭和の日本は熟知しており、そしてその見識は第一次世界大戦の《経験》に支えられていたのである。

註

1——校條善夫「青島戦ドイツ兵俘虜と名古屋の産業発展——技術移転の様相を探る」『産業遺産研究』（産業遺産研究編集委員会編）十五、二〇〇八年。

2——高橋輝和『丸亀ドイツ兵捕虜収容所物語』えにし書房、二〇一四年。

3——瀬戸武彦『青島（チンタオ）から来た兵士たち——第一次大戦とドイツ兵俘虜の実像』同学社、二〇〇六年。

4——森 雄司「近代日本における捕虜——日清、日露戦争と第一次世界大戦における捕虜取扱いの比較研究」『中京大学大学院生法学研究論集』二十五、二〇〇五年。

5——久留米市教育委員会編『久留米俘虜収容所——1914～1920』久留米市教育委員会、一九九三年、同（文化部文化財保護課）『ドイツ軍兵士と久留米——久留米俘虜収容所II』久留米市教育委員会、二〇〇三年、同（文化部文化財保護課）『ドイツ兵捕虜とスポーツ——久留米俘虜収容所III』久留米市教育委員会、二〇〇五年、同（文化部文化

財保護課)『ドイツ兵捕虜と収容生活——久留米俘虜収容所Ⅳ』久留米市教育委員会、二〇〇七年、同(文化部文化財保護課)『ドイツ兵捕虜と家族——久留米俘虜収容所Ⅴ』久留米市教育委員会、二〇一一年。

6——大津留厚『捕虜が働くとき——第一次世界大戦・総力戦の狭間で』人文書院、二〇一三年。同『さまよえるハプスブルク——捕虜たちが見た帝国の崩壊』岩波書店、二〇二一年。

7——Jochen Oltmer, *Unentbehrliche Arbeitskräfte. Kriegsgefangene in Deutschland*, ditto (Hg.), *Kriegsgefangene im Europa des Ersten Weltkriegs*, Brill/ Schöningh, 2005, S. 70.

8——*Ibid*., S71.

9——そうじて見れば、第一次世界大戦期の日本での捕虜雇用は、技術伝播の側面についてのエピソードは確認できるものの、極めて限定された影響しか持たないといえる。一方で、消費者としてのドイツ兵捕虜は地域経済を潤すことになった。

10——瑞西国赤十字国際委員会編『千九百十五年三月　英仏独俘虜収容所視察報告(第一巻)』(「英仏独俘虜収容所視察報告翻訳の件」JACAR(アジア歴史資料センター)Ref.C03024611700、『欧受大日記』大正五年二月(防衛省防衛研究所)、八コマ目以降)。原文に適宜、読点及び句点を施した(以下の資料引用でも同様)。原題は Comité international de la Croix-Rouge, *Documents publiés à l'occasion de la guerre de 1914-1915: Rapports de MM. Ed. Naville et V. van Berchem, Dr. C. de Marval, A. Eugster, sur leurs visites aux camps de prisonniers en Angleterre, France et Allemagne*, Genève/ Paris, 1915.

11——同右、四二コマ目。

12——同右、七三コマ目。傍線は原文ママ。

13——同右、九〇コマ目。

14——同右、二一二コマ目。

15——一九一五年四月一五日在蘭幣原公使より外務大臣加藤宛「俘虜の労務使役に関する独国労働大臣の布告」(「1．独国／分割1」JACAR　Ref.B07090951500、『欧州交戦国ノ俘虜取扱並ニ同逃走俘虜ニ対スル帝国及中立国ノ態度関係一件／各国ノ俘虜取扱』(5-2-8-0-41_5)(外務省外交史料館)一一コマ目以降。

16——「独逸に於ける俘虜取扱規則(最近の増補に係る)」(「独乙に於る俘虜取扱規則に関する件」JACAR　Ref.C03024634200、『欧受大日記』大正五年四月(防衛省防衛研究所))、八コマ目。

17——「俘虜取扱に関する国際条約と現在の戦争に於ける其の通用」(「俘虜に関する翻訳物の件」JACAR　Ref.

C03024925800、『欧受大日記』大正七年六月（防衛省防衛研究所））。原題は、Albert Lemoine, *Les conventions internationales sur le régime des prisonniers de guerre : conférence de la Haye-convention de Genève : leur application dans la guerre actuelle*, Recueil Sirey, 1917.

18——同右、三コマ目。

19——同右、四コマ目。

20——同右、四〇〜四一コマ目。

21——「第五章 平時経済と戦時経済の転換／ 第二節 工業転換」 JACAR Ref.C12121560600、帝国国防資源 大正六年八月（防衛省防衛研究所）、七コマ目。傍点は梶原。

22——「交戦各国に於ける俘虜の取扱」（大正七［一九一八］年十月、俘虜情報局編）（「欧受第八六六号 俘発第五三五四号 大正三年乃至九年戦役俘虜取扱顛末編纂の件（三五）」 JACAR Ref.C08040172400、『大正三年乃至九年 大正三年乃至九年戦役俘虜に関する書類 陸軍省』（防衛省防衛研究所））。

23——同右、二一コマ目。

24——「欧受第八六六号 俘発第五三五四号 大正三年乃至九年戦役俘虜取扱顛末編纂の件（三一）」 JACAR Ref.C08040172000、『大正三年乃至九年 大正三年乃至九年戦役俘虜に関する書類 陸軍省』（防衛省防衛研究所）、三九コマ目。

25——「欧受第八六六号 俘発第五三五四号 大正三年乃至九年戦役俘虜取扱顛末編纂の件（二八）」 JACAR Ref.C08040171700、『大正三年乃至九年 大正三年乃至九年戦役俘虜に関する書類 陸軍省』（防衛省防衛研究所）、九〜一一コマ目。

26——同右、四三〜四四コマ目。

27——同右、一六コマ目。

28——「欧受第八六六号 俘発第五三五四号 大正三年乃至九年戦役俘虜取扱顛末編纂の件（二七）」 JACAR Ref.C08040171600、『大正三年乃至九年 大正三年乃至九年戦役俘虜に関する書類 陸軍省』（防衛省防衛研究所）四三コマ目、四七コマ目。

29——同右、一一コマ目。傍点は梶原。

30——関東軍司令部編『国家総動員研究資料』一九三七（昭和十二）年六月。

31――同右、一三頁。

32――同右、一六頁以下。

33――同右、一九頁。U・ヘルベルトによれば、一九一六年一〇月二六日から一九一七年二月一〇日までの強制移住により、約六万一〇〇〇人のベルギー人労働者がドイツへ送られ、さらに一万七〇〇〇人の「自発的」とされる労働者がドイツへ向かった。しかしこれらの内、一万三〇〇〇人程は障がい者や病人だったため、ベルギーへ送り返された。一九一七年初旬には五万六〇〇〇人のうち二月には四万人がドイツに残留し、八〇〇〇人ほどが一時的に労働に投入され、「自発的に」労働契約にサインした者もわずか八五〇〇人ほどに過ぎなかった。労働力を確保せんとしたにもかかわらず、うまく移送できなかったという管理・編成上の問題に加えて、強制移住というそのスタイルに対して、スイス、アメリカ、ヴァチカンなど中立国からも多くの批判が寄せられ、ドイツは方針転換を余儀なくされた。リクルート方法と労働条件を改善した結果、一九一七年二月の強制移住停止から一九一八年夏まで、およそ一〇万人のベルギー人労働者の新規応募があり、戦争終了時には約一三万人のベルギー人が就労していた。Cf. Ulrich Herbert, *Geschichte der Ausländerpolitik in Deutschland. Saisonarbeiter, Zwangsarbeiter, Gastarbeiter, Flüchtlinge*, C.H. Beck, [2]2017, S. 105-108. ベルギーや東部地方における強制労働、さらには大戦中のドイツにおける戦時捕虜および外国人労働力の問題については、上記ヘルベルト、また邦語では、伊藤定良『近代ドイツの歴史とナショナリズム・マイノリティ』有志舎、二〇一七年、一八五～一九七頁を参照。

34――中国は当初中立国であったが、政府の中には、協商国側への参戦により戦後の講和会議での交渉で年来の不平等条約を有利に解決することを企図した者もいた。これは政府内の消極的な意見や日本の反対により頓挫したが、中立を維持しつつ協商国側へ協力する方策として、労働力を供給することになった。この点については、小野寺史郎「中国ナショナリズムと第一次世界大戦」山室信一・岡田暁生・小関隆・藤原辰史編『現代の起点　第一次世界大戦　1　世界戦争』岩波書店、二〇一四年、一八八～一九〇頁、参照。

35――「国力戦争遂行上必要ナル国家施設ノ計画及実施ニ関スル参考資料（第七号）　昭和三年二月　陸軍省調査班」JACAR　Ref.C13120927700、『「作業用」綴――戦時国防資源需給状態調査――住谷悌史資料』（防衛省防衛研究所）。本資料は、Alberto de Stefani, *La legislazione economica della guerra*, BARI, 1926, の目次部分を翻訳したものである。翻訳等、本文を参照した様子はこの資料からは窺えない。アルベルト・デ・ステファニはイタリアの経済学者で国家ファシスト党の政治家であり、一九二二年から二五年にはムッソリーニ内閣で財務大臣を務めた人物である。本書は、主として大戦中に公布された戦時経済法制の解説を中心に編まれたものであり、捕虜については労働力としての活用とこれに関する法制や、イタリア兵捕虜およびその家族に対する経済保障について言及されている。例えば、農業分野での捕虜使役については、「農業問題は人的および物的な生産係数の問題である。軍事招集によって引き起こされた人的生産係数の不足は、すでに上述したような一連の様々な方面からの措置によって緩和された。すなわち、農業免許、利用できる労働力の合理的配分、奉仕義務、戦時捕虜の労働力、女性労働の奨励、機械労働による人的労働の代替、熟練労働力創出の援助、である」と言及されている。*Ibid.*, p. 101.

36 ——例えば、ベルギーにおける強制労働については以下の資料がある。「白耳義ニ於ケル独逸ノ行政／1918年」JACAR Ref.B10070630000、『白耳義ニ於ケル独逸ノ行政』一九一八年（臨調－1）（外務省外交史料館）、二一コマ目。

第6章

国家総動員体制の日本的展開

―「ドイツ・モデル」と「アメリカ・モデル」をめぐって

森靖夫
MORI Yasuo

はじめに

本章は、戦時日本（一九三七～一九四三年）の国家総動員体制の展開を、とりわけ産業動員に焦点をあててたどり、その特質を考察することを目的とする。

通説的に日本の国家総動員体制は、陸軍がドイツのエーリヒ・ルーデンドルフ（第一次世界大戦時の参謀次長で「総力戦」という用語の生みの親として知られる）から着想を得て、軍部主導の体制として成立・展開したと理解されてきた[1]。だが、人類史上初の総力戦といわれる第一次世界大戦の勝者は英米仏などの「民主的」国家であり、独露などの「専制的」国家は軒並み革命＝帝国の崩壊という末路をたどった。そのことは、上からの管理・統制（あるいは隠蔽）―盲目的服従だけでは戦時体制を長く維持できないことを示していた。同時代の日本人もそのことを痛感しており、陸軍軍人もその例外ではなかった[2]。

日本が総力戦＝第一次世界大戦に衝撃を受け、国家のあらゆる資源を効率的に戦争へ統制・案配する様を国家総動員と称し、その体制づくりに着手したのは、政党政治が本格的に展開した時代にあたる。政党政治が短命に終わることを知らない当時の日本人たちは、将来日本が総力戦を戦うことになった場合、政党内閣が戦争指導にあたることを想定していたとしても不思議ではない。当時、国家総動員体制は「民主的」でなければならず、「政治の民主化」だけでなく「国防の民主化」を実現しなければならないとの主張が堂々となされたのもまた、自然の成り行きだった[3]。産業統制に関しても、政府と協働しつつ、いかに産業が自治的に統制を担い、主体的に軍需増産に取り組むことができるかに、国家総動員体制の成否がかかっていた。

以上を踏まえ本章は、政府－産業の協働、産業の自治に着眼して戦時日本の国家総動員体制の展開を明らかにする。

ところで、戦時日本の国家総動員体制については、戦時経済の実態解明と戦後への連続（あるいは非連続）という経済史的視角から主に研究が進められてきた。筆者の研究もその豊富な先行研究の上に成り立っていることは言うまでもない[4]。しかしながら、国際比較の視座から戦時日本の国家総動員体制を再検討する余地は依然として残されているように思われる。また、膨大な経済史研究の成果を踏まえた戦時期の政治史的分析も課題として残されているといえる[5]。

これまで、戦時日本の国家総動員体制は「ドイツ・モデル」として理解されてきた。周知のとおり、一九三〇年代後半以降日本はドイツやイタリアと外交面で接近していく。こうした外交環境の変化と軌を一にして、ナチ・ドイツの戦時統制が日本の学術界や政官財界において参照され、日本の国家総動員体制に少なからず影響を及ぼした[6]。だがそうした研究は、ドイツ以外の国家を比較対象に入れておらず、結果的にドイツと日本との類似性のみが過度に強調されてしまっている。一九四三・四四年のいわゆる「シュペーアの奇跡」としてしられる軍需大増産（アルベルト・シュペーア は当時の軍需大臣）は、政府と産業の協働によって成立した。そこでは、カルテル的な経済集団の自主性が重んじられ、彼らに自治が認められた[7]。

その点ではアメリカの国家総動員体制も同様の形態をとった。第二次世界大戦期アメリカでは、ブライアン・ワデルが明らかにしたように、不況克服を目的として企業経営に介入し、戦時統制の主導権をも握ろうとした政府内のニュー・ディーラーたちの試みを拒絶した産業界が、軍と提携することで政府内での発言権を確保し、経済的利潤や補償を政府に約束させ、歴史的な増産に成功した[8]。つまり、日本が追求した政府と産業の協働・分業関係はドイツにもアメリカにも共通して見られる特徴なのであった。

筆者がすでに旧著（注2参照）で明らかにした通り、一九二七年五月に日本の国家総動員準備機関として成立した資源局（企画院の前身）がもっとも参考にした国はドイツではなくアメリカだった。資源局は、政府と産業の協働関係をすでに第一次世界大戦期や戦間期のアメリカに見出していた。とりわけ、アメリカの産業や国民の主体性に資源局は着目していた。そうした事実を踏まえるならば、ドイツのみならずアメリカが戦時日本のなかでどれほど引き合いに出されたのかも検討しなければならないだろう。

本章は以上の問題意識から、日本の国家総動員体制が、実際の総力戦下においてどのような経路をたどり、展開していったのかを政府と産業の協働関係に着目して再検討する。その際、アメリカやドイツの国家総動員体制が日本のそれに及ぼした影響についても考察を加える。

1　国家総動員体制の危機（一九三七年七月〜四〇年一月）

◆意図せぬ事変拡大と国家総動員体制の始動

一九三七年七月七日に北京郊外で発生した日中軍事衝突（盧溝橋事件）から三週間も経たないうちに華北における戦争に発展した。その後も不拡大方針は堅持されたが、八月に上海で発生した大山大尉事件を機に華中にも戦火が拡大し、局地戦争（北支事変）から日中全面戦争（支那事変）へとエスカレートしていった[9]。日本は首都南京を攻略するも和平交渉はまとまらず、翌年一月に交渉打ち切りと新政権（傀儡政権）との国交調整を進める「支那事変処理根本方針」を定め、いよいよ長期戦へと突入する。二月には国家総動員法案が議会に上程された。

事件発生から不拡大方針の放棄、そして長期戦への転換に至る一連の政策決定は第一次近衛文麿内閣がおこなった。三七年一一月に大本営（文民は参加できない）に加え大本営政府連絡会議を設け、統帥部の独走を防ぐ仕組みを作った。また同年一〇月、国家総動員の実施機関として企画院を設置し、旧友である滝正雄（貴族院議員、法制局長官）と青木一男（大蔵官僚・対満事務局次長）をそれぞれ総裁・次長につけるなど、近衛首相が人事を主導した。以上から、事変初期において近衛首相が国家総動員体制のイニシアティヴを握る余地は十分にあった。

しかし近衛は、風邪を理由に国家総動員法案の審議を欠席し、広田弘毅外相に代理説明させるなど、議会の協賛を得ようという積極性を欠いた。また、今事変に同法を適用するつもりはないと議会で言明しながら、法案成立後二カ月足らずで撤回し、十分な説明なく発動に踏み切るなど、一貫しなかった。

後年、植村甲午郎（当時資源局員）が「もっとも参考になったのは、調査当時米国の下院を通過して上院で審議中だった米国総動員法案である」と回想したように、日本の国家総動員法はアメリカを一つのモデルとしていた[10]。しかし政府の説明のまずさもあり、議会ではドイツの授権法と類似しているとの批判が広く流布することなった[11]。

日本政府の対応に懸念を抱いていたイギリスのロバート・クレーギー駐日大使は、議会を傍聴した大使館員が「政府の愚行（ineptitude）と指導力の欠如」に衝撃を受けており、この深刻な政治状況は政権を必ずや不安定にすると三月に本国へ報告した[12]。また五月にもクレーギーは、議会の強い不信を受けて政府が総動員審議会（発出する委任勅令を議員からなる総動員審議会に事前に諮ることとした）を設置し、一カ月以上経つにもかかわらず委員が任命されないのは、「近衛首相の欠勤による政情不安定」が原因であることに疑いはなく、閣内で急進派と慎重派が内部対立しているのではないかと推測した[13]。

以上のように、日本の総動員体制は強力な文民による政治指導者を欠いており、初動から大きな不安要素を抱えていた。

一方財界も一定の政治的発言力を有していた。郷誠之助ら財界の権威を網羅する中央経済会議は、七月二〇日、賀屋・吉野三原則（「国際収支均衡」、「物資需給調整」の範囲内で「生産力拡充」する）の堅持、生産力拡充の数値目標や物資需給は同会議に判断を仰ぐ、産業を委縮させるような急激な統制は加えない、などを政府に約束させた。関西財界は事変勃発から「全支の極端なる侮日抗日の絶滅を図ることが必要」との決議で政府を鞭撻するなど積極的な行動にでた。もっとも、片岡安（大阪工業会理事長）が「統制は民間の経験と智識を尊重し、所謂官僚統制の弊に陥らざることが肝要」と建言したように、彼らも自治統制を強く希望した[14]。

他方、産業統制を管掌する吉野信次商工大臣は、民間産業の自主的統制を信条としており、財界の主張にも好意的だった。経済四団体が三七年八月に「時局対策委員会」を組織し、各種統制問題について積極的に関与していく構えをみせると、吉野商相は同委員会が第一次世界大戦期にアメリカが設置した「戦時奉仕委員会（War Service Committee）」のようになることを期待した[15]。戦時奉仕委員会は政府の要請にもとづき全米商業会議所が各業界の実業家四〇〇名を網羅して組織したもので、各産業系統別に結成され、政府と業界の調整を積極的に担った[16]。

以上のように、日中戦争初期の日本はアメリカを一つのモデルとした産業の自治統制に基づく国家総動員体制を官民双方が模索していたといえる。

しかし、事変の進展とともに吉野商相は自治統制だけで政府の生産力拡充やそのための貿易管理、需給調整などに十分応えられるか悲観的となっていた。九月の臨時議会に国家総動員法(単行法による委任立法)を上程することに強く反対を示したが、吉野は他方で輸出入品等臨時措置法を議会で通し、輸出入品に関して商工省が制限・命令できる仕組みを作った。一一月には産業行政の戦時化を訴え、翌月には政府が広範な統制命令を下す法的権限を持ち、全国的経済団体が政府の政策を遂行する、いわば官治統制を加味した国家総動員体制案を経済界に提示するに至った。もっとも吉野は自主統制尊重の方針は堅持しており、国家総動員法施行後の三八年四月、商工省に中央物価委員会を設置し、実業家や経済評論家一〇名を特別委員に迎え、官民協調で統制を実施する形を模索した。

吉野商相を官治統制に駆り立てた原因の一つは、第一回物資動員計画(いわゆる物動)の不調にあったものと思われる。物動計画で、鋼材、石炭、機会、綿花など九六品目に及ぶ物資の輸入力を三〇億円と算出し、軍需・民需をその枠内で収め、各物資の供給量を定めたところ、早くも目標値を下回る物資が多数あることがわかった。理由は軍需物資の輸入増大による輸入資金の減少だった。四月初旬から徐州へ戦火が拡大(五月二五日に徐州入城)、さらに六月一五日に武漢・広東への作戦が決定し、軍需は拡大の一途をたどった。六月二三日には輸入力を二五億五四〇〇万円に下方修正した改訂物動計画を閣議決定した。

ところが、「南京陥落後が本格的な物資戦争の時期だ」という認識に立つ吉野に対して、経済界は政府が貿易、生産、配給などへ介入することに強い不満を持っていた。そうした空気を受けて近衛首相は、五月の内閣改造で賀屋興宣蔵相、吉野商相に代えて、三井の大番頭・池田成彬を蔵相兼商相につけた。物心両面にわたり「国家総動員の態勢の完成を期する」ことは「焦眉の急」であると訴えていた近衛首相は、経済界の協力を得るために財界の大御所を閣僚に迎えるという策に出たのである[17]。

◆「官」と「民」の不和

クレーギー英駐日大使が予想したとおり、政府内で国家総動員体制のあり方をめぐって早くも対立が表面化した。いわゆる総動員法一一条発動問題である。国家総動員法一一条（資金統制）を発動すれば、政府は会社の設立や合併を命じたり、株式の配当を制限し、機械などの設備償却を早める命令、積立金の一部を公債などに投資させる命令を下すことができるようになる。特に問題となったのが株式の配当制限だった。発動支持派（板垣征四郎陸相、末次信正内相、木戸幸一厚相）は、第六条で労働者の最高賃金を制限する以上、戦争の犠牲を公正公平に負担すべきであると主張した。それに対し池田蔵相兼商相は、財界の反発を代弁して、直ちに発動する状況ではなく、ひいては生産力拡充を阻害するとして真っ向から反対した。結局、配当制限は当初の八分から一割に引き上げる妥協策で決着したが、「被治者に不快の念を抱かせた」（『中央公論』）、「官僚独善的」（『文藝春秋』）、「政府の無力は表するに辞もなき醜態」（『東洋経済新報』）と政府をいっせいに批判した。もっとも経済雑誌はおおむね発動を不可避と評しており、批判の矛先は政府の不手際に向けられた。

以上のように一一条発動問題をめぐって、経済問題を苦手と公言して憚らない近衛首相は閣内をまとめられず、政府内対立を露呈させた。また、財界を蚊帳の外に置いた一一条発動は、官民協調に基づく国家総動員体制からの逸脱といえなくもない。だが、財界の協力をえるべく蔵相兼商相に起用された池田が、「商工省所管の物資需給に関する統制の大半は余の就任以後に生れり」[18]と池田が日記に記したように、池田が責任者の一人として、三八年末までに国家総動員法の全面的発動を方向づけたこともまた事実であり、経済界の代弁者たる池田の意向を無視して国家総動員が展開したわけでは必ずしもなかった[19]。

国家総動員法が全面的に発動されようとしていたなか、近衛首相は辞意を固めた。いわゆる「東亜新秩序」声明を発表し(一一月三日)、それに呼応して国民政府の実力者であった汪兆銘が重慶を脱出し(一二月一八日)、日中戦争が新たな局面を迎えようとしていた矢先のことだった。また閣内では、日独防共協定強化をめぐって対立が生じていた。近衛首相はそうしたあらゆる重大問題を後継首班として希望した平沼騏一郎枢密院議長にゆだねた。

◆平沼騏一郎内閣と国家総動員体制の本格化

平沼首相は、池田に留任を希望したが断られ、池田の推挙により石渡荘太郎前大蔵次官を蔵相に、八田嘉明(元逓信官僚・前拓相)を商相に、企画院総裁には前次長の青木を迎えた。経済政策は第一次近衛内閣路線の継承とみてよいだろう。平沼は統制経済を進めれば計画経済に、さらに進めば共産主義になるとして統制経済を毛嫌いしていた[20]。平沼は必要な場合に応じて必要な規定を発動すると議会で説明した通り、国家総動員法の運用には慎重だった。

それでも高物価は、輸出の減退と輸入力の低下をもたらし、軍需の充足にも影響を与えるばかりか、国民の貯蓄意欲を減退させ、資金調達を困難にし、ひいては社会不安を醸成することが予想された。そこで平沼内閣は全面的な物価統制策を打ち出した。すなわち国家総動員法一九条の発動を中央物価委員会に諮り、三九年四月に「物価統制大綱」を委員会で決定したのである。大綱は生産・配給・消費など国民生活のあらゆる分野にわたる大規模かつ総合的な物価統制の実施を謳った。

中央物価委員会は商工省のもとに三八年四月に置かれた審議機関(三〇名)で、三九年四月から五〇名に増員され、商相兼任を廃止して池田前蔵相が会長となっていた(つまり八年四月以来一貫して池田が会長)。それは八田商相の要請であった[21]。委員は官吏と政界、民間権威者を網羅したもので、とりわけ物価政策の原案は民間人のみによる小委員会が発議し、「政府原案を鵜呑みにするような伝統を破棄」して総合的な価格対策を打ち出すことが期待された[22]。郷誠之助も速やかに物価政策を実行に移すよう委員会を激励した[23]。こうした仕組みは、第一次世界大戦末期(一八年三月)にアメリカが戦時産業局の下に設置した価格決定委員会(Price Fixing Committee)を参考にしていたものと思われる[24]。同委員会もまた、実業家と協議し、時に彼らを説得して原料や生活用品の価格を公定した。

◆阿部信行内閣と国家総動員体制の動揺

一九三九年八月三〇日に成立した阿部信行内閣では、青木一男企画院総裁が蔵相に、伍堂卓雄が商相に就任した。伍堂は呉海軍工廠長などを務めた元海軍軍人(造兵中将)である。伍堂の商相就任は林銑十郎内閣以来二度目で、日本商工会議所会頭、東京商工会議所会頭(中央物価委員会にも参加)も務めた財界人としての顔を併せ持っていた。

ところで伍堂は親独派で知られる。前年のドイツ視察を経てますますドイツ流の統制経済に心酔し、各方面に説いて回った[25]。伍堂はドイツ統制経済のどこに着目したのか。それは「形の上に於てこそ法的統制であるが、その実質に於ては多分に自主性が尊重されている事」であった[26]。すなわち伍堂は、経済団体が積極的に統制の責任を担う(「産業の武装化」)ことを理想としたのであった。つまりその点において「アメリカ・モデル」を否定するものではない。また伍堂は、池田(参議として阿部内閣を補佐)や一高時代からの友人であった結城豊太郎(林内閣蔵相・日銀総裁)にも身上を相談するなど、彼らとの関係も疎遠ではなかった[27]。

阿部内閣はさっそく物価統制大綱に基づき、九月一九日にいわゆる価格停止令を閣議決定した。同令は価格、運賃、保管料、保険料、賃貸料、加工賃、賃金、に至るまで、九月一八日の額を超えることを禁じた。経済界は悪性インフレを避けるべく「機宜を得た措置」として賛同しつつ、違反に対しては自治的に抑止する権能を産業団体に与えることを要求した[28]。伍堂商相ら商工省は民間経済代表との懇談会を開催し[29]、同月二七日に国家総動員審議会での諮問を経て、正式に「価格等統制令」を一〇月一八日に公布するという慎重な手続きを踏んだ。同令により、中央で四万品目、地方で四〇万品目にも及ぶ物価が固定された。

ところが価格等統制令は経済的混乱を招いた。かつて吉野前商相が述べたように、「業界全体が満足できるような価格を抽出することは不可能」で、公定価格設定は「神の如き裁き」に等しかった[30]。価格等統制令によって闇市場の横行と売り惜しみが加速したため、政府は米、玄米、煙草などの生活品や輸出用の絹織物の値上げに踏み切った。その他、生鮮食品、家畜、土地建物、有価証券などの価格は統制令の対象から除外された。各新聞は、「統制令と矛盾している」(『国民新聞』)、「国家の統制政策に疑問」(『東京日日新聞』)、「政府の政策は朝令暮改」(『報知新聞』)といっせいに物価統制政策を批判した。

経済的混乱は、八月に関西中国地方を襲った未曽有の渇水のため、電力飢饉が発生したことも原因の一つだった。水力発電の不足を補うべき火力発電も石炭不足のため焼け石に水であった。阿部内閣は九月二七日の国家総動員会議で可決した「電力の調整に関する勅令案」に基づき、一〇月一八日に電力調整令を公布し、不要不急の電力使用の禁止、設備の運用を国家の目的に沿うよう政府が電力業者に命令できるようにした。勅令の運用は、逓信省のもとに設定された官民の有力者からなる電力調整委員会の諮問を経ることとされた(一三条)[31]。第一回委員会が一一月六日に開催されて以降、電力統制は民間業者との調整を経ておこなう手続きが慣行となった。

しかし新聞雑誌メディアは政府批判の手を緩めなかった。「法万能の観念に支配され、社会の現実や国民心理を無視」(『東洋経済新報』)、経済の実情に合わない法律的統制(『中央公論』『文藝春秋』)、と各誌は「官僚統制」を批判し、「自治統制」を求めた。他方、縦割り行政の非効率、内閣の指導力の弱さも指摘された[32]。

政府の事態収拾の遅れに危機感を募らせた池田ら中央物価委員会は、政府閣僚との懇談を希望し、一二月一二日に池田のほか津島寿一、高橋亀吉、賀屋興宣、小川郷太郎、井坂孝、明石照男、八田嘉明、有馬頼寧ら政・官・民・学の有識者らが参加し、「物資物価不安対策要旨」なる冊子を提出した[33]。

委員会は「政府の物価統制の実行力そのものに対し国民がその信頼を喪失」しつつあり、「もっとも憂慮すべき現象にして実に由々しき一大事」との危機感を表明し、その根本原因を物動計画、生拡計画などの過大見積りや予算編成における需給調整の破綻にあるとして、国民生活の安定を十分考慮に入れた計画を樹立するよう政府に求めた。また、中央物価委員会を改組して商工省だけでなく各省の管轄にまたがる物価調整機構とし、物動計画、生拡計画、労務需給計画に参与できるよう改めること、などを要求した[34]。政府側と委員会側は意見の一致をみて散会した。要するに、民間側が戦時統制政策への参与を政府に強く求めたのである。

陸軍が収集した情報によれば、電力飢饉が直撃した近畿において、「年末の百貨店は殷賑を極め戦時色は皆無、国民精神総動員などは単にかけ声のみ」という状態であった[35]。陸軍だけではない。池田も「国民の公徳心が低く非協力的」な点も戦時統制がうまくいかない原因の一つと考えていた[36]。

一九三九年は国家総動員体制の危機的状況のなか年を越した。そして年明け早々、議会が阿部内閣不信任決議案を提出、その対応をめぐり閣内不一致をきたし、一月一六日阿部内閣は総辞職に至った。後継首相には近衛の名前が挙がったが、近衛は臆面もなく「経済に自信がない」との理由から辞退した。体制の立て直しは米内光政内閣に委ねられた。

2　国家総動員体制の再建（一九四〇年一月〜四一年一〇月）

◆米内光政内閣と国家総動員体制の再建

米内光政は、平沼前内閣でともに閣僚を務めた石渡荘太郎（蔵相）、廣瀬久忠（厚相）を組閣参謀とし、それぞれ内閣書記官長、法制局長官に迎えた。更に注目されたのは、蔵相、逓相、農相、鉄相に政党員をあてたことであった（順に桜内幸雄、勝正憲、島田俊雄、松野鶴平）。平沼・阿部内閣が官僚独善との批判を受けたことで、米内内閣は議会重視の姿勢をとった。そして、商相に産業界の大物・藤原銀次郎を就けたことも、官僚独善との批判に応えた人事であった。池田成彬も参議に留任した。

米内内閣は、前年末の中央物価委員会の要請どおり、三月に物価対策審議会を設置（三月三〇日官制公布）した。審議会は中央物価委員会を改組し、首相を会長とする内閣直属の機関であった。委員（二〇名以下）は三分の二を民間委員が占め、池田、郷、結城、井坂、平生釟三郎、石黒忠篤、小倉正恒ら財界最有力者が顔を並べた。審議会の方針を受けて個別の価格決定を担当する価格形成委員会が商工省のもとに置かれたが、同委員会も六割が民間委員であった[37]。

電力飢饉も藤原商相が就任早々、外炭輸入と三井・三菱に石炭一六万トンの増送要請という「応急処置」により、事態悪化を防いだ。さらに、石炭業者に割当数量以上の増産分に対して奨励金を交付する一方で、石炭配給統制法（四月六日公布）によって日本石炭株式会社が一元的に買上げ・配給を担うこととなった。その他、砂糖とマッチの切符制、奢侈品等製造販売制限規則（いわゆる七・七禁令）を制定するなど、効果的な物価統制政策の実施を試みた。結果は期間卸売物価指数に現れ、一月から七月のみ物価は低落傾向を示した[38]。

米内内閣の戦時統制政策は、新聞・雑誌メディアでも相応の評価を得た。たとえば、「この難局にあたって七カ月の苦心、経営の努力を尽くしたことには敬意を表する」（『東京朝日新聞』）、「内政において相当の成績をおさめた」（『東京日日新聞』）、「経済政策に関する限り内閣の命数はさらに伸びたとみるべき」（『日本評論』）、「米内内閣に落ち度はない」（『東洋経済新報』）と、前内閣までとは打って変わって好評を博した。

国家総動員体制の再建へ向けて成果を挙げつつあった米内内閣だったが、畑俊六陸軍大臣の単独辞職によって瓦解する。周知のとおり、ドイツの快進撃を受けた外交刷新（日独伊三国軍事同盟）の機会の到来、そして軍・官・民の挙国一致を目指す「新体制運動」の高まりを背景に、近衛内閣を樹立することが陸軍の狙いだった[39]。

◆第二次近衛内閣と「経済新体制」の帰結

一九四〇年七月二二日、第二次近衛文麿内閣が成立した。経済に自信がないと公言していた近衛は、自ら懇請して河田烈(岡田啓介内閣の内閣書記官長、貴族院議員)を蔵相に、岸信介商工次官の推薦で実業界の大物である小林一三(東京電燈社長)を商相に起用した[40]。経済閣僚の顔ぶれに対しては、過激な変革や摩擦は回避されることが予想され、財界からも好感を持たれていると評された(『大阪毎日新聞』)。

すでに昭和一四(一九三九)年度物動計画の総供給力は、石炭・電力飢饉に加え、第二次世界大戦の勃発による物資の輸入難が重なり、計画に比べて約二割の減少となっていた。昭和一五(一九四〇)年度の輸入力も一四年度のそれを約一割下回り、輸入物資が平均四割近く値上がりしたことを考慮すれば、それ以上の減少であった。加えて、アメリカが国防強化促進法により、七月五日にアルミニウム、ゴム、錫、タングステンなどの重要物資の輸出を許可制とし、二六日には航空用ガソリン、屑鉄も許可制とした。イギリスやその自治領も次々に広範囲の品目を輸出禁止とした[41]。

窮状を打開するため、近衛内閣は「南方施策要綱」(七月二三日)を決定し、日本の自給自足的経済圏を東南アジアにまで拡大することを目指した。八月は蘭印との経済交渉を進め、重要物資の輸出を約束させようとした。九月二二日には北部仏印進駐を実施し、援蔣ルートの遮断を図った。そして、九月二七日、日独伊三国軍事同盟を締結した。その結果アメリカは即座に屑鉄の禁輸措置に踏み切り、蘭印も経済交渉で態度を硬化させた。

物動計画の相次ぐ下方修正と、外交環境の悪化によるさらなる物資輸入難は、企画院を経済統制の強化へと駆り立てた。それが「経済新体制確立要綱案」(九月二八日)である。危機的状況のなかで生産能率を最大限に高めるため、①資本と経営を分離し、経営担当者に公的性格を付与する(指導者原理)、②主要産業部門に全国を統括する経済団体を設置、経済団体は生産・配給などの責任を有し、③政府は経済団体を指揮監督する、というものだった[42]。

企画院案は経済界の猛烈な批判を招いた。閣内でも小林商相、村田省蔵逓相らが強く反対し、二カ月以上議論が続いた。一二月七日に日本経済連盟会ら民間七団体が要望書を提出し、企業の所有と経営は不可分である、利潤追及は国家目的に反しない、企業の創意工夫を無視しないことなどを政府に要求した。その結果、同日午後に閣議決定された「経済新体制確立要綱」では資本と経営の分離が削除され、企業担当者の創意と責任において自主的経営に任せるという経済界の主張が採用された[43]。他方で、企画院原案にあった公益優先や指導者原理などの精神的理念については原案通り残り、生産・配給を一元的に統制する経済団体(いわゆる統制会)が主要業界に設置されることとなった。

経済新体制をめぐる対立は経済界に軍配が上がった。新体制に対する新聞・雑誌の批判は官治統制をになった「革新官僚」を当惑させるほど厳しかった[44]。小畑忠良企画院次長(前住友本社経理部長)は、企画院原案作成者である「革新官僚」たちから、民間人の意見を尊重してやっていきたいと相談を受けてできたものが企画院案であると、世間の誤解を解こうとした[45]。起草者の一人であった美濃部洋次も官僚統制の失敗を認め、許認可行政の民間団体への移譲や民間との人事交流の必要を認めた[46]。「革新官僚」の中心人物とみなされていた岸信介商工次官に至っては、「官僚の非常な欠点は権限にこだわっていること」であるとし、「行政機構の新体制を官僚以外の人が国家の為に立て、それを政治力で実行する」ことを求めた。経済団体の指導者は現在の業界指導者がつくべきで、資本と経営の分離についても「分離ではなく有機的結合」であり、表現がまずかったと自らの考えを披歴した[47]。小林商相との対立(その結果岸は辞任)ばかりが注目されがちだが、吉野信次前商相の薫陶を受けた岸は吉野と同様、統制に民間人が積極的に参与することを理想としていた。

◆フューラー・システム

ところで、企画院がこだわった「指導者原理」はフューラー・システム、またはフューラー・プリンシプルとしばしば称され、当時からナチ・ドイツをモデルにしているとの指摘がなされていた。ドイツ語と英語が入り混じったこの不可思議な用語はいったい何なのか（ドイツ語ではフューラー・プリンツィプ、Führerprinzip）。はたして、日本の国家総動員体制はアメリカ・モデルを否定し、ナチドイツ・モデルへと急接近したのか。

経済新体制を鋭く分析した『東洋経済新報』がこの疑問について示唆的な指摘をおこなっている。同誌は、ドイツのフューラー・システムが成功した原因を、強力なナチ政治力の支持と民間財界人の協力精神であるとした[48]。また別の記事では、ドイツの国防工業増産政策が、高率な租税負担を強いながら、①営利の容認、②助成金、③注文の保障を実施することで企業の生産力を喚起しているとも分析した。注目すべきは、それがドイツだけでなくアメリカも同様であると指摘している点である。すなわち国防促進法（A bill to further promote the defense of the United States and for other purposes, いわゆる武器貸与法）による政府の前払い制、国防産業への積極的融資と利潤制限の緩和、などである。記事は、「明確な国策の下に協力政治が確立」されており、民間の独創心を働かせながら、リスクは国家が負担するという国家と民間の「折衷的協力方式」をとるという両国の特徴を指摘し、「独、米の先例」に倣うべきだと主張した[49]。

更に別の記事では、ドイツの統制経済が「計画経済」に反対する理由を「それが競争を根絶せしめて創意と進歩とを否定するから」とし、ドイツを引き合いにして「フェアーなる競争」を容認すべきと主張する[50]。つまり、仕組みに違いこそあれ、民間の協力精神、政府・民間の役割分担、民間の営利保障による生産刺激という大枠ではドイツ・アメリカともに大差がないと『東洋経済新報』がみなしていたのである。このことは、先行研究が主張する「ナチドイツ・モデル」は「アメリカ・モデル」と置き換えが可能であることを示唆している。もっとも他の雑誌ではアメリカを手本とすべきといった論調はみられない[51]。当時の時代状況では堂々と「アメリカ・モデル」を喧伝できなかったのかもしれない。

振り返れば、吉野信次前商相が企業側に期待したアメリカの戦時奉仕委員会こそが、「民間の権威を全力的に動員」する国家と民間の「折衷的協力方式」の典型であった。吉野は各産業系統別に結成された戦時奉仕委員会を全国単一組織のものにすることを理想としていた[52]。郷誠之助ら時局対策委員会は、三七年当時こそ吉野の提案を拒んだが、郷の呼びかけにより鉄鋼、石炭、電力、セメント、海運などのカルテル的団体をメンバーとする重要産業統制団体懇談会（以下、重産懇）が四〇年八月二九日に発会した。重産懇は経済新体制確立要綱発表後、重要産業団体令の制定や統制会の設立を促していくこととなった。「指導者」たる統制会会長には各産業の有力実業家が就任することが予定された。こうして結果的に統制会は単一組織ではなかったものの、吉野の理想である戦時奉仕委員会に近づいたといえる。要するに、重産懇・統制会の成立は、アメリカ・ドイツに見られる「折衷的協力」関係の具現化だったといえるのである。

◆重要産業団体令と統制会

近衛首相は組閣当初持っていた新体制への熱意を徐々に失っていた。各政党が解散して大政翼賛会（四〇年一〇月一二日成立）を結成したが、憲法の観点から疑義が生じるとして近衛は一国一党を拒んだ。その結果、大政翼賛会は政党ではなく公事結社にとどまった。平沼騏一郎内相は、近衛首相の意向と判断して、四一年一月に企画院の高等官を、四月から六月にかけて和田博雄調査課長らを治安維持法違反で検挙した（企画院事件）[53]。

とはいえ、統制強化が不可避であるとの認識は政財界が共有するところだった。政府は二月に国家総動員法改正案を上程した。改正案の注目すべき点は、総動員法第一八条の統制組合の規定を統制団体に改正（統制団体への強制加入）したことであった。それにより、「産業組織法」を議会に提出せずとも勅令（産業団体令）によって実施できるようになった。

ここでも財界側が民間側の意向を勅令に反映させるよう政府にせまった。重産懇から改称した重要産業統制団体協議会（以下、重産協。郷が会長留任）は、書記長の帆足計が規定したように「官庁行政の外延でもなければ上からの国策代行機関でもなく、政府の経済計画に直接参画協力し、その自主的責任において任に当たらんとする自主的共同体」であった。企画院でも重要産業部門の増産方法などに関して重産協と定期懇談の場を設けるなど、積極的に重産協との連携を図った。

八月三〇日に公布された重要産業団体令により、政府―統制会―企業という三層からなる統制構造が創出された[54]。たしかに形式上はその通りである。だが先に述べたとおり、法令は官民の合作であり、官民の協力関係に基づいていたことを無視してはならない。また『商工政策史』は、統制会をナチ・ドイツのヴィルツシャフト・グルッペ（経済集団、Wirtschaft Gruppe）にならったものと記しているが、それは正確ではない[55]。帆足計（重産協事務局長）の解説によれば、ドイツのヴィルツシャフト・グルッペのような「国策遂行を目的とする経済団体」であると同時に、統制会は「業者の自主的共同体」でもある。それゆえ、「漠然と独逸経済統制機関を機械的に模倣すること」は「危険」であり、あくまで日本独自のものであるとして「ドイツ・モデル」を帆足は否定する。統制会はあくまで業者が国家的自覚を持ち「自律的協力」をなすものであり、統制会の指導者原理とは、独裁ではなく「衆議統裁」（傍点は筆者加筆）を意味する。こうした「産業の自主性」の側面が「過小評価される傾向にある」と帆足はいう[56]。

以上から、重要産業団体令の定める統制会会長の政府任命権（一四条）は、銓衡委員（業者または学識経験者）の推薦した者を政府が官選ではなく「認可」と同じ精神で任命するものと帆足は解釈する（認可の文言は単に法文上の問題から法制局が削除）。さらに政府が持つ統制会役員の解任権（二七条）も「法令（・統制規程）違反」の場合と「公益を害する場合」に限定されたが、それに飽き足らず、この権限が政治的に悪用されることは「絶対にあってはならない」とした。さらに、「政府の産業政策の立案・遂行に協力する」（四条）という統制会の任務についても、「政府が一方的に決めた机上的物動計画に追従するのでなしに、自らの現実的調査に基づく責任ある発言力をもって積極的に物動計画に入り込み、政府を助ける」ものと解釈した。しかもこれらは帆足の独りよがりではなく、すべて商工省と一致した解釈であったことも見逃せない[57]。

他方近衛首相が新体制への熱意を失ったことは、官治統制の抑制と経済界の発言権増大につながった。四月、近衛は住友財閥の総帥（総理事）・小倉正恒を無任所大臣として迎えた。小倉は七月の第三次近衛内閣で蔵相に就任する（このとき村田省蔵も逓信兼鉄相に就任）。加えて、大政翼賛会は赤だという批判をうけ、四月に大政翼賛会改組を発表する。改組にこめられたねらいの一つは、高度の政治力を発揮するために地方組織を再編することにあった。たしかに、国務大臣＝副総裁とし、支部長の道府県知事兼任など、大政翼賛会を内務行政の補助組織とするものだったという指摘ももっともである[58]。だが、六月に中央協力会議と地方協力会議が再整備・強化され、「下情上達」の仕組みが重視されたのもまた事実であった[59]。翼賛会・協力会議の実質的な指揮をとる事務総長に、議会重視・経済界重視でメディアにも好評を博した米内内閣の組閣参謀・書記官長を務めた石渡荘太郎が就任したことからうかがえるように、改組のねらいは単なる「上意下達」による統制強化では必ずしもなかった。

また近衛内閣は、官界新体制官民懇談会を五月に開催し、民間人の活用、行政事務の能率化、民間への委託、許認可事項の整理などについて一六名の企業代表者から意見を聴取した。その結果、例えば、会社経理統制令の運用、賃金統制令（雇用賃金の規定）、価格統制令（協定価格に関する規定）など、広範囲にわたる国家総動員法の運用を統制会や地方の商工会議所にゆだねてよいとの結論をまとめた[60]。このように、近衛内閣は民間の意見を参考にして行政のスリム化を積極的に推進する方針を固めた。

言うまでもないが、新体制運動によって近衛首相が強力なリーダーシップを発揮できるようになったわけではなかった。リーダーシップの欠如は憲法制度に起因するものではなく、近衛本人の政治指導の問題だったからである。財界から小倉を内閣に迎えた一方で、商工省と企画院を併せて軍需省にする計画に基づき、陸軍から鈴木貞一中将を企画院総裁に、海軍から豊田貞次郎中将を商工大臣に就任させたように、近衛の人事は、各勢力のバランスを何より重視するものだった[61]。

近衛首相は自らが締結した日独伊三国同盟の高い代償を負わされることとなった。アメリカが対日石油全面禁輸措置に踏み切り、日米開戦の危機が高まったのである。日米交渉妥結のために近衛は必死の努力をはらったが、後の祭りだった。大本営報道部は九月に入ると公然と国民に「祖国防衛の覚悟」を求めた[62]。それより以前、『東京朝日新聞』は七月末から八月上旬にかけて「対日包囲陣と我が臨戦態勢」と銘打つ特集を計一一回にわたって掲載した。雑誌メディアにも「覚悟」や「決意」の字が溢れた[63]。

鉄鋼統制会会長に就任した平生釟三郎（前日本製鉄社長）は、「無主義・無定見」の近衛では時局を収拾できないと嘆き、軍人首班内閣を待望した[64]。求めたのは、「ヒトラー・ムッソリーニ・ルーズベルト・チャーチル」のような「国民の信望」ある政治指導者だった。軍人の政治関与を批判してきた平生があえて軍人首班を望んだのは、「裏面に在りて傀儡を操るが如き」「卑怯」な方法による軍部の政治関与が、かえって国内外からの政府への信頼を低下させていると考えたからであった[65]。これまでの内閣がいくら国民の総力結集を呼びかけても、国民の大多数は総力戦の認識が欠如していると平生は感じていた[66]。株価も低落傾向にあった。平生にとって軍人内閣は、政治への信頼回復と国民の結集を図るための奇策だった。もっとも、平生は鉄鋼統制会会長として、官僚による産業への過度な干渉に対しては職を賭して抵抗する構えを見せており、旧来の持論である自治統制を放棄するどころかむしろ堅持し、自らがその陣頭に立とうとした[67]。平生の軍人首班待望論が示唆するように、近衛内閣の命運はもはや尽きようとしていた。

3　官民折衷的協調に基づく国家総動員体制の確立（一九四一年一〇月～四四年一月）

◆東条内閣の成立と官民協調体制

対米交渉をめぐる閣内対立を理由に、第三次近衛内閣は一〇月一六日に総辞職した。昭和天皇や木戸幸一内大臣らは、アメリカが要求する中国からの撤兵を拒否し対米開戦を主張する東条英機陸相にあえて新内閣を組織させ、「戦争を辞せざる決意」を明記した（外交交渉の期限を一〇月上旬とした）九月六日御前会議決定の「帝国国策遂行要領」の白紙撤回と日米交渉への努力を約束させた[68]。

東条内閣成立に対する経済界の反応はどうだったか。金融界は民間の意向を反映させてくれるとして、第一次近衛内閣の蔵相から再登板を果たした賀屋興宣の蔵相就任を歓迎した。株式市場も冷静かつ堅調だった。もっとも、民間出身者が経済閣僚（大蔵・商工・農林）に一人も入っていないことを不安視する声もあったという[69]。

民間人閣僚こそ皆無だったものの、東条内閣は民間人の積極活用という近衛内閣の方針を継承した。官民懇談会がその象徴である。日本経済連盟が提出した低物価政策の維持と生産増強との調整に関する建議をうけて、一一月一三日に商工省が主催となり「物価問題に関する官民懇談会」を開いた[70]。それを皮切りに、東条内閣の下では以下に示すように官民懇談会が広範囲にかつ頻繁に開かれ、民間側の意見が聴取された。時には民間側が官吏を招いて懇談を主催した。

- 非鉄金属鉱業における統制会設立に関する官民懇談会（民間主催、一九四一年一一月一〇日）
- 産業設備営団の運用をめぐる官民懇談会（東京商工会議所主催、一二月二日）
- 戦時海運管理に関する官民懇談会（逓信省主催、一二月九日）

● 決戦経済体制確立に関する官民懇談会（財界世話人主催、一二月一九日）
● 生活必需品の統制配給に関する官民懇談会（産業組合・商業組合・工業組合主催、一二月二〇日）
● 南方開発問題官民懇談会（政府主催、一九四二年一月一三日）
● 重要物資管理営団法に関する官民懇談会（重産協主催、一月二六日）
● 日満支電力官民懇談会（電力協会主催、二月二〇日）
● 海運官民懇談会（海運協会他共催、三月一三日）
● 海洋漁業統合に関する官民懇談会（農林省主催、六月一一〜一二日）
● 統制会の実力涵養に関する官民懇談会（商工省主催、七月三一日）
● 生産力拡充施策強化に関する官民懇談会（企画院主催、九月九日）
● 消費生活問題に関する官民懇談会（一〇月）
● 生産増強官民懇談会（政府主催、一一月一五日）
● 戦力増強に関する官民懇談会（政府主催、一二月一五日）
● 労務問題に関する官民懇談会（日本経済連盟会主催、一九四三年一月一九日）
● 重要鉱物非常増産に関する軍官民懇談会（商工省主催、二月一二日）
● 日華経済提携に関する官民懇談会（政府主催、三月二九日）
● 生計費問題調査並に事業主の行ふべき福利厚生施設の範囲に関する官民懇談会（厚生省主催、四月二〇日）
● 食糧増産官民懇談会（農林省主催、六月一〇日）
● 企業整備に関する官民懇談会（商工省主催、六月一一日）
● 肥料増産官民懇談会（農林省主催、六月一二日）
● 鉱物増産官民懇談会（鉱山統制会主催、七月二二日）

● 海上輸送整備官民懇談会（逓信省主催、八月二五日）
● 工作機械緊急対策官民懇談会（商工省・統制会共催、九月二〇日）
● 国内地下資源緊急開発に関する官民懇談会（商工省主催、九月二五日）
● 車輛増産官民懇談会（運輸通信省主催、一九四四年一月一八日）

（以上、『朝日新聞』『読売新聞』『重産協月報』をもとに筆者作成）

実業界は対英米開戦に対しても即座に支持を表明した。真珠湾攻撃の翌日、逓信省と海運業者の官民懇談会がおこなわれ、海運国家統制令の発令を待たずに、現存機構の活用、すなわち海運中央統制輸送組合が政府の意を体して海運業の統制を担うことで一致し、大谷登（日本郵船社長）組合理事長や山下亀三郎（山下汽船社長）らが決意を表明した[71]。一九日には日本銀行において、結城豊太郎（日銀総裁）、井坂孝（日本工業倶楽部理事長）、郷誠之助（日本経済連盟会会長）、藤山愛一郎（日本商工会議所会頭）の四名が中心となり、東条首相ら主要閣僚らを招き、決戦経済体制の確立へむけた財界の決意を約した[72]。非鉄金属関係をはじめとする各種統制会も開戦直後に続々と発足した。それをうけて翌四二年二月に職権移譲に関する法律が議会で成立し、四三年一月に発令された「行政官庁職権移譲令」で正式に統制会は生産・割当・配給・企業整備などの権限を政府から委譲された[73]。

統制会に増産の責任が付与された一方、重産協も東条内閣の総力戦体制運営を大きく左右する存在感を示した。重産協は各統制会の横の連携・潤滑剤という消極的役割に甘んじることなく、政策に財界の意見を反映させようと試みた。その一つが行政簡素化問題だった。重産協は、四二年五月に発足した翼賛政治会を通して建議をおこなった。翼賛政治会は、四月のいわゆる翼賛総選挙で、政府推薦議員の当選が予想を下回ったことを受け、東条首相のイニシアティヴにより貴衆両議員・財界・言論界など各界の代表を網羅する政事結社として発足した[74]。重産協が翼賛政治会に四二年七月二二日に提出した建議は、民間が政策樹立に参画・協力し、実施の責に任ずることを謳い、官吏制度改革（監察制度の充実、官吏身分保障など）、手続き簡素化（統制法規の整理改廃など）、民間への権限移譲の拡大、行政の一元化などを求めるものだった[75]。一一月五日に建議の提出をうけた東条内閣は、一二月一日の閣議で簡素化政府案を決定した。翼賛政治会が提案した二〇八件のうち、すでに実行済みのもの二一件、今回政府が採用したもの六七件、残り一二〇件も審査の上実行していくこととなった[76]。郷古潔（三菱重工業社長）は一七年五月の『政界往来』記者との対談で「官僚統制から漸次民間事業界の自治的統制へと移行してきた」との認識を示したように、改革の手ごたえを感じていたものと思われる[77]。

東条内閣が、国防産業への積極融資・利潤制限の緩和・民間の創意工夫の活用に特徴づけられる官民折衷協力を推進したのは明らかだった。四三年四月に閣議決定した「緊急物価対策要綱」は、適正利潤を付加した生産者価格を決定し、価格調整が必要な物資の一手買取・一手販売をおこなう（価格調整補給金制度）、基準量を超えて増産した生産に対して報奨を付与する（価格報奨制度）など、増産インセンティヴの仕組みを採用した[78]。また、東条首相や岸商相は、重産協や帝国議会の場で、政府に国営化の意思がないことを繰り返し表明し、経済界の不安の払拭に努めた[79]。さらに、四三年三月に民間の智能経験の動員、官吏の綱紀振粛を目的として、①内閣顧問制を導入し、経済人を顧問に迎え、②彼らと関係閣僚で構成される戦時経済協議会を設置し、③行政査察制度を設け、閣僚だけでなく内閣顧問も査察使として行政の能率化を査察することとなった[80]。内閣顧問会は以後しばらく毎週二回（月・水）のペースで開かれた。

◆軍需省設置と軍需会社法

軍需省設置と軍需会社法の制定も、以上の東条内閣の政策の延長上にあるものと理解できる。東条首相はまず四三年一月に戦時行政特例法案を議会の協賛を得て成立させ（その後三月一七日に勅令である戦時行政職権特例を発出）、「同輩中の首席」にすぎない首相が五大重点産業（鉄鋼、石炭、軽金属、船舶、航空機）の生産拡大に関して閣僚に「命令」できるようにした。この措置は、東条首相が「民間の有為なる意見を摂取していくことが飽くまで本筋である」と説明した通り、許認可行政の一元化、統制法規の整理改廃など、産業界の要求に即応することにねらいがあった。

東条内閣は、確保された強い首相権限のもとで、一一月一日に軍需省を設置した。軍需生産、特に航空機の飛躍的増産のために、①陸海軍航空本部に属していた航空機生産の発注・調達・管理、②企画院と商工省の所管であった総動員業務と官庁発注、などを軍需省に一元化することとなった。産業界も、生産能率の飛躍的向上、計画と実践の一貫性、生産責任の明確化など、「(軍需省設置は――筆者注)民間の盛り上がる要請に応ずるもの」であり、「多年の懸案が一挙に解決したもの」として軍需省設置に「満腔の賛意」を表明した[81]。重産協はさらに、①統制会長を軍需省の物動計画などに参画させること、②軍・官・民需は統制会に一括受注させ、割当も統制会が一括しておこなうこと、などを政府に要求した[82]。軍需省設置に強く反対していたのは海軍だった[83]。

重産協では四二年末に「戦時産業省を要望する」座談会を開き、陸海軍が調達するものを一元的に統制するだけのドイツの軍需省的なものではなく、戦時生産・割り当ての一元化を目指した「アメリカの戦時生産局」(実際には陸軍が物資調達局、海軍が軍需局を有し、兵器等を直接注文・調達していた)のような機関が必要だと郷古潔や帆足計らが訴えていた[84]。なかでも郷古は四一年九月時点で、アメリカの生産管理局(Office of Production Management、戦時生産局の前身)や、イギリスの軍需省(Ministry of Supply)の例を引き合いに出して、企画院と商工省・農林省とを併せた戦時産業省の設立を提案していた[85]。アメリカの戦時生産局を理想とする彼らが、日本の軍需省設置に賛意を表したことは注目に値しよう。

軍需省設置の建議はすでに四二年七月の中央協力会議、一一月の官民懇談会においてなされていた。アメリカ・ドイツの先例にならうべきと主張していた『東洋経済新報』も、「軍需省の設置は天下を挙げての願い」であり「政府は其の願いに応じて今回の英断に出た」もので、むしろ「遅かったことを聊か遺憾」とすると評した[86]。同紙は、いずれの交戦国も軍需省あるいはそれに類する機関が設置され、戦時生産の一元的管理がおこなわれていることを強調した。

『朝日新聞』もアメリカが開戦後から「軍需産業体制の強化を目的として大統領直轄の戦時生産局（War Production Board、長官ドナルド・ネルソン）を新設し、軍需・民需その他の生産・購入・配給優先等の計画を樹立決定し、かつその執行権を掌握するという広範かつ強力なる権限を有し、戦時経済動員体制に万全を期して」いるとし、英国も一九四二年二月に米国の戦時生産局と同様の機能を持つ戦時生産省（Ministry of War Production、初代生産相ビーヴァーブルック男爵）を新設したことを引き合いに出し、各国が総合的一元的戦時生産行政に邁進しており日本も抜本的な改革が必要だと指摘していた[87]。他方『東京日日新聞』は、「（米国が）日本の戦時統制経済のやり方を真似ているのであるから面白い」と、アメリカが日本の国家総動員を模倣しているとみなした[88]。解釈に無理があるとしても、日米のそれが類似していることを図らずもこの記事は示唆している。

翼賛政治会は、一〇月六日、従来主張してきた行政簡素化、民間人の積極登用に加え、軍需省への動員行政一元化と軍需会社法の制定などの具体案を政務調査会が中心となってまとめ[89]、実現へ向けて政府と折衝した。一五日に政府は「軍需会社法要綱案」を閣議決定し、臨時議会で両院の協賛を得、三一日に制定された（施行令・施行規則公布は一二月中旬[90]）。同法は、企業の国家性を明確に規定した一方で、企業の利潤保障を明確にした。具体的には政府の生産命令の履行を義務付ける一方、軍需会社に指定された企業を既存の統制法規から除外（一五条）、補助金交付、損失補償などを規定した（一三条）。産業界は軍需省設置と同様、同法にも賛意を表明した。

軍需省―軍需会社の直接的な生産命令系統が成立しても、軍需省は業界の知識経験に依存せざるを得ず、統制会や重産協は「軍需省・統制会・軍需会社」三位一体の協力体制を主張した[91]。軍需会社法の議会答弁に立った岸信介国務相（法案成立後、軍需次官に就任）も、「今後に於きましても統制会は全幅的にこれを活用し、真に統制会が設けられた意味、民間の知識経験を従来の如く一会社一企業の為に用いるにあらずして、業界全体の為に、さらに国家の要請に従って之を活用」すると述べ、統制会の重視を明言した[92]。軍需省の要請にもとづき、重産協のなかに「軍需会社懇談会」が設置され、四四年二月三日に渡辺渡軍需省管理部長らを招いて第一回懇談会が開催された。一月一七日に一五〇社に対して軍需会社の第一次指定がおこなわれ、その中から生産責任者約四〇名が懇談会に参加した。渡辺管理部長は、軍需省の管理はあくまで「協力援助を主」とし、いやしくも干渉に陥らないよう自戒すると言明した[93]。

以上要するに、軍需省設置と軍需会社法の制定は、政府による補助金、利潤保障、損害補償などの保護のもと、産業が自主的統制をおこないつつ増産をおこなう官民折衷的協調体制の確立を意味した。その過程でしばしばアメリカの国家総動員体制が引き合いに出されていたことも確認できた。もっとも左に示すとおり、「アメリカ・モデル」が貫徹されたとは言い難く、部分的な導入にとどまったこともまた事実であった。

日本の国家総動員体制の最大の欠陥は、満洲事変以来、陸海軍の軍事行動が常に国家総動員の計画に先行したことにあった。軍需生産の拡大は民需生産を圧迫し、そのことがかえって軍需増産を阻害するという隘路に陥った。また、軍需省設置後も動員行政が一元化されたわけではなく、軍需省は航空機生産の一元化に限定され、兵器生産などは依然として陸海軍が独自のルートを確保し続けた[94]。造船や船舶割当については海軍が強い発言権をもち、政府の統一的な動員行政を難しくした。だが、それでも日本が「官民折衷的協調」に基づく国家総動員体制を追求し、部分的にではあれ東条内閣がそれを制度的に確立したこともまた確かであった。

おわりに

短期で決着がつくと期待された日中戦争は、トラウトマン和平交渉が決裂した一九三八年一月を境に長期持久戦の様相を呈し始めた。日中戦争前からすでに始まっていた産業統制は戦争の長期化によって強化されることが不可避となった。

事変勃発当初の経済界は政府の政策を支持する一方で、官僚統制の弊を避け民間の知識と経験を活用した統制を主張し、時局対策委員会を組織して統制にも積極的に関与していく構えを見せた。産業統制を掌る吉野信次商相も、経済界の思惑と必ずしも一致していたわけではないものの、産業が主体的に統制の責任を担う自治的統制を理想としていた。そのモデルこそが第一次世界大戦期アメリカの戦時奉仕委員会だった。アメリカがそうしたように、政府の強制力が法的に担保される必要があるとも吉野は考えていた。

近衛文麿首相は戦争拡大に消極的であり、陸軍が過大な軍拡要求をしてくることを警戒していた。企画院総裁と次長に旧友をあて、近衛が国家総動員の手綱を握ったかにみえた。しかし、近衛が事変収拾を主導することはなく、国家総動員法制定をめぐる不手際もあり、経済界は不安を募らせていった。国家総動員審議会などの事前審議機関が形式的には設けられたものの、「繁文縟礼」の官治統制が展開し、かえって混乱し非効率をもたらした。

平沼、阿部、米内、近衛と事変から三年間のうちに四度の政権交代があり、その間経済界や国民の国家総動員に対する不満や批判は政治指導にも向けられた。一九四〇年七月に再登板した近衛が掲げた「新体制」は、国民総力を結集して政治力を強化すべく、上からの統制(上意下達)を強化することよりむしろ、下からの意見をできるだけ調達する(下情上達)ことにねらいがあった。つまり、政治経済における官治統制の修正である。中央(・地方)協力会議の設置、経済界に統制の責任を大幅に委譲する経済新体制はその成果であった。こうして、官民協調は大きく前進した。奇しくも、アメリカにおいて経済への介入を主張するニュー・ディーラー(官僚や学者)たちが戦時に大きく影響力を低下させていったように、日本でも「革新官僚」は世論の目の敵にされ、経済新体制問題や企画院事件(一九四一年)を機に影響力を喪失した。

また『東洋経済新報』がドイツとアメリカを同時に引き合いに出し、官民の折衷的協力や分業の必要を報じたことも見逃せない。なぜなら、経済新体制が日本の国家総動員体制の「ナチ化」を示すものとは必ずしもいえないことをこの記事が示唆しているからである。

国民総力を結集して政治力の強化をさらに推し進めたのは、皮肉にも近衛の戦争回避の試みに大きく立ちはだかった東条英機陸相だった。組閣の大命が降った東条首相は官民懇談会等を通し、近衛前内閣にもまして経済界と連携を深めつつ、統制会への行政職権の移譲を四二年二月に決定した。経済界の期待を受けて、東条首相は戦時行政特例法によって重点産業の増産について各省に対する首相権限を強化し、行政的非効率を克服しようとした。さらに軍需省設置、軍需会社法を制定し、政府の生産命令を履行する義務を契約会社に負わせる一方で、補助金交付、利潤保障、損害補償といった増産インセンティヴを与え、統制法規の対象からも除外した。この間、産業界の有力者を内閣顧問として迎え、重産協にも引き続き助言を求めると明言したように、民間の知識と経験を軽視することはなかった。こうして東条内閣の諸改革により、官民折衷的国家総動員体制が不十分な形とはいえ制度的にも明確化された。注目すべきは、経済界やメディア界において、軍需行政一元化要求のため引き合いに出されたのが、ここでもアメリカの戦時生産局だったことである。彼らが軍需省や軍需会社法に賛辞を贈ったことは、東条内閣の一連の諸改革が彼らの理想とする「アメリカ・モデル」に適うものだったことを傍証している。

東条内閣は、文官ポストに多くの軍人を送り込んだことから、軍部の政治進出がピークに達した内閣として評価されてきた[95]。東条のいわゆる「憲兵政治」も悪名高い[96]。だが他方で、東条内閣がどれだけ民間人（とりわけ有力実業家）との懇談の場を設け、彼らの意見に耳を傾けたか、あるいは彼らが影響力を行使しえたかについては等閑に付されてきた感がある。今後は、こうした「民間人の政治進出」も含めた東条内閣や東条の戦争指導の再評価が必要となろう[97]。

一九四四年における航空機の生産は二万八一八〇機、四一年に比べて五・五三倍にまで拡大することに成功した。その生産数はイギリスを上回っている。とりわけ戦闘機は一万三八一一機で四一年(一〇八〇機)に比べて一二・七九倍の増産であった[98]。通商破壊と船舶不足による物資輸送の停滞、そして本土空爆の脅威にさらされながら、ここまでの飛躍的増産を達成したのは、民需産業と国民の犠牲によるところが大きかったのは言うまでもない。とはいえ、経済ジャーナリストの土屋清が戦後に述べたように、「国民生活はみじめにならざるをえなかったとしても、昭和一九年秋に航空機月産三千機の生産記録を打ち立てたことは、日本の戦争経済の総力発揮として刮目すべき成果」であった[99]。その「総力発揮」は産業の自治的統制と積極的増産に待つところが大であり、それを最大限に引き出す政府の支援・補償、行政の合理化も重要な役割を果たしたように思われる。「よらしむべし、知らしむべからず」的な上からの強制は、戦時日本の国家総動員にもなじまなかったのである。

本章は、戦時日本の国家総動員体制が官民協調へと展開する過程において、アメリカの国家総動員体制が引証基準として何度も登場することを明らかにした。その点において、ナチ・ドイツへの傾倒が過度に強調されてきたこれまでの研究は見直されるべきだと考える。シュペーアに辛辣な評価を下したアダム・トゥーズも認めるように、そのナチ・ドイツの国家総動員体制も、利益保障など産業団体に増産インセンティヴをあたえ、団体の指導者に統制の権限を付与することで、たしかに産業動員と兵器増産に成功した[100]。そして、日本がナチ・ドイツと類似していたのは、ケルデが指摘したように、総動員のプランナーが大企業との協力にこだわった点なのである[101]。アメリカでは生産管理局のもとに産業諮問委員会(第一次世界大戦期の戦時奉仕委員会と同様の組織)が設置され、産業が統制業務に深く関わった。もっとも、注意しなければならないのは、同時に軍の権力も強大化しており(とりわけ物資割当の優先権を掌握)、戦後の軍産複合体につながっていったことである[102]。戦時日本ではもっぱらアメリカ産業の自主性に注目が注がれていたといえる。

各国の国家総動員を比較した上で慎重に結論を出す必要があるが、官民の協調、あるいは民間への権限移譲により軍需を増産するという経路は、日・米・独に限らず、総力戦がもたらすグローバルな現象であったように思われる。

註

1——纐纈厚『総力戦体制研究　日本陸軍の国家総動員構想』(社会評論社、二〇一〇年〔原著は三一書房、一九八一年〕)。

2——森靖夫『「国家総動員」の時代　比較の視座から』(名古屋大学出版会、二〇二〇年)。

3——森靖夫「国家総動員論」(山口輝臣・福家崇洋編『思想史講義　戦前昭和篇』筑摩書房、二〇二二年)。

4——日本の戦時統制経済に関する研究は膨大である。代表的なものとして、J・B・コーヘン『戦時戦後の日本経済』上・下(岩波書店、一九五〇年)、安藤良雄『太平洋戦争の経済史的研究——日本資本主義の展開過程』(東京大学出版会、一九八七年)、中村隆英『日本の経済統制——戦時戦後の経済と教訓』(筑摩書房、二〇一七年)、原朗『日本戦時経済研究』(東京大学出版会、二〇一三年)、山崎志郎『戦時経済総動員体制の研究』(日本経済評論社、二〇一一年)、宮島英昭『産業政策と企業統治の経済史——日本経済発展のミクロ分析』(有斐閣、二〇〇四年)、荒川憲一『戦時経済体制の構想と展開——日本陸海軍の経済史的分析』(岩波書店、二〇一一年)、三輪芳朗『計画的戦争準備・軍需動員・経済統制：続「政府の能力」』(有斐閣、二〇〇八年)などがある。

5——例外的に松浦正孝が政治史の立場から日中戦争の政治経済的分析をおこなってきた(松浦正孝『日中戦争期における経済と政治——近衛文麿と池田成彬』東京大学出版会、一九九五年)。米山忠寛『昭和立憲制の再建　一九三二-一九四五』(千倉書房、二〇一五年)も参照。

6——古川隆久『昭和戦中期の総合国策機関』(吉川弘文館、一九九二年)、マイルズ・フレッチャー(竹内洋・井上義和訳)『知識人とファシズム——近衛新体制と昭和研究会』(柏書房、二〇一一年)、柳澤治『戦前・戦時日本の経済思想とナチズム』(岩波書店、二〇〇八年)。同『ナチスドイツと資本主義——日本のモデルへ』日本経済評論社、二〇一三年)。近年では、「テクノファシズム」という分析用語を用いて革新官僚の思想を分析した、Janis Mimura, *Planning for Empire: Reform Bureaucrats and the Japanese Wartime State*, Cornell University Press, 2011(ジャニス・ミムラ〔安達まみ・高橋実紗子訳）『帝国の計画とファシズム：革新官僚、満洲国と戦時下の日本国家』人文書院、二〇二一年）があり、同様にナチズムとの関連が強調される。

7――ナチ・ドイツの戦時経済についてはAlan Milward, *The German Economy at War*, The Athlone Press, 1965, Richard Overy, *War and Economy in the Third Reich*, Clarendon Press, 1994, Adam Tooze, *The Wages of Destruction*, Penguin, 2007（アダム・トゥーズ（山形浩生・森本正史訳）『ナチス破壊の経済』上・下、みすず書房、二〇一九年）、前掲、柳澤『ナチスドイツと資本主義』などを参照。

8――第二次世界大戦期アメリカの産業動員については多くの研究蓄積がある。近年の研究として、Paul Koistinen, *Arsenal of World War II: The Political Economy of American Warfare1940-1945*, University Press of Kansas, 2004. Brian Waddell, *The War Against the New Deal: World War II and American Democracy*, Northern Illinoi University Press, 2001. Brian Waddell, *Toward the National Security State: Civil-military Relations During World War II*, Praeger Pub Text, 2008., 河村哲二『第二次大戦期アメリカ戦時経済の研究』御茶の水書房、一九九八年）などがある。

9――岩谷將『盧溝橋事件から日中戦争へ』（東京大学出版会、二〇二三年）、秦郁彦『盧溝橋事件の研究』（東京大学出版会、一九九六年）。

10――日本工業倶楽部五十年史編纂委員会編『財界回想録』下（日本工業倶楽部、一九六七年）。なお内田源兵衛は、アメリカやドイツに加えイギリスの国防法が大いに参考になったと回想している（内政史研究会編『内田源兵衛氏談話速記録』）。

11――森靖夫「誰が為の国家総動員法――日本の総動員体制は成ったのか」（『軍事史学』五三（二）、二〇一七年九月）。

12――Craigie to Halifax, 1st March, 1938, WO106/5650, The National Archives.

13――Craigie to Halifax, 20th May, 1938, WO106/5650, TNA. 国家総動員審議会については、古川隆久『昭和戦中期の議会と行政』（吉川弘文館、二〇〇五年）、同『戦時議会』（吉川弘文館、二〇〇一年）を参照。

14――片岡安「石炭の国家統制について」（大阪工業会五十年史編纂委員会編『大阪工業会五十年史』大阪工業会、一九六四年）

15――『東京朝日新聞』一九三七年八月二六日。

16――森武夫『米国戦時計画経済論』（浅野書店、一九三二年）六二―六六頁。陸軍はすでに『国家総動員に関する意見』（臨時軍事調査委員、一九二〇年）第三章第七節で、アメリカとドイツに注目し、「産業の大組織」を奨励している。

なお、森は陸軍主計将校で、後にドイツ国防経済についても鋭い分析をおこなっている。ドイツのいわゆる広域経済は、石油と食糧の確保という二大欠陥を抱えていること、それが要因となって独ソの衝突は必至であることを森は一九四一年六月二五日時点で予言していた（「陸軍少将森武夫閣下述　国防経済より見たる独逸広域経済」JACAR（アジア歴史資料センター）。Ref.C14060852600）。

17──「事変の新段階に於ける政府の所信（昭和一三年一月二二日放送）」（近衛文麿『戦時下の国民に送る首相演説集』東晃社、一九四〇年）。

18──「池田成彬日記」（東京大学法学部附属近代日本法政史料センター原資料部所蔵『池田成章・成彬関係文書』）。

19──一九三八年末までに、第六条（労働統制）、第一〇条（物資統制）、第一一条（資金統制）、第一三条（施設統制）、第二一条（国民登録）、第二四条（計画・演練）、第二五条（研究補償）に基づく勅令案などが、国家総動員審議会を経て可決された。

20──『平沼騏一郎回顧録』（平沼騏一郎回顧録編纂委員会、一九五五年）一一七頁。

21──『東京朝日新聞』一九三九年二月二五日。

22──『東京朝日新聞』一九三九年三月一二日。

23──『東京朝日新聞』一九三九年四月二八日。

24──注16で紹介した『国家総動員に関する意見』（一九二〇年）も、米国の物価公定に注目している。物価公定は交戦国の一般的傾向としながら、「米国の如き資源豊富なる国家に在りても（後略）」と、とりわけアメリカに注目していた。資源局も『米国戦時食糧政策』（一九二九年）で詳細に戦時産業局や価格決定委員会について解説している。

25──伍堂卓雄「独逸より帰りて」（新日本同盟主催講演）、「ドイツに使して」（日本経済連盟・日本工業倶楽部・東京商工会議所共催講演）、「盟邦独逸に使して」（横浜貿易協会主催講演）、同『伸びゆく独逸』（日本評論社）、「独逸の新産業四ヵ年計画」（『文藝春秋』）、「訪独雑感」（『中央公論』）、「独逸視察談」（『日本と世界』講演）、「躍進独逸の現状」（日本商工会議所『経済月報』講演）など多数に及ぶ。

26──伍堂卓雄「独逸統制経済の実質」（『外交時報』外交時報社、一九三八年八月一五日）。

27──例えば伍堂は商相と農相を兼任するにあたり事前に池田に相談していた（「池田成彬日記」一九三九年）。

28──『東京朝日新聞』一九三九年九月二〇日。東商は物価統制に対する協力機関として「中央物価統制協力会議」の設置を建議し、国民精神総動員中央連盟と連携した全国的な統制の徹底策を打ち出した（同、九月二七日）。

29――懇談会には鶴見佐吉雄商業組合中央会会長、中野金次郎実業組合連合会会長、高島誠一日本経済連盟会長代理、藤山愛一郎東京商工会議所会頭らが参加した(『東京朝日新聞』一九三九年九月二二日)。

30――東京朝日新聞経済部編『高物価を衝く――物価問題の解説書』清和書店、一九三八年)二三五頁。

31――「御署名原本・昭和十四年・勅令第七〇八号・電力調整令」(国立公文書館所蔵)。民間員は、八田嘉明、小林一三、石黒忠篤、松本健次郎、織田信恒、今井健彦、杉渓由言、三好英之、増田次郎、池尾芳蔵、林安繁、松永安左ェ門、森矗昶、関山延の一四名。中央電力調整委員会のほか、関東、近畿、中部、東海各地方で地方電力調整委員会(逓信局長の諮問に答申)も設置された。

32――森靖夫「日本の国家総動員体制の動揺　一九三八－一九三九年」(川島真・岩谷將編『日中戦争研究の現在――歴史と歴史認識問題』東京大学出版会、二〇二二年)。

33――「池田成彬日記」一九三九年一二月一二日(なお一五日の記述で、一二日に政府に提出した冊子が「物資物価不安対策要旨」であるとわかる)。

34――「物資物価不安対策要旨　s14.12.8」(『阿部信行関係文書』I－四三、東京大学法学部法政史料センター原資料部所蔵)。

35――「大阪付近一般情勢送付の件」JACAR(アジア歴史資料センター)。Ref.C01004779600、『密大日記』第六冊昭和一五年(防衛省防衛研究所)。

36――「池田成彬日記」一九三九年一二月三一日。

37――通商産業省編『商工政策史　第一一巻産業統制』(商工政策史刊行会、一九六四年)三四三～三五〇頁。

38――前掲、通商産業省編『商工政策史』三五〇頁。

39――伊藤隆『大政翼賛会への道：近衛新体制』(講談社学術文庫、二〇一五年、原著は中公新書、一九八三年)。

40――原田熊雄述『西園寺公と政局』第八巻(岩波書店、一九五二年)二九八頁。

41――前掲、通商産業省編『商工政策史』三六一～三六二頁。

42――原朗・中村隆英「経済新体制」(日本政治学会編『年報政治学』二三、一九七二年)。

43――堀越禎三編『経済団体連合会　前史』(経済団体連合会、一九六二年)三〇二～三〇四頁。

44――森靖夫「一九四〇年の国家総動員体制――近衛新体制運動と「世論」」(黒沢文貴編『日本外交の近代史』東京大学出版会、二〇二四年)。

45――小畑忠良「経済新体制の本義に就て」一九四一年一月二〇日（『講演』一九四一年）。
46――美濃部洋次「官界新体制の建設」（『文藝春秋』一九（二）、一九四一年二月）。
47――野依秀一・岸信介「岸信介氏に経済新体制を訊く」（『実業の世界』三八（二）、一九四一年二月）。
48――「統制会の誕生と総力発揮委員会の新設」（『東洋経済新報』一九四一年三月二九日）。
49――「かくして国防工業の増産を刺戟せよ――独米の政策に学べ」（『東洋経済新報』一九四一年四月五日）。
50――「統制経済の能率化を計れ」（『東洋経済新報』一九四一年五月三一日）。
51――他方、総合雑誌においては四一年以降、アメリカに関する特集や記事が多くみられるようになるが、アメリカの国家総動員を紹介するものは少ない。『中央公論』（一九四一年二月号）のアメリカ政治経済研究会「アメリカ戦時体制の解剖」、『日本評論』（一九四一年四月号）の飯田清三「アメリカ戦時経済の展望」、『文藝春秋』（一九四一年三月特別号）の「アメリカ認識への提言」（特集）、同一一月号の井伊玄太郎「アメリカ研究の貧困」など。
52――「商相提案の原型〝奉仕委員会〟大戦中米で効果絶大」（『東京朝日新聞』一九三七年八月二六日）。
53――萩原淳『平沼騏一郎』（中央公論新社、二〇二一年）二五二頁。
54――岡崎哲二「戦時計画経済と価格統制」（近代日本研究会編『年報・近代日本研究9 戦時経済』山川出版社、一九八七年）。
55――前掲、通商産業省編『商工政策史』四六五頁。
56――帆足計『統制会の理論と実際』（新経済社、一九四一年）四九～五二頁。
57――同右、九六～一〇五頁、一一三～一五六頁。同書は「重要産業団体令要綱」に関する官民懇談会における質疑応答の速記録が掲載されており、重産協側の解釈に商工省が同意していることがわかる。商工省側は椎名悦三郎総務局長、神田暹総務課長が出席している。
58――伊藤隆『大政翼賛会への道――近衛新体制』（講談社学術文庫、二〇一五年）二二〇頁。
59――中央協力会議の構成員は約二〇〇名で、都道府県六大都市代表の地方代表、代議士、経済会の有力者、文化人、女性など各界の代表が選任された。趙頔「大政翼賛会中央協力会議における『下情上通』」（『年報政治学』二〇二一年Ⅱ号、二〇二一年）、同「翼賛体制下の地方の『下情上通』の一考察――愛知県名古屋市を例に」（1）・（2）（『広島法学』四四巻一号・二号、二〇二〇年）、雨宮昭一『総力戦体制と地域自治――既成勢力の自己革新と市町村の政治』（青木書店、一九九九年）。

60――「官界新体制官民懇談会の件」(国立公文書館所蔵、JACAR：Ref. A15060028100)。

61――「商工大臣企画院総裁更迭」(『近衛文麿関係文書』R1、国立国会図書館所蔵)。

62――『朝日新聞』一九四一年九月二日。

63――「日米経済戦に対応する決意座談会」(『文藝春秋』一九四一年九月号)、中野登美雄「情勢の逼迫と官民の覚悟」(『改造』一九四一年九月時局版)、「賽は投げられた」(『東洋経済新報』一九四一年八月二日)、「社説・日本は南進する」(『東京日日新聞』一九四一年九月一一日)など。

64――『平生釟三郎日記』一九四一年七月二七日。なお、平生釟三郎と新体制については滝口剛「平生釟三郎と『新体制』(1)・(2)完」(『阪大法学』一九二、一九三、一九九八年二～四月)などを参照。平生はしばしば郷誠之助や池田成彬ら「財界主流」とは区別され、官僚や軍と提携し、官僚による統制システムを主導した「財界非主流」あるいは「修正派」と位置付けられる(たとえば長島修『日本戦時鉄鋼統制成立史』法律文化社、一九八六年、松浦正孝『財界の政治経済史――井上準之助・郷誠之助・池田成彬の時代』東京大学出版会、二〇〇二年)。しかし、平生も郷らと同様に自主統制論者であり、むしろ平生ら統制会の努力によって官僚統制が斥けられていったことを考えれば、両者を区別することにそれほど重要性を見出せない。

65――『平生釟三郎日記』同右、一九四一年八月二一日。

66――同右、一九四一年八月四日。

67――同右、一九四一年一〇月九日。

68――伊藤之雄『昭和天皇伝』(文藝春秋、二〇一一年)三〇四～三〇五頁。『木戸幸一日記・下巻』一九四一年一〇月一六～一七日及び一一月(九二八～九三一頁)の記述(東京大学出版会、一九六六年)。

69――『朝日新聞』一九四一年一〇月二一日。

70――「物価問題に関する官民懇談会速記録」(日本経済連盟会、一九四一年一一月一三日)。民間側参加者は、藤原銀次郎、平生釟三郎顧問、井坂孝常任委員以下二八名、官庁側は二二名、主催者(商工省)側は岸信介大臣以下九名。

71――『読売新聞』一九四一年一二月一〇日。

72――『読売新聞』一九四一年一二月一九日。

73――前掲、通商産業省編『商工政策史』五〇七～五一一頁。

74――Edward J. Drea, *The 1942 General Election: Political Mobilization in Wartime Japan*, Paragon Book Galary, 1979. 赤木須留喜

75――堀越禎三編『経済団体連合会　前史』（経済団体連合会、一九六二年）五八七頁。
76――『朝日新聞』一九四二年一二月二日。
77――郷古潔『弾丸下の経済建設』（東方書院、一九四二年）一四頁。
78――「緊急物価対策要綱」JACAR（アジア歴史資料センター）Ref. A03023598300、「価格調整補給金制度要綱」JACAR（アジア歴史資料センター）Ref. A03023598900。
79――宮島英昭『産業政策と企業統治の経済史』（有斐閣、二〇〇四年）三四〇頁。
80――内閣顧問の顔ぶれは以下の通り。豊田貞次郎（鉄鋼統制会会長）、大河内正敏（産業機械統制会会長）、藤原銀次郎（産業設備営団総裁）、結城豊太郎（日本銀行総裁）、山下亀三郎（山下汽船会長）、郷古潔（三菱重工業社長）、鈴木忠治（昭和電工社長）。『朝日新聞』一九四三年三月一八日。行政査察については、関口哲矢『強い内閣と近代日本』（吉川弘文館、二〇二一年）五章三節を参照。内閣顧問会開催については伊藤隆・廣橋真光・片島紀男編『東條内閣総理大臣機密記録』（東京大学出版会、一九九〇年）を参照。
81――『朝日新聞』一九四三年九月二九日。
82――前掲、堀越編『経済団体連合会　前史』七二二頁。
83――佐藤賢了『大東亜戦争回顧録』（徳間書店、一九六六年）二九三～二九四頁。
84――重要産業統制団体編『重産協月報』（現代史料出版、二〇〇一年）第一巻第六号（一九四二年一二月号）。なお座談会では、平時から職能別にピラミッド型の整然とした産業組織が作られている独ソと、自由主義体制をとっておりそうした産業組織を持たない英米とでは根本的に違いがあり、それゆえ後者は一元的な産業行政を掌る戦時産業省を設置したと大野信三（中央大学教授）は説明する。その上で郷古・帆足は米の戦時生産局を日本に導入する必要を主張している。
85――郷古潔「官界刷新と戦時産業省の提案」（『改造』二三巻第二五号、一九四一年一〇月）。
86――「軍需省はなぜ必要か」（『東洋経済新報』一九四三年一〇月九日号）。
87――『朝日新聞』一九四三年九月一五日。
88――『東京日日新聞』一九四三年一一月二七日。記事は一四日横浜に入港した帝亜丸（仏印で徴用した仏籍船舶で、抑留された敵国民間人の交換などの任務を負った）の所有していた資料に基づく情報だという。

89——翼賛政治会の政務調査会の概要については、奥健太郎「自民党結党前の政務調査会」（奥健太郎・清水唯一朗・濱本真輔編『政務調査会と日本の政党政治——一三〇年の軌跡』吉田書店、二〇二四年、第四章）を参照。

90——防衛庁防衛研修所戦史室編『戦史叢書　陸軍軍需動員〈2〉実施編』（朝雲新聞社、一九七〇年）六六六～六六七頁。

91——帆足計「軍需省の強力なる総合運営を求む」（前掲『重産協月報』第三巻第一号、一九年一月号）。

92——「第八三回帝国議会衆議院　軍需会社法案委員会議録」第二回、昭和一八年一〇月二七日。

93——前掲、堀越編『経済団体連合会　前史』七三三頁。

94——前掲、山崎『戦時経済総動員体制の研究』第八章。

95——永井和『近代日本の軍部と政治』（思文閣出版、一九九三年）第三章。

96——富田健治『敗戦日本の内側——近衛公の思い出』（古今書院、一九六二年）二一〇～二一四頁。

97——開戦過程において会議を重視する姿勢を貫いたとの東条評価もある（一ノ瀬俊也『東条英機：「独裁者」を演じた男』（文春新書、二〇二〇年）。

98——前掲、コーヘン『戦時戦後日本経済』上編、三〇五～三〇六頁。

99——土屋清「戦争経済の中で」（『現代史資料月報』みすず書房、一九七〇年二月）。

100——前掲、トゥーズ『ナチス破壊の経済』下、一七章。

101——Ortrud Kerde, "The Ideological Background of the Japanese War Economy; Visions of the 'Reformist Bureaucrats'", Erich Pauer(ed), *Japan's War Economy*, Routledge, 1999.

102——Brian Waddell, "Economic Mobilization for World War II and the Transformation of the U.S State", Politics and Society, 22(2), June 1994.

第7章

負け戦のなかの「必勝の信念」

鈴木多聞
SUZUKI Tamon

はじめに——負けた場合の「必勝の信念」

一九四五年のある日、満洲(中国東北部)の陸軍軍官学校で、井林清長中尉(第三区隊長)が、まだ幼さの残る将校生徒達を前に「必勝の信念」の精神訓話をおこなっていた。

ところが、ある茶目な生徒が、いきなり立ち上がって、場違いな質問をした。

「区隊長殿、必勝の信念で戦ってもし負けてしまった場合でも必勝の信念といえるでしょうか」

「阿呆! 必勝の信念で戦えば勝っても負けても関係がない!」

若い生徒達はわかったような、わからぬような気持ちになったという[1]。もし読者が、このときの区隊長であったならば、どう答えたであろうか。さらには、敗戦後には、その答え方は、どう変化したであろうか。

陸軍教育に「必勝の信念」というフレーズが登場したのは、資源局の設置(一九二七年五月)の翌年のことである。すなわち、一九二八年改正の『歩兵操典』において、精神力は物質的威力を凌駕するものとされた。「総力戦」「総動員」が準備されるなか、物量に劣る日本陸軍は、対ソ戦の不足分を精神力でカバーしようとしたのだろう[2]。それに、もともと日本の『歩兵操典』は、ドイツの歩兵操典を参考にしながら発展したもので、精神と独断専行を重視するものだったといわれる[3]。

この『歩兵操典』の改正作業は、教育総監部第一課の武藤章大尉(のち中将)が担当しており、ほとんど一日おきに、歩兵学校にやってきては、同期の小林忠雄大尉(のち少将)と喧喧諤諤の議論をしたという。

ドイツ留学帰りの武藤は、第一次世界大戦の経験を軍隊教育にどう生かすのかを研究していた。歩兵操典の改正が完成すると、編纂主任者として普及教育のために出張もした。激務がたたったのか、悪性の赤痢に、糖尿病を併発し、死の一歩手前までいった。病床の武藤大尉は、まさか「必勝の信念」というフレーズが、わずか十数年後に対米戦で流行し、天皇や海軍、国民までもが口にするとは、思わなかったに違いない。

小林大尉の方は、攻撃・築城を研究しており、歩兵学校にきていた米軍中尉ジョン・ウェッカリングを世話し「かなり進んだ指導」をするほどであった。ウェッカリングは「いろんなことを調査して報告」しているようにもみえた[4]。

あの戦争の末期に限定していえば「総力戦」というフレーズよりも「国家の総力」「必勝の信念」の方を目にすることが多い。「物心両面」という言葉が使用され、物質と精神は表裏の関係にあった。物質的威力だけなら、日本には、あまり勝ち目がなかったからかもしれない。

たとえば、開戦の詔書にも「億兆一心国家の総力を挙げて征戦の目的を達成するに遺算なからむことを期せよ」とあり、同日の東条英機首相のラジオ放送(「大詔を拝し奉りて」)でも、次のような箇所がある。

〔首相〕凡そ勝利の要訣は、「必勝の信念」を堅持することであります。建国二千六百年、我等は、未だ嘗つて戦いに敗れたことを知りません。この史蹟の回顧こそ、如何なる強敵をも破砕するの確信を生ずるものであります。我等は光輝ある祖国の歴史を、断じて、汚さざると共に、更に栄ある帝国の明日を建設せむことを固く誓うものであります[5]。

また、一二月一六日の第七八臨時議会の開院式においても、昭和天皇は次のような勅語を読み上げた。

〔天皇〕朕は帝国臣民が必勝の信念を堅持し挙国一体協心戮力速に交戦の目的を達成し以て国威を宇内に震耀せむことを望む。

『読売新聞』は「征戦必勝の信念を御垂示　聖上優渥なる勅語を賜ふ」という見出しで「玉音朗々と優渥なる勅語を下し給い、松平〔頼寿〕貴族院議長御前に参進、謹んで勅語書を拝受して退下」と報じている。文字通り解釈すれば、軍人だけではなく「臣民」も「必勝の信念」を持たなくてはならない[6]。

もっとも、昭和天皇や陸軍上層部ですら、内心では、どの程度まで、必ず勝てると思っていたのか疑わしい。この点、開戦前の一九四一年九月五日、昭和天皇は参謀総長杉山元に対し、大声で「絶対に勝てるか」と声を荒げている。杉山総長の答えは「絶対とは申し兼ねます。而し勝てる算のあることだけは申し上げられます。必ず勝つとは申上げ兼ねます」と心許ない[7]。

そこで本稿は「必勝の信念」のニュアンスについて、一九四五年に限定して考察を試みてみたい。周知のように、戦時下の心理状態は、タテマエとホンネの問題もあり、議論しにくい〔8〕。またある瞬間における「信念」を客観的に分析することは難しい。したがって、本稿のアプローチにも限界があり「必ず」とは言い切れないことを、あらかじめお断りしておきたい。

1 「戦には負けて勝つ手」

一九四五年四月六日、前夜に組閣の大命を拝した鈴木貫太郎（枢相）は、自らの信念について、思いをめぐらせていた。その信念とは「軍人が政治に出るのは国を亡ぼす基なり」というもので、前夜の重臣会議においても、ローマの滅亡、カエサルの末路、ロマノフ王朝の滅亡を例に挙げ、首相就任は「自分の主義上より困難」と断っていた。

偶然ではあるが、この日は、若くして亡くなった、最初の妻・大沼トヨとの結婚記念日（一八九七年四月六日）でもあった。一八才の新婦・トヨは会津出身で、媒酌人・出羽重遠（当時四一才、のち海軍大将。妻はトヨの姉・大沼ユキ）には一二才で会津城籠城戦を経験し、斗南に移住するなど、戦争の辛い記憶があった。鈴木も「賊軍」とされた関宿藩出身で、叔父達は彰義隊に加わって上野で戦っている。

翌七日、首相官邸に入った鈴木首相は、窓の外の満開の桜を見て、ふと心の底で最悪の事態を考えた。「悠久の大義に生きるとは何を意味するのであろうか。国家そのものが滅亡して果たして日本人の義は残るであろうか。生命体としての国家の悠久を万世に生かすとは、国家が死滅して果たして残し得るものであろうか。ローマは亡びた。カルタゴも亡びた。カルタゴなどは歴史的にその勇武を謳われてはいるが、その勇武なる民は今いずこにあるであろう。一塊の土と化しているに過ぎないではないか」と〔9〕。

翌八日、新聞記者から必勝の決意を聞かれると、やや危なっかしい対応をしている。

問　最後に率直にいって首相の「戦局の見通し」如何

答　私は本心から「遂には勝つもの」と思っている、世間では必勝々々といっているが、之は形式上の合言葉で戦果が挙がらなければ勝ったとはいへぬというようにとられ易い、戦には負けて勝つ手もあるのである。一例を挙げれば徳川家康は明かに三方ケ原で武田信玄に負けて勝っている〔後略〕[10]。

戦時下でもあり、この発言に不快感を持った人もいただろう。「必勝」が「形式上の合言葉」ということは「必勝々々」と形式的に言い合って士気を高めたり、敵味方を区別したりすることなのだろうか。「戦には負けて勝つ手」とは、いったい、どういう意味なのか。

ドイツ崩壊後の五月三日、首相談話がラジオで放送された。原案には「必勝万全の備えあり」とあったが、なぜか「必勝」が削除され「我には万全の備えがある」「必ず天業を恢弘するの途が存する」と変わってしまった。大木操（衆議院書記官長）は「意味深長なり」と日記に書いている[11]。

七七才の鈴木首相は耳が遠く、六月の帝国議会では、有名な「天佑天罰事件」を引き起こしている。すなわち、首相演説中の「太平洋は名の如く平和の洋にして日米交易のために天の与えたる恩恵である、もしこれを軍隊搬送のために用うるが如きことあらば、必ずや両国ともに天罰を受くべし」という表現に対し、小山亮議員が必勝の決意を問いただしたのである。

〔小山議員〕日本国民は此の戦いに於て天佑神助必ず我等の上にありと確信して、此の戦いに進んで居るのでありますす〔中略〕然るに一国の総理大臣が、此の神国日本の国民が必勝の決意を以て戦わなければならぬ今日、

両国共に天罰を受けるべしと言う御言葉は、是は私は御間違いじゃないか〔後略〕

〔鈴木首相〕これは、天佑を保有するというお言葉の意味につきましては、学者の間にも非常なご議論があることであります。

さすがに、この答弁には「不敬だ」「御詔勅ではないか」と怒声が飛び、小山議員も「是だけの言葉を一般の国民が市井に於て言ったらどうなりますか(中略)どの位の人が刑罰されて居りますか」と詰め寄った。

小山議員の主張は、いわば、天佑必勝論である。物資や弾薬が不足している日本は「肉弾」となって本土決戦を戦わなくてはならず、だからこそ「国体に対する所の絶対なる強い信念」が必要なのである[12]。

他方、鈴木首相は、言葉と現実の食い違いに敏感であった。「必勝一路に驀進といえば、如何にも威勢はいいが、空元気だ。現実を冷静に凝視せよ、と言いたかったが、私はこの問題に関してこれ以上何も語らなかった」という[13]。日清・日露戦争を戦った鈴木首相らしい考え方である。

妻の鈴木タカの証言によれば、東条内閣期、枢密院から帰宅した鈴木は、ポツリと「東条の信念、信念にも困ったものだ。信念だけでは戦争に勝てないのにねえ」とこぼしていたという[14]。実際、タテマエはともかく、ホンネの部分で「必勝の信念」に疑問を感じていた人も少なくなかった。

首相腹心の左近司政三(国務大臣、元海軍中将)は、鈴木首相から「勝利」の定義を次のように聞いている。「今日小国日本が世界の強大国を向こうに廻して無理な大戦争をやっている、ここで若し我国の面目を維持し得て講和ということが成り立てば、それだけで日本の勝利と言い得る」[15]。負け戦の中で、戦争目的が再定義されると、勝利のニュアンスも変化するとみてよい。

あまり知られていないことであるが、玉音放送のあった八月一五日の夜、鈴木首相は「大詔を拝して」と題してラジオ放送をおこなった。そのなかで「究極」の「勝利」の形について、次のようにも述べている。

それには国民が自治、創造、勤労の生活新精神を涵養して、新日本建設に発足し、特に今回戦争における最大欠陥であった科学技術の振興に努めるの外ないのであります。しかしやがて世界人類の文明に貢献すべき文化を築き上げなくてはなりませぬ。それこそ陛下の宏大無辺なる御仁慈に応え奉る唯一の途なのであります。これを達成するにおいては、究極において日本の勝利は実現せられるのであります[16]。

敗戦という大きなメンタル・ショックの中、わずか数十時間で、このような考え方に到達したとは考えづらい。それに、この八月一五日の朝には、鈴木邸は焼き討ちにあっており、文章を十分に推敲する余裕もなかったはずだ。鈴木貫太郎といえば、侍従長のイメージが強いが、三〇代のときには、海軍大学校で水雷戦術の研究に従事した研究・教育者としての側面もあった。海軍兵学校長時代には「兵学の原理は物理学上の原［理］と相一致する」とも述べている[17]。こういった戦術・戦争観こそが、鈴木の信念の根底にあったと考えられる。

2　「勝利を信ぜざる人」

海軍記念日の五月二七日（日曜日）、陸相阿南惟幾（五八才）の長女・喜美子（一八才）の結婚式が、九段下の軍人会館でおこなわれた。新郎は秋富公正（海軍主計科短現一一期。終戦時、海軍主計中尉。東大経済学部卒。呉の海軍第一一航空廠勤務、戦後、東京国際空港公団総裁）で、呉鎮守府長官経由で海軍大臣に結婚許可願を出していた。この日は、二〇才の若さで戦死した次男・阿南惟晟（陸士五六期）の誕生日でもあった[18]。

結婚式は、水道が止まっており、洗面器でお水を運びながら、おこなわれた。前々日の空襲で、当初予定していた帝国ホテルが営業休止になったからだ。お堀の内側も空襲被害にあい、明治宮殿までも無残に焼け落ちている。四十代のとき、侍従武官をつとめていた阿南は、強いメンタル・ショックを感じていただろう。

空襲の影響で媒酌人・山県有道（元侍従・公爵）ですら、式に来ることができない。それで、急遽、村瀬直養（鈴木内閣の法制局長官）が、代役をつとめることになった。心配した阿南大将が「わたしの名前は小むずかしい。惟幾はコレチカと読むんですよ」とわざわざ説明しにいったほどである。その村瀬が、新郎の紹介していたところ、電気まで止まってしまった。

暗い中でローソクに火がともされた。それでも、阿南大将は、明るい笑顔で、お銚子を持って客席をまわった。そして、呉に向かう娘に対し、次のように声をかけたといわれる。

［阿南大将］このつぎ喜美ちゃんに会う時は、戦争は勝っているよ[19]。

実際にこのような発言がなされたのかは不明だが、阿南が陸軍次官だったときにだされた「戦陣訓」（一九四一年一月八日）には「信は力なり。自ら信じ毅然として戦う者常に克く勝者たり」「勝たずば断じて已むべからず」とある。次官時代の部下だった西浦進（当時、軍事課高級課員、のち大佐）は次のように回想している。「戦陣訓というのは、あれは東条さんがやりましたけれども、一番熱心だったのは阿南さんなのです。東条さんがちょうど着任した時に出来上がったから、東条さんがラジオで放送したりなんかして東条さんの訓辞の如く出ていますが、一番熱心だったのは阿南さんです」[20]。

阿南陸相は、すでに、自らの信念に殉じる具体的覚悟を固めていたのだろう。六月九日の帝国議会でも、陸相は、宮城、大宮御所、神域、戦災者の空襲被害に言及し「陸軍と致しましては深く深く責任を感じて居る所でございます」(衆議院)と述べているからだ。「深く深く」という言葉遣いから、負けた場合には、お詫びをするという覚悟が感じられよう。

阿南陸相は、当時としては大柄(身長一七〇センチ弱)な体格で、剣道家の風格もあり、その議会演説は迫力に満ちたものがあった。

〔陸相〕率直に申上げまして戦局の現段階は洵に国家重大の危機と存ずるのでございます。併しながら維新の我が先哲は神州不滅を信ぜざる者は神勅を疑うの罪軽からずと我々を戒めて居ります。私は深く此の戒めに大なる感激を持つものでございまして、今日に於て勝利を疑い遅疑する人は勝利を信ぜざる人であり、勝利を信ぜざる人は勝利を自ら放棄する者である〔中略〕今こそ歯を食いしばって、どうぞ暫く此の苦難に堪えて戴きたいのでございまして、而して初めて必ずや肉を切らして敵の骨を断ち、骨を切らして敵の生命を断ち、以て光輝ある戦勝を獲得することが出来ると思うのでございます〔傍点部筆者〕[21]。

下線の部分は、陸相の信念に近いものだっただろう。日頃から北畠親房、吉田松陰を範として修養していただけではなく、日記にも「天壌無窮の神勅を疑うは其の罪軽からず」「神国天佑神助あり」と書いている。神国には勝利のチャンスがあることが大前提であり、それを自ら放棄しないためにも、勝利を疑ってはならないという論理である。「戦機は勇者の前にのみ存す」という[22]。

他方、海軍大臣米内光政の議会演説は迫力に欠ける。帝都が焼けているというのに「今日の戦争と言うものは、我が総合国力の基礎の上に立って戦わなければならぬと思うのであります」というスマートさである。それもそのはずで、米内は、前年から「細かなことは知らぬが戦争は敗けだ。確実に敗けだ。誰が出てもどうにもならぬ」(一九四四年六月三〇日)と必敗論者だった。さらには議会で次のようにも述べた。「沖縄方面の戦況は、率直に申しまして現在我れに不利であります、即ち海軍と致しましては沖縄作戦の重要性に鑑み、陸軍と緊密なる協同の下、本作戦に注入し得る戦力の全部を傾倒し、航空、水上、水中、各部隊とも殆ど全部必死必中の特別攻撃隊となりまして〔後略〕」[23]。

陸海軍の対立はよく知られていたことでもあり、貴族院議員松本学は、両者の相違を的確に日記にまとめている。「米内海相の報告は全力を尽くしたと言い、何だか陸軍が十分協力しなかったあてこすりのようにも聞えた。阿南陸相は沖縄はもう投げて本土上陸を迎え打つのだという。而も陸軍としては初めて責任を感ずると言うことを言った」[24]。

陸海軍の軍人気質の相違は、ある意味、仕方がないことでもあった。陸軍は歩兵・人間中心、海軍は軍艦・機械中心であり、扱う対象がことなった。作戦・計画立案の関係上からも、陸軍は主観的(実践的)で政治的な判断力が重視され、海軍は客観的(妥協的、非実践的)で合理的な性格が尊重されたといわれる[25]。

この陸海両相の必勝論、必敗論が衝突したのは、ソ連参戦直後の八月九日のことであった。閣議では、戦争に負けているかどうかで、感情的な言い争いが生じた。海相は「今日の戦は国家の総力を基礎とせねばならぬ」「総力戦である以上軍需生産、糧食、運輸、思想の各方面より充分検討し、閣議に於て結論する要あり」と述べ「物心両面より見て勝味がない」と主張した[26]。

海相　戦争は互角というが、科学戦として武力戦として明らかに敗けている。局所局所の武勇伝は別であるが、ブーゲンビル戦以来サイパン、ルソン、レイテ、硫黄島、沖縄島皆然り、皆まけている。
陸相　会戦では負けているが戦争では負けていない、陸海軍間の感覚がちがう。
海相　敗北とはいわぬが、日本は負けている。
陸相　負けているとは思わぬ。

海相　勝つ見込あれば問題はない。
陸相　ソロバンでは判断出来ぬ。兎に角国体の護持が危険である。条件附にて国体が護持出来るのである。手足をもがれてどうして護持出来るか。

戦争中は不確定要素も多く、未来の戦局評価は難しい。「ソロバンでは判断出来ぬ」とは、計算して答えを出す性質の問題ではないという意味である。陸相の立場からみれば、海相は打算的にみえ、海相の立場からみれば、陸相は見込みがない議論をしているとみえたであろう[27]。

この両者の対立は、詔書の文章表現をめぐる問題となって再燃している。すなわち、八月一四日の閣議では、陸相が「戦局日に非にして」(原案)を「戦局必ずしも好転せず」と修正しようとしたのに対し、海相が反対したのである。

海相の主張は「敗けているではないか」というものだったが、結局、陸相の粘り強い主張が採用された。「必ずしも好転せず」の部分に「必勝の信念」のニュアンスが、わずかに残っている。これは「陸相として最後の務め」(内相・安倍源基の評)だったのだろう[28]。阿南は中国大陸や南方で部下をなくし、次男・惟晟も大陸で戦死している。多くの戦死・戦没者は、祖国の必勝不敗を信じ、国のため命を投げ出し、戦争に協力してきたのであった。陸軍省軍務局の説明資料にも「神州不滅を信じ玉砕せる英霊に申訳なし」(八月一二日)と明確に書かれている[29]。

それに、前述の「勝利を信ぜざる人は勝利を自ら放棄する者」という戦争観に立てば、ポツダム宣言受諾後、次のように批判される可能性があった。勝てるチャンスがあったのに、なぜ自らその勝利を放棄したのか。なぜ、天佑神助を確信しなかったのか。議会でも陸相が「神州不滅を信ぜざる者は神勅を疑うの罪軽からず」といっているではないか、と[30]。

海相との論争の数時間後、阿南陸相は、自決の場にのぞんで、遺書に「一死以て大罪を謝し奉る」と書き、さらに「神州不滅を確信しつつ」の一文を書き足した。おそらく「大罪」は「神勅を疑うの罪」ではないだろう。逆にいうと「神州不滅を信ぜざる者」が頭の片隅にあった可能性がある。もしそうならば、それは誰だろうか。それは米内海相だったのか[31]。

おわりに──「必勝の信念」のカテゴリー

「必勝の信念」を持つべきだという信念が必要なのは、その逆の事態が想定されるからである。そもそも、大国が小国を相手にするのであれば「必勝の信念」などを、わざわざ強調しなくていい。事実や根拠を示すだけでいいからだ。実際、一九四三年一〇月の小田島薫大佐(俘虜情報局)の講演によれば、連合国の捕虜は「全部必勝の信念」を有しており、日本側も当初は教化する方針だったが、のちに「必勝の信念が確かなので」断念したという[32]。

負け戦のなかでは「必勝の信念」に反する言葉はタブー化しやすい。大本営発表も「必勝の信念」という枠の内側にあった。負け戦の実態を推測したり、必勝を疑ったりしただけでも、流言扱いされかねなかった。

この点、『仏国歩兵操典草案』(一九二〇年)などをみると、勝利に対する自信は重視しつつも、兵隊に対しては実情を知らせようとするニュアンスが感じられる。すなわち、「抑も戦闘は総て精神の闘、士気の争なり。志気は自信力に依りて生ず。勝利獲得の望を放棄せる時は即ち敗者と為りたる時なり。物質上の諸件同一なる時は勝利は常に且必ず損失の小なる者に帰するに非ずして精神的持続力克く久しきに耐ふる者の頭上に宿るものとす」としつつも、次のような部分もあるからだ。「戦闘に際して指揮官は遭遇する危険ならびにすべての困難の状を明に兵卒に知らしむ。これ危険を予知せしめば予めこれを覚悟するをもって、これを知らずして突発せる危険に会するに比し驚くこと少なければなり」[33]。

戦後、飯村穣(阿南の後任の第二方面軍司令官)は「セレベス会」で『必勝の信念』と、皆様をだまし抜いたことをここでお詫びいたします」と述べたといわれる[34]。飯村は、開戦前に陸大教官・総力戦研究所所長をつとめていただけあって「いかにすれば必勝の信念が出来るかについては、あまり教えられもせず考えられもせず、必勝の信念のお題目で戦いに勝てると思って、大東亜戦争に飛び込んだといっても、過言ではないようである」と反省する[35]。また、同じく、総力戦研究所員だった松田千秋(のち海軍少将)も「日米戦争というものは、必ず勝つという見込みがあってから、初めて成り立つものじゃないか、それが、負けるという見込みだったら、自衛戦争、成り立たないじゃないか、と思いますがね」と海軍反省会で述べている[36]。

筆者は、関連史料を収集中に「必勝の信念」は①モノ②ヒト③その他(国体、大義名分、歴史、コトなど)の三つのカテゴリーに分類でき、かつ、その境界線が曖昧なことに気がついた。意外だったのは、モノ・ヒト以外の領域が想像以上に広かったことである。負け戦においては、全てのバランスが加速度的に崩れていったから、不思議なことでもない。仮説だが、③のような抽象的な領域が重視されていればいるほど、非言語レベルで戦局を楽観視していた可能性が高いのではないか(その逆の場合、①を重視すればするほど悲観的になる)。その理由は「必勝の信念」と戦勝との間の因果関係が曖昧で、戦局の悪化が敗戦意識に結びつきにくいからである。この場合、感情や意志、倫理の領域で、何らかのプラス・アルファーがなされていたと想定できる。

逆にいえば、①②については、敵味方の間でも、過去と現在の間でも、戦局評価が一定の枠内におさまりやすい。だが、③がからむと、国内的にも、国際的にも、戦局評価が一致しない要因になり得る。そして、こういったアンバランスは、外交条件や戦争終結時期にまで間接的に波及するのではあるまいか。仮に「必勝の信念」が「必勝の自信」(『戦闘綱要草案』一九二六年)というフレーズのままだったならば、少しは違っていたかもしれない[37]。

註

1――同徳台第七期生会編『同徳台陸軍軍官学校第七期生史』(同徳台第七期生会、一九九〇年)八三四～八三五頁。学校長は山田鐵二郎中将、幹事伊藤壽郎少将、予科生徒隊長張玉龍上校。敗戦後、同区隊の吉田幸雄は「生徒は必勝という事実と、必勝の信念という気力闘魂を混同したわけだが、戦局われに利あらざる情勢下自己が死んだ後が気になっていたであろうし、また区隊長としては武器食料の足らぬ分は精神力でカバーしていた日本陸軍の伝統に生きていたのであろうし、結果を超越して自己の誠を精一杯尽すことこそ任務に忠実なる所以であると信じての言葉であったのかも知れぬ。しかし後から考えたことではあるが、わが区隊長は現実主義、合理主義的近代戦こそ敵に勝つ唯一の方法であると考えられる方であるから、必勝の信念で戦えばよいとはいったものの当時の満軍の装備に対する相当の批判があったのではないか」と回想している(同上)。井林は陸士五七期、戦後、富山県印刷工業組合理事長。井林清長『追憶　消え去りし青春ブカチャーチャー第二部』(非売品、一九七五年)がある。

2――大江志乃夫『日本の参謀本部』(中央公論社、一九八五年)一四四～一四五頁、山田朗『近代日本軍事力の研究』(校倉書房、二〇一五年)二三三～二三四頁、遠藤芳信『近代日本軍隊教育史研究』(青木書店、一九九四年)一七三～一七五頁、防衛庁防衛研修所戦史室編『関東軍(一)対ソ戦備・ノモンハン事件』(朝雲新聞社、一九六九年)一九～二〇頁。服部聡「第一次世界大戦と日本陸軍の近代化――その成果と限界」(『国際安全保障』三六巻三号、二〇〇八年)は「近代化や総力戦体制の構築でカバーしきれない物質的劣勢を、精神力で補うという論理が作り出された」「日本陸軍が太平洋戦争においてその後進性を露呈することになった原点は、皮肉なことに、第一次世界大戦後の近代化に求めることができる」と指摘する(四七～四八頁)。資源局については、古川隆久『昭和戦中期の総合国策機関』(吉川弘文館、一九九二年)、纐纈厚『近代日本政軍関係の研究』(岩波書店、二〇〇五年)、三輪芳朗『計画的戦争準備・軍需動員・経済統制――続「政府の能力」』(有斐閣、二〇〇八年)、山崎志郎『物資動員計画と共栄圏構想の形成』(日本経済評論社、二〇一二年)、森靖夫『「国家総動員」の時代――比較の視座から』(名古屋大学出版会、二〇二〇年)を参照。

3――古峰文三「『歩兵操典』の変遷から読み解く日本陸軍歩兵論」(『歴史群像』三一巻三号、二〇二二年)はドイツの影響を重視して、綱領第二の「必勝の信念」は「物量で圧倒的な敵を精神力で撃ち破れるといった大言壮語ではなく、欧米各国の陸軍にも見られる歩兵の矜持を示し、士気を鼓舞する言葉に近い」とする。また「日本陸軍の歩兵操典は、最後の改正となる『昭和一五年歩兵操典』に至るまで『ドイツ一八八八年歩兵操典』を基礎として、諸兵種協同の概念を加えながら発展し、各級指揮官から兵士個人に至るまで、自身の判断による独断専行を尊ぶ、ドイツ流の散兵歩兵操典であり続けた」と述べる（四五〜四六頁）。稲田正純『稲田正純氏談話速記録』（日本近代史料研究会、一九六九年）は「日露戦争の次に出来た歩兵操典というのはあれはホラですよ。ホラですが、どこの国にもない操典で、あれは精神主義の操典ですが、世界中が真似をしたのです」と述べる（三二頁）。

4――上法快男編『軍務局長武藤章回想録』（芙蓉書房、一九八一年）八〜一一頁、「陸軍歩兵学校座談会①」（『偕行』四二四号、一九八六年）五頁。この時期、ソ連軍の歩兵操典の研究もなされており、陸軍歩兵学校訳『一九二七年訳文労農赤軍歩兵操典第二部（戦闘）』（偕行社、一九三一年）、笠原［幸雄］騎兵少佐「赤軍新歩兵操典の研究」（『偕行社記事』六四六号、一九二八年）も参照。

5――東条英機『大東亜戦争に直面して　東条英機首相演説集』（改造社、一九四二年）六頁。国会図書館デジタルコレクション（https://dl.ndl.go.jp/）で聴くこともできる。渡辺考『プロパガンダ・ラジオ　日米電波戦争幻の録音テープ』（筑摩書房、二〇一四年）によれば、東条首相のスピーチは、海外に向けても報道されたという（四三頁）。

6――『読売新聞』（一九四一年一二月一七日）。天皇は陸軍軍装に大勲位副章を佩用。

7――参謀本部編『杉山メモ』上巻（原書房、一九六七年）三一〇〜三一一頁。

8――戸部良一『逆説の軍隊』（中央公論社、一九九八年）は「正論としての攻撃精神や必勝の信念は陸軍の人事評価にもつながっていた。つまり、攻撃精神や必勝の信念を過剰なほど鼓吹する軍人が高く評価され、ポストにも恵まれた」と指摘する（三一六頁）。

9――木戸幸一『木戸幸一日記』下巻（東京大学出版会、一九六六年）一一九三頁、鈴木貫太郎伝記編纂委員会『鈴木貫太郎伝』（非売品、一九七〇年）五九三頁、鈴木一編『鈴木貫太郎自伝』（時事通信社、一九六八年）四、二七五頁、葛西富夫『斗南藩史』（斗南会津会、一九七一年）五八頁、出羽重遠「死を決して会津に籠城」（『日本少年』一〇巻九号、一九一五年）一七〜二一頁、星亮一『天風の海――会津海将 出羽重遠の生涯』（光人社、一九九九年）、波多野澄雄『宰相鈴木貫太郎の決断　「聖断」と戦後日本』（岩波書店、二〇一五年）、小堀桂一郎『鈴木貫太郎――用うるに玄黙より大なるはなし』（ミネルヴァ書房、二〇一六年）、拙稿「鈴木貫太郎と日本の『終戦』」（黄自進・劉建輝・戸部良一編著『〈日中戦争〉とは何だったのか――複眼的視点』ミネルヴァ書房、二〇一七年）も参照。

10――清沢洌著、橋川文三編集・解説『暗黒日記　戦争日記一九四二年一二月〜一九四五年五月』（評論社、一九九五年）

六四二頁、『日本産業経済新聞』(一九四五年四月九日)。

11──大木操『大木日記』(朝日新聞社、一九六九年)三一二頁、鈴木貫太郎伝記編纂委員会『鈴木貫太郎伝』(非売品、一九七〇年)二四三頁、『朝日新聞』(一九四五年五月四日)。

12──「第八七回帝国議会　衆議院　戦時緊急措置法案(政府提出)委員会　第三号　昭和二〇年六月一一日」。帝国議会会議録検索システム(https://teikokugikai-i.ndl.go.jp/)で閲覧可能。天佑天罰事件については、小堀桂一郎『宰相鈴木貫太郎』(文藝春秋、一九八二年)も参照。

13──鈴木貫太郎口述、校閲鈴木一、鶴本丑之助「大日本帝国最後の宰相　鈴木貫太郎終戦秘録」(『日本週報』二一七号、一九五二年)二四頁。

14──前掲、鈴木貫太郎伝記編纂委員会『鈴木貫太郎伝』一六七頁。

15──下村海南『終戦記』(鎌倉文庫、一九四八年)五〇頁、佐藤元英・黒沢文貴編『GHQ歴史課陳述録、終戦史資料　上巻』(原書房、二〇〇二年)二〇九頁。

16──前掲、鈴木貫太郎伝記編纂委員会『鈴木貫太郎伝』四九五頁、迫水久常『終戦時の真相と今上天皇の御仁徳』(道徳科学研究所、一九五五年)一〇七頁。この点、山本智之『「聖断」の終戦史』(NHK出版、二〇一五年)は、「負けるが勝ち」主義が存在していたとし「主戦派を支えた「先制主働」と早期講和派をささえた「負けるが勝ち」主義の理念が、戦局の推移に応じて相克しながら事態は推移していく」という軸で論じている(一一五〜一一六頁)。

17──防衛省防衛研究所所蔵『鈴木海軍兵学校長訓示集』(七・教育全般・七四)、高野邦夫編『近代日本軍隊教育史料集成』第九巻(柏書房、二〇〇四年)一八二頁。

18──秋富公正「十一期、十一空廠、十一倶楽部」(士交会の本刊行委員会編『士交会の仲間たち　海軍主計科短現十一期』士交会の本刊行委員会、一九八九年)三九六頁、沖修二『阿南惟幾伝』(講談社、一九七〇年)三三三、三四一頁、宮野澄『血壁　ある時代の青春 陸軍士官学校五六期生』(毎日新聞社、一九八二年)九六〜九八頁。

19──角田房子『一死、大罪を謝す』(新潮社、一九八〇年)一四一頁、読売新聞社編『昭和史の天皇』七巻(読売新聞社、一九六九年、愛蔵版、一九八〇年)三五一頁。

20──西浦進『昭和陸軍秘録──軍務局軍事課長の幻の証言』(日本経済新聞出版社、二〇一四年)四〇四頁。

21──前掲、角田『一死、大罪を謝す』一九頁、「第八七回帝国議会衆議院議事速記録第一号」(『官報号外』一九四五年六月九日)四〜五頁。帝国議会会議録検索システムで閲覧可能。

22――「国防」戦史研究会「豪北作戦における阿南大将の統帥」（『国防』一九巻一号、一九七〇年）三一～一三四頁、秦郁彦『昭和史の軍人たち』（文藝春秋、一九八二年）二〇～二三頁。

23――前掲「第八七回帝国議会衆議院議事速記録第一号」五、八頁、伊藤隆ほか編『高木惣吉　日記と情報』下巻（みすず書房、二〇〇〇年）七四九頁。

24――松本学著、尚友倶楽部・原口大輔・西山直志編『松本学日記　昭和十四年～二十二年』（芙蓉書房出版、二〇二一年）三七八頁。

25――防衛庁防衛研修所戦史部『大本営海軍部大東亜戦争開戦経緯』第一巻（朝雲新聞社、一九七九年）一～三頁。

26――下村海南『終戦記』（鎌倉文庫、一九四八年）一一八～一一九頁。

27――同右、一一八～一一九、一二三～一二四頁。米内光政については、手嶋泰伸『昭和戦時期の海軍と政治』（吉川弘文館、二〇一三年）も参照。なお、『毎日新聞』（一九四五年九月二〇日）によれば、敗戦後、米内は「御承知の通り近代戦は陸海軍だけの戦争ではない、総力戦である、日本軍の総攻撃は国民総力とのバランスがとれなかった」と述べている。

28――迫水久常『機関銃下の首相官邸』（恒文社、一九六四年、筑摩書房、二〇一一年）三一九～三二一頁、老川祥一『終戦詔書と日本政治――義命と時運の相克』（中央公論新社、二〇一五年）五、一四七、一四九、一五二、一六二、一六九、三九一頁、山田敏之「終戦の詔書　史料で読み解く二つの疑問」（『国立国会図書館月報』五九三号、二〇一〇年）一七頁、茶園義男「戦局必スシモ好転セス　終戦詔書成立考」（『兵役』三号、一九八　年）五三～六四頁、同『密室の終戦詔勅』（雄松堂出版、一九八九年）五三二九四頁、ロジャー・ブラウン「万世ノ為ニ太平ヲ開カント欲ス　安岡正篤の国体護持思想を中心に」（『埼玉大学紀要・教養学部』五〇巻二号、二〇一五年）二〇八頁、読売新聞社編『天皇の終戦』（読売新聞社、一九八八年）三二九～三三〇頁。前掲、迫水『機関銃下の首相官邸』では「戦勢日に非なり」となっている（三二〇頁）。

29――江藤淳監修、栗原健・波多野澄雄編『終戦工作の記録』下巻（講談社、一九八六年）四三九頁。

30――いわゆる「終戦の詔書」（八月一四日）には「総力戦」について明確に言及した箇所がない。国力差で負けたのであれば、なぜ開戦したのかという疑問も生じよう。もっとも「かたく神州の不滅を信じ任重くして道遠きを念い　総力を将来の建設に傾け」という部分に「必勝の信念」と「国家の総力」のニュアンスを感じることはできる。

31――軍事史学会編『機密戦争日誌』下巻（錦正社、一九九八年）七六五、七六七頁。

32――前掲、清沢『暗黒日記　戦争日記一九四二年一二月～一九四五年五月』一六二頁。小田島大佐は陸士二八期（歩兵）。平山輝男「必勝の信念　思い出す捕虜の言葉」（『月刊金融ジャーナル』二九巻九号、一九八八年）にも「必勝の信念は日本のみが神国として持っている日本独特の精神であり、この精神があればこそ神風が吹き日本は負けることはないと信じていた。開戦後行く処敵なしの勢のとき、敵の捕虜［英海軍将校］からこの言葉を聞き脳天を叩きのめされたような気がした」とある（一三五頁）。平山は一九三八年に海兵卒業（六六期）。

33――偕行社編『仏国歩兵操典草案 第二部』（偕行社、一九二二年）二九～三〇、三五頁、桑田悦「旧日本陸軍の近代化の遅れ」の一考察（第一次大戦直後の日・仏歩兵操典草案の比較と「火力戦闘の主体論争」を中心として）」（『防衛大学校紀要人文・社会科学編』三四輯、一九七七年）二五〇頁。桑田論文は「私は寡聞にして公式な日本陸軍の運用教範類にこの趣旨のことが強調されていることを知らないし、戦前・戦中の戦況関係あるいは日本陸軍の実力に関する報道の態度もこの逆であったのではなかろうか、と推測する」「困難・危険（いいかえれば自軍の弱味）を予告する態度をとらなかった、あるいはとり得なかった、ということは、日本人の精神構造の問題および日本人の国民性への不信感の問題として、検討する余地がありそうに思う」とも述べている（同上）。教育総監部訳『英国歩兵操典第二部』（偕行社、一九二七年）には「指揮官は十分なる火力の援助を有せずして歩兵をして攻撃せしむるは不成功に終ることを承知せざるべからず」「両軍対等なるときは志気の旺盛なる者遂に勝利を得るものにして必ずしも死傷及資材の損害少き者に帰するにあらず」（三、五頁）とある。

34――前掲、角田『一死、大罪を謝す』一〇三頁。河辺正三『日本陸軍精神教育史考』（原書房、一九八〇年）も「必勝の信念と言う文字にも其裏に多少の弊を伴うものがあった。即ち之が盲信あり、乱用あり、懐疑あり。時には信念の基礎たる物心両面の素地の充実を僻り若くは其不足不備に対する自斯自慰的方便として内容空虚なる常套語の如く之を口にする傾向をすら見たことは極めて遺憾である。殊に其害の最も甚しきは自ら信ぜざるに拘らず表面を糊塗して他を欺瞞して必勝を呼号し而も其欺瞞が逐次内実を暴露し来る場合に於て其然るものがある」（八七頁）と書いている。西川吉光「平和国家の政軍システム：旧軍用兵思想にみる問題点」（『国際地域学研究』一二号、二〇〇九年）は『必勝の信念』は、見たくないものを見ない、考えたくないものを無視できる都合の良い経文であった」（九四頁）とする。

35――飯村穣著、上法快男編『現代の防衛と政略　名将・飯村穣の憂国定見』（芙蓉書房、一九七三年）一〇〇～一〇一頁。なお、白鴎遺族会編『雲ながるる果てに　戦歿海軍飛行予備学生の手記』（河出書房新社、一九六七年）所収の及川肇・遠山善雄・福知貴・伊熊二郎「川柳合作」にも「必勝論、必敗論と手を握り」とある（一四一頁）。

36——戸高一成編『［証言録］海軍反省会』三巻（ＰＨＰ研究所、二〇一二年）一二五頁。

37——対ソ戦なのか、対米戦なのかで、ニュアンスも異なるだろう。戦闘綱要（一九二九年制定）については、葛原和三「『戦闘綱要』の教義の形成と硬直化」（『軍事史学』四〇巻一号、二〇〇四年）が詳しい。「言葉の拘束により教義化が始まった」と指摘する（三一頁）。戦争末期の白兵主義思想については、山本智之「陸戦兵器と白兵主義」（山田朗編『戦争Ⅱ　近代戦争の兵器と思想動員』青木書店、二〇〇六年）は「日本軍は、第一次世界大戦において列強が火力を重視したものへと作戦思想を変化させていくなかで、逆に白兵至上主義の精神主義的な作戦思想へと移行していった」とする（五一頁）。

※本章は、ＪＳＰＳ科研費一九Ｋ〇〇九九三の助成を受けている。

第Ⅱ部

海外から見た日本の総力戦／総力戦体制

第8章

日本における自由フランス

——特異な総力戦の断片 一九四〇〜四五年

宮下雄一郎
MIYASHITA Yuichiro

はじめに——フランスと「幻の総力戦」

第二次世界大戦は、主要な参戦国にとって国民の大規模な動員、そして自国の産業を戦争経済への貢献に傾注させることを伴う総力戦の形態をとるものであった。いずれの参戦国も開戦前から準備をおこない、敵の打倒に邁進したのである。

ところが総力戦を予測しつつも、実質的な総力戦を遂行できなかった大国があった。フランスである。一七八九年に勃発したフランス革命を契機に、国家の人的・物的資源を効率よく動員する動きが始まったと言われているが、そのフランスが総力戦の序盤で躓いたことになる[1]。

もっともフランスは第一次世界大戦の戦訓を生かし、早い段階で国境の枠を越えた総力戦体制の構築を目指し、イギリスと英仏調整委員会を結成し、両国の資源の融通、そして資源の共同調達など、高度な次元での総力戦体制の実現を目指していた。合理的な戦争遂行を徹底して追求し、第一次世界大戦に際して連合国が実践した「戦時共同行政」をより発展させるべく、英仏両国でドイツの打倒を図ったのである[2]。

そもそもフランスでも総力戦を前提とした統治体制を構築するための法的枠組みは整備されており、いざ戦争が始まれば制度的にその遂行を手助けするために準備万端の策を講じていたのである。国民議会で可決された一九三八年七月一一日の戦時国家の組織に関する法律である。この法律により、政府は、一部の資源について輸出入、流通、使用、所持、販売を統制し、それらの資源に課税し、消費を配給制に切り替えることが可能となった[3]。

しかし、制度を整えても、その有効性を確かめるには戦争遂行を待たなければならない。一九四〇年六月にドイツと途中から参戦したイタリアとの休戦協定の締結を余儀なくされたフランスはあまりにも早く戦争から脱落したのである。一九三八年七月一一日の法律の効果を確かめるのに十分な時間はなかった[4]。

フランスは呆気なく敗れたものの、「無傷」のまま屈服したわけではなかった。ドイツの西部方面への攻勢が始まった一九四〇年五月一〇日からドイツとの休戦協定調印の前日である六月二一日までの間に九万八〇〇〇人の戦死者、あるいは行方不明者、二五万人にのぼる戦傷者、一八〇万人にのぼる捕虜を出しての敗戦であり、動員された六〇%が何らかの影響を受けたといわれている[5]。この数字が示すようにフランス国民は戦い、疲れ果てていたのである。ところが、こうした疲労は本土の政府と国民の多くが感じたとしても、植民地帝国のフランス人や世界各地の在外フランス人の間で一致して共有されていたわけではなかった。広大な植民地には軍隊が残っているうえ、海軍は無傷であったのだ。総力戦の時代であったからこそ、「総力」を尽くさなかったという印象が残ったまま敗戦の報に接したのである。その証拠に国外の在外フランス人団体が在地のフランス大使館に戦争継続を訴える激励の電文を送ったが、戦争継続の根拠となったのが英仏統合構想であった[6]。

さらに、煮えたぎる抗戦意欲に火をつけたのが、ロンドン出張を契機に、いったん帰仏後、イギリスにとどまることを決断したシャルル・ド・ゴール将軍の本国政府の判断を無視した戦争継続に向けた呼びかけであった。ド・ゴールは、歴史に名を残した「六月一八日のBBC放送」を皮切りに、戦争継続の意志を有したフランス人をロンドンに糾合すべく、訴え続けたのである。休戦協定による敗戦で意気消沈するなか、ド・ゴールの抵抗運動旗揚げの報せは世界を駆け巡った。だからこそ、ロンドンに赴くことはできなくても、世界各地で自由フランスと銘打たれる組織への協力に乗り出す人々が現れたのである。日本における一部のフランス人もまたそうした協力を表明した。総力戦は政府が社会の資源を戦争遂行に有効に活用すべく、人的・物的動員を統制することを前提としたかたちの戦争である。だが、早々と脱落したフランスの場合、政府ではなく、抵抗運動という非正式な国際政治アクターによる呼びかけをとおして戦争継続が試みられ、統制下の国民ではなく、自由に意思を表明できる国民がそれに応じることによって、総力戦の再開に向けた動きが始まったのである[7]。

そのようなわけで、総力戦の再開に向けたフランス人の動きは、ヴィシーに拠点を移した正統政府の圧力、地理的空間の制限、そして資源も著しく限られていたことから、極めて地味なものであった。あくまでも抵抗運動というものであった。だが、それは紛れもなく戦争への参加を希望する人々の精一杯の活動であった。在日フランス人にとってどのようなかたちで抵抗がおこなわれたのか。本章の目的は、この在日フランス人の抵抗運動に関する政治と外交を論じることである[8]。

1　一九四〇年六月の敗戦

◆在日フランス人の反応

アジアに届いたフランス敗戦の一報は本国から離れて活動しているフランス人に少なからず不安を抱かせた。ニューカレドニアやニューヘブリデス諸島のような植民地帝国はもちろんのこと、中国や日本でも戦争継続を希望する声が出始めたのである。ドイツの同盟国である日本の影響下にある地域では、いわば「敵地」で戦争継続を訴えることとなった。東アジアで最も活発に活動がおこなわれていたのが中国である。ド・ゴールに率いられたロンドンの自由フランスは、休戦協定の締結を推進し、第三共和制の最後の政府から引き継いだ、通称ヴィシー政府から正統性を奪取すべく、統治機構としての自律を目指したが、海外の組織はあくまでも運動としての役割を担った。というのも、アジアにおける在外公館は軒並みヴィシー政府を正統政府として扱い、自由フランスに何らかの公的承認を付与することはなかったからだ。上海で代表を務めた商人のロデリック・エガルもそうしたド・ゴールを支える運動を展開した人物であった。エガルによって隔週で出された同地の自由フランス運動の広報誌（*Bulletin Hebdomadaire de France Quand Même*）がアジアや太平洋の諸地域の自由フランス運動の「支部」誕生を報じている。ニューヘブリデス諸島や香港での「支部」誕生、ニューカレドニアの自由フランスへの参入、マニラでのラジオ放送の開始など、自由フランスが支持されているという情報を最大限拡散しようとしたことがうかがえる[9]。上海でも「アジアの声（La Voix de l'Asie / The Call of Orient）」という名のラジオ番組を、日本を含めたアジア各地に向けて放送していた。そのようなわけで、少なくとも敗戦の翌年にはド・ゴールの演説もアジアで聞くことができるようになっていた[10]。

日本でも中国と同時期に自由フランスへの支持を表明する動きが生じていた。一九四〇年七月一二日、大使館主催の記者会見が開かれ、「フランス政府はドイツとの完全な協力の道を選択した」という趣旨の内容が紹介された。これにフランスの汽船会社であるメサジュリー・マリティーム社、Compagnie des Messageries Maritimes, 以降C.M.M.〔フランス郵船〕)の神戸の代表であるガブリエル・バルベを中心とした在日フランス人が反発したのである。航空機ではなく、船舶が長距離移動の主要な手段であった時代、とりわけ一九世紀以降、C.M.M.はフランスの対外プレゼンスを担う主要なアクターの一つであった[11]。フランスの文明史家であったアンドレ・シーグフリードに言わせれば、C.M.M.は、「西洋」とアジアをはじめとした地域が出会うための手段であり、西洋文明を拡散させる役割を担ったのであった[12]。C.M.M.の最大の株主はフランス政府であり、その従業員は公務員の規定に服していた[13]。

ようするにC.M.M.は、フランスにとって海外における「花形企業」であり、その従業員は在外フランス人の間で一目置かれる存在であったといえよう。一九三三年八月二五日以降、同社の神戸支社の代表を務めるバルベは、まさに神戸のフランス人の「顔役」と言える存在であった[14]。バルベをはじめとした世界に散らばったフランス人が休戦協定に不満を抱き、大使館をとおして本国政府に戦争継続を訴えたのである[15]。バルベはまずは大使館の立場を翻意させようと活動した[16]。だが、ヴィシー政府に忠実な立場を堅持する大使館がバルベに理解を示すことはなかった。

◆日本における自由フランス支部の旗揚げ――「それでもフランス」

一九四〇年の誕生間もない段階での自由フランスはイギリス政府に戦争を継続するフランス人であると承認されても、国際法上は何ら裏付けのない承認であった。フランス本土のヴィシーには第三共和制から引き継いだ「フランス国家」という名の正統政府があったわけで、国外で自由フランスを支持するということは正統政府に背くことを意味した。当然、ロンドンの自由フランスも資金不足でイギリス政府に依存するしかなく、世界各地に支部が誕生しても、支援はできなかった。むしろ各地の支部の主要な作業は寄付を募り、それを送金することであった。

それでもド・ゴールに支部として承認してもらうことが必要であった。これがバルベ等の第一の課題であった。だからこそ承認を含めたロンドンの自由フランス「本部」との連絡手段を確保する必要があった。バルベ等はあくまでも民間人であり、C. M. M. のフランスの本社はヴィシー政府に忠実な立場をとっていたのである。そこで日本での活動を支える存在として浮上したのが在東京のイギリス大使館である。当初、バルベはフランス大使館を自由フランス側に引き入れようとしたようであるが、失敗した。そこで動いたのが神戸にあったイギリス総領事館である。つまり、在神戸のイギリスの総領事館、そして在東京の大使館をとおしてバルベをロンドンの自由フランスに紹介するかたちで、ド・ゴールの耳に旗揚げの情報が入ったと思われる[17]。バルベは、ド・ゴールに「一兵卒として奉仕する」と伝えた。一九四〇年八月二一日、イギリス大使館経由でバルベは「ド・ゴールの日本代表となるよう」依頼するメッセージを受信する[18]。こうして短いものの、自由フランスの日本支部の活動が始まったのである。この数日前のことになるが、ド・ゴールは上海宛てのほか、日本のバルベに対しても自由フランスへの加入に謝意を表する電文を送った[19]。

自由フランス日本支部の立ち上げまでの一連の過程で欠かせない存在となったのがイギリスの在外公館であり、とりわけロバート・クレーギー駐日大使である。クレーギーはバルベを全面的に支えるつもりであり、給与が必要かどうかまで問い、財政的に支える準備もしていた。だが、バルベはC. M. M. から給与を受け取っており、クレーギーの申し出を固辞したのである[20]。

一〇月二日、クレーギーは、ド・ゴール宛てにバルベの活動をまとめて報告している。そこには遠い日本で自由フランスの活動を後方支援するための努力がにじみ出ている。バルベについて、まずは自由フランスが戦争そのものを遂行するために必要な武器を購入するための資金集めに奔走したことが描かれている。定期的な送金を目指し、在日フランス人の名士を集め、目立たないようにではあるが、多数のフランス人を勧誘していたことがうかがえる。もう一点、総力戦の後方支援ともいえるのが、宣伝活動であった。そもそもバルベを含め、日本にいたフランス人はド・ゴールについて何ら情報を持っておらず、自由フランスの活動についても伝わっていなかったことが見て取れる。バルベは、クレーギーに対し、ド・ゴールの出身地、軍歴、家族構成など、できるかぎりの情報収集を依頼している。ただ、ド・ゴールに関する正確な情報ではなく、「ド・ゴールを神話化させ、英雄として描く」ことが目的であると明確に論じていることから、事実探求ではなく、明らかに日本における自由フランス支部の要員を増やすための施策と考えていたことがうかがえる。とりわけバルベが求めたのが、自由フランスの兵力に関する情報であり、要するに具体的な数字を欲したのである。それにより日本で自由フランスへの参加を躊躇している面々を説得する材料になると判断したからだ。そして、実際の戦闘における自由フランスの貢献についても情報を求めた。戦果を知ることにより、フランス人を自由フランスに結集させ、喪失した誇りを取り戻すのに役立つと論じたのである[21]。

このように自由フランスの日本支部といっても、その活動はクレーギー等イギリスの在外公館の協力なしには実施不能なものであった。こうしたなかで当然のように生じてくる問題があった。関東圏における自由フランスの活動の活性化である。多くのフランス人が東京をはじめ、首都圏に居住を構えていたのである。バルベ自身もその必要性を感じていたが、関東圏の代表を設ける必要があり、これまたイギリス大使館がバルベに一人の人物を推奨した。それは同じくC．M．M．の横浜支社の代表であるルイ・ヴィニュであった[22]。こうして日本における自由フランスの拠点は二つとなった。

◆関東と関西における自由フランスの活動

実際のバルベは自由フランスの日本代表として表立った活動をおこなうことはできなかった。関東地方を管轄するヴィニュに至っては、より一層控え目な行動に終始した。つまり、典型的な非軍事的な抵抗運動の形態をとっていたのであり、粛々と資金集めに奔走していたというのが実態である。

ド・ゴール率いる自由フランスを支えるという一点ではバルベとヴィニュの間には違いはなかったが、ヴィシー政府に対する考え方については隔たりがあった。より正確には国家主席のフィリップ・ペタン元帥に対する考え方が異なっており、この点は興味深い。これはフランスでもしばしば見られた、第一次世界大戦に際し、フランスを勝利に導いた「救国の英雄」ペタンがドイツに屈服するはずがないという淡い期待と推測に基づくものである。戦時中、そして戦後も日本で活躍したフランスのアヴァス通信社の特派員ロベール・ギランは、関東地方における自由フランス運動員の一人だが、「ペタンとド・ゴールは阿吽の呼吸で協力していると皆思っていた」と戦後回想している[23]。その「皆」のなかにヴィニュが含まれている可能性が高い。ヴィニュはヴィシー政府、とりわけペタンについては批判の対象になってはならず、ド・ゴール派の役割はヴィシー政府、自由フランス、それぞれの世界観を共存させることだという趣旨の考えを抱いていたようである。さらに、イギリス大使館の支援を受けながらも、ヴィニュは、イギリスのフランスに対する真の思惑に疑念を抱いており、自由フランスに対する支援も不十分であると考えていたようである。

日本における自由フランス運動について報告書を作成し、イギリスの外務省に送付された報告書によれば、バルベは熱心なド・ゴール派であった一方で、ヴィニュについてはより慎重な立場をとっていたようである。そして関西地方は「バルベの色」、つまりより強硬な自由フランス支持者、関東地方では「ヴィニュの色」、すなわち抵抗運動に身を置きながらも、ヴィシー政府批判についてはそこまで徹底していない風潮が強かったとのことだ。東京においては会合も開かず、寄付を繰り返しながらも自由フランスに対する親近感も隠していたようである。そうした一人が日本におけるフランス文化と言語の教育機関であるアテネ・フランセの教員のポール・イズレールであり、わざわざ自由フランスとの関係を一切否定する内容のヴィニュ宛ての書簡をしたため、横浜のイギリス総領事館に対し保管するよう依頼した。日本の官憲の調査の際に役立つとの思惑からであった[24]。

日本からしてみれば、フランスは敵国ではないものの、同盟国ではなく、およそ友好国でもなかった。それはヴィシー政府から見た場合も同様である。そうしたなか、イギリスと歩調を合わせる自由フランスは警戒すべき不穏な分子でしかなかったのである。総力戦は必要と判断された場合、可能な限りの資源と人員を動員することを念頭に置いた戦争であり、自由フランスの日本支部の活動はその末端分子であった。それゆえ、ドイツの同盟国となった日本にとって看過できる組織ではなかったのである。

ヴィニュも監視下に置かれていることを知っていた。それゆえ、ド・ゴールに対し、連絡に際してはまずはロンドンのイギリス外務省を通し、そこから横浜のイギリス総領事館宛に発し、ヴィニュが受信するという方式を推奨したのである。そして、一連の活動についてはバルベに報告するとのことであった。具体的な年月日は不明であるものの、一九四〇年の一〇月の段階で自由フランスの日本支部は「それでもフランス(France Quand Même)」と銘打たれたようである。ヴィニュのド・ゴール宛て書簡の上部に標章のように刻印されていた。また関東地方の一〇月一四日開催の初回の会合ではヴィニュを筆頭に五名が集い、「それでもフランス」運動の宣言文が作成され、ド・ゴールに送られた。そこには、イギリスの勝利のみが、フランスの独立、自由、そして植民地帝国を含む全領土の回復を可能にすると記載され、主要な活動が自由フランス軍の活動費用にあてるための送金であることも明記された[25]。一見すると、イギリスの外交団によって描かれたヴィシー政府への配慮を示していたヴィニュ像と矛盾するが、フランスの抵抗運動、とりわけ初期の抵抗運動に見られた典型的な特徴の一つといえよう。それは独伊の打倒を目指しながらも、ペタンの再起を期待する姿勢である。ヴィシー政府が共和政体であるか否か、その基盤となる理念が民主主義か権威主義かが論点となったわけではない。あくまでも戦争を再開、遂行し、勝利を目指すというのが最大の関心事であったのだ。

ヴィニュが声をかけた一七名のうち一六名が自由フランス支援に賛成の立場をとった。その一方で、大使館の関係者などの公的な立場にある人々、そして聖職者は勧誘しない旨、述べた[26]。

ヴィニュが集めた資金はイギリス大使館に渡され、そこからポンドでの相当額をロンドンに伝え、その後、自由フランスの口座がある国立地方銀行(National Provincial Bank)のトラファルガー広場支店に送金されたのである[27]。バルベによると、神戸においては四三名の民間のフランス人のうち、二六名がド・ゴール派であった。そして、宣教師のなかでは九名が連合国側にいるとのことであった[28]。

2　国際情勢に翻弄される「それでもフランス」

◆日本から見た自由フランス

日本においては、バルベやヴィニュの活動は程なくして監視の対象となったが、ド・ゴールのとった行動については、必ずしも否定的論調一点張りというわけではない。一九四〇年の八月の段階でド・ゴールの活動に対する論稿が出てくるが、自由フランスに関し、正確な情報を入手できていたわけではないことがうかがえる。たとえば六月二八日、イギリス政府がド・ゴールをフランスの臨時政府の首相として認めたというような内容が書かれているが、そのようなことはなかった。あくまでも戦争を継続する自由フランスの人々の指導者として認められたのである。そもそもこの「承認」の法的基盤の脆さは理解しており、国際法に基づく承認ではないことは明記する一方で、七月に統治機構がヴィシーに行く前に脱稿されたためボルドー政府となっているが、この政府の正統性を否定する可能性があるということも記されていた。そしてこれがイギリスの対仏外交の転換点になるとのことである[29]。一九四一年に入ると、ド・ゴールに関してより詳細な解説がおこなわれるようになり、「叛逆将軍」というように紹介しつつも、否定的な内容ではなく、戦間期のド・ゴールの著作を紹介し、機械化部隊の重要性に着眼していたことを評価し、それを聞き入れなかった開戦当初のフランス陸軍の最高司令官であるモーリス・ガムラン将軍と対比させ、後者を批判している[30]。

以上は日本のメディアに登場したド・ゴールについての記述だが、現実の外交でも自由フランスは無視できない存在であった。第二次世界大戦期の日本は、ヴィシー政府を正統政府として対仏外交を展開したが、太平洋戦争の開戦までは自由フランスとの連絡を絶っていたわけでもない。たとえば一九四一年一月、日本の在シンガポール総領事の鶴見憲は、同地の自由フランスの代表ギー・クオニアム・ド・ションブレに対し、日本政府にとって自由フランス運動として唯一許容できる活動は文化的なものであると述べた。文化活動以外は認めないと解釈できるが、その一方で文化という言葉の内容は広いわけで、ある程度の活動は黙認する意向であったともいえよう[31]。

またニューカレドニアがその島々ごと自由フランスに合流したことも日本にとっては気がかりであった。早い段階で、深刻にとらえる必要性について言及がなされていた[32]。というのもニューカレドニアは世界有数のニッケルの埋蔵量を誇り、日本がそれを必要としていたからである。日本と自由フランスは外交関係にはないものの、ロンドンの上村伸一臨時代理大使をとおして自由フランス側とニッケル問題について協議したい旨伝えるよう、イギリス外務省に依頼したのである。イギリス外務省は直ちに自由フランス側に電話で日本の接触希望を伝達した[33]。この日本側の接触の試みが功を奏したのか否かは史料からは読み取れないが、自由フランスが実効的に支配する領域を持ち、その領域に戦略的な重要性がある以上、正統な国際政治アクターとして認知していなくても、無碍に扱うわけにはいかなかった事例といえよう。

◆「それでもフランス」の動揺

創設から間もない「それでもフランス」に早くも終焉の時期が近づいていた。日本の警察による監視のみならず、フランスのC.M.M.の本社も日本におけるバルベとヴィニュの活動を怪訝な目で見るようになっていた。結果的に、両者に異動の辞令を発することに決めたのである。だが、これは決して悪い話ではなかった。このC.M.M.の判断について、クレーギー大使とバルベが何らかのかたちで協議したことがうかがえる。両人ともこの異動の背景には政治的な判断が加わっているという考えで一致した。だが、ヴィニュと異なり、より大々的に反枢軸陣営への支持を表明していたバルベにとって、異動は悪い話ではなかった。というのも、会社の費用で日本を去ることができたからである。バルベは間違いなく日本で要注意人物として警戒され、本社の意向に逆らって日本に残った場合、国外に退避する必要が出たとしても、自らの手段で日本を退去しなければならなかった。クレーギーからしてみれば、日本における自由フランス運動はバルベでなくとも、指揮をとれるとのことであった。クレーギーは、ド・ゴールに対し、バルベをロンドン、あるいは海運業界への知見を発揮できるようなポストに異動させるのがよいであろうと進言した。そしてバルベ自身も日本を出る準備を始めた[34]。

そのようなわけでバルベとヴィニュが日本を出るタイミングが問題となった。当初、バルベはしばらく日本に残ってから、離日するつもりであった。というのも後任への引継ぎをおこなう必要があったからだ。イギリス大使館も、後任を決め、円滑に運動の継続性を確保してから、バルベが去るのがよいと考えていた。そしてバルベには解決したいもう一つの問題があった。一九四〇年六月に敗戦後のフランスは特殊な状況にあった。政府を名乗るか否かを問わず、存在感のある二つのアクターが対立する「フランス」という状況に向かっていく過程のただ中にあったのである。そして正統政府はヴィシー政府であった。バルベは自主的に自由フランスの動員の対象となったわけであり、その活動に何ら正統性はなく、費用も自由フランスが賄っていたわけではない。つまりバルベは自らの生活基盤を維持するためには、C.M.M.に所属し続けることが望ましいと判断したのである。バルベは本社の思惑を楽観的に考えていた[35]。ロンドンの自由フランスにとってもこのバルベの意向は理解できるものであり、場合によっては、ニューカレドニアのヌメアのC.M.M.の代表がヴィシー政府派でド・ゴール派の総督の邪魔ばかりしていたので、バルベに代われば都合がよいというような見解もロンドンでは出ていたのである[36]。

その一方で、バルベをアジアに留まらせるべきだという声も存在した。中国で発行される自由フランス運動の機関誌に日本支部は登場しない。日本側に存在を悟られないためと思われる。だが、バルベの活動と自由フランスに対する貢献度は存分に知れわたっていた。一九四一年四月の段階で、一足早く上海の自由フランスの代表であるエガルがフランス側に拘束されていた[37]。そこで、自由フランスのシンガポールの代表となっていたシャルル・バロンが「極東におけるフランス人の間で尊敬の念を集めている」バルベをエガルの後継として上海に派遣するよう提案したのである[38]。

上海以外では、ヌメア、そして仏領ソマリランドが自由フランスの傘下に入った場合にはジブチなどの赴任先が候補にあがったが、結局決まらなかった。バルベはC．M．M．から七カ月の休暇とその後は給与なしの休職を許可されたものの、先行き不透明であった。企業の人間としての立場と自由フランスの運動家としての立場を両立させようとしたのであろう。一九四一年五月、ロンドンの自由フランスに打開策を求めた[39]。バルベとしては、ド・ゴールに何とかしてほしいというのが正直な思いであったと思われる。だが、ロンドンに呼び寄せるならばまだしも、C．M．M．の社員としての立場を尊重したうえでの自由フランス運動となると、なかなか難しいのが実際であった。バルベがC．M．M．の社員としての立場と自由フランスの運動家としての立場の両立を図ろうとし、ロンドンの本部でもそうした意向を尊重しようと考えていたことがうかがえる。バルベの真意は自由フランスがC．M．M．に自身の異動について打診することであったように思われる。だが、それは非常に難しいことであった。結局、五月一四日、ロンドンの自由フランスは、シンガポールのバロンに対し、バルベの処遇に関しては現地で決めるよう訓令したのである[40]。これは自由フランスがC．M．M．には接触しないことを意味し、バルベがアジアの自由フランスの拠点の協力の下、自分で何とかしなければならないことを意味した。しかし、バロンにもバルベ本人でもどうにかできる問題ではなかった。六月四日付けの電文でバルベは、ロンドンの自由フランスに対し、自身の赴任先について急ぎ返答を要求したのである[41]。それに対するロンドンからの六月一二日付けの返答は、「ロンドンか上海」の二者択一であった[42]。ようやくバルベの赴任先に関して方向性が見出せたわけだ。

以上のように日本の枢軸陣営の枠組みでの戦争拡大が現実味を増していくなか、バルベやヴィニュの立場も危うくなっていき、指導的立場にあったバルベの帰趨も不安定になっていった。しかし、それでも両者の自由フランスの日本における代表的存在としての活動は続けられており、複数回にわたり、ロンドンへの送金がおこなわれていた。バルベは四月に六〇〇円、五月と六月にもそれぞれ同額を送金していた。関東地方ではヴィニュが、四月に五四五円、そして六月には四九五円をイギリス大使館経由で送金した。そしてヴィニュにとってはこれが最後の送金となった。ヴィニュについてはフランス外務省、そしてC.M.M.の史料においてもその後の足跡を辿ることはできないが、日本を去り、後任としてミシェル・ジャランクが関東地方の「それでもフランス」を率いることとなった[43]。

六月は日本における自由フランスにとって変化の時期であった。しばらく行き先が定まらなかったバルベの赴任先がようやく決まったのである。自由フランスの海運関連の業務に着任するため、ロンドンで迎え入れることとなったのだ[44]。

◆「それでもフランス」の瓦解

バルベとヴィニュの離日が決まったことで「それでもフランス」が解体されたわけではない。現に関東地方では後任も決まった。両者が集め、ロンドンに送った金額は一九四一年の一月から七月にかけてだけでも、当時の額で六三六八円に達した[45]。こうしてバルベは日本を離れ、自由フランスの本拠地であるロンドンに赴くことになった。一九四一年七月一四日に日本を出発するはずであった。ところが、それはかなわなくなった。というのも、まさに出発前日の七月一三日、兵庫県警察部外事課の取り調べを受け、同月二五日以降、監房に拘禁されることとなったのである。仏領インドシナにおける日本軍の情報を神戸在住の外国人に話し、それがイギリスの総領事に対する情報提供とみなされての拘禁であった。軍機保護法違反とみなされたのであるが、バルベによると、新聞など簡単に入手できる情報源の内容を話しただけであり、でっちあげであった。結局、神戸地方裁判所で一二月一六日、有罪の第一審判決が言い渡され、懲役三年を受け、大審院に上告したが、これは翌年の四月二日に棄却された。バルベは服役し、一九四五年四月二日、刑期満了し、出所するまで大阪刑務所に収容されることとなったのだ[46]。

この報せを受け、「バルベ救出」をめぐる外交が始まった。神戸のイギリス総領事は同地のフランス領事のピエール・ドペールに対し、バルベに対し、何か行動を起こすよう求めた。だが、少なくとも八月中旬の段階で、ドペールはバルベに会うことすらできないでいた[47]。バルベの拘禁を知ったド・ゴールは、その解放の道を探るよう訓令した。関東地方のイズレールに対し、「イギリス外務省、あるいはそれを経由した自由フランスの介入はバルベ逮捕の疑いに根拠を与えてしまうようなものである。ヴィシー政府の駐日大使館を通じて介入することは可能か否か検討するように」との訓令を送ったのである。そのうえで、第一に、どれだけ日本側がこの問題を重視しているのか、そして逮捕の真意を探ること。第二に、ヴィシー政府系の駐日フランス大使館を通した解放に向けた動きをおこなうにあたり、最も反枢軸側に近い大使館員が誰かを探ること。第三に、駐日大使館そのものがバルベ問題についてどう考え、介入の意志があるか否か。第四に、フランスに友好的な日本人のなかで、バルベ問題について協力してくれる人がいるかどうか。ド・ゴールは、失敗せずに行動するために、上記の点を明らかにすることが大至急必要であると論じたのである[48]。

ド・ゴールの訓令を契機に、バルベ解放に向けた動きが加速した。クレーギー大使はまずイズレールと連絡をとろうとしたが、できなかった模様である。次にイギリス大使館が駐日フランス大使館に接触した。それによると、フランスの駐在武官が日本側にバルベのために何らかの働きかけをおこなったようだが、フランス大使館側が得たバルベの状況は不正確であり、クレーギーによると、駐日フランス大使館の真剣度には疑問が残るとのことだ。また、神戸のC．M．M．でバルベが最も懇意にしていたフランス人社員によると、日本人でバルベのために行動しようと考える人は皆無であった[49]。そのC・M・M・の本国の役員会もバルベ解放に向けて動くことはなかった。アジアではフィリピンのマニラが極東、並びにインドシナの植民地を統括する役割を担うようになったが、そこの代表がバルベ拘束の報せを本社に連絡できたのは一一月二四日のことであった。しかも、バルベが解放されたという非公式の情報があると誤った情報を伝え、真意を把握できていなかったことがうかがえる[50]。

バルベ解放に向けて、外交ルートを通じた動きが始まる一方で、より強硬な主張をするアクターも出てきた。九月八日、自由フランスのシンガポール代表のバロンがド・ゴールに宛てて、ニューカレドニアのアンリ・ソトー総督に対し、同地で日本人を拘束するよう伝達すべきと提言したのである。それによって、新たな条件下で駐日イギリス大使館が交渉できると主張したのだ。この電文を受けたド・ゴールは手書きで承認する旨を書き加えた[51]。バロンのみならずアジアの自由フランスの運動員はバルベ問題の行方を注視していたのである。この提案とド・ゴールの承認を契機に、バルベ解放に向けた動きに強硬な選択肢が加わった。神戸に残された「それでもフランス」の運動家も、ニューカレドニア、あるいはその他の地で日本人を拘束することに賛同した。クレーギーもこの措置を真剣に検討するよう提案した。同時にクレーギーは日本の外務省の知人に個人の立場からバルベを船舶で目立たないよう出国させることができないか打診した。だがこの外務省の人物は、もはやバルベが警察から司法の手に渡り、成す術はなく、何もできないと応じた。これを受け、クレーギーは、あらためて神戸の「それでもフランス」の運動家が主張する日本人の拘束を報復措置として検討するようロンドンの外務省宛てに提案した[52]。

神戸の「それでもフランス」の運動家の見解から類推できるように、日本の自由フランスの運動家で目をつけられているのはバルベだけではなかった。クレーギーが特に心配していたのが、一橋大学で教鞭をとっていたモーリス・プリュニエであった。クレーギーによれば、「日本におけるド・ゴール派のなかでバルベに次いで情熱的で、推奨できる人物」と紹介し、自由フランスに、同氏を受け入れるよう要請し、さらに二名の子供と日本人の妻も同行できるよう配慮を求めた。クレーギーは、二五年にわたり日本に住んでいるプリュニエが日本語と英語を使いこなせることから、日本の新聞や雑誌を検閲でき、連絡将校か対日プロパガンダ担当として適任であると推奨した。ところが、プリュニエはバルベ同様、確固たる職とポストが決まってからでないと出国できないと応じた。ド・ゴールの手書きのメモによると、プリュニエをレヴァント(シリアかレバノン)に送り、教育、あるいは情報担当の幹部として用いることを提案した。最終的にプリュニエに対してベイルート駐在が提案された[53]。だが、結局プリュニエは離日の機会を逸した。

以上のように、七月一三日にバルベが拘束されて二カ月が過ぎても、一切進展がなかった。この時点まではイギリス外務省と駐日イギリス大使館をとおしての解放に向けた働きかけがおこなわれてきたが、ロンドンの自由フランスではいよいよ袋小路に陥ったと判断されたのであろう。九月二五日、自由フランス軍の総司令部は、駐英日本大使館に直接バルベの釈放を要請することにした。自由フランスに加わった外交官のエルヴェ・グランン・ド・レプルヴィエは上村に対し、バルベはたしかに自由フランスの支持者であり、二カ月以上拘禁されていることを記したうえで、即時解放と出国を要請する文書を手渡した[54]。日本の駐英大使館は直ちに本省にバルベに関する情報を求めたが、それを入手したうえでの自由フランス側への答えは、バルベが軍機保護法などの法律に違反したから拘束されたのであり、ド・ゴール派の主張をおこなったからではないというものであった。そして司法の手に渡った以上、外務省としては釈放が難しいであろうと伝えたのである[55]。日本側に直接訴えても進展がなかったのだ。

ド・ゴールは、ニューカレドニアに限らず、自由フランスが支配する領域に日本の船舶が寄港した場合、日本人を一名早急に拘束するよう命令した。自由フランスが統治する領域で最も日本人を拘束しやすいのは、やはりニューカレドニアであった。香港とシンガポールの自由フランス支部も共同で、ソトーに対し、「外交による取り組みは無駄」であり、バルベを解放するための唯一の手段は断固たる報復であるとしたうえで、ヌメアにいる日本人すべてを拘束するよう要請した。しかし、ソトーにとって、それは簡単なことではなかった。一〇月六日、アジアの自由フランスの支部からの要請に対し、「ニューカレドニアの治安と国際的な反響を踏まえた場合、影響は大きく」ド・ゴールの正式な命令がない限り、実施しないと明言したのである。ソトーは、日本に軍事介入を許すきっかけを与えるのではないかと憂慮し、反対の立場をとったのである。このソトーの立場を受け、自由フランスの外務省に相当する外務委員会はド・ゴールの名において、バルベの逮捕は正当化できないとする海外の自由フランスの各拠点からの憤慨を踏まえ、報復措置をとらなければならないと応じ、「この電文を受け取り次第、ニューカレドニアで日本人を一人拘束すること。ただし、バルベ拘禁との直接の関連性はないように見せかけること。拘束する日本人の名前と詳細を連絡すること」というような内容の訓令を送り、ソトーの反対を退けたのである[56]。

3　報復への道

◆ニューカレドニアにおける逡巡

ロンドン、香港とシンガポール、そしてニューカレドニア、それぞれの立場からバルベ拘禁への対応策について主張がおこなわれ続けた。そしてド・ゴールも自由フランスの外相に相当する外務委員のモーリス・ドジャンとの問題について度々話し合った形跡が史料には見られる。

ド・ゴールの意志は「日本人の拘束」であり、この方針を軸にバルベ問題は議論されていくことになる。だが、当時者であるニューカレドニアのソトーがド・ゴールの命令にもかかわらず逡巡し、実行しないことによって、自由フランス内におけるバルベ問題をめぐる政治は長引くことになった。ソトーがロンドンの自由フランスとの折り合いが悪かったのはこの問題にとどまらなかった。そこで、ド・ゴールは太平洋地域の高等弁務官として海軍軍人のジョルジュ・ティエリー・ダルジャンリューをヌメアに派遣し、民政・軍政の双方で強い権限を付与した。その際、駆逐艦ル・トリアンファン（*Le Triomphant*, 邦訳すると「凱旋する者」）に座乗のうえ、ニューカレドニアに到着することから、この駆逐艦の存在を背景に日本人の拘束に踏み出したいと考えたのだ。海軍の艦船の補強を得ることで、少しでも実行後の日本の行動を抑制できれば[57]、と「砲艦外交」を試みたのである。

自由フランスの外務委員会としてはド・ゴールの命令を徹底させるのが役割であるが、日本の脅威に直面していたソトーの立場も理解していた。それゆえ、一〇月一三日、外務委員会はティエリー・ダルジャンリューの到着を待ってから実行に移すことに同意したのである[58]。

自由フランス内で交渉のカードと報復を兼ねた対応策のあり方で紛糾している間、クレーギー大使は、その効果に疑問を持ちつつも、外務省の天羽英二外務次官と会談した際に、バルベ問題を議題として取り上げ、バルベは政治活動をしていないと主張し、即時釈放を訴えたのである。天羽は問題を精査すると答えたのみで、案の定、クレーギーの働きかけが実を結ぶことはなかった[59]。ド・ゴールはまったく進展しないことに苛立っており、ニューカレドニアに到着したティエリー・ダルジャンリューに対し、依然として日本人拘束に関する自分の命令が実行されていないことに抗議し、直ちに実行するようソトーに強調するよう要請した[60]。この後もソトーにおこなわれていたのと同様の督促がティエリー・ダルジャンリューに対してもおこなわれることになる。要するにティエリー・ダルジャンリューも日本人の拘束に消極的になっていたのだ。相変わらずニューカレドニアとその他の地域の間では日本人の拘束をめぐり、隔たりが大きかった。一一月の下旬、重慶に拠点を置いていた蒋介石の国民政府の顧問として派遣された自由フランスの法律家のジャン・エスカラは「バルベが受けた仕打ちは極東の自由フランス運動家にとって深刻なレベルの失敗である。そして複数の日本人を逮捕することが最も効果的な対策である。現状、もはや妥協点を探る必要などない地点にまで達した」とティエリー・ダルジャンリューに対し、強硬なメッセージを送り、圧力をかけたのである[61]。

ティエリー・ダルジャンリューは自分が置かれた立場を百も承知であった。だがヌメアに到着し、この件に関してはソトーの考えを共有するようになっていたのだ。一一月二七日、ティエリー・ダルジャンリューは、ロンドンの自由フランス宛ての電文のなかで、太平洋における自由フランスの軍事力では、日本の海上戦力と航空戦力を相手にしなければいけなくなった場合、太刀打ちできないと明言したのである。とはいえ、ド・ゴールの指令は熟知しており、あらためて最終的な判断を求め、それが届き次第、実行に移すと明言したのである[62]。一一月三〇日、ヌメアに発せられたド・ゴールの返事は明確であり、九月に日本側との接触の試みが失敗して以降、立場は不変である。「私のこれまでの訓令の内容をあらためて確認する。ソトーに対し、対象となる日本人の逮捕に直ちに踏み切るよう強調せよ」というのがド・ゴールの返事であった[63]。

これが最終確認であった。ド・ゴールの指令を実行に移すべく、一二月六日、「ニシヤマ」という名の裕福な商人で、現地の日本人に影響力があり、領事的な役割を担っている人物が治安維持を妨害したという理由で収容された[64]。この「ニシヤマ」というのはフランス外務省の史料には苗字しか記されていないが、現地の日本人の領事的な役割、つまり世話役のような立場にあること、そして商人であることから、「ニシヤマヒデキヨ」という経営者と思われる。なお、一九四〇年に日本政府の領事館が設置されており、領事は黒木時太郎であったことから、「ニシヤマ」はやはり現地の有力者の一人ということであろう[65]。

ただ、「ニシヤマ」が収容された一二月六日という日程が、この拘束が発揮するはずであった政治的効力を一切無効化させてしまった。日米開戦に伴い、ロンドン時間の一二月七日、自由フランスの政府的な統治機構であるフランス国民委員会は、正統政府ではなく宣戦布告できないことから、「戦うフランス（自由フランスの発展に伴い、使われるようになった名称）は、日本と戦争状態にあることを決定する」と宣言したのである[66]。ド・ゴールは一人の日本人ではなく、ニューカレドニアのすべての日本人を収容するよう指令を発したのである。これらの日本人は拘束されたフランス人との交換が実現できそうな場合には、「非常に重要な取引材料」と判断されたのである[67]。その結果、ソトーの命令によって、ニューカレドニアのすべての日本人が対象となり、男性が多数を占める一三四〇名がまずはヌメアの収容所に入れられることになったのである。ただし、ソトーは地域経済に必要な日本人については収容しなかった[68]。

◆総力戦からの脱落

日本の「それでもフランス」は日米開戦に至る直前の時期まで活動を続けた。ヴィニュの後任のジャランクは、一九四一年一一月にロンドンに七八六円を送金している[69]。史料から確認できるのはこれが最後と思われる。開戦によって「それでもフランス」の面々の境遇はより一層悪化することとなる。日本とフランスが戦争状態にはないことが災いしたのである。つまり、敵対関係にない以上、日本にいるフランス人を本国に送還する必要が本来ないからである。自由フランス運動に参加していたフランス人の送還をヴィシー政府が担う必要はまったくなかったのである。

日米開戦前の段階で、日本の自由フランス運動の構成員の完全なリストを日本の警察は保有していたようである[70]。日本の領域における自由フランスを含め、ベルギー、オランダ、ポーランド、チェコスロヴァキア、ノルウェー、あるいはギリシャといった枢軸陣営の侵攻を受け、占領された国家の人々の交換船による送還を担当したのはイギリス政府である。英連邦の人々が最優先となるが、それでも多くが戻れなかった。そうした状況下、自由フランスの運動家にも過酷な結果が待っていた。イギリス側が一九四二年四月に作成したリストによると、自由フランスの運動家とみなされたフランス人は一〇五人いたが、そのうち交換船に割り当てられたのは一〇名である。イギリス政府はバルベも交換船に乗せようと交渉したが、日本政府は拒否した。そして一九四三年五月に作成されたリストでは、残りの九五名のうち九名のみが対象となった[71]。

日本に残された自由フランスの運動家の処遇は残された史料から分かるものに関してはいずれも過酷であった。インドシナ銀行の横浜支店長のジャック・ゴーは一二月八日の朝に警察に連行され、一九四四年四月まで幾度にもわたり、収監されることとなった。終戦までに体重が三五キロ落ちたと回想した。ヴィシー政府系の歴代のフランス大使や大使館職員が救いの手を差し伸べることはなかった[72]。なお、ジャランクもゴーと同じく横浜で収監されていた[73]。

バルベをはじめ、ジャランク、あるいはゴーといった自由フランスの運動家はフランスを再び総力戦に戻すことを理想として、本国から遠く離れた地で活動した。しかし、日米開戦を待たずして弱体化させられ、潰された。日本に残ったこれらド・ゴール派の運動家は一九四五年の日本の敗戦まで主体的な活動をおこなうことはできなかった。本章で登場した運動家のなかで一九四五年の詳細が分かっているのはごく一部だが、それぞれの「解放の歴史」があった。本章はバルベで締めくくりたい。

戦争が進行するに連れて、自由フランスの主な活動場所は拠点を移した北アフリカとなり、この地が政治の舞台となった。当然のことながら「それでもフランス」の運動家はそうした戦局の動向とは無縁の日々を送り、忘れられたか、少なくとも注目されることはなくなった。そのためか、敗戦後の日本で最初に解放されたバルベの存在に気付いたのはイギリスの外交官のヒュー・バート・グレーブスであった。一九四五年九月、ミズーリ号での降伏調印式への参加のため、来日したフィリップ・ルクレール将軍に対し、グレーブスはバルベの日本での活動の顛末について話したのである。ルクレールは日本を熟知したバルベを、占領を担うアメリカ軍に推奨すべく、連合国軍最高司令官総司令部のリチャード・サザーランド参謀長に英語で手紙を書いたが、バルベの起用には至らなかった。その後もグレーブスはバルベの活躍に光を当てるべく、イギリス政府に対し、バルベの連合軍に対する貢献についてフランス政府に報告するよう依頼している。イギリス外務省はこの依頼を受け、フランス政府にバルベの貢献について伝達した[74]。グレーブスは、戦時中のバルベを見守ってきたイギリス大使館のハーバート・ベア・レッドマンのバルベに関して記した手紙もロンドンの外務省に送っている。その中にはバルベの具体的な活動が記されている。ドイツの艦船を監視し、その積み荷を把握していたこと。日独両国の諜報部員がミクロネシアのカロリン諸島で会っていたと報告したこと。そしてとりわけバルベが親ヴィシー政府寄りのフランス大使館のカウンター・プロパガンダに努め、熱烈にイギリス政府の立場を支持したことを評価した。とりわけドイツの艦船について調査し、報告したことが日本の警察に目をつけられたと論じた。そして一九四一年の夏以降のバルベが受けた仕打ちはイギリスの立場を支持し、フランスに対する愛国主義の立場で行動したことによるものだと論じた。こうした内容の評価を受けて、一〇月二二日、イギリスのアルフレッド・ダフ・クーパー駐仏大使は、フランスのジョルジュ・ビドー外相にバルベの功績を記した公式の文書を渡したのである[75]。

イギリス側がビドー外相にバルベを激賞する文書を送ったにもかかわらず、フランス側で特段バルベを重用したという形跡は見られない。一九四〇年から一九四一年にかけてのバルベの活動を踏まえると、拍子抜けすらしてしまうような対応である。制度化が政治的目標であった自由フランスは、まさに不安定な制度の下で戦争を遂行してきた。結果的に組織に頼らず、個人の力で抵抗運動を実施したフランス人が多く、少なからぬ人が命を落とした。抵抗運動においてバルベのような「個人の貢献と悲劇」の事例は日常茶飯事ととらえられたのかもしれない。さらに東アジアという遠隔の地での出来事であり、情報がほぼ伝わらなかったことが功績を目立たないものにしたことは間違いない。情報が伝わらず、状況の把握が困難だったのはヴィシー政府寄りのフランス大使館も同じであった。

フランスに帰国後のバルベは、再びC. M. M. の一社員として勤務することになる。以上のようなバルベの顚末は「それでもフランス」の代表であり、ヨーロッパから遠く離れた日本で自由フランスを支えた抵抗運動のメンバーの境遇をあらわす象徴的な存在であった。

おわりに

本章の時代区分の結末は一九四五年だが、大半は一九四〇年と一九四一年に費やした。一九四五年に設定した理由は、この年にバルベが解放されるとともに、戦争のなかで忘れ去られた存在であったバルベが再び史料のなかに登場したからである。拘束されてから解放に至るまでは、第二次世界大戦史のなかの空白の時期であった。だが、当然のことながらバルベ本人にとっては空白の時期ではなく、著しい苦難に満ちた日々であった。そのことは戦後、サンフランシスコ平和条約の発効を受けて、いわば喪失した過去の代償を求めるための裁判を日本で起こしたことからも明らかである。バルベの他にも裁判を起こした自由フランスの運動家はおり、バルベが唯一の事例ではなかったことを示している。これらの人々は戦争捕虜ではない。背景には日本とフランスの戦争状態という厄介な問題がある。しかし、正統性をめぐる混乱を来していた「フランス」の総力戦を象徴するような出来事がバルベの事例からは浮かび上がる。第一に、日本が正統政府と認めていたヴィシー政府ではなく、抵抗運動であった自由フランスに所属していたこと。第二に、ド・ゴールが公認した自由フランスの日本支部に属し、しかもその代表であり、民間人であっても、公的な立場の側面も持ち、さらにイギリス大使館の強力な後ろ盾を背景に活動していた、単なる草の根の運動家とはわけが違ったことが挙げられる。自由フランスは紛れもない国際政治のアクターであり、短期間とはいえ、日本における代表として活動したバルベもまた国際政治のアクターであった。正統政府とは断絶した状態にありながらもおよそ民間組織とは見なせない自由フランスに所属していたという特異な「外交代表」としての立場がバルベを困難な状況に陥れたといえよう。

大国のなかでもフランスは特異な第二次世界大戦を経験した。紛れもなく総力戦のただ中にいながら、「総力」を発揮する機会がほとんどなかったのである。総力戦に飛び込み、連合軍の真っ当なアクターとして活躍するのが自由フランスの目標であった。それは自由フランスが脆弱な立場にあったことを示し、特にロンドンに拠点を置いていた一九四〇年から一九四二年にかけては国際政治アクターとして発展を遂げる初期段階にあった。自ずとそのメンバーも脆弱な立場に置かれた。海外、しかも東アジアとなればなおさらであり、自由フランスを日本で代表する地位にあったバルベは、外交官としての地位とは程遠い扱いを受けたまま終戦を迎えたのである。バルベという一人物の話から見えてくるのは、正統性をめぐる戦時期「フランス」の歴史であり、「フランス」特有の総力戦の歴史である。

註

1——ジャン・ヴィレム・ホーニッヒ著、山本文史訳「総力戦とは何か——クラウゼヴィッツからルーデンドルフへ」、三宅正樹、庄司潤一郎、石津朋之、山本文史編著『検証　太平洋戦争とその戦略1——総力戦の時代』(中央公論新社、二〇一三年)、三八頁。

2——第一次世界大戦期の「戦時共同行政」については、以下の文献の該当箇所がまとまった議論を展開している。城山英明『国際行政論』(有斐閣、二〇一三年)、第三章。第二次世界大戦期の英仏両国間の「調整」から「統合」までに至る実践と構想の歴史については拙著のなかで論じた。宮下雄一郎『フランス再興と国際秩序の構想——第二次世界大戦期の政治と外交』(勁草書房、二〇一六年)、三三〜六一頁。

3——Jean-Marie Flonneau, "Législation et organisation économiques au temps des restrictions (1938-1949)," *Les Cahiers de l'IHTP*, n°32-33 (mai 1996), p. 44.

4——Hervé Coutau-Bégarie, "La guerre totale dans la généalogie de la stratégie," in François Géré, Thierry Widemann (Sous la direction de), *La guerre totale* (Paris : Economica, 2001), p. 20.

5——Louis Bergès, "Mai/Juin 1940: La bataille de France, avant tout une défaite militaire," *Sud Ouest*, publié le 25/06/2020, mis à jour le 26/06/2020, URL : https://www.sudouest.fr/redaction/le-cercle-sud-ouest-des-idees/mai-juin-1940-la-bataille-de-france-avant-tout-une-defaite-militaire-1912264.php（二〇二四年七月一三日閲覧）

6——前掲、宮下『フランス再興と国際秩序の構想』六五〜六六頁。

7——総力戦の遂行という文脈のなかで、統治機構の正統性をめぐる問題と制度化の欠陥ゆえに困難な立場に置かれたフランスに言及した研究として以下のものがある。Marc-Olivier Baruch, "La coordination des administrations civiles à l'épreuve de la guerre totale," in Dominique Barjot (Sous la direction de), *Deux guerres totales 1914-1918 / 1939-1945, La mobilisation de la Nation* (Paris : Economica, 2012), p. 461.

8——本章の基となっているのは、筆者の次の博士論文の一部である。Yuichiro Miyashita, "La France face au retour du Japon sur la scène internationale, 1945-1963," thèse de doctorat en histoire sous la direction de Maurice Vaïsse, professeur émérite à l'Institut d'Etudes Politiques de Paris, 6 avril 2012. また日本語で次のような小論も発表した。宮下雄一郎「日仏間で消えた「戦争」の「傷跡」をめぐる話」『SYNODOS』（二〇一四年一〇月一六日）http://synodos.jp/international/10848（二〇二四年七月一五日閲覧）

9——*Bulletin hebdomadaire de France Quand Même*, Shanghai, n°3, le 2 septembre 1940, n°13, le 9 novembre 1940. 香港における自由フランス運動については、次を参照。Carlos Arnulphy, "Le comité de Hong Kong," *Revue de la France libre*, n°209 (janvier – février 1975), in *La Mémoire des Français Libres*, Tome IV : revues de 172 à 253, pp. 1723-1725.

10——*Bulletin hebdomadaire de France Quand Même*, Shanghai, n°16, le 30 novembre 1940 ; n°21, le 4 janvier 1941.

11——Marie-Françoise Berneron-Couvenhes, *Les Messageries Maritimes, L'essor d'une grande compagnie de navigation française, 1851-1894* (Paris : Presses de l'Université Paris-Sorbonne, 2007), p.19.

12——André Siegfried, "Les Messageries Maritimes……," in *Cent ans de services maritimes français* (Paris : Patrick de Manceau, 1952), s.p., [p. 4].

13——Marie-Françoise Berneron-Couvenhes, "Les entreprises de transport maritime en 1939-1945 : l'exemple de la Compagnie des messageries maritimes et de la Compagnie générale transatlantique," in Marie-Noëlle Polino (Textes réunis et édités par) avec la collaboration de John Barzman et Hervé Joly, *Transports dans la France en guerre 1939-1945* (Mont-Saint-Aignan : Publications des Universités de Rouen et du Havre, 2007), pp. 239-240.

14——Association French Lines (hereafter AFL), Fonds CMM, 1997 002 4423, Rapport général de service, Agence de Kōbe, Exercice 1935, Chapitre 1er, Personnel.

15——Jean-Baptiste Duroselle, *Politique étrangère de la France, L'abîme, 1939-1944* (Paris : Seuil, 1986 [pour la première édition Imprimerie nationale, 1982]), p. 237.

16——Archives du ministère des Affaires étrangères (hereafter AMAE) Guerre 39-45, Londres-Alger, vol. 262, Japon, Télégramme (hereafter Tél) de Tōkyō du 9 août 1940 (double d'un télégramme), Londres, le 17 septembre 1940. なお、フランス外務省文書については二〇一二年までに収集した史料のため、レファレンスの記述もそのまま旧式のものを用いた。

17——AMAE Guerre 39-45, Londres-Alger, vol.262, Japon, Tél de Tōkyō du 9 août 1940 (double d'un tél), Londres, le 17 septembre 1940.

18——AMAE Guerre 39-45, Londres-Alger, vol.262, Japon, [Note sur] The Gaullist Movement, entré le 23 mai 1941 [à Londres].

19——"Tél à Clark Kerr (consul britannique), à Shanghai, Londres, 17 août 1940, " in Charles de Gaulle (Présentés par l'amiral Philippe de Gaulle et préfacés par Jean-Luc Barré), *Lettres, notes et carnets, 1905-1941* (hereafter *LNC, 1905-1941*)(Paris : Paris, 2010), p. 1005.

20——AMAE Guerre 39-45, Londres-Alger, vol.262, Japon, de Craigie, Tōkyō, reçu le 4/9/40.

21——AMAE Guerre 39-45, Londres-Alger, vol.262, Japon, de Craigie à de Gaulle, Tōkyō, le 2 octobre 1940.

22——AMAE Guerre 39-45, Londres-Alger, vol.262, Rapport de M. Vere Redman, Attaché de Presse près de l'Ambassadeur de S.M., à Tōkyō, 15 [21] mai 1941.

23——Robert Guillain, *Orient Extrême, Une vie en Asie* (Paris: Arléa / Seuil, 1986), p. 73.

24——AMAE Guerre 39-45, Londres-Alger, vol.262, [Note sur] The Gaullist Movement, entré le 23 mai 1941 [à Londres].

25——AMAE Guerre 39-45, Londres-Alger, vol.262, Lettre de Vignes (portant sa signature) à de Gaulle, Yokohama, 14 octobre 1940 ; Lettre de Vignes (p.o.) à de Gaulle, Yokohama, le 14 octobre 1940（おそらく同日付の手紙に添付されたもの）.

26——AMAE Guerre 39-45, Londres-Alger, vol.262, de Vignes à de Gaulle, Yokohama, le 4 novembre 1940.

27——AMAE Guerre 39-45, Londres-Alger, vol.262, Projet de télégramme [du service des Relations extérieures et coloniales], adressé à : Sir Robert Craigie, Tōkyō, Londres, le 13 novembre 1940.

28——AMAE Guerre 39-45, Londres-Alger, vol.262, Tél du Consul Général Britannique, Kōbe, 20. 1. 41.

29——「三、英・ドゴール政権承認」『国際知識及評論』二〇巻八号（一九四〇年八月）一八九～一九〇頁。

30——瓜生靖「叛逆将軍ド・ゴール——仏蘭西の『不在首相』」『国際知識及評論』二一号四巻（一九四一年四月）六八～六九頁。

31——AMAE Guerre 39-45, Londres-Alger, vol.262, Tél envoyé de la Chine à l'Amirauté, 26.1.41 [de de Schompré à de Gaulle, 24 janvier].

32——「英ドゴール政権を指蔟す」『国際知識及評論』二〇巻一二号（一九四〇年一二月）一三三～一三六頁。

33——AMAE Guerre 39-45, Londres-Alger, vol.262, [Note de M. le lieutenant Escarra], Japon, 20 mars 1941.

34——AMAE Guerre 39-45, Londres-Alger, vol.262, Tél de Sir Craigie, Tōkyō, 24.2.41.

35——AMAE Guerre 39-45, Londres-Alger, vol.262, Tél de Sir Craigie, Tōkyō, 23.3.41.

36——AMAE Guerre 39-45, Londres-Alger, vol.262, Tél de la France libre à Sir Craigie, 4.4.41.

37——エガルに対し、世界各地の自由フランス支部からの応援のメッセージが発せられた。*Bulletin hebdomadaire de France Quand Même*, n°36, Shanghai, le 21 avril 1941 ; n°37, Shanghai, le 28 avril 1941.

38——こうしたバルベの上海派遣案は神戸のイギリス総領事館にも意見具申された。AMAE Guerre 39-45, Londres-Alger, vol.262, Tél de la France libre en Chine au général de Gaulle, 28.4.41.

39——AMAE Guerre 39-45, Londres-Alger, vol.262, Tél du consul général de la Grande-Bretagne à Kōbe (de Barbé à de Gaulle), 5.5.41.

40——AMAE Guerre 39-45, Londres-Alger, vol.262, Tél de Londres pour le commandant en Chine (pour Baron), 14.5.41.

41——AMAE Guerre 39-45, Londres-Alger, vol.262, Tél du consul général de la Grande-Bretagne à Kōbe, 4.6.41.

42——AMAE Guerre 39-45, Londres-Alger, vol.262, de de Gaulle au consul général de la Grande-Bretagne à Kōbe (Pour Barbé), 12.6.41.

43——AMAE Guerre 39-45, Londres-Alger, vol.262, For Valentin-Smith, Free French Headquarters, 24th April, 1941; For P. Boncenne, Free French Headquarters, 18th May, 1941; For Commandant [Jean] Escarra, Free French Headquarters, 10th June,

1941; From [Charles A.] Willoughby, to Escarra, 13th June, 1941.

44――AMAE Guerre 39-45, Londres-Alger, vol.262, de Sir G. Horthcote (Hongkong) au secrétaire d'Etat aux Colonies (de Baron pour le général de Gaulle), 19.6.41.

45――一九四〇年八月から自由フランスの日本支部が活動していたことを踏まえれば、送金された金額はこれよりも多いであろう。だが、正確な金額は不明である。AMAE Guerre 39-45, Londres-Alger, vol.262 de de Gaulle à Vignes (Ambassade britannique à Tôkyô), Londres, le 29 juillet 1941.

46――「平和条約の実施に伴う刑事判決の再審査等に関する法律に基く再審査請求棄却決定に対する抗告事件（昭和三〇年(し)第一二号／同年一〇月二四日第二小法廷決定／棄却）」『最高裁判所刑事判例集』第九巻第一一号（一九五五年）二二七八～二二九四頁。

47――拘禁中のバルベは、外国の食事、着替え、そして文学作品を読むことは許されていた。AMAE Guerre 39-45, Londres-Alger, vol.262, de Sir Craigie à commandant en chef Chine (répété au Foreign Office) Tôkyô, 31.7.41 ; Sir Craigie au Foreign Office (répété au commandant en chef, Chine), Tôkyô, 16.8.41.

48――AMAE Guerre 39-45, Londres-Alger, vol.262, Note pour la mission Spears, Forces Françaises Libres, cabinet militaire, le 21 août 1941.

49――AMAE Guerre 39-45, Londres-Alger, vol.262, Note au sujet de M. Barbé, Affaires extérieures, Londres, le 15 septembre 1941.

50――AFL CMM 1997 002 5208, Note pour le Conseil, Conséquences des hostilités pour les collaborateurs du cadre métropolitain des Agences de zones d'Indochine et d'Extrême-Orient, Marseille, le 29 septembre 1942.

51――AMAE Guerre 39-45, Londres-Alger, vol.262, du Commandant en chef, Chine à l'Amirauté [de Baron à de Gaulle], [18 ?]. 9. 41.

52――AMAE Guerre 39-45, Londres-Alger, vol.262, de Craigie à Commandant en chef, Chine (Shanghai), Tôkyô, 21.9.41 ; de Craigie au Foreign Office, Tôkyô, 21.9.41.

53――AMAE Guerre 39-45, Londres-Alger, vol.262, de Craigie à Information, Singapour, répété au Foreign Office, Tôkyô, 14.9.41 ; Note pour la mission Spears, Forces Françaises Libres, cabinet militaire, Londres, le 21 septembre 1941. なお、筆者の博士論文、あるいは本章で扱ったフランス人以外にも「受難」を経験した面々は多い。日本語で読めるものとして次の研究のなかで、アルコール蒸留機の技師で、メル社に勤務していた神戸のマルセル・ペルランについて紹介している。藤本晶

子『パリの「敵性」日本人たち――脱出か抑留か１９４０－１９４６』(岩波書店、二〇二三年)一二六～一三七頁。

54 ――AMAE Guerre 39-45, Londres-Alger, vol.262, [Note du quartier général des forces françaises libres à l'ambassade impériale du Japon], Londres, le 25 septembre 1941 (remis à M. Kamimura par Hervé Grandin de l'Eprevier).

55 ――AMAE Guerre 39-45, Londres-Alger, vol.262, Lettre de [Akira] Matsui à Grandin de l'Eprevier, le 2 octobre 1941.

56 ――AMAE Guerre 39-45, Londres-Alger, vol.262, [Note préparée par Grandin de l'Eprevier] De [Maurice] Dejean à [Emile] Muselier, Londres, le 3 octobre 1941 ; Tél de Sautot, Nouméa, 6.10.41 ; du général de Gaulle au gouverneur Sautot à Nouméa, 10.10.41.

57 ――AMAE Guerre 39-45, Londres-Alger, vol.262, Tél du gouverneur Sautot, Nouméa, 13. 10. 41.

58 ――AMAE Guerre 39-45, Londres-Alger, vol.262, Tél pour Sautot, 13. 10. 41.

59 ――「クレーギー大使との会談」昭和一六年一〇月一六日、外務省記録「天羽次官会談要項」A.1.0.2, 外務省外交史料館。

60 ――AMAE Guerre 39-45, Londres-Alger, vol.262, du général de Gaulle à Haut-Commissaire d'Argenlieu, 26. 10. 41.

61 ――AMAE Guerre 39-45, Londres-Alger, vol.262, du Commandant en chef, Chine au Foreign Office (d'Escarra à d'Argenlieu), 22. 11. 41.

62 ――AMAE Guerre 39-45, Londres-Alger, vol.262, De Thierry d'Argenlieu à de Gaulle, Nouméa, 27. 11. 41.

63 ――AMAE Guerre 39-45, Londres-Alger, vol.262, Tél pour Thierry d'Argenlieu, 30. 11. 41.

64 ――AMAE Guerre 39-45, Londres-Alger, vol.262, Tél de Thierry d'Argenlieu, 6. 12. 41.

65 ――石川友紀「フランス領ニューカレドニアにおける日本人移民――沖縄県出身移民の歴史と実態」『移民研究(沖縄移民研究センター)』第三号(二〇〇七年三月)七三頁、七六頁(URL: https://okinawaimin.sakura.ne.jp/imin_kenkyu/imin-kenkyu-3/／二〇二四年八月一日閲覧)。また、次の論文の中で、「Hidekio Nishiyama」がヌメアの日本人コミュニティーの事実上の代表であったと記されている。Benjamin Hiramatsu Ireland, "Nippo-Kanaks in Post-War New Caledonia: Race, Law, Politics and Identity," *Journal of Multidisciplinary Studies*, Vol. 16, No. 1/2 (November 2019), p. 17. (URL: https://epress.lib.uts.edu.au/journals/index.php/portal/article/view/6438／二〇二四年八月一日閲覧、なおこの論稿に記載されているURLからは閲覧できなかったため学術雑誌出版社のサイトから閲覧した)

66 ――AMAE Guerre 39-45, Londres-Alger, vol. 121, [Note de Jacques-Camille Paris ?], 9 février 1943.

67 ――AMAE Guerre 39-45, Londres-Alger, vol. 78, Lettre de Philippe Baudet à C.P. Young, Far Eastern Department, Foreign

Office, le 27 mai 1942.

68——Grégory Plesse, “Le calvaire oublié des Japonais en Nouvelle-Calédonie,” *Le Figaro*. 14/04/2021（URL：https://www.lefigaro.fr/international/le-calvaire-oublie-des-japonais-de-nouvelle-caledonie-20210414／二〇二一年八月一日閲覧）

69——AMAE Guerre 39-45, Londres-Alger, vol. 262, Lettre de [Raymond] Offroy (pour Dejean) à Jalenques, Londres, le 12 novembre 1941.

70——AMAE Guerre 39-45, Londres-Alger, vol. 78, Compte rendu de la visite faite, le 23 octobre 1942, par M. Bozel à M. Baenninger, à Brown's Hotel, Londres.

71——AMAE Guerre 39-45, Londres-Alger, vol. 78, The position regarding further exchanges of civilians of Allied nationalities against Japanese civilians, [April 1942]; [Tél ?], Swiss Legation, Special Division, 13th May, 1942. ;Lettre du Foreign Office à Chancel, French national committee, 18th May, 1943.

72——AMAE Asie Japon, vol. 125, Jacques F. Got, *Note concernant ma détention de 28 mois au Japon (8 décembre 1941–3 avril 1944)*, Pékin, octobre 1945.

73——AMAE Guerre 39-45, Londres-Alger, vol. 78, Compte rendu de la visite faite, le 23 octobre 1942, par M. Bozel à M. Baenninger, à Brown's Hotel, Londres.

74——National Archives Public Record Office Foreign Office (hereafter NA PRO FO) 371 46518, Japan File, n°8037, Letter from Graves to Foulds, 5th October, 1945; From Foreign Office to Paris, 18th October, 1945.

75——NA PRO FO 371 46518, From Graves to Foulds, 20th October, 1945; Letter from H. Vere Redman to Graves, London, 13th October, 1945; From Duff Cooper to Bidault, Paris, 22nd October, 1945.

第9章

日本とファシズム問題 一九一八〜一九四一年

クリストファー・W・A・スピルマン
Christopher W. A. Szpilman
訳：藤井崇史
FUJII Takashi

はじめに

一九二〇年代から三〇年代の日本において、ファシズムの思想や方法論は、多くの人々を惹きつけ、その崇拝者や模倣者を生み出した。一九三〇年代後半になると、ファシズムへの熱狂は、政府の政策決定にも影響を与えるほど強力なものになり、日本がナチス・ドイツ、ファシスト・イタリアと同盟を結ぶにあたり、重要な要因となった。一部の歴史家が戦前の日本をファシズム国家であると見なしている理由のひとつは、こうしたファシズムへの熱狂が存在していたことにある。しかし、そうした見方は正しくない。本稿でこれから論じるように、日本はファシズム国家ではなかった。しかし、ファシズムは、日本の政治的言説の重要な部分を構成しており、戦前の日本を理解するために、きわめて重要な思想である。

本章では、まず、なぜ日本がファシズム国家ではないのかを明らかにしていく。ファシズム国家としての日本の位置づけは、主に戦時中のナチス・ドイツとファシスト・イタリアとの関係から導き出される。しかし、日本はファシズム国家であるのか否かという問題は、日本の政体をめぐる論争から派生したものでもある。そのような論争は、一九三〇年代に日本の知識人の間で盛んになり、戦時期(一九三七~四五年)になると後景に退いたが、戦後、再燃した。その論争はマルクス主義学者によって支配されたが、必ずしもマルクス主義者によって独占されたものではなかった。

本章では次に、日本固有のファシストを取り上げる。戦間期の日本において、ファシストとされる人物は数多く存在していた[1]。彼らは社会の統制、物資の動員、そして自給自足的経済ブロックの創出を求めた。彼らはいわゆる自由主義の価値観、自由主義経済、個人主義、デカダンス、快楽主義、平和主義、そして国際協調を厳しく非難した。ファシストは社会進化論を根拠に、「生存圏」を得るための日本の権利を強く主張しており、日本に優れた指導者があらわれることを切望した。彼らは日本がアジアを主導するだけの民族的優越性を有していると確信していた。彼らはイタリアやドイツのファシズム独裁者を公然と賞賛していた。これらの人々のうち、少数ではあるが自らファシストであると堂々と公言する者もおり、こうした人々がファシストであったことは疑いの余地はない。しかし、ファシストと見なされることを拒否したものの、欧米のファシストとその考え方がきわめて類似している人たち――このカテゴリーに属する人のほうがはるかに多いのであるが――を分類するのはさらに難しい。日本の思想家のなかには、ムッソリーニよりも前に独自のファシズムを唱えた者もいたが、一般的にファシズムは外来のイデオロギーであるとみなされていた。そしてファシズムの概念を「帰化」させる動き、すなわちそれを日本の伝統と接合する努力がなされたのである。本章ではその試みについても説明していきたい。

1　なぜ日本はファシズム国家ではなかったのか

なぜ日本はファシズム国家ではなかったのか。次のような観点から、その理由を説明することができる。

第一に、日本ではファシストの大衆運動が起こることはなかった。最も持続的なファシストの活動は、当時首相だった近衛文麿によって創立された大政翼賛会によるものだった。近衛とその支持者は所謂「上からのファシズム」の押し付けを試み、かなりの程度まで成功したように見えた[2]。しかし結局、この新組織は、近衛が望んだようなファシストの大衆運動にはならなかった。近衛の計画は、代議士、法律家、保守的な官僚、そして軍部も文民統制の下におかれることに反対したため、失敗に終わったのである[3]。最終的な形態において、大政翼賛会はファシストの政党であったとは言うことはできない。ちなみに日本でファシストの大衆運動を形成する試みはそれ以前にもあった。一九三〇年の下中弥三郎らの愛国勤労党や、一九三六年の中野正剛の東方会がそれである。しかしどちらも多くの支持を得ることはできず、最終的にこれらの運動は、その創立者と同様、日本政治においてほとんど周縁的な役割しか果たさなかった。

第二に、日本にはカリスマ的な指導者があらわれなかった。近衛はカリスマ性があり、独裁への隠れた野心をもっていたが、独裁者になるだけの冷酷さと決断力がなかった。しかし、彼は首相になることはできた。中野正剛にはカリスマ性はあったが、一度も首相候補になることもなく、入閣さえできなかった。その魅力、雄弁さ、そして知名度にもかかわらず、彼は所詮政治的な小物にすぎなかった。結局、この自称ファシストは一九四三年に自殺に追い込まれた[4]。中野とは対照的に、東条英機は大物だった。東条は、近代日本において、ほかのどの人物よりも権力を掌中に収めた。首相在任中の一時期、東条は陸軍大臣、内務大臣、軍需大臣、そして参謀総長といった職を兼任した。そうしたことから、多くの人々は、東条を独裁者だと批判した。しかし、このような批判は的外れである。東条には疑いなく独裁的な傾向があったけれども、どの時点においても、全能の独裁者では決してなかった。確かに戦時中、連合国は東条のことをアドルフ・ヒトラーやベニト・ムッソリーニのような独裁者として描いたが、それは意図的な誇張であった。実際、東条と独伊の独裁者の間には質的な相違があった。自力で出世し、大衆をひきつけるカリスマ性を持ったヒトラーとムッソリーニとは異なり、東条はたいへん有能な軍事官僚ではあったが、その他の点では政治的にはとるに足らない人物であった。東条は彼自身が属していた陸軍の官僚組織に依存しており、それを統制するには程遠かった。ヒトラーとムッソリーニは大衆運動と政党を組織していたのであり、それを自らの鉄拳で制御した。ヒトラーとムッソリーニは大衆を魅惑したが、東条にはカリスマ性のかけらもなかった。しかし、ファシストの独裁者とは異なり、東条は大衆を惹きつける必要がなかった。東条がやらなければならなかったことは、政府の様々な部門が満足するように効率的に仕事をこなすことだった。東条がもはや効率的に役目を果たせないということが明白になったときに、東条は辞任に追いやられた。この点において、ファシストの独裁者たちと東条の違いは大きい。ムッソリーニはクーデターによって失脚した。ヒトラーはソ連軍がベルリンの要塞をまさに攻略しようとしたときに現職のまま自殺したが、その時までヒトラーを罷免できるものはいなかった。彼らとは対照的に、東条は重臣によって辞職に追い込まれた[5]。この解任劇が示すように、東条は首相在任中こそ権力を持ったが、ヒトラーやムッソリーニのような強力な独裁者ではなかった。東条は、自らを産み出した組織によって束縛されていたのである。

第三に、日本ではファシストの運動による政権奪取がなかった（これは第一の論点と関連する）。確かに、一九三〇年代には、いくつかのクーデター計画があった。そのうちのいくつかは、ファシズムを含む様々な思想に影響された民間右翼の活動家と陸軍軍人の共謀だった。これらの計画は全て不十分なものであり、たとえ実行されたとしても、例外なく失敗したであろう。そのような事件にもかかわらず、この時代を通じて、憲法は守られ、法の支配は維持された。国家による弾圧の強まりは、戦時の状況の結果であり、ファシズムによるものではなかった[6]。

第四に、正反対の議論(「暗い谷間」論争、憲兵隊の抑圧など[7])も存在してはいるが、ドイツとイタリアではありふれていた、国家が支援するテロというものは日本では、ほとんどなかった。言いかえれば、抹殺されたのは、政府の反対勢力のほんの一部にすぎなかった。確かに日本においても抑圧は存在したが、それはドイツ、イタリア、フランコのスペイン、そしてソ連(これはファシズム国家ではなかったが)と比べると、ほとんど流血を伴わないものであった。逮捕された共産主義者は比較的丁重に扱われた[8]。確かに、投獄された者もいたが、その大半は「転向」して解放され、職を与えられた。解放された後、彼らはたいがい警察の監視下におかれたが、ドイツのように殺害され、強制収容所に送られることはなかった[9]。

これらの点を考慮すると、日本をファシズム国家と見なすことは難しい[10]。それにもかかわらず、日本はファシズム国家であるという評価が一部の歴史家によって与えられてきた。先述したように、この評価が生じた理由の一部は、日本がドイツとイタリアと同盟を結んだことに由来する。そのため、戦時期の連合国のプロパガンダは、日本をファシズム国家としてきた。昭和天皇、そして時に東条は、ヒトラーやムッソリーニとならんで、ファシストの指導者としての役割を与えられた。そのようなプロパガンダの影響は戦後も残存し、日本に対する欧米の見方にある程度の影響を与えた[11]。

2　日本におけるファシズム論争

しかしながら、日本がファシズム国家であるという見方は、戦時のプロパガンダによってのみ生み出されたわけではない。一九三〇年代初めには、日本をファシズム国家とみなす研究者がすでにいたことを見落としてはならない[12]。周知のように、一九三二年から三七年にかけて講座派と労農派(ともにマルクス主義学派である)の間で戦わされた日本資本主義論争では、表面的には議論の焦点は明治維新の性格に当てられていた(それはブルジョワ革命であったのか。ブルジョワ革命は完遂されたのか。結果として、日本は未だ封建制であるのか、あるいは資本主義国家になっているのか)。しかし、実際のところ、それは一九三〇年代の日本の性格、すなわち日本はファシズム国家であるのか否かということをめぐる議論だったのである[13]。

マルクス主義者たちは、ファシズムは「最も高い次元における資本主義の危機、すなわち独占資本主義の危機」[14]という見解をとった。このような研究者たちは、かかる危機は必ず共産主義革命を引き起こすので、資本家はそのような革命を防ぐための道具としてファシズムを用いるのだと論じた。マルクス主義者は、そうした資本家の努力を無駄なものとして退けた。というのも、彼らの見るところでは、資本主義の崩壊と、その結果としての共産主義革命は、不可避であったからだ。彼らの多くが、この点において一致していた。しかし彼らは日本が、資本主義の最高の段階に入っているかどうかについては、意見が別れていた。講座派系の歴史家は、明治維新は不完全な革命であったと論ずる。彼らが見るところでは、封建制の残存が国家の支配的な特徴であり続けているため、日本はファシズム国家とはなりえないということになる。その一方で労農派は、明治維新はブルジョワ革命を完成させており、さらに日本は資本主義の最高の段階(独占資本主義)に入っているため、現在の日本はファシズム国家となりうるし、事実そうだと主張した。

しかし、マルクス主義者のみが日本をファシズム国家とみなしていたわけではない。自由主義者のなかにもこの見解を共有していた者がいた[15]。その他の学者にも、日本をファシズム国家とみていた者がいた。彼らはマルクス主義者や自由主義者とは対照的に、ファシズムに対して肯定的な見方をしていた。例えば、早稲田大学の五来欣造教授は、日本がファシズム国家であるという理由を、皇室制度に求めた。五来は次のように論じている。

「日本の皇道精神に於ては、天皇と国家は同一義であるから、天皇全体主義は国家と国民全体との利益の結合を意味するものであつて、こゝに私の説く所の全体主義とロツコやデイトリツヒの説く所の国家主義とは、日本の皇道精神に於ては、天皇全体主義の観念の中に包容されるのである」[16]。もし、五来の特異な見解を受け入れるのであれば、日本におけるファシズムは西洋のファシズムに先行していたことになる。確かに五来のいうように、ファシズムに日本の古代の政治と矛盾する要素はない。五来のファシズムに対する肯定的な見解は、一九四五年の敗戦の後、すぐに忘れ去られたが、マルクス主義者のファシズムついての議論はそうではなかった。

おそらく、戦後も検閲や大逆罪に関する法律による弾圧が続いていれば、労農派対講座派の論争が再開される機会はなく、日本ファシズム論争も忘却されたであろう。しかし実際には、一九五〇年代から一九六〇年代初めにかけて、両派の学者たちは多かれ少なかれ日本における歴史研究を支配したのであった[17]。

戦後二〇年間、歴史家の間においてマルクス主義者が支配的な地位にあったことを踏まえれば、なぜ当時日本の歴史学者の圧倒的大多数が、一九四五年以前の日本をファシズム国家とみなしていたのかが理解できる。これらの歴史学者は、日本とヨーロッパのファシズム国家の相違をもちろん自覚していたが、「日本ファシズムは特殊である」[18]と考えていたのである。さらに、彼らは日本にカリスマ的な指導者がいなかったこと、大衆運動がおこらなかったこと、また政権簒奪がなかったことに頭を悩ますこともなかった。なぜなら彼らはこれら三つの特色をファシズムの表面的な特徴にすぎないと片づけていたからである。彼らが言うにはファシズム国家は、権威主義的政府、全体主義的な野望、テロによる暴力・共産主義への強い抑圧、そして悪質なナショナリズムによって特色づけられるがゆえに、彼らにとって日本はファシズム国家ということになったのだった[19]。そうした歴史学者にとっては、どのような政治的反動であれ、ファシズムに等しいということになるのであった。そのひとつの例として、一九九〇年代にまだ研究活動をしていた安部博純は、「ファシズムは、資本主義の一般的な危機における、予防的な反革命運動の特殊な形態である」と述べている。ファシズムは単に「革命運動を抑圧したり反体制勢力の成長を止める」という否定的な役割を演じるのみならず、「国家のエネルギーをそらし、それを対外侵略に向ける」という積極的な役割を果たすのであると安部は主張している[20]。

このような立場を批判する論者は、日本がこれらの(そして潜在的にはその他の)特徴をナチス・ドイツおよびファシスト・イタリアと共有していることを認めるが、こうした特徴は専制主義体制や軍国主義一般においてもみられるものである。したがって、これらの共通点の存在が、日本がファシズム国家であることの決定的な証拠にはならないと指摘している[21]。

安部の見解は、丸山真男の議論を想起させる。丸山は、戦後日本における卓越した政治学者であった。丸山はマルクス主義者ではなかったが、明らかにマルクス主義の影響を受けており、ファシズムを「二十世紀における反革命の最も尖鋭な最も戦闘的な形態」とみなした[22]。ここで、丸山のファシズムに関する見解を簡単に述べておきたい。

丸山は日本におけるファシスト運動の発展を三段階に区分している。第一段階は、準備期であり、一九一九年から一九三一年(すなわち満洲事変)までの間である。丸山によれば、それは民間右翼運動によってほぼ独占された時期だった。第二段階は成熟の時代である。それはいくつかのクーデター未遂やテロ事件によって特徴づけられ、満洲事変から一九三六年の二・二六事件まで続いた。丸山は、民間右翼によって支持された軍部がファシズム運動の推進者となったのがこの段階であると主張している。第三段階は、丸山が言う「日本ファシズムの完成時代」であり、一九三六年から大日本帝国が崩壊する一九四五年八月まで続いた[23]。

最初の二つの段階は、丸山の言う「下からのファシズム」によって特徴づけられる。最終段階は、「上からのファシズム」であった。「下からのファシズム」とは、丸山によるとファシスト政党が権力を掌握したときに出現するファシズムである。それとは対照的に、丸山は「上からのファシズム」を、ファシズムが主に既存の権力機構に浸透することによって実現したファシズムと定義する。このような見地からは、イタリアとドイツは「下からのファシズム」の例となり、他方日本は「上からのファシズム」の事例とされる[24]。丸山は「下からのファシズム」は「上からのファシズム」と結びつくはずだと述べることで、この「下から／上から」という二分法を規定している。彼は「現実には必ずその両者相俟って進展して行く」と考えているのである[25]。

丸山は日本においてファシズム政党やファシストによる政権簒奪が存在しなかったことについて、次のように説明している。「ファシズムの発展過程においては、本来のファシズム政党や団体はいわば非公式の軍隊であり、逆に軍隊は非公式のファシズム政党になるといえよう」[26]。

しかし、丸山の見解はマルクス主義者の議論と同様に批判に弱い面があった。というのは、筒井清忠が指摘したように、丸山のファシズムを定義するための基準は、右であれ左であれあらゆる全体主義体制に適応できるものだったからである。実際、その基準は、フリードリッヒやブレゼジンスキーの全体主義についての基準にきわめて近いところがある[27]。さらに、日本軍は非公式のファシズム政党として機能したという丸山の主張は、ファシズムと純粋な軍国主義とを区別していない。

そのような批判に応えて、古屋哲夫と纐纈厚は、「統合」と「動員」はファシズムを定義する特徴であることから、日本はファシズム国家であったと主張した[28]。しかし、このアプローチにも問題がある。なぜならば、もし「統合」と「動員」をファシズムの定義として用いるのであれば、ソ連・中華人民共和国・北朝鮮やキューバといった社会主義ないしは共産主義国家はどうなるのであろうか。確かに、同じ基準はそれらの国家にも（そしておそらく第二次大戦中の英米にも）当てはまるであろうが、ほとんどの歴史家はこれらの国家をファシズム国家とみなしてはいない[29]。吉見義明のように、「草の根のファシズム」を想定する歴史学者もいるが、そこでいわれているファシズムとは、日本の大衆が戦争や政府を積極的に支持していたことを言いかえたにすぎない[30]。「草の根のファシズム」は日本の軍国主義への反対や抵抗がなかったことについての説明にはなるかもしれないが、日本がファシズム国家であったかどうかという問題を解く助けにはならない。

ファシズムの定義をめぐるこのような問題の結果、日本の多くの歴史学者は分析概念としての「ファシズム」

を完全に捨て去っているのかもしれない[31]。例えば、伊藤隆は、一九四五年以前の日本はファシズム国家ではないと強く主張している。伊藤は日本の右翼を復古的精神右翼と、革新右翼とに分類する[32]。この分類は日本内外の多くの歴史学者に受け容れられてきた[33]。しかし伊藤の分類にも問題がないわけではない。他国において歴史事象を説明する際に通常用いられている歴史的な概念を適用することなく、日本を特殊な国として扱っているように思われる。概して、歴史学者は他国と日本の比較をおこなうために、伊藤の分類を用いてはこなかった[34]。加えて、復古と革新の区別は伊藤が言うほど明白なものではない[35]。

アメリカにおいては、ピーター・ドウスとダニエル・オキモトによって事実上、日本国家に適用可能なファシズムの概念は存在しないとされた[36]。さらに、ほとんどの欧米の歴史学者は、戦前の日本の性格を議論するにあたり、ファシズムの概念に訴える必要はないと考えている[37]。しかしながら、いくつかの例外も存在する。その中には、「天皇制ファシズム」や「複合ファシズム国家」を説いたハーバート・ビックス[38]や、「帝国ファシズム」の概念を導入したアンドルー・ゴードン[39]、そして天皇中心のイデオロギーが日本型ファシズムのかたちであるとして、ファシズム天皇制国家を唱えたブルース・レイノルズらが含まれる[40]。ドウスとオキモトの論文は、ほとんどの欧米の日本史研究者にファシズムの概念を使用することを一時期、思いとどまらせた。しかしここ二〇年間、欧米の学者の間で日本におけるファシズムへの関心が復活してきていることがみてとれるようになった[41]。この最近のファシズムへの関心の復活は、過去二〇年間にわたり、アメリカにおいて日本政治史が相対的に軽視されてきた結果であり、部分的には日本の思想・文化に関する分析に文学理論を適用しようという傾向が強まってきたこと、そして「古文書フェティシズム」[42]への軽蔑が増幅してきたことと関連している。このことは、日本の近代への移行によって生じた危機を分析するに際して、ファシズムの概念を適用する学者が現れることにつながった。アラン・タンスマンの研究はその適例である[43]。タンスマンとその編著に寄稿した研究者たちは、ファシズムの定義やファシズムがどのように政治権力や国家権威と関係するのかという問題には、ほとんど関心をはらっていない。タンスマンが記したように、彼らの関心は、政治運動や体制としてのファシズムの起源や結果よりも、そのイデオロギーや表象としてのファシズムにおかれているのである。このような見地から、彼らは「日本におけるファシズム文化の存在や両大戦間期の現代性の危機を解決するためのファシズム的方法の存在」を主張する[44]。これらの引用が示すように、このアプローチは建設的な結果を生み出すようなものではないように思われる[45]。なぜならば、英米においても大変重要かつ影響力をもったファシストやファシズムに共鳴する者は存在していたものの、一九三〇年代における英米がファシズム国家であったと説得的に論じることは難しいということを忘れるべきではないからである。ある国家にファシストが存在したということは、必ずしもその国家がファシズム政体であったということを意味しないのである。

3 日本におけるファシストたち

このような状況では、日本がファシズム国家であったか否かを問うよりも、ファシズム思想がどの程度まで「常識」となったか、すなわち支配階級(広く権力機構と同義と考えられている)及び世論の双方に受け容れられたのかを問う方が、より生産的であるかもしれない。これと関連して、もしそのような面があったとするならば、ファシズムの思想がどの程度まで日本政府の動きに影響を与えたのかということもまた重要である。

ファシスト(および国家社会主義者)の存在と、国家をコントロールするファシズム体制の出現とは、区別されなければならない。ファシストと国家社会主義者の考えは、イギリスやアメリカを含め、いたるところでみられた。ファシズムの思想は、自称ファシストやファシズムのある側面に惹きつけられた人々によって、各国で程度の差こそあれ主張された[46]。しかし、ファシストはほとんどの国家で活動していたが、ファシズム国家、すなわちファシストによって支配され、ファシズムの支配システムを持つ国家になったのはほんのわずかであった。

一九二〇年代から三〇年代にかけて、日本では多くの人々が、さまざまな形のファシズムや国家社会主義の思想を支持し、普及させていった。彼らの存在は、「ファシズム文化」の到来として説明できるかもしれない。しかし、日本におけるマルクス主義者の存在が日本を共産主義国家にしたのではないのと同じように、またオズワルド・モーズレー卿やそのほかのファシストの存在がイギリスをファシズム国家にしたわけではないのと同じように、彼らの存在によって日本がファシズム国家になることはなかった[47]。

とはいえ、ファシズムの思想が軽視されたり、無視されたりするべきではない。というのも、ファシストとその思想が、彼らが活動した国々に強い影響を残したのは明らかだからだ。言いかえれば、ファシストたちは権力を掌握しファシズム国家を形成することには失敗したかもしれないが、彼らの見解と価値観、すなわちファシストのイデオロギーは、権力の座にある者たちの思想と行動に反映され、直接、間接的に政策決定に影響を与えたのである。以下で論ずるように、日本にもそのような状況が見られた。

ファシズムの影響力の重要性を少し冗談めいた例をあげて説明してみよう。

かつてイギリスの歴史家A・J・P・テイラーは、もしヒトラーが、日本が真珠湾を攻撃したという知らせを受けて、アメリカに代わって日本に宣戦布告していたならば、フランクリン・ローズベルトやウィンストン・チャーチルにとって事態はより困難になっていたかもしれないと、冗談めかして述べたことがある。しかし知っての通り、ヒトラーは彼自身の傲慢さだけでなく、彼自身のイデオロギーによって囚われていた。ナチス・ドイツがイギリスさえ攻略できていないときに、ヒトラーは戦略的というよりはイデオロギー上の理由からソ連を攻撃したのである。このようにしてヒトラーは二正面作戦を開始したが、それは冷静にドイツの戦略を考える人々にとっては悪夢であった。ソ連を攻撃したことは致命的な失敗であり、それは最終的にヒトラーの破滅で分かるが、この失敗はヒトラーのイデオロギーを考慮に入れなければ説明がつかない。同様に、一九四一年一二月八日以後なぜ日本への宣戦布告がヒトラーの選択肢になかったのかということは、イデオロギーによってのみ説明できるのである。

今、テイラーの提起を逆転させ、なぜ日本政府はドイツに宣戦布告をしなかったのかを問うてみよう。おそらく、その生存をかけてドイツと戦っていたイギリスは、日本に対して、その支援の見返りとしてあらゆる種類の譲歩を提示したことであろう。かつてチャーチルは「もしヒトラーが地獄を侵略するのであれば、私は少なくとも下院において悪魔に対して好意的な言及をするであろう」[48]と述べ、結局彼はヒトラーとの戦争において、スターリンと連合した。したがって、彼が日本をも同盟国として受け容れたであろうことは想定できるだろう。これが根拠のない推測ではないことを示すために、一九四〇年代においてこうした考えを持っていた人がいたことを指摘しておこう。例えば、アメリカ人ジャーナリストであるオットー・トリシャスは、東京から発した特電において、この可能性―それは新たに日本に到着した外国人特派員にとっては明白だったが、日本の政治家や外交官には受け容れられないものであった―についての考えを示していた[49]。トリシャスは次のように書いている。

「合衆国とイギリスの対ロシア援助計画によって、日本に対抗してウラジオストックが基地化されるのではないかと危惧されている。[省略]それによって日本の包囲網が完成されることになる。もちろん、このジレンマにも一つの解決方法がある。それは、日本自身を脅かすことのない「包囲する側」に日本が加わり、それらすべてにとって最大の脅威をもたらす可能性のある大国を排除する手助けをすることであろう」(傍線筆者)。しかし、この選択肢は日本人には存在しなかった。なぜなら、トリシャスが指摘したように、「このような方向転換は、過去一〇年間に日本が支持してきた事柄をすべて反故にすることを意味するであろう。このようなことは国民にとって困難であろうし、現内閣には不可能であろう」[50]からだ。ここで言う「ご破算」がイデオロギー上の問題を大きく超えていたことはもちろんである。それは日本が一九三一年以降、獲得してきた広大な領土をあきらめることを意味していた。しかし、そのような選択肢が日本の政策決定者によって無視されたという事実は、彼らが他の選択肢を考慮する能力がなかったことを示しているのであり、このような思考の形成においてイデオロギー上の影響力が非常に重要だったのである。ファシストたちは一〇年間にわたって世論を形成しており、そして彼らの影響力が日本人を他の選択肢に対して盲目にしたのである。

4　日本におけるファシストの影響力

鍵となる問いは、ファシズム思想は一九三〇年代の日本においてどれほど影響力をもったのかということである。以下に示すように、それは日本政府の政策にかなりの程度まで影響を与えるほどの力をもっていた。実際に、日本が独伊の独裁政権と同盟を結んだ理由のひとつは、こうした影響力から説明することができる。この広範囲にわたる影響力の下で、多くの日本人は、イギリスとアメリカは古臭い民主主義の国であり、その時代遅れの自由主義と民主主義の原則に基づいた政治制度は、日本政治の問題に対して効果的な解決策を提示できない、と考えるようになったのである。それとは対照的に、多くの人々は、新しいイデオロギーであるファシズムこそが効果的な解決策を提示すると信じたのであった。

ファシズムは早くも一九二〇年代初めには、日本人のジャーナリストの注意をひくようになっていた。ムッソリーニの首相就任に帰結する、一九二二年一〇月のローマ進軍の直後には、日本の新聞や雑誌はファシストの指導者が成し遂げた成果を詳細に報じた[51]。将来的に首相を務めることになる平沼騏一郎が影で率いていた国本社の機関誌である『国本』では、編集者や寄稿者たちがムッソリーニやその運動を肯定的に捉えていた。彼らは、ウィルソン主義を拒絶し、国際労働機関（ILO）を拒んだムッソリーニの「熱狂的精神」を賞賛しており、ムッソリーニは衰退していたイタリアの政治をその輝かしい古代ローマの状況にまで回復させ、イタリアの君主制への忠誠を見事に示してみせたと論じた[52]。一九二五年までに、平沼の側近である弁護士の竹内賀久治は、日本にもムッソリーニに相当する人物、すなわち政党政治を廃し、労働組合を破壊し、自由主義や個人主義を根絶し、「新日本」を建設するような指導者が必要であると考えていた[53]。そのような日本のムッソリーニとなりうる人物が平沼だったのである。

顔つきが険しく無口な司法官僚出身の平沼は、おそらく保守的な国家主義者としてもっともよく描かれてきた人物である[54]。しかし、保守的であろうとなかろうと、平沼がファシズムに魅力を感じていたことには疑いがない。一九二〇年代において、平沼はムッソリーニとその政治手法に対する尊敬を隠すことはなかった。しかし平沼のムッソリーニやファシズムへの高い評価は、彼の出世に役立つことはなかった。現実にはその逆であった。

一九二六年一二月、平沼は元老西園寺公望に紹介された。当然、平沼は当時の日本政治において最も重要な人物である西園寺に好意的な印象を残そうと全力を尽くした。しかし、平沼の思惑は見事に外れた。一時間余り平沼の話を聞いた後で、西園寺は松本剛吉に「君は伊太利のムッソリニ抔のことを思ふだらうが、日本には未だ其処までは行かない」と述べた[55]。この時の会話から、西園寺は平沼がファシストであると結論づけたのである。その後、自由主義を支持する西園寺は、平沼にとって容赦ない政敵となった。西園寺は、平沼に有望な昇進の機会が到来すると、常にそれを妨害した[56]。

西園寺の平沼に対する評価は全く特異なものではなかった。一九三〇年代初めまでに、ジャーナリストや学者が、平沼や彼が指導した国本社に言及する際には、常にファシストとして捉えられた。例えば、左翼系経済学者である石浜知行は、一九三二年に『改造』において、国本社のことを「ファシストの組織」として描いている[57]。

一九三二年までに、平沼は自分がファシストであるという評判が、首相就任あるいは枢密院議長への昇任（これは彼のもうひとつの野望だった）に際して、克服しがたい障害になっていることを実感していた。そのため平沼は、国本社とファシズムの関係を否定するために、記者会見を開いた。しかしそのような行動はすでに手遅れであり、効果も薄かった。報道は以前と同様に、平沼をファシストと捉え続けた[58]。

平沼と国本社の例だけでは、日本でファシズムが注目されていたことを証明するのに不十分だという反論があるかもしれない。しかし、平沼以外にもファシズムに魅惑された人物は数多くいた。鹿子木員信、北昤吉、林癸未夫、そして先述の中野正剛の事例を考えてみよう。これらの人々は、自らのファシストとしての考えを何ら隠そうともしなかった。

九州帝国大学教授鹿子木員信は一九三〇年にドイツのナチスをモデルとした愛国勤労党の設立に参加し、三〇年代後半には自らの演説の最後に「ハイルヒトラー」という言葉を使った[59]。著名な急進論者である北一輝の弟である北昤吉は、自らを「第一級の日本のファシスト」だと称し、ファシズムの思想と方法を直接に学ぶためにヨーロッパを旅行するつもりだと宣言した[60]。ジャーナリストから政治家に転身した中野正剛は、ファシズム政党の黒シャツ隊員に触発され、東方会を設立した。東方会の会員は、ファシストのユニホームにとてもよく似た服を着用した。

早稲田大学政経学部教授であった林癸未夫は、社会政策と労働問題の専門家であり、日本における統制経済の主唱者であったが、躊躇することなく自身を、国家社会主義者だと称していた。林は一九三二年四月に日本国家社会主義連盟を設立し、書記長を務めた[61]。この連盟は、日本ファシズム連盟の構成団体のひとつであり、これと密接な関係にあったが、林はそのメンバーでもあった[62]。

ほかにもファシズムの支持者は数多く存在した。国家社会主義に反対していた右翼系評論家の蜷川新は、「「国家社会主義は結構だ」と云ふ人が今日の日本には沢山居る」[63]と記している。実際、一九三〇年代初めまでに、ファシズムの思想は広く普及していたので、大衆雑誌は日本の知識階級におけるその影響力を測ろうと試みた[64]。例えば一九三二年――すなわちヒトラーが権力を掌握する前の年に、大衆雑誌『人の噂』は、次のようなシンプルな質問からなる「アンケット」を送った[65]。「貴方はファッショにどんな関心をお持ちですか。その賛否」。一七名の回答者のうち、はっきりとファシズムに反対したのはほんの数名にすぎなかった(回答者はだれも、ファシズムとは何を意味しているのかという点については尋ねようとはしなかった)。弁護士の布施辰治は、「ファッシズムの傾向については絶対反対です」とし、同様に作家の新居格は、「ファシズムとファッショのどの集団にも何の関心を持たず、この傾向には反対です」と述べた。小説家の平林たい子もファシズムに反対していた。

しかしながら、その他の人々は、日本のファシズム化の進行を不可避のものとみなし、たしえはっきりと述べることはなくても、それを歓迎していたように思われた。例えば、フェミニストの高群逸枝は、人々がそれを認めるか否かにかかわらず、不可避なものであると述べていた。高群ははっきりとファシズムに好意を持っているとは言わなかった。しかし彼女はファシズムの傾向が「必然の傾向と信じ」ており、「超民族のインターナショナリズムの如きは、空想的、観念的存在以外のものではなく、早晩完全に清算されるでせう」と述べ、ファシズムに対する共感を明らかにしていた。高群の見解では、ファシスト型の国家主義の方が国際主義よりもはるかに現実的だったのである。

のちに閣僚となる代議士風見章は、ファシズムは「必然」なものであると認め、それに「多大の関心」をもっていると告白していた。評論家の千葉亀雄もまたファシズムに関心を持っていた。千葉は日本の社会状況はファシズムの勃興へとつながるものになってきていると確信し、「日本において、ファッショ傾向が濃厚になって来た」と考えていた。女優の栗島すみ子は、「別にこれと云ふ関心を持ちませんが」としながら、「ファシズム運動には賛成」していた。詩人の野口雨情は、ファシズムは「わが国の武士道」とは異なるけれども、それは「国家を守ってゆく」という観点から重要であると述べた。回答者の中には、ファシズムを認めはするが、それは日本の状況に適応させる必要があると考える者もいた。例えば、東郷平八郎元帥の秘書役であった小笠原長生海軍中将は、「日本化され、然も常軌を逸しなければ、ファッシズムも悪くはない」と述べていた[66]。

『人の噂』のアンケットは興味深いものである。それは、ファシズムの概念が漠然とし、まとまりがないかたちであるにせよ、一九三二年の日本社会に広がっていたことを示している。ほとんどの人にとってファシズムを直ちに定義することは難しかったが、ファシズムはヒトラーが権力を掌握する一九三三年一月以前の段階でも、常識として受け容れられていたのだ。

日本人のファシズムに対する好感が、ヨーロッパにおけるファシズムおよび国家社会主義の興隆によって刺激を受け、そしてヒトラーの壮観な成功のインパクトの下でさらに強められていったことは疑いの余地はない。しかし上記のアンケットが示したように、ヒトラーの権力掌握だけでは、こうしたファシズムへの憧憬を説明することはできない。それを十分に明らかにするためには、広く移入されたファシストの価値観が、日本固有の権威主義の伝統(歴史学者の中にはこの伝統を全体主義とみなす者もある)とどの程度、交わっていたのかということも考慮しなければならない。

これと関連において、丸山真男の分析は参考になる。一九五九年に出版された論文で丸山は、日本の全体主義の伝統のルーツを江戸時代にまでたどった。特に、丸山は徳川時代の日本を全体主義の「兵営=牢獄国家」[67]、すなわち厳しく統制された、権威主義的かつ軍事的な国家であるとして描いた。ここで言われている権威主義や、徳川幕府による国民への支配の厳密さ、軍事国家化の程度について、丸山の議論には多くの粗が見られる。しかし、徳川時代の日本は、権威主義的で厳しく統制された国家であったという丸山の議論に異議を唱えることは難しい。それは確かに、あらゆる個人の自由に対して、不信をもっていた少数のエリートによって支配された階級制度の国家であり、そこでは商業活動や利益の追求は軽蔑されていたのである。

階級社会の優先、エリート主義、軍事的美徳の賞賛、そして商業や金儲けへの敵意といった江戸時代の権威主義的価値観は、明治以後の日本のものの見方をどの程度まで特徴づけたのであろうか。これらの江戸時代の価値観は、明治のエリートが社会に対する見方、とりわけ民主主義、自由主義、政党政治や自由放任経済への態度を決定するにあたって、どれほど重要性を持ったのだろうか。利潤の追求や商業活動を軽蔑する儒教の教えが江戸時代に広まっていたことはよく知られており、石田梅岩など利潤追求を肯定した儒者の努力は、こうした考えをほとんど弱めることはできなかった。「武士道」という言葉に要約されるような、軍事面での武勇を理想化する傾向は、活力を取り戻した一九世紀後半の日本において、江戸時代からの遺物として存在していた[68]。この軍事の美化は平和主義と相反するものであり、確かにそれは社会で広く影響力を持つ日本人に西洋諸国との協調と軍縮を拒絶させる要因になった。民主主義、自由主義、政党政治や自由放任主義経済への敵意は、反民主主義、反自由主義、反個人主義、反資本主義、そして究極的には西洋からのファシズムの思想を受け容れ、育てていくための確かな基盤を提供することになったのである。

このことは、なぜ日本で自由主義や議会主義が広まると、それに対する猛烈な反動が生じたのかを説明する助けとなる。そしてこのことは、西洋のファシズムの構成要素でもあった思想が、日本において人気を博したことへの説明にもなる。場合によっては、ファシズムの思想は西洋から借用されることもあったが、多くの場合、日本で独自に生まれ、西洋の影響を受けながら強化されていった。以下では、その例を検討していく。

5　日本固有のファシズム思想と西洋の影響

まず全体主義について考えてみよう。全体主義の概念と用語は、ムッソリーニ政権の初期にその政敵によって、まずは否定的な意味で用いられるようになったと言われている。一九二五年になってはじめて、ムッソリーニは全体主義という言葉を肯定的な意味で使い始め、それを「ファシズムの真髄」とした[69]。それに対し、日本においては全体主義の概念はより早くからみられ、イタリアよりも数年前に、肯定的な意味で、鹿子木員信によって使われていた。鹿子木は全体主義者として、あらゆる私有財産をなくし、全資産・全資力を偉大な国家形成に集中させるようなやり方で、国家を再構成することを望んだ。鹿子木の構想によれば、経済は中央で統制され、社会は画一的に管理されるべきであるという。同時に贅沢、浪費、遊興は禁止され、「思想統一」が強制されるべきである。鹿子木はこのような思想を早くも一九一七年には唱えていた。一九一九年八月には、北一輝が似たような考えを、著名な『国家改造案原理大綱』に著わした。北の主張は多くの注目を集めたが、鹿子木がより早くそれらを提言していたことは等閑に付された[70]。

鹿子木と北の全体主義的な国家構想、すなわち中央から統制経済を押し付け、社会の私的領域さえ消し去るという国家のヴィジョンは、永田鉄山やその他の陸軍将官の見解と類似するものであった。永田らは、鹿子木と同じ時期に、総力戦や国家総動員に関するアイディアを練り上げていた[71]。

鹿子木や北一輝のように、日本陸軍の計画者たちは、第一次世界大戦から教訓を引き出していた。そのような考え方は、一九二〇年代を通じて発展し、陸軍の中では常識となった。例えば、一般的に急進派とは考えられてはいない永田の一二年先輩である畑英太郎は、「国家総動員」を日本に課す必要があると主張していた。鹿子木、北、永田と同様に、第一次世界大戦は畑にも教訓を与えた。畑は、第一次世界大戦が、単純な軍隊間の戦争を国家の総合力に頼った国家間の戦争へと移行させ、利用可能な国家資源の全てを国家の利益のために集中させざるを得なくなったと述べた。そのためには、訓練、勤勉、そして日本の資源の総動員を必要とすると畑は論じた。畑は、産業、マスメディア、交通機関、金融機関、そして学界に対して厳格な国家統制を課すことを求めた。そのような広範かつ包括的な措置をとることで、戦時における合理的で効率的な資源の利用が保証され、日本が戦争で勝利するチャンスが生まれると彼は確信していた[72]。

このような全体主義の思想は、満洲事変とドイツ・イタリアでのファシストの成功に刺激されて、一九三〇年代にはより広範な支持を得た。皮肉にも、全体主義は、政党政治家の中にも普及していた。例えば、政友会の主流派で犬養毅内閣の書記官長を務めた森恪は、政党政治の原則は非効率で時代遅れのものだし断じた。一九三〇年代初めには、森は日本人が「外に内に嵌められて居る箍を叩き破る」ことを主張した[73]。彼が言う箍の中には、普通選挙法や労働組合の組織を認める法律も含まれた。森は日本が自由放任経済を捨て去ることを求めた。彼は特に銀行、保険会社、そして農業・漁業部門全体に厳格な国家統制を導入し、米の専売制を課すことを要求した[74]。

鹿子木、北、永田、畑、森、そしてその他の全体主義の提唱者たちは、人種差別撤廃、資源の動員、自給自足可能な経済ブロックの創出を望みつつ、自由主義の価値観、自由放任主義経済、個人主義、国際協調そして平和主義を完全に拒絶した[75]。彼らは、それらの点において、西洋のファシストと類似している。

鹿子木らが全体主義と称した、大衆を統合し、あらゆる物資を動員し、アウタルキーを達成しようというヴィジョンは、しばしば社会進化論の主張――それはヨーロッパのファシズムの不可欠の部分でもあった――と連動することになった[76]。日本において、二〇世紀の最初の一〇年間、社会進化論の主張者たちは、ハーバート・スペンサーの社会進化論で主張されていた個人主義的な側面を捨て去り、国家有機体説と結合させた。鹿子木の戦争と平和に関する見解を特徴づけているのは、この種の社会進化論である。

鹿子木は平和主義を戦略的・地政学的根拠から拒絶した。平和主義は、日本(そして他の「持たざる」国)が領土を拡張することを防ぎ、そして「持てる」欧米列強が自国にとって有利な状況を維持するために提唱されていると鹿子木は考えた。鹿子木は平和および平和主義を精神的な理由からも批判した。彼は平和が日本人の倫理的・精神的美徳を衰えさせてしまい、日本人を堕落させるのではないかと恐れた。すなわち、平和が人々を退廃させ、退化へと導き、そしてついには民族の絶滅につながるのではないかと考えたのである。鹿子木は平和や平和主義を非難する一方で、戦争が社会にもたらす有益な影響を歓迎した。鹿子木は、戦争は人間の残骸、すなわち「弱く、堕落し、消極的な全ての要素」を消し去るので、民族の発展をもたらすと考えたのである[77]。このような根拠に基づいて、鹿子木は一般的な歴史法則を考えついた。すなわち、戦争に従事することを拒否する国家は、破滅をまぬがれられないというものである。さらに、彼は「強い闘争心をもった国家のみが生存する権利を有する」と主張した[78]。生存に値する国家は絶え間ないダーウィン的闘争にあけくれてきたのである。この闘争はなぜそれらの国家が生存に値したかを説明している。彼が記すように、「この永遠の戦争の歴史は、全ての高貴で、強く、実直で正直な者たち、すなわちあらゆるよき者たちの繁栄を保証する一方で、弱者、不誠実な者、浅はかな者、すなわちこれら全ての邪悪な者を常に滅ぼすのである」[79]。彼の見解によれば、戦争は「国家精神を高貴なものにする。危機が昂進すればするほど、この高貴さも高まるのである」[80]。こうした社会進化論の見地から、鹿子木は戦争を望ましくかつ「歴史的に不可避なもの」[81]だと考えていた。

社会進化論は、優生学として知られている邪悪な似非科学を生み出した。東京帝国大学医学部教授を務め、日本における優生学の第一人者である永井潜は、現代社会は、日本人の国家としての絶滅につながってしまうような人種的堕落の苦悩のなかにあると確信していた。その理由としては、自然淘汰の過程が文明の到来によって正常に機能しなくなったからだと見ていた。彼は、この問題の解決策として、全ての「白痴、精神薄弱者、軽度知的障碍者、そしてその他の精神的・倫理的異常者」を含む、あらゆる「劣等」者を日本から取り除くために、断種法のプログラムを導入するよう、政府に何度も陳情した[82]。しかし当局は永井を相手にしなかった。永井はこの政府の無関心を非難し、政府の態度をナチスの不妊政策と比較して批判した。以下の引用が示すように、永井はナチスの政策に強く感銘していた。

ナチス政府が此の〔断種〕法案を実施して以来、未だ三年に達しない。而かも断種を実行せし数は既に十数万に達し、一昨年だけでも、五万六千二百四十四人に実施されて居る。盛んなる哉。ハイル　ヒットラーを叫ばざるを得ない[83]

大川周明と北一輝の猶存社で、一九二一年にその右翼運動にかかわり始めた中谷武世は、優生学にはほとんど関心を払わなかったが、永井と同様、ファシズムの思想には共感していた。早くも一九二九年七月には、彼は日本政治が機能不全に陥っていると考え、警戒を募らせていた。彼の考えでは、「議会政治の醜態」に対する唯一の解決策は、「ファッショをやる」ことであり[84]、「内部組織の根本的建て直し」であった[85]。そして後に事態は中谷にとって望ましい方向に向かっていった。中谷は一九三二年に、日本で過去六カ月の間に、ファシズムが目覚ましい進歩をとげたことに満足している。興味深いことに、中谷はファシズムを『反議会主義反資本主義的傾向を持つ急進的行動的国民主義』、そして「反国際主義」、「反個人主義」、「反階級主義」と定義し、ファシズムは自由放任主義経済を「統制経済」にとってかえるのだと言う[86]。だが、中谷はファシズムが一枚岩のものではなく、多様であることを認識していた。「伊太利のそれは、建国の偉人マツヂニの精神を今日に生かさんとするものである。独逸のそれは、一世紀前の愛国哲学者フイヒテの精神を現代に実現せんとするドイチユツムの運動である。日本ファシズムの本質と方向、言はずして明なるものがあらう」[87]。しかしそのかたちが何であれ、中谷にとってファシズムは未来のイデオロギーであり、「必然の勢力」であった。彼は、日本においてもファシズムは、「社会思想、政治思想の主潮をなすもの」[88]だと述べた。

6　日本固有のファシズム?

概して、日本ファシズムの支持者は、ファシズムの真髄は保持しながらも、真正に日本的といえるファシズムの型を作り出す必要があると見ていた。彼らは、ファシズムおよび国家社会主義を日本の状況に合わせることができるし、またそうするべきだと主張した。日本固有の伝統や習慣は、ファシズムに取り入れられなければならなかったのである。彼らは、一方でファシズムが外国由来であるという批判を避けるために、また他方でその国民主義のために、このように主張したのである。この点をさらに明らかにするために、いくつかの例をあげてみよう。ジャーナリストであり右翼の活動家であった津田光造は、ファシズムはその地域の状況によって国ごとに変化することを指摘し、日本においてファシズムは真に日本的でなければならないと説いた。

> ドイツのヒツトラーを中心とする愛国運動においては、ムツソリニ《ママ》の愛国運動即ちファツショ運動と同じ様な形態を取つてはゐるが、ヒツトラー自身は決してそれをファツショとは呼ばない。やはり自国語で、『ナチス』と称してゐる。日本の愛国運動も、日本固有の文化に対する尊敬の念を本として生れたものであるならば、それには日本独自の名称がなければならぬ筈だ。尊皇運動とか呼ぶやうにしたらよさゝうなものだ。[89]

津田にとって、日本ファシズムは純粋に天皇を中心とした愛国運動だった。「ファツショといふ言葉は、その運動の内容から説明すれば、『民族的団結』とか『国民的団結』とかいふ日本語に当てはまる」と彼は信じた[90]。同様に、牧野吉郎も「日本ファシズム」を「日本主義」と同一視した。牧野の見解では、日本主義は「特殊的個性」を有しており、「国際主義的社会的理想をも実現し得る」。日本固有のファシズムの美徳を激賞する一方で、牧野はイタリアのファシズムやヒトラーの国家社会主義についてはいくつか辛辣な発言をしている。彼は前者については、「人生と国家の真生命を把握し得てゐない」こと、後者については自己中心的で排外的であると非難した。しかし牧野はこれらの欠陥を致命的なものとは考えなかった。それらの欠陥は、牧野がこれらの外国のファシズムのもつ肯定的な側面とみなしたもの、例えばそれらの「マルクス主義、議会主義、資本主義」に対する勝利や、ナチスがドイツを「国際連盟乃至戦勝国の奴隷状態」から自由にすることとに成功したことに比べると、とるにたらなくなるのである[91]。

日本ファシズムの固有の起源を強調する傾向は、一九三五年のいわゆる国体明徴運動の結果として強まり、さらに二・二六事件の後、顕著になった。この反乱では数人の政治家が殺害されたが、その他には何の成果もなかった。決起の四日後、反乱軍は降伏し、反乱に関わった兵士は兵営に送り返された。反乱の指導者である将校たちは軍法裁判で審理され、極刑を宣告され、民間活動家の北一輝や西田税らとともに処刑された。北らは実際には決起に反対していたが、クーデターを煽動し指導したとして責任を問われた[92]。

軍隊の粛正と反乱将校の裁判の最中に、ファシズムの支持者たちが自らを北のような人物とその仲間から遠ざけようとしたのは驚くにあたらない。そのひとつの例は、北一輝の弟である北昤吉によって一九三七年に出版された著作のなかに見出すことができる。北はファシズム(=良いもの)と国家社会主義(=邪悪で共産主義によって腐敗させられたもの)の間に線引きをおこなった。ファシズムと国家社会主義は完全に異なるものであるので、混同されるべきではないと彼は唱えたのである。その差異を見損なうことは、甚だしい「土地錯誤である」と彼は述べた[93]。イタリアのファシズムを、限りなく無批判的に賞賛していた下位春吉が同じ書物のなかで指摘しているように、国家社会主義とは異なり、ファシズムは日本の伝統と共存できるとした。下位は、ファシズムは「国体、国民精神を尊重」し、「国民精神を統一」する「極端なる国家至上主義」に過ぎないと主張した[94]。

それでは、常に自身を国家社会主義者だと称していたヒトラーを、国家社会主義者とは見なさないのであろうか。北昤吉によれば、ナチスは国家社会主義とは完全に異なる政策を追求していたので、ヒトラーは国家社会主義者ではなかったという[95]。

北の著作に寄稿していた他の執筆者たちも、ヒトラーは国家社会主義者ではなく、ファシストであったと主張していた。その理由は、二・二六事件を視野に入れるとはじめて理解可能になる。二・二六事件について、当局は事件を公式には軍閥の内部闘争ではなく、「ボルシェヴィキのような国家社会主義者」によって触発された結果であるとみなしたのである[96]。しかし本章の議論においては、これらの寄稿者たちが自身の立場をファシストと主張することに何のためらいもなかったという点が重要である。彼らは社会主義の型としての「国家社会主義」のレッテルを捨て去る一方で、ファシズムを肯定的な現象とみなしたのであった。

7　ファシストの影響力の頂点

ファシストの影響力は近衛文麿内閣期(一九三七~三九、一九四〇~四一年)にピークに達した。実際、日本が最もファシズム国家の成立に近づいたのは第二次近衛内閣期であったといっても過言ではないが、近衛は第一次内閣期の間に既にこの方向に向かって歩みを進めていた。国家総動員法や国民徴用令といった法律が制定されたのは第一次近衛内閣期の一九三八年であり、それらは日本の戦争協力をより効率的にすることを目指したものであった。近衛は五摂家出身であったにもかかわらず、早くから急進的な社会主義にひきつけられていた。彼は、子供時代から「特権階級」への敵意を胸に抱いており[97]、そこには、日本の財閥や、国際的に「持てる」国家であるアングロサクソンの列強が含まれていた。こうした近衛の見解は一九一九年までに形成されていた。彼はこの年に、雑誌論文でドイツの敗戦に対し同情を示すとともに、パリにおける戦後処理が日本にとって不公平なものであることを非難した[98]。こうした怒りは、近衛の生涯を通じて弱まることはなく、近衛は世界が、アングロサクソンの国家や国際連盟によって代表されていることに反対した。近衛は同時に、非効率で社会的に不公平であるとして、既成政党や現行の議会制度にも不満を持っていた[99]。

近衛の急進的な思想を考慮すれば、彼が首相の座につくやいなや議会制度の破壊を試みたことは、驚くにあたらない。一九三八年二月に中溝多摩吉や防共護国団の指導者たちによって企画されたクーデター（政党本部推参事件）を、近衛が支持していたことを示唆する証拠も存在している[100]。この計画は、近衛内閣によって計画されていた全面的な改革に反対している代議士たちを逮捕しようというものだった。逮捕された代議士たちは陸軍の護送のもと、伊豆大島の野営地へ追放されることになっていた。事件の計画者たちは、反対勢力をこのようなやり方で黙らせることで、大衆政党の形成や統制経済の導入などの急進的な改革の立法化が容易になることを望んだのである[101]。陰謀者はその計画を、近衛、風見章内閣書記官長、末次信正内相に前もって知らせていた。しかし結局、関係者はおじけづき、クーデターの中止が命じられた。中溝が計画したクーデターが成功していたならば、日本はファシズム国家になっていたはずである。なぜならばこのクーデターは、間違いなく日本をファシストの政策へと移行させたからである[102]。

判断に甘さがあった中溝の陰謀計画は、軌道を逸した行動だった。この後、近衛は文字通り法を遵守した。近衛が第二次内閣期に設立した大政翼賛会に、違法な点は何もなかった。この組織は、近衛の急進的なアドバイザーの集団の中でも特に優秀なエリート層によって計画されたが、それはいわゆる近衛新体制の一部として、近衛が一九四〇年七月に首相に再任される前に着手されていた。その狙いは全国的な大衆政党を形成することにあり、その考え方は、イタリアのファシスト党やドイツのナチスと著しく類似したものであった。

もし近衛がこのようなやり方でムッソリーニやヒトラーのような独裁者になることを目指したのだとしたら、彼は明らかにそのイニシアチブへの反対勢力を過少評価していたことになる。新体制運動には、ただちに厳しい批判が向けられた。産業・金融資本家は残された自分たちの自主性——それは既に国家総動員法と近衛の経済体制要綱の強制によってひどく浸食されていた——が失われることを恐れた。主流の保守政党の政治家たちは、残された政治権力を失いたくなかった。大半の官僚も、その政治的影響力を守ろうとした[103]。軍部ですら大政翼賛会に反対し、統帥権を侵害しないのであればその時に限って支持すると宣言した[104]。そうした反対は、近衛にとって厳しすぎるものだった。状況が厳しくなるたびにそれまでも何度もやってきたように、近衛は、この段階に至ってその計画を投げ出し、急進的な支持者との関係を断った。一九四〇年一二月二一日、近衛は安井英二内相を更迭し、元首相であり、大政翼賛会への反対論者として知られた平沼騏一郎を後任にした。平沼の大政翼賛会への反対は、恐らくそのイデオロギーに基づいたものではなく（これまでみてきたように、平沼をファシストとみる者もいたが）、大政翼賛会が自らの政治的影響力を弱めるか、あるいは完全に奪い去ってしまうのではないかという恐れからくるものだった。しかし彼の動機がどのようなものであれ、平沼新内相は一九四一年一月二八日の議会演説における布告によって、大政翼賛会の棺に最後の釘を打ち込むことになった。そこで平沼は、新組織は治安維持法を侵害するような政治活動に従事することはできないと宣言したのである。批判の集中砲火の下で、最終的に完成した大政翼賛会は、その着想の元になったファシズムのモデルや、大政翼賛会の急進的な支持者たちのヴィジョンとはかけ離れた、弱体で無用といえるものになっていたのである[105]。したがって、結局近衛の動きは進展せず、日本はファシズム国家となることに失敗したのである。ナチスのような大衆政党を創るという近衛の試みは挫折したが、それにもかかわらず、彼はドイツとイタリアとの間に三国同盟を締結（一九四〇年九月）することになったのだった[106]。

おわりに

本章では、ファシズム思想が多くの日本の官僚、政治家、軍人の思考に影響を与え、日本の外交と内政の形成に決定的な役割を果たしたことを論じてきた。その役割を視野に入れると、日本はなぜドイツとイタリアと有害無益な筈の同盟を結んだのかがわかりやすくなる。日本では統制経済の導入、戦時体制を確立させるような急進的改革に対してあまり抵抗がなかったことも理解できる。日本の民衆の組織化と動員が徐々に進行したことへのひとつの説明にもなる。

結局、ファシスト・イタリアとナチス・ドイツは、古臭い斜陽の自由主義国家アメリカとイギリスよりも、日本が見習うべきより良いモデルを提供したように思われたのだった。さらに、ファシズムは将来性のあるイデオロギーであるという確信は、日本が英米との戦争に向かうことを決定するうえで重要な役割を果たしたのである（もっとも開戦の最終的な決断の理由としては、イデオロギーよりも、一九四〇年五月から六月にかけて、ドイツ軍がフランス・オランダ・ベルギーを征服したことの方が重要ではあるが）。

しかし、ファシストの影響力は強かったが、日本をファシズム国家にするほどの力はもたなかった。ファシストは権力を奪取することに失敗した。既得権益はあまりにも強力であり、政府機構も安定していたためであった（もっともそれらは軍部を統制し太平洋戦争の惨禍を防ぐ上ではあまりも脆弱ではあったが）。

紙幅の都合で、動員と組織化、統制経済の導入などを通じた戦時体制への移行にあたり、イデオロギーと無関係な要因があったかどうかという問題を検討することはしなかった。またイギリスやアメリカに比べて、なぜ日本はファシズムの思想に対する受容性が高かったのかという問題も、ここでは取り上げなかった。これらの問題を十分に論じるには、別稿が必要であろう。さしあたり、結論として言えることは、日本はファシズム国家ではなかったが、ファシズムはその一九四五年以前の歴史において重要な役割を果たしており、その役割を無視することはできないということである。

1——日本におけるファシズムを議論する際の問題のひとつは、周知のようにその概念の定義が難しいことにある（この点について、例えば、Dietrich Orlow, *The Lure of Fascism in Western Europe: German Nazis, Dutch and French Fascists, 1933-1939*, Palgrave Macmillan, 2009, p.3）。ファシズムには多くの定義がある。例えば、ロジャー・イートウェルは、ファシズムを「歴史的・国家的、そして急進的な第三路線に基づいた社会の再生を遂げるための抗争に関するイデオロギー（実際にはファシズムは詳細な計画よりは、直接行動やカリスマ的な指導者といったスタイルを強調する傾向があり、その政敵を二元論的に悪しきものとして描写しがちであるが）」と定義する（Roger Eatwell, "On defining the 'Fascist Minimum': The centrality of ideology," *Journal of Political Ideologies* 1(3),1996, pp.303-19）. Stanley G. Payne, *Fascism: Comparison and Definition*, Wisconsin University Press, 1980, p.7.

2——これらの提携者については、W. Miles Fletcher, *The Search for A New Order: Intellectuals and Fascism in Prewar Japan*, University of North Carolina Press, 1982.

3——Christopher W. A. Szpilman, "Conservatism and Conservative Reaction," in Sven Saaler and C. W.A. Szpilman (eds), *Routledge Handbook of Modern Japanese History*, Routledge, 2018, pp179-180（以下RHMJH）、伊藤隆『近衛新体制』（中公新書、一九八三年）一四五頁。

4——源川真希『日本近代の歴史 五——総力戦のなかの日本政治』（吉川弘文館、二〇一七年）一七二頁。

5——筒井清忠『近衛文麿——教養的ポピュリストの悲劇』（岩波書店、二〇〇九年）二六〇〜二六四頁。

6——この点については、Sheldon Garon, "Total War or 'Fascism'? Reflections on *Grassroots Fascism: The War Experience of the Japanese People*," Collaborative Review of *Grassroots Fascism: The War Experience of the Japanese People* in *Verge: Studies in Global Asias* 2(2), *Asian Empires & Imperialism*, 2016, pp. 26-27.

7——Thomas R. Havens, *Valley of Darkness: The Japanese People and World War Two*, New York: Norton, 1978.

8——筆者は一九四五年以前の日本における政治的抑圧を軽視するつもりは全くない。左翼やその他の反体制派が残酷に扱われたことは明らかである。警察に拘置中に殺害された、プロレタリア文学者の小林多喜二の事例が最もよく知られている。政治犯に対する相対的に「寛大な」扱いについては、例えば、Richard H. Mitchell, *Janus-Faced Justice: Political Criminals in Imperial Japan*, Hawaii University Press, 1992を参照。しかしそのような「寛大さ」は、ヒトラーのドイツやスターリンのロシアと比べて、寛大にみえることを忘れられてはならない。

9――「転向」については、例えば、鶴見俊輔『転向研究』（筑摩書房、一九七六年）。

10――Peter Duus and Daniel I. Okimoto, "Fascism and the History of Pre-War Japan: The Failure of a Concept," *Journal of Asia Studies*, 39,1979, pp.65-76.

11――最近ではレト・ホフマンが、戦後期において、日本は「ファシズムから分離させられた最初の国家」であると論じており、それはおそらく一九四五年以前の日本ファシズムの存在はGHQ／SCAPによって意識的に抹殺されたのだという主張であろう。Hofmann, *The Fascist Effect: Japan and Italy, 1915-1952*, Cornell University Press, 2015, p.140 と note 12, p.174. しかし、そのような試みは日本をファシズム国家として描いてきた日本の研究者には、大した影響を与えなかった。なぜならば、丸山真男の「日本ファシズムの思想と運動」は一九四七年に公刊されたからである。

12――Sakuzo Yoshino, "Fascism in Japan," *Contemporary Japan*, 1(2),1932, Thomas A. Bisson, "The Rise of Fascism in Japan," *Foreign Policy Reports*, 8, 1932, pp.196-206. 一九三二年、ジャーナリストの座間勝平は、「現代日本に於ては、ファッショといふ言葉は極めて広い意味に於て用ひられ、時には、単なる反動といふやうな意味にまで用ひられてゐる」と指摘した。

13――例えば、安部博純『日本ファシズム研究序説（新装版）』（未来社、一九九五年）一二頁。

14――Katō Yōko, "The Debate on Fascism in Japanese Historiography," in RHMJH, p.227. 本稿のマルキストの議論についての記述はKatōによる。

15――一九三〇年代において、吉野作造や長谷川如是閑は日本ファシズムに対して警鐘をならしていた。Yoshino, op. cit., 長谷川如是閑『日本ファシズム批判』（大畑書店、一九三二年）。

16――五来欣造『ファッシズムと其国家理論』（青年教育普及会、一九三七年）一六六頁。アルフレッド・ロッコは、イタリアのファシズム理論家であり、*La formazione dello Stato fascista* (1925) の著者。ジェイコブ・オットー・デイトリッヒはナチ・ドイツの広報部長で、*Die philosophischen Grundlagen des Nationalsozialismus* (1935), *Der Führer und das deutsche Volk* (1936) の著者。ロッコを崇拝したのは五来だけではなかった。蠟山政道と三木清もまた、ロッコから影響を受けていた。（W. Miles Fletcher, "Intellectuals and Fascism in Early Shōwa Japan," *Journal of Asian Studies*, 39(1),1979, pp.44-46, 51.）。

17――この議論については、前掲、安部『日本ファシズム研究序説』を参照。

18——Richard Sims, "Japanese Fascism," *History Today*, 32:1, 1982, pp.10-13.

19——Sims, ibid.

20——Sims, ibid. からの再引用。

21——例えば、筒井清忠「日本ファシズム論の再考察——丸山理論への批判」(同『昭和期日本の構造——二・二六事件とその時代』(講談社、一九九六年)、一一～一三頁)。

22——丸山真男『増版現代政治の思想と行動』(未来社、一九六四年)、二五〇頁。しかし丸山でさえ、「ファシズムは必ず反動であるが保守反動は必ずしもファシズムではない」と認めている(同右、二五〇～二五一頁)。

23——同右、三三頁。

24——同右、二六三頁。興味深いことに、丸山は「上からのファシズム」を一九五〇年代のアメリカにも見出している(例えば、同右、二六四頁)。「上からのファシズム」及び「下からのファシズム」という用語がはじめに用いられたのは、マルクス主義歴史学者である具島兼三郎の論文「侵略戦争の主体——日本ファッシズムの特質」(『言論』第一巻第一号、一九四六年)においてであり、はるかに広く知られている丸山の著作に一年先んじる。熊野直樹「戦後日本におけるファシズム論の再検討」(『法政研究』第八一巻第四号、二〇一五年)を参照。

25——丸山、同右、二五九頁。

26——丸山、同右、二五八頁。

27——前掲、筒井「日本ファシズム論の再考察」一二～一四頁。

28——例えば、古屋哲夫「日本ファシズム論」(『岩波講座日本歴史二〇 近代七』岩波書店、一九七六年)、纐纈厚『総力戦体制研究——日本陸軍の国家総動員構想』(三一書房、一九八一年)、同『近代日本の政軍関係——軍人政治家田中義一の軌跡』(大学教育社、一九八七年)。

29——興味深いことに、オーストリア出身の評論家フランツ・ボルケナウは、ファシズムを産業資本主義の確立にむけて発達途上にある革命的国家における過渡的現象とみなしている。かかる立場から、彼はファシズムの概念を、同時代人であるケマル・アタテュルク、蒋介石、そして日本の指導者たちに加えて、オラニエ公ウィレム、クロムウェル、ビスマルクのような多様な人物にまで拡大する。ボルケナウは一九二〇年代後半までには発展段階を完成させたという理由で、ドイツをファシスト国家として分類していないという点は注目されるべきである。しかし、彼は一九三〇年代後半には、スターリンのロシアは一九二九年以降にファシズム国家になったと結論づけた。Gavan McCormack,

"Nineteen-Thirties Japan: Fascism?" *Bulletin of Concerned Asian Scholars*, 14(2), 1982, pp.22-23.

30——吉見義明『草の根のファシズム』(東京大学出版会、一九八七年)。

31——日本がファシズム国家であったか否かについて日本の歴史学者の間で合意が形成されているわけではないが、現在活動している歴史学者の多くは日本の近代史を叙述するのにこの用語を用いていない。ファシズム論争の詳細については、Katō Yōko, op.cit.

32——例えば、伊藤隆『昭和初期政治史研究』(東京大学出版会、一九六九年)、同『大正期「革新」派の成立』(塙書房、一九七六年)。

33——Gordon M. Berger, *Parties Out of Power in Japan, 1931-1941*. Princeton University Press; Gregory Kasza, "Fascism from Above? Japan's *Kakushin* Right in Comparative Perspective," Stein U. Larsen(ed.), *Fascism outside Europe. The European Impulse against Domestic Conditions in the Diffusion of Global Fascism*, Social Science Monographs, 2001, pp.183-232; Sheldon Garon, *The State and Labor in Modern Japan*, Princeton University Press,1987.

34——Gregory Kasza, "Fascism from Above?" p.190. この論考においてカザは、日本の革新と一九三〇年代後半におけるポーランド、ポルトガル、ルーマニアの体制との比較を試みている(Kasza, pp.225-228)。

私見の限り、他の研究者はこの興味深い比較論を取り上げていない。伊藤隆の枠組みはシーモア・リプセットの分類に基づいている(Katō in RHMJH,p.230)。それは西洋の学者によってなされた、急進派と保守派の権力の対比に相当する。例えば、Javier Tusell, *La Dictadura de Franco*, Madrid: Alianza Editorial, 1988, pp.33-34.

35——クリストファー・W・A・スピルマン『近代日本の革新論とアジア主義——北一輝、大川周明、満川亀太郎らの思想と行動』(芦書房、二〇一五年)一〇頁。

36——Duus and Okimoto, op.cit., pp.65-76. George M. Wilson, "A New Look at the Problem of 'Japanese Fascism,'" *Comparative Studies in Society and History*, 1968, pp.401-412, Gregory Kasza, "'Fascism from Below'?: A Comparative Perspective on Japanese Right,1931-2936," *Journal of Contemporary History*, 19(4), 1984も参照。カザは"Fascism from Above?"の中で、ファシズムの概念は日本に当てはまると論じ、A・J・グレゴールの「発展的独裁」論も、「帝国絶対主義」論も、日本に「ファシズム」があったのかどうかという問題を解決することはできないとする。カザは、伊藤隆でさえ、「ファシズムは日本の文脈に妥当しないと論じたのではなく、用語の適用のあり方を批判したに過ぎない」と指摘する(p.190)。

37——ここでは、Roger Brown, "Perceptions of Fascism and the New Bureaucrats in Early Showa Japan," *Saitama University Review*,

54(1), 2018に多くを依っている．戦後の早い時期には、欧米の学者はファシズムを方法的厳格さなしに用いていた。彼らはファシズムを単に「個人主義、民主主義、マルクス主義、そして国際主義に対する根本的な攻撃」だと考えていた。例えば、Robert Scalapino, *Democracy and the Party Movement in Pre-War Japan*, University of California Press, 1953.

38——Herbert Bix, "Rethinking 'Emperor-System Fascism': Ruptures and Continuities in Modern Japanese History," *Bulletin of Concerned Asian Scholars*, 14(2), 1982, pp.2-19.「複合ファシズム国家」への言及は、p.6.

39——Andrew Gordon, *Labor and Imperial Democracy in Prewar Japan*, University of California Press, 1992.

40——E. Bruce Reynolds, "Peculiar Characteristics: The Japanese Political System in the Fascist Era," in E. Bruce Reynolds (ed.), *Japan in the Fascist Era*, Palgrave-Macmillan, 2004, p.187. または Hilary Conroy, "Concerning Japanese Fascism," *Journal of Asian Studies*, 40(2),1981, pp.327-328.

41——次のような例をあげることができる。Alan Tansman (ed), *The Culture of Japanese Fascism* (California University Press, 2009); Max Ward, "Crisis Ideology and Articulation of Fascism in Interwar Japan: The 1938 Thought War Symposium," *Japan Forum* 26(4),2014, pp.462-485, Reto Hofmann, *The Fascist Effect: Japan and Italy 1915-1952*, Cornell University Press, 2016. これらへの批判としては、Roger H. Brown, "Perceptions of Fascism," pp.72-74.

42——この用語の使用については、Giulia Bassi, "Against Historiographical Positivism: Some Skeptical Reflections about the Archival Fetishism," *Mnemoscape*, 1, 2015. デリダに影響され、「古文書熱」について述べたものとして、Louise J. Kaplan, *Cultures of Fetishism*, New York: Palgrave Macmillan, 2006, pp.93-94.

43——例えば、Alan Tansman(ed.), *The Culture of Japanese Fascism*, Duke University Press, 2009. ファシスト文化の概念は漠然としており、一九三〇年代の日本で起こったことに対する我々の理解に、ほとんど付け加えるものはない。ピーター・ドウスの書評（*Journal of Asian Studies*, 69(2), 2010, pp.612-615）を参照。

44——Tansman, "Introduction," in Tansman(ed.), *op.cit.*, p.1.

45——紙幅の関係からこの論点について多くを述べることはできない。「ファシストの美学」や「ファシストスタイル」の適用可能性に関する疑問としては、Orlow, *The Lure of Fascism*, p.9, Brown, "Perceptions of Fascism" を参照。

46——ムッソリーニの見せかけの成功は、当時の欧米の政治家の間に彼への高い評価を引き起こした。後にヒトラーとムッソリーニに対して一貫した妥協なき批判を展開したウィンストン・チャーチルでさえ、一九二七年にはムッソリーニを褒めていた。Arnold D. Harvey, *Collision of Empires: Britain in Three World Wars, 1793-1945*, London: Hambledon

Press, 1992, p.511.

47 ——Robert O. Paxton, *The Anatomy of Fascism*, Penguin, 2004, p.215. Brown, "Perception of Fascism," p.73も参照。

48 ——Winston Churchill, *The Second World War, vol.3, The Grand Alliance*, New York: Houghton Mifflin, 1986, p.460.

49 ——もちろん、様々な政策の選択肢が議論されたが、対独宣戦は選択肢になかった。

51 ——オットー・D・トリシャス『トーキョー・レコード——軍国日本特派員日記』鈴木廣之・洲之内啓子訳(中央公論新社、二〇一七年)、三〇一頁。

51 ——便宜上、ここでは議論を『国本』に限定するが、他の出版物に例を見出すことも容易い。

52 ——例えば、「編集室より」(『国本』第二巻第一二号、一九二二年)、一三六頁、太田耕造「南欧に立つムッソリニ」(『国本』第二巻第一二号、一九二二年)、二九〜三五頁、長井善三〔ママ〕「ファッシスチー執政下の伊太利労働組合」(『国本』四巻三号、一九二四年三月)、五八〜六六頁、石山巌「ムッソリニの国家観」(『国本』四巻九号、一九二四年九月)、六一〜六九頁。

53 ——竹内賀久治「問題の研究」(『国本』第五巻第六号、一九二五年、三四頁)。

54 ——前掲、伊藤『昭和初期政治史研究』三五九〜三六一頁。

55 ——岡義武ほか校訂『大正デモクラシー期の政治——松本剛吉政治日誌』(岩波書店、一九六九年)五四四頁、一九二六年一二月二日の条。

56 ——西園寺やその他の天皇の側近たち(いわゆる宮中グループ)は、一貫してファシズムの思想を拒み、平沼のようなファシストと評された人物の昇進をできる限り阻もうとした。

57 ——「日本国民社会主義の諸潮流」(『改造』第一四巻第五号、一九三二年)五四頁。

58 ——例えば、その二年後にも平沼は日本ファシズムの指導者として描かれた(高田末吉『躍進日本を操る人々——政界財界』丸之内出版社、一九三四年、一六〇〜一六一頁)。

59 ——Szpilman, "Kanokogi Kazunobu," *Monumenta Nipponica*, 68(2), 2013, pp.233, 249.

60 ——"Active Japanese Fascist Closes Cambridge Visit," *Harvard Crimson*, 31,1932.

61 ——本連盟については、河西英通「日本ファシズム連盟覚書」(『上越教育大学研究紀要』第五巻第二号、一九八六年)。この試みにおいて、林は下中弥三郎、大川周明といった他のファシズムの支持者と力を合わせた。下中については、下中弥三郎伝刊行会編『下中弥三郎事典』(平凡社、一九六五年)。

62——林は、ファシズムは「社会的発展の現段階における歴史的に不可避なもの」と信じていたので、日本がファシズム国家となることを確信していた（林癸未夫「ファシズムの本質と日本の将来」『国本』第一二巻第一三号、一九三二年）。さらに彼はそれは肯定的な発展になるだろうと信じた。すなわち彼は、日本が外圧によりよく抵抗するためには「ファシスト」となり、「国家社会主義者」とならねばならないとした（三二頁）。彼のいう外圧は、「ヴェルサイユ平和条約、国際連盟の活動、海外資本の侵略、列強による政治的干渉など」を意味していた（三〇〜三二頁）。

63——蜷川新『国家社会主義の不合理性』（自衛社、一九三二年）三頁。

64——今里勝雄によれば、「ファツショ乃至ファツシズムと云ふ言葉は、こゝ一年間位の間に我国でも普遍化されて来た」という。同『国家社会主義とファシズム』（大学書房、一九三二年）。一頁。

65——「ファッショ化の傾向をこう見る」『人の噂』第三巻第五号、一九三二年。

66——同右。

67——丸山真男「開国」『丸山真男集』第八巻（岩波書店、一九五〇年）五〇頁。

68——Oleg Benesch, *Inventing the Way of the Samurai: Nationalism, Internationalism, and Bushido in Modern Japan*, Oxford University, 2016.

69——Richard Bosworth, *Explaining Auschwitz and Hiroshima: Historical Writing and the Second World War, 1945-1990*, London: Routledge, 1993, p.20.

70——Szpilman, “Kanokogi Kazunobu,” p.234.

71——例えば、黒沢文貴『大戦間期の日本陸軍』（みすず書房、二〇〇〇年）七六〜一〇三頁。永田の概説としては、森靖夫『永田鉄山——平和維持は軍人の最大責務なり』（ミネルヴァ書房、二〇一一年）。

72——畑英太郎「国家総動員の必要に就て」（『国本』第五巻第一二号）、一一〜一七頁。

73——森恪「非常時の非常手段」一九三二年六月一八日）、山浦貫一編『森恪』高山書院、一九四一年、二二頁。

74——同右、三二頁。

75——Szpilman, “Fascist and Quasi-Fascist Ideas in Interwar Japan, 1918-1941,” p.77

76——Stanley G. Payne, *Fascism: Comparison and Definition*, University of Wisconsin Press, 1980, p.12.

77——Szpilman, “Kanokogi Kazunobu,” p.245.

78——Ibid., p.245.

79——Ibid.

80——鹿子木員信『戦闘的人生観』（同文舘、一九一七年）五八頁。

81——同右。

82——優生学に関する議論は、以下による（Szpilman, "Fascist and Quasi-Fascist Ideas" p.80）。

83——Ibid., p.80.

84——一九二九年満川亀太郎宛中谷書簡（長谷川雄一、クリストファー・W・A・スピルマン、今津敏晃編『満川亀太郎書簡集——北一輝・大川周明・西田税らの書簡』論創社、二〇一二年、一四二頁）。『書簡集』では年代が一九二八年と誤って記載されている。

85——同右。

86——中谷武世（「ファシズムの本質とその国家観念」『国本』第一二巻第四号、一九三二年）一九〜二〇頁。

87——同右、二三頁。

88——同右、一九頁。

89——津田光造『日本ファッショの現勢——解説批判及び建設理論』（軍事教育者、一九三二年）四頁。

90——同右。

91——牧野吉郎「ファシズム哲学的基礎検討」（二）（『国本』第一四巻第三号、一九三四年）四五〜五〇頁。

92——Szpilman, "Kita Ikki and the Politics of Coercion," *Modern Asian Studies*, 36(2), 2002, pp.478, 488

93——北昤吉「ナチスと国家社会主義」（北昤吉編『ファッショと国家社会主義』日本書荘、一九三七年）一六六頁。

94——下位春吉「ムッソリーニと国家社会主義」『ファッショと国家社会主義』二〇頁。

95——前掲、北「ナチスと国家社会主義」一六七頁。

96——Szpilman, "Fascist and Quasi-Fascist Ideas," p.98.

97——岡義武『近衛文麿——「運命」の政治家』（岩波書店、一九七二年）五頁。

98——近衛文麿「英米本位の平和主義を排す」（『日本及日本人』第七四六号、一九一八年）二三〜二六頁。

99——近衛は早くも一九二〇年代の前半には政党政治へのいら立ちを示すようになり、貴族院において「その影響力の拡張を制限することを求め」、そして「同様に衆議院における政党支配が弱まることを切望した」。Gordon M. Berger, "Japan's Young Prince: Konoe Fumimaro's Early Political Career, 1916-1931," *Monumenta Nipponica*, 29(4), 1974, p.469.

100――伊藤隆『近衛新体制』(中央公論社、一九八三年)七二～七三頁。
101――同右。
102――この計画が成功していれば、大衆運動を率いたカリスマ的指導者によるクーデターという手段によって政権簒奪に等しいことがおこなわれていたことになる。
103――日本の官僚における、革新派と保守派については、Roger H. Brown, "The Bureaucracy and Politics," in RHMJH, pp.220-22. (官僚による大政翼賛会の骨抜きについては、p.222)
104――東条英機陸相は次のように陸軍の留保を表現した。「軍官民一致という事に就いては精神的には同感であるが、軍という語の中には軍隊が入っていると思う。軍隊は大元帥陛下の統率の下にあるのであるから之との調節は今後の研究にまつべきであると思う」(伊藤『近衛新体制』一四五頁)。東条の発言が示すように、陸軍は、ドイツやイタリアの事例のように文民の独裁者によって自らが統制されることを許容する意図はなかったのである。
105――Szpilman, "Conservatism and Conservative Reaction," in RHMJH, pp.179-181.
106――例えば、伊藤隆『十五年戦争』(小学館、一九七六年)二六七～二六八頁、北岡伸一『政党から軍部へ　一九二四～一九四一』(中央公論新社、一九九九年)三四七～三四八頁参照。

第10章

昭和初期の日本におけるファシズムと新官僚に関する認識

ロジャー・H・ブラウン
Roger H. Brown
訳：高田和磨
TAKADA Kazuma

はじめに

戦時中の日本とその政治体制を表現するためには、ファシズムが最も適していると近年英語圏の学者によって指摘されているが、本章はその考えに異を唱えるものである。本章の第一節では、日本の学者の間で、ファシズムの問題について意見が一致していると一部の西洋の学者が指摘しているが、果たして本当にそうなのかという問題について検討をおこなう。実際に後で示すように、ファシズムの問題に関して、日本国内においては様々な解釈が存在しており、日本と英語圏の間には史学史をめぐって乖離が生じている。さらに、自分たちの学説にとって都合の良い、当時の人々の論評や考えを参照するだけで、戦前の日本ではファシズムが重要な意義を有していたと評価することにも、本章は疑問を投げかける。

上記の点を立証するために、本章の第二節では、政治評論家や国家主義者、さらには国家主義運動を監視していた警察当局者たちが、いかにファシズムを認識していたかについて検討をおこなう。彼らはそれぞれファシズムの定義や、何がファシストにあたるのかを明らかにしようと模索していたが、その過程で作成された文書からは、ファシズムは定義が多様で、曖昧な使われ方をしていたことが読み取れる。このように、ファシズムは多様で曖昧な概念であるため、そもそも日本がファシズム国家になったか否かを説得的に論じる前に、ファシズムや国家主義運動とその影響に関する史料をより検討しなければならないのである。後述するように、観念的な日本主義者や社会主義者による資本主義批判が、当時の国家主義運動において重要な地位を占めていた。この事実は、戦前の国家主義運動において一体何がファシズムの要素と言えるのか、また戦時体制においてファシズムがどのような意味をもっていたのかを考える上で、極めて重要である。

本章第三節では、近年の英語圏の学者が「新官僚」を一律にファシストとして描くことに異議を唱える。新官僚とファシズムとの関係について、当時では多様で相反するような議論が飛び交っていたことや、新官僚と言われていた内務官僚が日本のファシズム化の可能性について批判的な反応を示していたことを指摘する。そのため、一部の学者が作り上げたファシストの定義に、こういった新官僚は必ずしも当てはまらないと言えよう。本章は最後に、ファシズムに対する認識や、国家主義運動の特質、新官僚に関する歴史記述について簡単に考察をおこなって締めくくる。

1　日本のファシズムに関する史学史

日本がファシズム国家であったかどうかをめぐる議論は、昭和初期からすでに始まっている。戦後の研究者たちも、戦前の議論を継承し、定義や分析が正しいのか否かといった問題に取り組んでいた。しかしその後、日本と英語圏の学者の間では、ファシズムに関して著しく異なる見解が形成されてきた。日本ではここ数十年、ファシズムという概念を適用するのが妥当か否かについて合意がとれておらず、様々な解釈が生まれている。他方、アメリカでは近年、ファシズムを適用するのが妥当であると主張する研究が急増している。

ファシズムに関する日本での初期の研究は、マルクス主義者の影響を強く受けていた。彼らは資本主義の発展を踏まえた上で、社会主義革命へといたるべく自国を位置付けようとしており、この視点は戦前のファシズム研究にも反映された。一九四五年八月に日本が降伏した後、志賀義雄と神山茂夫の間で、日本の帝国主義とファシズムの特徴をめぐって議論がおこなわれたが、この中で日本共産党は、先述のマルクス主義的な視角を復活させる。それ以降、マルクス主義に影響を受けた定義は、一九五〇年代から一九六〇年代にかけて学界の歴史学研究を支配し続けた。それに対して、他分野や学界の外からは異なる視角が提示されていく。この状況を最もよく示しているのが、一九五五年に起きた「昭和史論争」である。この論争は、一九五五年にマルクス主義史家の遠山茂樹、今井清一、藤原彰ら三名が戦前・戦中期を描いた『昭和史』の解釈をめぐって、批判が巻き起こり生じたものであった[1]。

その後、一九七〇年代に伊藤隆は、ファシズムは定義が漠然としており、分析概念としてはその有用性に限界があることを強調し、この現状に異議を唱えた。伊藤はファシズムの代わりに、戦前の「革新」をめぐる言説に基き、「革新派」論という実証的な分析アプローチを提示した。伊藤と同じく筒井清忠も、丸山真男が提唱し影響力を持っていた「近代主義」的ファシズム論を批判する。丸山は日本には独自のファシズムがあったと主張するが、筒井は、丸山がファシズムの特徴として挙げたもののほとんどが、共産主義を含む全体主義的体制にも見られるものであると指摘する[2]。

こうして巻き起こった「ファシズム論争」は、戦後の歴史学に大きな転機をもたらした。論争を経て、マルクス主義的なファシズム論を発展させるものから、ファシズムを全く用いないものまで、多様で新たな研究が登場してきたのである。代表的な例をあげれば、須崎慎一や池田順は、日本がファシズム化したことを主張し続けた一方で、有馬学や古川隆久は、伊藤の「革新派」論に基づいて研究をおこなった。その他、一九三〇年代を一九二〇年代と区別して表現するためにファシズムを用いる者もいれば、戦時体制を形作る上で国家総動員の影響が大きかったことを論じる者もいる。さらに最近では、ファシズム論や「革新派」論からも離れて、新たな解釈を提示しようとする動きも見られる。要するに、最近の英米の研究者とは異なり、日本では戦時体制をファシズムと表現するか否かについて、研究者の間では合意はとれていない。むしろ、マルクス主義者による学界の支配が失われた後の数十年間で、日本におけるファシズムの捉え方は多様化してきたのである[3]。

一方の英語圏だが、最近まで大半の学者は、分析概念としてファシズムを用いることはなかった。ファシズムの論調が最も強かったと思われる時期に研究を発表し、マルクス主義の影響を強く受けていたE・H・ノーマンでさえ、日本では官僚による妨害を受けて、ファシズム国家は成立しなかったと結論づけている[4]。冷戦期の最初の二〇年間は、「科学的」マルクス主義の代わりに、近代化論が「価値中立的」方法として登場し、ファシズムを共産主義とともに一種の全体主義的なものとして見なしていた。一部の英米圏の歴史家の中には、丸山のファシズム論に共感するものもいたが、一九七〇年代に急速に台頭してきた新左翼史家たちでさえ、日本のファシズム化を論証しようとはしなかった。彼らは日本のマルクス主義者の見解に共感し、近代化論を退けていたにもかかわらずである[5]。

このように、一九七〇年代の日本の歴史家たちが、ファシズムを当然視するマルクス主義史学の現状に異議を唱えていた一方で、アメリカではすでにファシズム論は否定されていたのである。例えば、ピーター・ドウスやダニエル・オキモトが、ファシズムを戦時期の日本に適用しようとすることは概念的に不可能であり、コーポラティズムのような他の分析視角を追い求めるべきだと主張していた。要するに、英語圏の歴史家の大半、とりわけ一九三〇年代の政治史を扱う研究者たちは、戦時期の日本政治を理解する上で、ファシズムが有効であるとは考えていなかったのである[6]。

しかしその後、実証研究に対する関心が低下し、それに伴って一九八〇年代に「言語論的転回」が日本研究に生じたことで、文化や知識人をテーマにするポストモダンやネオマルクス主義の理論融合が学界で広まった。その結果、過去二〇年間で数多くの研究者がその視角を用いて分析することによって、芸術家や知識人などは、資本主義がもたらした「近代性」の問題に向き合い、それを克服しようと取り組み、その行為自体にファシズム的傾向がみられると論じるようになったのである[7]。

このようなカルチュラル・スタディーズの手法をとる者が、美的な観点から日本をファシズム国家であると捉えなおし、現在の英米圏の研究動向を形成したのである。このような研究者たちは、ファシズムの定義の問題を軽視し、政治権力の獲得や行使に関する問題を等閑に付している。彼らの関心は、「ファシズムが、いかに世界へ拡散していったのか」にある。そのため、こうした研究者たちは、「日本にはファシズム文化が存在したこと、加えて、戦間期における近代性の危機に対するファシズム的治療がなされたこと」を主張する[8]。

ファシズムが「文化に残した跡」をいかに認識するかという難題や、「戦間期における近代性の危機」に対するファシズム的治療をどう定義するのかという難題、あるいは何をもって特定の文化や知的現象をファシズムとみなすのかという概念的に明確な定義のないまま、どのようにして日本がファシズムへと変化したと理解するのかという難題をカルチュラル・スタディーズの研究者は抱えている。しかし、彼らはそれらに臆することなく、ピーター・ドウスが「Fワード（ファシズム）はもはや空虚な記号になった、あまりにも膨らみすぎたものになったのだ」と述べるほど、「ファシズムの文化」や「ファシズム的美学」をいたるところに見出したのである[9]。

カルチュラル・スタディーズの論者は、政治運動や政治体制としてのファシズムに興味はあまりないと述べている。しかし、明らかに彼らはファシズム文化と政治との関係に関心があり、ファシズム文化が政治権力の行使や、戦時期日本の政治体制に決定的な影響を与えたということを推論している。具体例として、このアプローチの代表的な論者であるアラン・タンスマンを見てみよう。

彼は、「文化というのは、ファシズムのイデオロギー的権力を形成する場」であり、そのような文学的感性や美学的関心から生まれた「ファシズム的モメント」が、政治の隅々にまで影響を与えたことを主張する。そのような「ファシズム的モメントの蓄積は、時を経るにつれて様々な文脈で高まっていき、実社会に浸透するイデオロギー的な権力を持つようになっており」、「ファシズム的モメントが表れているところは、美的表現が文化的・政治的に重要になっている場を示している」と主張する[10]。

また別の論者は、「日本が政治的にファシズムになっていったのと同時に」、特定の文字上の美的表現が「ファシズムのイデオロギーと共謀して」影響力を持つようになったと主張する（傍線は原著者による）[11]。要するに、この手法をとる研究者たちが言わんとしていることは、ある歴史家の言葉を借りて表現すれば、「ファシズムの美学が、日本では他でもない政治的、経済的な諸制度の変化を促した」ということなのである[12]。

彼らはこのように、自信たっぷりに自説を主張するが、ファシズム的美学や文化が政治に重要な影響を与えたということは、十分に実証されていない。文化的・文学的な美学的表現が国家主義や軍国主義でなく、ファシズムを表していると指摘する学問的に信用に値する論文は乏しい。たとえ、明確な定義にこだわらず、カルチュラル・スタディーズの学者たちによる、ファシズム文化は政治的変革をもたらすのだという主観的な主張を受け入れるにしても、変革そのものには実証が必要である。

そして次に、他の既存の政治的イデオロギーや価値観よりも、ファシズム思想の方が影響力を有していたことを論証する必要がある。この意味において、これらの学説が政治の本質を理解する上で意義があるのどうかについて疑問が生じる。この疑問は、ファシズム研究の第一人者が、ファシズムと文化に関して提起した問題に類似している。すなわち、「ファシズム文化についての研究それ自体は、ファシズムがいかに文化を支配するまでになったのか、また、以前からある宗教的、家族的、共同体的な価値観や、商業化した大衆文化よりも、ファシズム文化が大衆の意識にどれほど深く浸透したのかを説明するものではない」ということである[13]。

ファシズムの定義をめぐる問題を避けていることや、ファシズム文化が日本の政治や政治体制の本質的性格に重要な意味を持っているという主張が、推論の域を出ていないということについて、実証的な反論の余地は残されていない。このように、一九三〇年代を実際に経験・観察した日本人たちが残した都合のよい言説だけを取り出して、彼らは自説の補強を試みているのである。例えばタンスマンは、「一九三〇年代を生き抜いた人々の多くは、当時の体制が他の体制と比べていかに違うかを、骨身にしみて知っていた」と主張する。その上で彼は、「ファシズムを生き抜き、文化や言語の領域に精通していた学者やジャーナリスト、作家たちによって、日本をファシズムだと理解する下地が築かれた」と述べている[14]。

マルクス主義論者である戸坂潤は、カルチュラル・スタディーズ研究者の間で最も人気を博している当時の批評家であるが、彼は、「日本におけるファシズム文化と政治との関係について、戦前でおそらく最も鋭く長期間分析した人物」と評価されている[15]。同様に、政治学者の吉野作造や、ジャーナリストの長谷川如是閑が抱いていた、ファシズムの脅威に対するリベラルな認識も注目を浴びている[16]。その他、これらの人物に比べれば学者からの注目は遥かに低いが、ファシズムに関して影響力のある有名な論客であった、政治学者・ジャーナリストの佐々弘雄もまた、学者たちから賛辞を受けている。なぜなら佐々は、「ファシズムの分析を行う上で、表現がいかに支配されたかに着目することが重要であること」を理解し、そのことを「検閲者によって作られた煙幕」を通して、勇気を持って読者に伝えたとみなされているからである[17]。

また、カルチュラル・スタディーズの手法をとる者は、いかにしてファシズム文化が政治に直接的な影響を与えたかを考察する時、ファシズム的国家権力が、「新官僚」を通じて形成されていったと指摘する。同時代の人々や歴史家も、様々な官僚集団が一九三〇年代に重要な役割を果たしたと考えているのだから、彼らが新官僚に注目することは妥当ではある[18]。これらの官僚は、政党の権力を弱め、社会経済活動を統制するための新たな国策機関を創設し、そこで職務をおこなった。その後一〇年間で、官僚が有していた技術的な専門知識は、総力戦遂行に必要な物的・人的資源の動員において重要な役割を果たした。従って、こういった官僚の役割、さらに言うなら官僚制全般の役割は、戦時期の日本政治を考える上で不可欠である。

加えて、ファシズム文化をめぐる最近の研究成果に特に関連するのだが、新官僚は国家主義的な文化団体の推進にまで取り組んでいた。例えば、内務官僚であった松本学の場合は特にそうで、彼は「ファシスト」新官僚の代表として描かれている[19]。しかし、松本やその同僚に関するこの一面的な描写が、果たして正しいかどうかは疑わしく、この点については本章の後半で検討する。

2　昭和初期のファシズム認識

ベニト・ムッソリーニとファシスト党がイタリアで台頭したことで、世界中で新たな統治方法への関心が生まれた。同様の関心は、一九三三年にドイツで権力を掌握したアドルフ・ヒトラーやナチ党にも向けられた。世界の最新動向に敏感であった日本の政官界や言論界も例外ではなく、一九二〇年代からファシズム現象に注目が集まり、ファシズムとはどのようなものなのか、また、ファシズムが日本を変えるのか、あるいは変えるべきなのかが議論された。

評論家や政治家が、ファシズムなどの最新の世界情勢に敏感に反応していたことは、いきなり始まったことではなく、戦間期を通じて見られる現象であった。しかし、農業恐慌や世界恐慌、満洲事変や右翼テロといった事態が発生した後は、国家の危機という認識が強まり、ファシズムへの関心が高まったと思われる[20]。とはいえ、ファシズムをめぐる言説はしばしば明瞭さを欠き混乱が生じており、とりわけ、一九三〇年代初頭において交わされた激しい議論は、まさにこの状況にあてはまる。当時の言説については後で明らかにするが、内容を先取りすれば、少数の自称ファシストを含む活動家や評論家の間でも、多種多様な定義や分類がなされていた。当時の警察は、この多様な言説からファシズムの意味を抽出して、ファシズムを過激で暴力的な国家主義者に幅広く適用した。さらに、右翼運動内部でも統一はとれておらず、観念的な日本主義と国家社会主義との間には根本的な亀裂があると警察は絶えず認識していた。

最も首尾一貫し、簡潔で影響力のあるファシズムの定義を作ったのは、日本のマルクス主義者たちであった。彼らはコミンテルンの指令に応じて、ファシズムの概念化をおこなった。一九二三年にコミンテルンにより作られたファシズムの定義は、スターリニズムの影響のもとで、ファシズムには、労働者に受け入れられるような真の革命的側面が存在することを認めていた。だが、そのような認識は一九三〇年初頭までには見られなくなった。かわって、疑似革命のレトリックのように、ファシズムを反資本主義の議論のなかに落とし込んだ。こうして修正された定義は、よく知られ、影響力をもった説明をファシズムに与えた。すなわち、ファシズムを「あけすけで暴力的な独裁であり、金融資本のもっとも反動的で、もっとも狂信的で、もっとも帝国主義的な独裁」と説明する。また、そのようなファシズムは、「小ブルジョワジーによる独占資本のための大衆的基盤を確保することを目指す。そしてファシズムは、普通の人生コースから放り出された小作人や職人、会社員、さらには公務員や、特に大都市の社会的落伍者に訴えかけ、また〔同時に〕労働者階級にも入り込もうとした」と描かれている[21]。このように、独占資本主義に焦点を当てた定義は、社会主義革命を追求する人々の展望だけでなく、国家社会主義という変形的な国家主義を実現しようとする人々にも多大な影響を及ぼした。

ファシズムに関するマルクス主義的説明の是非はともかく、この分析手法は、ファシズムについての同時代の認識にも強く影響を与えている。例えば、前述した佐々弘雄は、マルクス主義の学説に強く依拠し、ファシズムの推進力は金融資本であり、さらにファシズムはブルジョア議会主義や既成政党の活動によって促進されたと指摘する。そのために佐々は、政党内閣が独占資本主義を守るための経済政策を通して、「ファッショ化」のプロセスを促進したと主張している[22]。この認識を世界情勢と結びつける形で佐々は、「アメリカ資本主義が世界資本主義の大宗として、世界的制覇を達成せる」と述べ、これは既に「独占金融資本の圧力のもとに、(アメリカの)帝国主義政策として現はれ来った」と指摘する。佐々によれば、それゆえアメリカは、ファシズムが世界中に広がるのに主要な役割を果たしており、その本質はプロレタリア運動を抑圧することによって、資本主義を守ろうとする独占資本家の試みであるとして、最も「科学的」に理解されているという。したがって、アメリカの帝国主義から離れて、世界中のファシズムを理解しようとすることは佐々にとって「非科学的」であった[23]。

コミンテルンによる定義が影響力をもっていたにもかかわらず、ファシズムに対する認識は、マルクス主義的な基準に必ずしも縛られることはなかった。以下で示すように、ファシズムの概念を定義し、ファシストを特定しようとする際には、独特の分類やレッテル貼りがおこなわれていたのである。実際に佐々自身も、ファシストを「軍部官僚ファシスト」、「反動諸団体」から成り立つ「国粋ファシスト」、「国民社会主義者」から形成される「国民ファシスト」、最後に「社会ファシスト」の四つに分類している。その他、ドイツ文学者の中島清はファシズムを、①「大日本生産党」やその他の「反動者」を含む「日本主義的社会主義」者、②中野正剛などの「社会国民主義」者、③下中弥三郎や赤松克麿などの「国民主義的社会主義」者、の三つに分類している[24]。

一方で、経済学者・植民政策学者の加田哲二は、ファシズムには二つのタイプがあると考える。それは、「ファシズム・プロパー」と「社会ファシズム」であった。加田によれば、どちらもブルジョワジーによる支配を支持するものだが、「ファシズム・プロパー」が「伝統道徳」と「国粋主義」に執拗にこだわるのに対し、「社会ファシズム」は社会主義と国家社会主義の両方を包含するという点で両者は異なっていた[25]。

他方で、自らを国家社会主義者と公言した赤松克麿によれば、ファシズムを分類する基準は三つ存在するという。その第一は、共産主義者の基準である。彼らは共産党以外のすべての政治勢力をファシストとみなし、ファシズムを「金融ブルジョアジーの支柱」と定義する。つまり、コミンテルンの直接指導下にないすべての者は、「反動」ということになる。赤松はより具体的に、共産主義者が次のようにファシズムを分類していると述べる。まず、資本主義的政治勢力で構成される「ブルジョア・ファッショ」、次に、「実践を逃避して、口吻だけの共産主義的な評論をふりまわす」左翼の社会主義者から成る「社会ファッショ」、最後に、「国家又は国民社会主義的勢力」による「国民ファッショ」、の三つであった。

赤松はファシズムを分類する第二の基準として、「議会主義者の基準」を提示する。彼によれば、議会主義者は金融ブルジョアジーや社会民主主義の手先であり、ファシズムを本質的に暴力的な反議会主義運動とみなしている。それゆえに、議会主義に批判的な人々はファシストであり、大衆を欺いていると議会主義者は考えた。赤松は三つ目の基準として、「われわれ国家社会主義者の基準」を挙げる。彼は、「われわれがファッショ又はファシズムと言うときには、国民主義の把握に成功し、社会主義の実現に失敗した運動又は思想を指称するのであって、主としてイタリーのムッソリーニやドイツのヒットラーが実践し、高唱しつつある運動や思想の特殊性を抽出統合してかく呼んでいるのである」と述べる。従って赤松は、日本人は「盲目的に、『われわれはファッショでいい』」というような「流行追従者」になるべきではないと主張し、その代わりにファシズムに対する「冷静なる批判者」になることを勧めた。なぜなら、「ファシズムの特殊性を充分に検討し、長所を消化し欠点を清掃する」ことが必要だからである[26]。

最後に、政治学者である今中次麿の分析を確認する。今中によれば、ファシズムには七つもの区分や見方が存在するという。それらは第一に、「純然たる民族主義、国粋主義」としてのファシズムであり、具体的には国粋会や建国会がここに分類される。第二に、国家社会主義と同じものとしてのファシズムである。これは、社会主義は国際主義によっては実現できず、国家権力で社会改造をおこなっていくことによってのみ実現できるという考えであり、赤松らの日本国家社会党などに見られるものであると指摘される。第三の見解は、ファシズムの出現条件についてであり、それは、植民地を少ししかあるいは全く持っておらず、人口増加や国内での過剰生産に対応する必要がある国家において、ファシズムは出現するというものである。第四の見方は、ファシズムは外国資本の圧迫に苦しみ、そこから脱却しようと苦闘している後進の資本主義国家にのみ現れるというものである。つまり、高度資本主義国家においてファシズムが現れる可能性は低いか、仮に現れたとしても非常に脆弱なものになるという見方であった。第五の見解は共産党によるもので、第四の見解と正反対の内容だが、それによれば、ファシズムは「高度資本主義社会に現われる凡ゆる反動現象」であり、共産党のみがその定義から外れているという。第六の見解は、ニコライ・ブハーリンの説と同様のものであり、共産主義者の間でも意見が分かれたことを示唆している。それによれば、ファシズムは、高度資本主義社会における社会的危機に端を発するものであり、したがって「真のファッショ」は資本主義の末期における様々な反動政策に見られるものだという。最後の七つ目の見方は、イタリアのファシズムに代表されるように、ファシズムは共産主義運動の戦略的失敗から生まれたというものである。これによれば、資本主義はすでに崩壊の時期を迎えていたが、共産党の戦略が未熟であったために失敗し、その結果、中産階級とプロレタリアートの一部が政治的支配を獲得することになったという[27]。

これまで見てきたように、ファシズムの定義や認識にはマルクス主義の影響や、それだけでなく、それぞれ多様で特異なものが存在していたことが明らかになった。だが、このような特徴は、自らをファシストと公言した数少ない日本人にも見られるものであった。当時の国家主義者は一般的に、自らファシストであると名乗らなかったが、最も顕著な例外は日本ファシズム連盟であった。この連盟は一九三二年一月に、主流文壇から疎外されていると感じていた作家や理論家をはじめ、弁護士、詩人らによって結成され、『ファッシズム』という月刊雑誌を発行した[28]。連盟の公式な革新原理は、「政党閥の欺瞞と資本閥の搾取から解放されたる新日本を提げて、世界に勇飛する迄戦う」という言葉に代表されるように、警察が「国家社会主義」の「指導精神」と呼ぶものと明確に一致するものであった[29]。連盟は、「天皇政治」を実現するために既存政党を打倒し、議会政治を否定すること、加えて、資本主義経済を破壊し、「国家統制に拠る経済」を打ち立てることを求めた。天皇政治は、「民を基とする政治を行わせられ」る天皇の下での「一君万民」に等しいとされた。天皇による博愛は、国民が天皇に対して無私の忠誠を尽くすことによって報われるべきものであり、教育や芸術はともにそのような民族精神を強化するためのものであった[30]。

連盟によれば、「天皇親政」を成功させるためには、天皇と国民の間に存在し、自らの利益のために国家と国民を搾取している政党や財閥といった「集団」を排除する必要があるという。連盟は次のように述べる。議会政治の実情を見れば、「党利党略を本位とする二三の腐敗政党が之を独占して居るではないか。」政党は「民意」を正しく代弁するどころか、「万民の生活を破壊しつつある。〔中略〕吾々は天皇政治の徹底的実現の為めに、日本ファッシズムの大精神の下に茲に断乎既成政党打破を絶叫するのである。」このように述べた連盟はさらに、金融政策以外では国難の時期に対処できなかった政党を批判する。そもそも政党内閣が金融政策を変えることができたのは、「両政党それぞれのパトロンである二三の金融資本家」のおかげであり、「それによって一般大衆は何を得たか、得たものは国際的借金が一層多く大衆の肩にかかった位のものである。政党と金融資本家は、相互にパートナーであって、益々無産勤労大衆を絞殺するものである」。ファシズムに切り替えれば、議会政治を否定して民主主義を破壊することができるが、そのためには、資本主義の構造を打ち破らなければならない。なぜなら、資本主義の経済システムは、経営者の利益に基づいたものであり、利益創出を基本原理とした結果、国家と国民を無視しているからである。実際、「資本主義は必然的に賃金奴隷制度を実現せしめ」、国家と労働者を苦しめ、「階級闘争を惹起せしめる制度」をもたらした[31]。

上述したような国家主義の原理が存在したにも関わらず、結果として連盟の指導者内では統一がとれず、ファシズムの意味内容をめぐって分裂が生じ、ファシズムの基盤として地域文化や人種を強調する者と、国家社会主義を強調する者とに分かれた。さらに、日本主義的な特殊性を強調する傾向が連盟内で強まるとその分裂は一層複雑になり、日本主義者からの批判と相まって、連盟の早急な崩壊につながっていくことになった[32]。

日本ファシズム連盟の事例から分かるように、自らファシストであると公言した者たちの間にでさえ、相当なイデオロギー的分裂や混乱が存在していた。それゆえに、連盟内で自称ファシスト、国家社会主義者、日本主義者の間で争いが発生し、結成から一年も経たないうちに解散したことは驚くべきことではなかった。その上、主要メンバーの活動はささいなものに留まったようである。実際、イデオロギーの不一致に加え、彼らは自分たちの考えを実行に移そうとしたときに現実的な問題にぶつかった。あるメンバーは、たとえ人々が「ファシズムが如何なる主義であるか」を明確に理解していなくても、差し迫った問題に対処する方法として、現地の活動家たちはファシズムを受け入れるだろうと考えていた。だが、彼はすぐに、自分たちの活動が関心を持たれていないことに気づき挫折してしまう。このような事例からも、連盟とそのメンバーが、一九三〇年代の歴史にほとんど影響を与えなかったということが読み取れるのである[33]。

ここまで見てきたファシズムの多様な定義や曖昧な使われ方は、内務省警保局の官僚も直面した問題であった。国家主義団体の文献を綿密に調査した警察は、一九三二年の「ファッシズムの理論」という報告書の中で、「ファシズム団体の主義主張は種々様々である」と述べ、『『反動』はすべて『ファッショ』である」というようなレッテル貼りの傾向に注意を促している[34]。一九三三年における警察による日本の「革新運動」の実態調査でも、「所謂ファッショ団体内においてもその見解区々にして一致せず」、主流派の意見を見ても「必ずしも統一された見解は存在しない」と指摘されている[35]。要するに、同時代の評論家や活動家の間でも、現代と同じくファシズムを定義するのは困難で、その用法も乱暴なものになっていたのである。

とはいえ、このような状況であっても、警察はファシズムが有している主要な特徴の解釈を試みた。そのうちのいくつかは、保守的な国家主義と急進的な国家主義との区別や、自由主義と共産主義の否定など、ファシズムの概念をめぐる戦後の学界の議論と共鳴するものがある。例えば一九三二年の報告書は、ファシズムは、「資本主義経済組織の動揺に際して出現した特異の運動形態」と考えられると述べる。また報告書は、すべての反動的集団がファシズムというわけではないと注意を与えつつも、「国家主義」、「反議会主義」、「反共産主義」を特徴とする日本主義の団体はファシズムであると指摘する。さらに、資本主義の問題をめぐる急進の度合が、団体によって様々であること、また、国体論という漠然とした理論に立脚する団体もあれば、マルクス主義に重きを置く団体もあるということを警察は認識していた。そこで、団体の根本的な指導精神が日本精神にあるか、国家社会主義の理論にあるかによって、ファシズム運動を大きく二つに分けることができると、報告書では述べられている[36]。一九三三年の報告書でも同様に、国家主義運動は、純日本主義派と国家社会主義派から構成されていると述べられるが、そこにさらに、「農本自治主義」派が付け加わっている。そのうえで、ファシズムの代表的な特徴として以下の三点を挙げている。それらは、一、「反国際主義－国民主義、祖国第一主義」二、「反共産主義」、三、「反議会主義－独裁政治主義及び大衆行動主義」、の三点である[37]。一九三六年の「革新理論」に関する調査でも、純日本主義と国家社会主義とを同様に区別し、また、一九三三年の報告書と同様に、農本主義にも注目を当てている[38]。

最後に、特別高等警察による一九三六年一月の報告書を見ると、ファシズムとは「極右主義」や「極右団体或は極右思想家」を指すと述べられている。さらにこの報告書では、ファシズムの特徴について以下の五つが指摘されている。第一に、「国家主義」である。それは、国際協調よりも国家の利益を優先し、国民に国家への献身を要求するというものであった。第二の特徴として、「国民主義」や「民族主義」が存在するという。これは、国民や民族はそれぞれ特有の伝統に根付いており交わりあえないため、他民族よりも自民族を優先するべきだという考えである。第三に、議会主義を否定し、ヒトラーやムッソリーニのような「英雄独裁主義」を支持するというものである。議会主義の下では、平均的で平凡な成果しか生まれないため、その代わりに英雄の独裁下で、国家の一大繁栄を目指すというものである。第四の特徴は、共産主義運動に対する強固な反対である。共産主義は全国民を貧困化させ、その上、国際主義的な観点からファシズムの国家・国民主義を否定するものであるため、ファシズムは共産主義に対して反対の立場をとると指摘される。最後の五つ目の特徴は、金融資本と民間資本の国有化を求めたり、統制経済をおこない、国家主導で生産と消費の合理化を求めたりすることであった[39]。

報告書の著者は最後に、「わが国に於ける極右団体」は上述した特徴を共有しているが、「光彩陸離たる中心思想は、国体中心主義の点にある」と指摘した上で次のように述べる。「古来の日本精神を作興し、大財閥の暴慢を制限して国民大衆本位の経済組織を確立すること、財閥と合流して悪縁を持つ既成政党を清算し、国民大衆本位の政治を確立すること、追随外交を排して自主的外交を建設し、国民一致協力の下に強大なる理想国家に躍進せしめようとしている。」このように、報告書の著者は「日本精神」と「国体」をめぐる右翼の訴えに対して肯定的に言及した後、「思想警察」にとっての最大の懸念点を示して文章を締めている。その懸念点とは、「その熱誠が横溢して急進化し、反対者に対する暴力を敢行せんとする危険がある」というものであった[40]。

ファシズムに関する同時代の論調を見てきたが、ここで明らかになったのは以下の通りである。まずファシズムに関する定義が多様であったことに加えて、一九三〇年代のファシズム認識において、観念的な日本主義や社会主義者に触発された資本主義批判が、重要な地位を占めていたことが明らかとなった。「日本主義」は、ファシズムの概念を明確にする上では必ずしも有益ではないが、ファシズムが国家主義的団体に対して幅広く適用された理由を物語る。

ファシズムという用語が緩やかに使われていたのと同時に、国家主義者の中にも「純日本主義」の「理想」を重視する者と、「国家社会主義」の「科学的」批判に依拠する者とで違いが存在していた。警察によって両方のカテゴリーに関連づけられた団体や個人は、しばしば「ファシスト」のレッテルを貼られたが、とりわけ社会主義的な観点から自由で資本主義的な現状の否定を試みる人々は一般的に、日本ファシズムの考えをより取り入れようとしていたように思われる。

他方で、こういった人々の中にはテロリズムに積極的に関与する者もいたため、ファシズムは、右翼のうち最も過激で暴力的なものと密接に結びつけられた。とはいえ、暴力的な方法では政権を獲得することはできず、また、少数の自称日本ファシストの間でさえ、ファシズムという用語が何を意味するのかについて合意がとれなかった。このような事実は今日の状況と同じく、ファシズムが曖昧な概念であるということや、当時においてもファシズムに対して主観的な認識がなされていたことを明らかに示している。

最後になるが、ここまでの議論だけで、日本においてファシズムがどのような意味を有していたのかを検討することは、まだ不十分であると言える。なぜなら、ファシズムと他の既存の価値観やイデオロギーとの関係、そして、戦前・戦中の政治史との関連を綿密に検討していないからである。そうしなければ、当時の日本政治の展開やその特徴に対して、ファシズムがどのような意味を持っていたのかを明らかにすることはできないと言えよう。

3 新官僚——「気の抜けたビール」のようなファシスト？

一九三〇年代初頭、日本の当局は、テロの脅威とファシズムとを結びつけて考えるようになっていた。加えて、官僚の中でも内務省警保局の官僚は、政治的過激派が暴力行為に出る可能性を最も懸念していた。この時期に警保局の指導的立場にあったのは、ジャーナリストが「新官僚」と呼ぶ官僚たちであった。

例えば、松本学は一九三二年の五・一五事件のすぐ後から警保局の指揮を執り、共産主義者への苛烈な弾圧を監督し、一九三三年六月から一一月まで続いたいわゆるゴー・ストップ事件では、陸軍との対決を主導した。一九三六年一月の報告書の序文において松本は、左翼と右翼による暴力的な過激主義を防止することによって、公共の秩序を維持するという警察の責務を強く主張した。なおここでは、左翼を「国際共産党」、右翼を血盟団事件や五・一五事件の主導者が持つような、「猛烈な国家主義－ファッシズム」と位置づけている[41]。この序文には、松本やその周辺の官僚が抱いていた基本的な考えが反映されている。それはつまり、現状改革を志向し、政党に代わって官僚の自立性を強化しつつ、急進的な思想や政治的暴力が憲法体制にもたらす脅威に対抗するといったものであった。社会主義革命が急進左派による主たる脅威とされる一方で、新官僚たちはファシズムを、急進右派のテロやクーデター計画と結びつけて考えていた。共産主義への恐怖や飛び交うクーデター計画の噂は、実際のテロ行為と合わせて、官僚たちに活動を拡大させる要因になっており、その活動が顕著に表れたといえるのが国維会の結成である[42]。

一九三四年、岡田啓介を首相とする「挙国一致内閣」が成立するが、そこに多くの国維会の関係者が起用されたことは、当時の政治評論家たちの間で注目を集めた。評論家の多くは、新官僚の台頭は満洲事変や五・一五事件による政情不安によって可能になっただけであり、異例で一時的な現象だと断定した。国維会の背後にいる内務官僚が、「不倶戴天の仇敵」である政党に対抗する待望の機会を得て、軍部と手を組んだと主張する者もいたが、新官僚を「歴史的必然性」から生まれ、自立した恒久的な政治勢力とみなす論者はほとんどいなかった[43]。

また、社会主義の立場から、新官僚のイデオロギーにファシズムを見出す者もいた。例えば、左傾的な雑誌である『改造』内である人物が、新官僚の「東洋的な牧民思想」は、まるで「気の抜けたビール」のような、中途半端なファシズムを象徴する官僚の技にすぎないと断じている[44]。戦後のマルクス主義的、進歩的な歴史家たちは概してこの流れに乗り、新官僚の台頭をファシズムの出現と結びつけた[45]。このように、「新」・「革新」官僚がファシズムを推進したという認識は、最近の英米圏の研究でも定説となっている[46]。

ファシズムと新官僚に関して、当時の論者たちの間でも見解が一致することはなかった。したがって、ファシズムに関する議論と同じく、ファシズムや新官僚の問題についても、当時の人々がそれらをどう捉えていたかを見ただけでは簡単に答えが出るものではない。実際、新官僚とファシズムに関する言説は、ファシズム全般に関するものよりもさらにまとまりを欠いていた。例えば、佐々弘雄は一九三〇年代の初頭に、新官僚の台頭と共に成立した非政党内閣は、日本にファシズムの到来を告げるものになるだろうと予測していた。だが、一九三〇年代の半ばまでには、彼は逆にそのような批判から岡田内閣を擁護し、健全な日本経済ゆえにファシズムは現れないと主張するようになった。また佐々は、後藤文夫内相の下で内閣がおこなった、後の国民精神総動員運動の先駆けにもなる選挙粛清運動も同様に支持していた[47]。

一九三五年に『中央公論』上で新官僚の台頭を分析した佐々は、彼らが出現した理由を、政党政治の停滞や、堕落し規律がない政党とは対照的に官僚の「綱紀」が保たれていることに見出した。しかし、新官僚が自立した政治勢力になる可能性は否定し、さらに政治勢力として崩壊する瞬間は、すぐ目前に迫っていると佐々は述べた[48]。一九三六年初めに内務省がおこなった新官僚に関する論調の調査では、佐々の記述を引用して、新官僚は軍の支援なしには政治的権力を獲得できず、特定の社会階層の利益を代表するものでも、大衆の支持を得るものでもないため、最終的には新官僚の試みは失敗するだろうという見解が示されている[49]。

同じ調査によると、自由主義者は、内務省の新官僚による政党政治批判に対して「官僚ファッショ」や「官僚独裁」と反発した。しかし、彼らも一般的にこの現象は一時的なもので、その後に政党内閣が組織され「憲政の常道」が復活すると考えていた。明治憲法では、衆議院で多数を占めた政党が内閣を組織するとは明記されていなかったが、一九二〇年代後半までには、政党が権力を手に入れたことで、この状況は慣例化しつつあり、政党政治家はこの慣例を憲法の規範であるという論理の下に擁護した。一方、新官僚たちは、政党政治に対する批判の中で、この慣例を明確に否定していた。実際、ジャーナリストの馬場恒吾が、「憲法政治を否認して、独裁専制の政治をおこなう国ならばいざ知らず、日本のように議会政治を維持している国に於ては挙国一致内閣というべきものは鵺的存在である」と断言したのは、このような官僚や国家主義者たちによる政党政治批判に対抗するためであったと思われる[50]。

新官僚に関する右翼の意見は特に多様であった。新官僚は、自由主義からある種の全体主義的な体制への移行を促しているとして、彼らを歓迎する者もいた。しかし右翼の中には、そのような意見を一蹴するものも存在した。というのも彼らからすれば、新官僚は政党政治家や自由主義派の論者によって「官僚ファッショ」と結び付けられているが、実際には「民主主義的自由主義のイデオロギー」を持ち、「日本精神」を欠いているように映ったからである。このような点は、天皇と憲法との関係をめぐって対立が生じた「天皇機関説事件」に対して、後藤内相などの新官僚が手ぬるい対応をとったことによく表れていると主張する。さらに、内務省の警察が「右翼愛国諸団体」の捜査と弾圧にも関与していたという事実も相まって、一部の急進的な国家主義者たちは、新官僚たちが右翼の支持者ではなく、「右翼革新的イデオロギー」をも持っていないと強く認識するようになった。例えば、国家社会主義を称賛し、ヒトラーの伝記を書いた今里勝雄によれば、「この新官僚派はファッショの思想を有する如くして然らず」、その代わり「中庸を歩ん」でいるという。彼は続けて、新官僚は「国民の全体が要望せる国利の刷新」を追い求めているように見えるが、その実態は「鶴見祐輔が唱えた新自由主義に属する進歩的自由主義者である」と述べた[51]。

今里の考え方に全面的に反対したのは、無産政党の政治家であった麻生久と亀井貫一郎であった。彼らは新官僚を、ある種の国家社会主義体制を実現する上で後々協力者になりうると見なしていた。無産政党の社会大衆党は、一九三四年の「陸軍パンフレット」で述べられた「統制経済」に対して熱烈な賛意を示しているが、彼らは同様に新官僚をも賞賛した。なぜなら、新官僚たちが「資本主義政治経済機構の傀儡たる事より脱却」したことによって、「革新的気分に燃える」陸軍や産業組合に近づいたと社会大衆党は考えたからである。また亀井は、最近の東京市電の労働者が起こしたストライキにおいて、警察が「厳正中立」に対応したことに特に感銘を受けていた。亀井や麻生らにとっては、労働者だけでなく経営者の利益を制限しようとする新官僚の試みは、このような官僚たちが社会大衆党の反資本主義的イデオロギーを共有していると見えたのである[52]。

また、内務省の論調調査の中で、「一概に論ずる事は出来ない」ものとして述べられたのは、新官僚と彼らが深く関わっていた内閣直属の行政機関である、内閣審議会および内閣調査局に関する右翼の見解であった。つまり、新官僚が関わったこれらの行政機関が、革新的か保守的かで意見が分かれていた。前者の機関は、基本的に現状維持勢力であるという点では全体的に合意がとれていた。「進歩的日本主義の論壇」は、両機関とも武官と文官が合法的に会合する場所になっているとみなしていた中で、審議会は現状維持勢力の最後の砦であるのに対し、調査局は質が異なり、「革新的意識」を持つ人々が集まる場になっていると論じた。しかしながら、調査局を単なる審議会の研究部門にすぎず、実権がないと評する者もいれば、調査局内の新官僚は保守勢力と結びついており、また社会的勢力に働きかける能力に欠け、さらには大衆と一体となって真の改革をもたらすどころか、支配階級の一部に取り入ろうとしているに過ぎないという見解もあった。このような見方と、「進歩的」右翼の見解との間には差が見られるが、この違いに関しては赤松克麿がうまくまとめている。赤松は、もし新官僚がこの「国家革新」の時期を正しく認識し、軍部と積極的に提携して「一大ブロック」を形成すれば、「国家革新の合法性」は高まり、新官僚は「歴史的新段階」に進むことができると主張した。しかし、官僚が自覚と覚悟とを持たず、「時代精神を無智にしてひたすら治安の維持に汲々」し続ければ、彼らは「幕末の新撰組と歴史的立場を同じくする」だけになると赤松は述べる[53]。つまり新官僚たちは、歴史の流れに逆らう反動的な警察として機能することになるだろうということを赤松は言っているのである。

一般的なファシズムの問題と同様に、新官僚と彼らがおこなった改革が、「日本ファシズム」の影響力を表しているのか否かを説明する際に、同時代のある特定の論者による評価のみに依拠していては、明らかに十分説得力のある解釈を導けない。また、官僚自身の見解を用いても、この問題を容易に解決することはできない。アメリカの革新主義やヨーロッパの社会民主主義などは、行政の職務遂行に有用であるとして世界的に当時流行していたのと同様に、新官僚たちもファシズムに関する議論を強く意識はしていたし、さらには実際にファシズムについて議論する者もいた。その一例として、アメリカの革新主義とデンマークの社会民主主義を検討した国維会に、最も熱心に参加していた吉田茂（外交官で戦後首相に就いた吉田茂とは異なる人物）が挙げられる。吉田は、多彩な関心を持ち続けるエリート官僚で、内務省の「牧民官」意識を象徴するような人物であった[54]。

一九三〇年代初頭における吉田はまた、新官僚がナチズムやファシズムの事例を、批判的かつ警戒心を持ちながら観察していたことを的確に物語る事例である。というのも、ドイツの国家社会主義やイタリアのファシズムは、魅力的な思想や手法を与えてくれるが、それらには革命的暴力や大衆政治の性質も含まれており、「天皇の官吏」にとっては不安で好ましくないものであったからである。「最も勝れたる人々」（この言葉は、新官僚からの人気が高かった思想家、安岡正篤のお気に入りの言葉であった）と思われる日本の代表として、新官僚たちは「議会万能主義」とまで言う議会の絶大な影響力が低下したことに喜びを表した。しかし、大衆を扇動し、暴力的で急進的な国家主義を推進する部外者によって、自分たちの専門性が乱されたり、政治が不安定化したりすることについては、新官僚は歓迎しなかった。したがって吉田が、当時のヨーロッパに見られるように、自由主義と独裁の間を不安定に揺れ動くことは避けなければならないと強調し、日本の使命は「皇道の真諦に拠って現下世界の行き詰まりを打破すること」であり、「ファシズムの採れる手段にも亦其の目標にも踏み迷ってはならぬ」と主張したことは驚くには当たらない[55]。

先述した松本は、国維会の創立メンバーであった吉田と同様に、ファシズムの影響力を示す典型例としてみなされることがある。ファシズム文化に関する最近の研究でも、松本はそのように描かれ、「社会の急進的、反民主的、ファシズム的変革を求める軍人と密接な関係を持つ革新派の官僚」を代表する人物であると述べられている[56]。松本と新官僚とのつながりは、一九二〇年代後半に省庁の人事がより一層政党化したことがきっかけとなった。この時期に松本は安岡に近づき、既成政党に対抗して地方における官僚統治を強化したり、急進的な政治的イデオロギーの広がりに対抗したりするために、安岡と共に農本主義を広める活動をおこなった。松本はまた、官僚時代は絶えず内務省の組織アイデンティティと、国維会の日本主義的イデオロギーの中核を構成する牧民官意識を確固として保持しており、一九三〇年代にはこの考えを若手官僚にも広めていた[57]。

一九三二年六月に松本は、最近発生したテロ事件やファシズムへの関心が高まっていることを非難する一方で、この状況を利用して政党政治の正当性に疑問を呈した。彼は『国維』の記事で、ファシズムが生まれやすい状況になっているのは、政党政治のせいであると非難した。加えて、人々がファシズムに関心を持っているのは、単純な日本人が日本固有の政治的理想を捨てて、海外の最新の流行を模倣しようとすることを示す一事例に過ぎないと松本は述べた[58]。彼によれば、このような傾向は政治の行き詰まりをさらに引き起こし、政局が不安定になる可能性があるという。より具体的に言えば、最近発生した血盟団事件と五・一五事件は現在の政治システムを破壊し、「帝都を全く混乱不安に陥れ」ようとする試みであるとして非難した。「その動機と理由を問わず、非義非合法に属するものであって、断じて吾人の与み《ママ》せざるところである」と彼は記した。しかしながら、「正義と道理のために敢えて自ら起つという気魄と勇断」を欠き、「自らもって反省なき社会の有識階級就中直接現政治組織に参加するところの政党者に対しては、吾人と雖も心中憤激を禁じ得ないものがあることは事実である」と続けた。さらに松本は、犬養毅首相と民政党総裁の若槻礼次郎がファシズムに対して公に反対を表明したことで、ファシズムが議会主義に与える脅威に対し、過度の「警戒と恐怖」を引き起こしたと非難する。このような行為に加え、政党が「ファシズムを台頭せしむる客観的条件と情勢に就ての正確な認識」がなかったことも相まって、この「社会的不幸」を「招来するに至った根源が政党政治家側のかかる認識の如何に深き関連を持って居たということは、余りに明白である。しかもそれは今後に於ても依然残された問題であって、彼等は議会政治擁護の声明の前に、一応この点に就て省みるところがなければならない」と松本は記す[59]。「ファシズムと我国」という全般的な話題に移った松本は、ドイツとイタリアでファシズムが出現したのは、両国にそれぞれ特殊な条件が存在したからであり、この点を認識せずに、「ファシズムを直ちに我国にも適応し得ると考えるのは誤謬も甚だしいのである」と強調した。彼は、「今日聞くところの日本ファッシズムの中心的な主張」は「(一)社会主義(二)反国際平和主義(三)議会政治否認」であるようだと述べる。その上で、それら「否認三箇の理論は相互に矛盾するものがある計りでなく、その方法的提案にも―(例えば議会主義否認の如き)―明確な答案を与えて居ないのである。ことに我国の客観的認識に正当な把握をなして居るか、どうか多くの疑がある」と批判した。ファシズムを支持する者の主義主張は「理論の部分々々には極めて抽象的な印象と感激を与えるが、これを纏めて一箇の理論体系化せんとするところに非常に無理が感ぜられる。」このように述べた上で松本は、「要するに(ファシズム)は実行性を考慮の外にして、ただ単に大衆にアッピールせしめんが為に、種々勝手な理論を集めたという印象を与えるに過ぎない。伊太利のファッショの思想を直ちに吾国に適応し得るものと考えるとが大なる過誤ではなかろうか」と結論づける[60]。

松本は、ファシズムへの関心が高まっていることを、事態を不安定化させ得るものとみなすだけでなく、これは「余りに新物食いであり、流行を追い過ぎた」日本人の傾向を示す最新の一事例に過ぎないとの考えを繰り返した。松本は、このような弱さが生まれた原因を、明治天皇が「万機公論に決す」とした「五箇条の御誓文」にまで遡って求め、この考えから生じた「百弊」を指摘する。その上で、「なぜ吾等の先輩は、この(議会)組織を採用する前に国民性の相違と云うことを静かに研究して呉れなかったか」と疑問を投げかける。「『議会政治と国民性』については他日論ずる議会があろうと思うが兎に角吾国の歴史及国民性を顧みることなく無反省に西洋式政治機構を模倣したことが今日議会否認にまで導いた原因と云っても過ちではなかろう」と松本は述べる。「大正七八年頃からデモクラシーの思想が盛んに輸入せられて猫も杓子もデモクラシーを振りまわした。極端な例は警察まで民主主義かぶれをして其実行力が甚だしく弱められたと云うような馬鹿気た事例の記憶が新たなのである」と続けた。「日本が持って居る古来の尊いデモクラチックな思想を静かに想い起すことなくして、無暗に西洋かぶれをして流行を追うと云う軽薄な考え方で之を取扱った為にデモクラシーの真価を極めずして之を誤解し曲解して其及ぼした害毒は少なくないのである」と彼は述べた[61]。

松本はファシズムに対しても基本的に同じ態度をとっており、「これまでの日本国民は食傷するまで新物を食い過ぎた。それにも懲りずして又々伊太利製のファッショを鵜呑みにしようとして居る」と指摘した。しかし彼は、「ファシズムは元来政治方法論にすぎ」ず「その中に一貫した哲則を含まね」とし、「これが為めに、今やファシズムに哲学を与えんとして苦心していると云うことである」と警告する。「今日吾国の難局に当り、かかる形而下的な方法論で之を匡救せんとすることは大なる誤であって議会政治と云う一方論に更ゆるにファッショと云う他の形式論を以てするに過ぎず、こんななまぬるいことで現下の難局に處し国民の期待にそうことは出来ね。」そのために何が必要かについて、松本は安岡の講義と同じように答え、「即ち刑名の学を捨てて、聖賢の学に帰らねばならぬ」ことを求めた。「吾国の政治には其形態の如何を問わず三千年来一貫した哲学があり、指導原理が存して居る」と大げさに宣言した。「この国民信念とも云うべき指導原理を閑却放棄して徒に西洋式政治形態論に心酔したことが今日までの過誤であった。今や浅薄皮相なファッショなどに日をくれることなく、吾国独自の精神を基調とした現代的政治機構を案出することが喫緊のことであり、新内閣の最も力を致さねばならぬ」課題であると結んだ[62]。

松本は、このような独自の国民精神に基づいた統治機構がどのようなものであるかは明示していない。最近の研究が主張しているように、こうした彼の日本主義的な考えを、国家主義者による特有の国民精神への訴えであり、「ファシストによるファシズム批判」として解釈することは成り立ちうるかもしれない[63]。しかし、松本や国維会を母体とする新官僚の言説を、単に理論的に貧弱なファシストが国民の独自性という曖昧な考えに固執して生み出した、単なる啓蒙主義的なレトリックに過ぎないと切り捨てるのにはまだ早い。その前に、国維会の牧民思想といくつかの革新案において、日本の国民精神は明治憲法体制を革新することで、最もよく表されるとの主張がなされていたことを思い起こさなければならない。

この革新された憲法体制とは、「超然主義」的官治体制のもとで、弱体化しつつも機能を続ける議会によって統治されるものであった。このように、国維会のメンバーは、政党主導の現状を改革することを望んではいたが、彼らは政党の解消や一党独裁国家の樹立を目指したわけではなかった。むしろ彼らの主な目的は、エリート主導かつ非革命的な方法で革新を実現するために、自分たちの行政権限を強化することにあった。その上、彼らの計画の元になった思想的背景は、ファシズムに対する大衆の関心が頂点に達した一九三〇年代初頭よりずっと以前から内務省内においても、また安岡の徳治主義に関する講義の中でも存在するものであった[64]。

松本は一九三四年に退官した後、前年に彼が結成した日本文化連盟の活動に専念した。日本文化連盟は、「日本主義」的な文芸活動を支援することで、左翼団体である日本プロレタリア文化連盟(コップ)に対抗することを目的とした組織である。その後、松本はこの連盟を日本文化を海外に広める手段として活用し、さらに、一九四〇年の皇紀二六〇〇年祭の際には、失敗に終わったものの、その中心にこの団体を据えようとした。文芸界での活動に加えて、松本は過激思想に対抗して国体への忠誠心を強めるために、農村で全体主義、あるいは「全体主義的」な国民の団結を養う取り組みを続けながら、建国体操事業や映画事業を推進した[65]。

松本の思想と活動を詳細に検討した歴史家たちの間では、先述した彼の取り組みが、日本ファシズムの一形態を表すものなのか、それとも保守的かつ権威主義的な「日本主義者」としての様相を示すものなのかについて意見が分かれている[66]。だが、この問題をより詳細に検討することは、本章の扱う範囲を超えている。本章が提示することは、松本の全体主義的思想をどう捉えるにせよ、ファシズム文化に関する最近の研究で提示されているファシズム的新官僚の像に、彼が容易に当てはまらない点があるということのみである。例えば、松本はファシズムに懐疑的な態度をとり、一九三二年のテロ事件とファシズムを結びつけて警戒していただけでなく、政治化が進む陸軍との関係も著しく悪かった。彼の陸軍に対する批判的な態度は、ゴー・ストップ事件での対立や、二・二六事件が発生した結果一層深まった。例えば、後者の事件が起きたとき、松本は二月二八日の日記の中で、命令に服従せず反乱を起こした青年将校や、それに加担した皇道派の上官に対して怒りをあらわにしている。

終日家居、ラジオを聴く。叛乱軍との衝突今にも起りそうである。「兵に告ぐ」と云う諭告が出た。戒厳がしかれて勅命が出たが之にも服しない。まだぐずぐずして解決することが出来ぬには、荒木等が反軍に味方して本庄武官長等の態度が怪しいからである。不気味な一日が暮れた。赤坂辺では反軍の将校が街頭で盛にアヂ演説をやっておる。まるで赤の戦術其儘である。北一輝、西田税等に踊らされており、それに油を注いでおだてた者が真崎、荒木等である。[67]

翌日、松本は事件を防げなかった警保局の元同僚に怒りを向け、「大本教取締にうつつをぬかし、選挙粛清で逆上し、暴力団検挙にうき身をやつしておる間に」、予測し得た事件に気づかなかったと記した[68]。このように、松本の国家主義には、ファシズム的な要素が見て取れる一方で、彼が長い間抱いてきた、内務省の儒教的な牧民官意識のように、ファシズムとは異なる側面が存在する。また、松本が総じて陸軍との関係が悪く、政治の安定に強い関心を抱いていたことを合わせて考えると、松本が「社会の急進的、反民主的、ファシズム的変革」を実行するために、軍部と緊密に協力した典型的なファシスト的新官僚であるという解釈には疑問が残る[69]。

おわりに

現代と同じく、戦前におけるファシズムについての認識は多種多様であり、ファシズムの定義の問題や、それが日本にとってどのような意味を持っているかということは、当時の評論家にとっても極めて難しい課題であり、見解は統一していなかった。したがって、ファシズムが日本の国家に重大な変革をもたらしたか否かという問題に関して、自説にとって都合の良い当時の見解に訴えても、ほとんど解決したことにはならない。日本ファシズム連盟のような自称ファシストでさえ、自分たちのそのイデオロギーが一体何を指すのかについて意見が一致しなかったという事実が、この点を強調している。

その上、もし仮に一致した定義が存在したとしても、連盟の活動が非常に短期間で実りの少ないものに終わったことは、次のような事実を物語る。それはつまり、既存の競合するイデオロギーや価値観の中でファシズムの影響を捉え直した上で、実際にファシズムがより大きなレベルで政治にどのような影響を与えたかを検討しなければならないということである。このような評価ぬきには、「ファシズム的文化」や「ファシズム的モメント」が戦時中の日本の特徴を表しているとは説得的に論証できないのである。

最後に、昭和初期の日本をファシズムで説明できるか否かの問題に関して、自説に都合が良い一九三〇年代の論者の意見のみに訴えることが説得力に欠けているのと同様に、すでに合意が崩れ去った戦後初期の学説を援用したところで、当時の日本がファシズムであったと説得的に論じることはできない。戦後初期の合意は、四〇年近く前に崩壊していることに加え、マルクス主義史観が最盛期の下でなされたものであって、戦前の共産党の所見に従った評価を基本的に受けついだものであった。また、戦後初期におけるファシズム研究も、全てがマルクス主義的な影響を受けたものではなかったものの、最も影響力のあった丸山真男を含めて、非マルクス主義的な学者の間でもマルクス主義史観の影響は顕著に見られていた。
マルクス主義史観の分析が、戦間期の国家主義や文化・政治をめぐる歴史を理解する上で重要でないというわけではない。実際、社会主義者がおこなった資本主義批判やコミンテルンによるファシズムの定義は、戦間期に国家主義運動に参加した人々や、またその運動の分析にも強い影響力を及ぼしていた。このことは、当時よく指摘された「観念」右翼と「国家社会主義者」との間で生じた思想的分断にはっきりと現れている。この分裂は、日本における国家主義運動の特質を理解する上でも、また、日本のファシズム的要素を説明する上でも明らかに重要である。同様に、警察文書に見られたファシズムの定義は、スタンリー・ペインが戦後のファシズム研究で提示した、「ファシズム的否定」という定義と重なる。それはつまり、ファシズムの特徴は反自由主義、反共産主義、反保守主義というものであった[70]。同時に、これら三つのうち、最初の二つの特徴はファシズムだけに見られるものではない。例えば両方が保守主義の要素でもある。つまり、当時の国家主義運動に見られる保守主義的、急進主義的な要素を明らかにすることによって昭和初期の日本をより一層理解することができると思われる。

ここまで述べてきたことは、新・革新官僚や官僚制全般が有していたイデオロギーや影響力を理解する上でも関わってくる。例えば、内務省のいわゆる新官僚が抱いていた革新主義的な展望や目的には、従来の官僚の慣習やイデオロギーとの間でかなりの程度連続性が見られ、その意味では保守性すら持っていた。だが歴史家は、経済や技術の問題を扱う比較的新しい省庁出身で、より急進的な若手の革新官僚に注目し、彼らが抱いていた社会主義的な構想を長い間取り上げてきた。このように新官僚と革新官僚とで分類すること自体にどれほどに価値があるかどうかは疑問が残るが、両者の違いは、ファシズムが日本の官僚制においてどのような意味を持っていたかを考える上で重要であろう。

また、それに関連して、これらの官僚やその思想が全体的にどのような影響力を持っていたのかについても、検討しなければならない。なぜなら、明らかにどの官僚集団も、統治エリート内のどの派閥も、日本の国家を支配することはできなかったのだから。また、革新官僚に注目する議論が次のような事実を無視していることも忘れてはならない。それは、革新官僚がそれぞれの省庁では少数派であり、主流派からは必ずしも評価されていなかったということである。したがって、当時における官治の性格が、どこまで革新官僚の思想に沿ったものであったかは必ずしも明らかではない[71]。

一方、内務省と政治に関する最も詳細な研究によれば、内務省が長い間ファシズム的であろうとなかろうと、官僚権力の中で揺るぎない中心勢力であったと多くの人に考えられてきたが、実際には戦時動員の時代には他の省に影響力を奪われたという。つまり、日本ファシズムを主張する人々によって、戦時期に内務省はファシズム体制の中核になったと指摘されているが、まさにその時期に、実際には内務省は権力を低下させていたというのである[72]。

ここまで述べてきたような見解は歴史家による過剰な期待であって、カルチュラル・スタディーズの研究者は、ファシズムとファシズム文化が持つ美学的特徴を理論化するだけで十分だという批判が出るかもしれない。しかし、彼らが指摘する文化的要因が、政治的にどのような帰結をもたらしたのかについて明示したり、推論したりするのもまた彼らと同じカルチュラル・スタディーズの研究者たちである。したがって、戦前・戦中期の歴史について、カルチュラル・スタディーズの学者が提示する議論に説得力を持たせるためには、国家主義や軍国主義といった他の思想との関連の中で、ファシズムを定義するための明確な基準や、ファシズム的構想が昭和初期における日本の政治体制をどの程度方向づけたのかを論じる緻密な歴史研究が求められると言えよう。

註

1――遠山茂樹ほか『昭和史』(岩波新書、一九五五年)。一九五九年には、大幅な改訂版が出版されている。歴史学者や研究者以外で批判を行った著名な人物としては、作家の亀井勝一郎や、文学者の竹山道雄が挙げられる。この論争については、大門正克『昭和史論争を問う――歴史を叙述することの可能性』(日本経済評論社、二〇〇六年)を参照。

2――伊藤隆『昭和初期政治史研究――ロンドン海軍軍縮問題をめぐる諸政治集団の対抗と提携』(東京大学出版会、一九六九年)、「昭和政治史研究への一視角」『思想』六二四号、一九七六年六月、九四九～九六二頁、筒井清忠「日本ファシズム論の再考察――丸山理論への一批判」『知の考古学』六号、一九七六年一月、一六～三八頁。

3――ファシズム論争については、古川隆久「日本ファシズム論争」鳥海靖ほか編『日本近現代史研究事典』(東京堂出版、一九九九年)二六七～二七〇頁、加藤陽子「ファシズム論」『日本歴史』七〇〇号、二〇〇六年九月、一四三～一五三頁、平井一臣「『ファシズム論争』再考」『日本史研究』五七六号、二〇一〇年八月、五〇～六七頁、河島真「『ファシズム論争』と十五年戦争期研究」『日本史研究』五七六号、二〇一〇年八月、六八～七九頁を参照。また、ファシズムが概念的に妥当であることを主張する研究者でさえ、近年の学術界ではファシズムという用語を避ける傾向があることを指摘している(平井一臣『「地域ファシズム」の歴史像――国家改造運動と地域政治社会』(法律文化社、二〇〇〇年)二七八頁、前掲、河島「『ファシズム論争』と十五年戦争期研究」、六九～七〇、七九頁参照)。それにもかかわらず、海外の研究者の中には、ファシズムが戦時期の日本を表現するのにもっともふさわしいという合意が、日本国内では「圧倒的に」とれていると指摘し、逆に反対意見は「ほとんどが日本国外にいる」少数の歴史家から出たものだと主張する者もいる。例えば、Rikki Kersten, "Japan," in R. J. B. Bosworth ed., *The Oxford Handbook of Fascism*, (Oxford: Oxford University Press, 2009), pp. 540-542; Alan Tansman, "Introduction," in Alan Tansman ed., *The Culture of Japanese Fascism*, (Durham: Duke University Press, 2009), p. 2; Kim Brandt, "The Beauty of Labor," in Tansman ed., *The Culture of Japanese Fascism*, p. 126; Kenneth J. Ruoff, *Imperial Japan at Its Zenith: The Wartime Celebration of the Empire's 2600th Year Anniversary*, (Ithaca: Cornell University Press, 2010) , p. 18 が挙げられる。この主張を支持する者は主に、ハーバート・ビックスやガヴァン・マコーマックが一九八二年に発表した日本研究の論文を引用している(Brandt, op.cit., p. 135n42; Ruoff, op.cit., pp. 194-195n45.)。すでに崩壊に瀕しているマルクス主義的な学説を反映したビックスとマコーマックの論考は別にしても、アンドルー・ゴードンが一九九一年に発表した、「帝国のファシズム」についての論考にも、先の主張に対する支持を見出すことができる。しかし、ゴードンはファシズムをめぐる日本国内の合意について、「つい最近まで圧倒的だった（傍線は筆者による）」と述べている（Andrew Gordon, *Labor and Imperial Democracy in Prewar Japan*, (Berkeley: University of California Press, 1991), p. 333.）。ゴードンは、日本をファシズムと認められない英語圏の学者は、唯名論的で「ヨーロッパ中心主義的」であると述べるが、この主張もまた支持を受けている（Gordon, op.cit., pp. 333-339; Brandt, op.cit., p. 126; Ethan Mark, "Introduction," in Yoshimi Yoshiaki, trans. by Ethan Mark, *Grassroots Fascism: The War Experience of the Japanese People*, Translated by Ethan Mark, New York: Columbia University Press, 2015, p. 36; Ethan Mark, "Japan's 1930s: Crisis, Fascism, and Social Imperialism," in Sven Saaler and Christopher W. A. Szpilman, eds., *Routledge Handbook of Modern Japanese History*, (London: Routledge, 2018), pp. 246-249.）。なお興味深いことに、ヨーロッパ中心主義だという批判は、正反対の方向ではあるが、ピーター・ドウスとダニエル・オキモトの研究によってすでに以前からなされていた（Peter Duus and Daniel I. Okimoto, "The Failure of a Concept," *Journal of Asian Studies*, 39-1, December 1979, p. 72.）。しかしともかく、必ずしも唯名論やヨーロッパ中心主義に陥らなくても、どちらの立場も主張することができるのは確かではないだろうか。

4――E. H. Norman, *Japan's Emergence as a Modern State: Political and Economic Problems of the Meiji Period*, (N.Y.: Institute of Pacific Relations, 1940), pp. 205-206.

5――日本において、マルクス主義史学の影響に対抗するために、近代化論が用いられた最も顕著な例は、エドウィン・O・ライシャワーの近代化論である。（詳細は、Roger H. Brown, "Cold War Ambassador: Edwin O. Reischauer and the 'Broken Dialogue' with Japan,"『埼玉大学紀要・教養学部』四一巻一号、二〇〇五年三月、一〇三～一三二頁を参照）。しかしながら、ファシズムや共産主義を全体主義の一形態とみなすということは、戦前期からなされていた議論であり、冷戦期に初めて見られるようになったということではない。この点については、James Gregor, Marxism, *Fascism, and Totalitarianism: Chapters in the Intellectual History of Radicalism*, (Stanford: Stanford University Press, 2009) を参照。戦後初期における丸山の影響や、ロバート・スカラピーノやリチャード・ストーリーといった学者が提唱する、「権威主義的近代化」としてのファシズムという非マルクス主義的な議論については、George M. Wilson, "A New Look at the Problem of Japanese Fascism," *Comparative Studies in Society and History*, 10-4 (July 1968), pp. 401-412を参照。

6――Duus and Okimoto, "Fascism: The Failure of a Concept," pp .65-76. を参照。実際に、同時代の最も詳細な政治史研究においても、ファシズムは扱われていない（Gordon M. Berger, *Parties Out of Power in Japan, 1931-1941*, (Princeton, N.J:

Princeton University Press, 1977)〔ゴードン・M・バーガー（坂野潤治訳）『大政翼賛会――国民動員をめぐる相剋』（山川出版社、二〇〇〇年）〕。ファシズムに対して関心が失われていくなかで、顕著な例外は二つ存在する。その一つは、アンドルー・ゴードンの研究（Gordon, op.cit.）であり、もうひとつはE・ブルース・レイノルズの研究（E. Bruce Reynolds, ed. *Japan in the Fascist Era*, N.Y.: Palgrave Macmillan, 2004）である。その他、日本国内の研究動向と関連させながら、ファシズム概念の考察を行ったものとしては、Gregory J. Kasza, "Fascism from Below? A Comparative Perspective on the Japanese Right 1931-1936," *Journal of Contemporary History*, 19-4 (October 1984), pp. 607-629; "Fascism from Above? Japan's Kakushin Right in Comparative Perspective," in Stein Ugelvik Larson ed., *The European Impulse against Domestic Conditions in the Diffusion of Global Fascism*, (Boulder: Columbia University Press, 2001), pp. 183-232が存在する。また近年、昭和戦前期を描く際に、日本の研究者はゴードン・バーガーと同様に、多元的な政治構造に焦点を当てるものが多い。例えば、古川隆久『昭和戦中期の議会と行政』（吉川弘文館、二〇〇五年）、黒澤良『内務省の政治史――集権国家の変容』（藤原書店、二〇一三年）、米山忠寛『昭和立憲制の再建――一九三二－一九四五』（千倉書房、二〇一五年）などが挙げられる。

7――この視角を用いた先駆的な業績に、Harry Harootunian, *Overcome by Modernity: History, Culture and Community in Interwar Japan*, (Princeton: Princeton University Press, 2000)〔ハリー・ハルトゥーニアン（梅森直之訳）『近代による超克――戦間期日本の歴史・文化・共同体』（岩波書店、二〇〇七年）〕が存在する。

8――Tansman, "Introduction," in Tansman ed., *The Culture of Japanese Fascism*, p. 1.　本章の主な目標は、このようなカルチュラル・スタディーズのファシズム論に疑問を投げかけることにある。しかし最近では、政治とイデオロギーの観点から、もう一度ファシズムの問題を捉え直す歴史家も存在する。例えば、ジャニス・ミムラは、官僚内部に存在した「テクノファシズム」が、政治変革に与えた影響を論じる。また、クリストファー・W・A・スピルマンは、日本においてファシズム的構想が存在したことは、必ずしも政治体制そのものがファシズム化したことにはならないと指摘する。その上でスピルマンは、日本ではファシズム的構想は、ヨーロッパに先行する形で、また欧州とは無関係の形で発展してきたことを示した。その他、レト・ホフマンは、日本の国家主義者たちが戦間期に行ったファシズムの論議は、「ファシストによるファシズム批判」であり、そのことは、日本がファシズム国家であったことを表していると論じている。三者の研究についてはそれぞれ、Janis Mimura, *Planning for Empire: Reform Bureaucrats and the Japanese Wartime State*, (Ithaca: Cornell University Press, 2011).〔ジャニス・ミムラ（安達まみ、高橋実紗子訳）『帝国の計画とファシズム』(人文書院、二〇二一年)〕、Christopher W. A. Szpilman, “Kanokogi Kazunobu: Pioneer of Platonic Fascism and Imperial Pan-Asianism,” *Monumenta Nipponica*, 68-2 (October 2013), pp. 233-280, Reto Hofmann, *The Fascist Effect: Japan and Italy, 1915-1952,* (Ithaca: Cornell University Press, 2015), を参照されたい。これはおそらく、従来からファシズムの政治的定義が軽視されていることと関係しているのであろうが、近年の研究に見られる顕著な特徴として、研究者がファシズムの再定義を行う上で、ファシズムを何らかの形容詞や概念と結びつけていることが挙げられる。例としては、先に述べた「テクノファシズム」や、「ファシズム的帝国主義」などが挙げられる。なお、これらの概念については、(前掲、ミムラ『帝国の計画とファシズム』、Reto Hofmann and Daniel Hedinger, “Axis Empires: Towards a Global History of Fascist Imperialism,” *Journal of Global History*, 12-2 (June 2017), pp. 161-165 を参照。

9——Peter Duus, “Review,” *Journal of Asian Studies*, 69-2 (May 2010), p. 612.

10——Alan Tansman, *The Aesthetics of Japanese Fascism*, (Berkeley: University of California Press, 2009), pp. 1-2, 3-33. また、Tansman, “Introduction,” in *The Culture of Japanese Fascism*, pp. 1-29 も参照。

11——Nina Cornyetz, “Fascist Aesthetics and the Politics of Representation in Kawabata Yasunari,” in Tansman ed., *The Culture of Japanese Fascism*, p. 322.

12——Laura Hein, *Post-Fascist Japan: Political Culture in Kamakura After the Second World War*, (London: Bloomsbury Academic, 2018), p. 10.〔ローラ・ハイン(中野耕太郎、奥田博子訳)『ポスト・ファシズムの日本——戦後鎌倉の政治文化』人文書院、二〇二三年、三一頁〕。

13——Robert O. Paxton, *The Anatomy of Fascism*, (N.Y.: Penguin Books, 2004), p. 215.

14——Tansman, “Introduction,” in *The Culture of Japanese Fascism*, p.2, Tansman, *The Aesthetics of Japanese Fascism*, p. 5. なお、ここで言及されている「他の体制」が何であるかは不明である。もちろんこの手法にも問題がある。それは、当時においても他の異なる見解があるにも関わらず、なぜ日本をファシズムと認識していた人々の見解だけを重視するのかということである。例えば、ファシズムの問題をめぐって、反対の意見を提示した当時の人物については、竹山道雄『昭和の精神史』(新潮社、一九五六年)を参照。

15——Tansman, “Introduction,” in Tansman ed., *The Culture of Japanese Fascism*, p. 2, Tansman, *The Aesthetics of Japanese Fascism*, pp. 4-5. その他、戸坂のファシズム観に対する肯定的な評価については、Harry Harootunian, “Constitutive Ambiguities: The Persistence of Modernism and Fascism in Japan’s Modern History,” in Tansman ed., *The Culture of Japanese Fascism*, pp.

80-111, Marc Driscoll, *Absolute Erotic, Absolute Grotesque: The Living, Dead, and Undead in Japan's Imperialism, 1895-1945*, (Durham: Duke University Press, 2010), pp. 203-205, 322n1, Hofmann, op.cit., pp.70-87.を参照。戸坂がプロレタリア文化運動の壊滅に強い挫折感を味わった結果、マルクス主義でないあらゆる集団、思想、文化的作品をファシズムと同一視したにもかかわらず、右の研究はそうした戸坂の政治的動機をほとんど考慮に入れていない(先の引用文は、Kevin M. Doak, "Fascism Seen and Unseen: Fascism as a Problem of Cultural Representation," in Tansman ed., *The Culture of Japanese Fascism*, p. 42 から)。

16 ——Richard Torrance, "The People's Library: The Spirit of Prose Literature versus Japanese Fascism," in Tansman ed., *The Culture of Japanese Fascism*, , pp. 58-59, 76n5; Hofmann, op.cit., pp.68-75.

17 ——Tansman, "Introduction," in *The Culture of Japanese Fascism*, p. 2-5, 21n4

18 ——こうした研究者たちは、新官僚の実態をあまり正しく理解していない。例えば、リチャード・トーランスは、司法省出身の平沼騏一郎を「内務省内における新官僚のリーダー」と誤って紹介している(Torrance, op.cit., p. 56)。キム・ブラントは、「新官僚と知られる影響力のあったキャリア官僚」は、ファシズムを支持していたと指摘するが、そのような官僚の例として、官僚ではなく、大政翼賛会文化部副部長に任命された劇作家・評論家の上泉秀信を挙げている(Brandt, op.cit., pp.116, 128-129, 133n5)。また、マーク・ドリスコルは新官僚の定義を広げて、後藤新平を「先駆的な新官僚」とみなして、後藤によって、満洲における岸信介の活動への道が開かれたと指摘する(Driscoll, op.cit., pp. 264-270)。しかし、後藤は新官僚とみなされる人物たちよりも三〇年も前に生まれており、ジャーナリストが新官僚という用語を作ったころには既に死去していることを鑑みれば、ドリスコルの指摘はあてはまらない。また、ドリスコルが岸を新官僚と見なしていることは、それほど珍しいことではないが、ほとんどの歴史家は岸を、経済問題に関心を抱き、社会主義に刺激を受けた「革新官僚」として位置付けている。厳密な科学とは言い難いが、これまでの歴史学では、年齢、イデオロギー、所属省庁などの要素によって「新」官僚と「革新」官僚を区別してきた。この点について詳しくは、橋川文三「革新官僚」神島二郎編『権力の思想——現代日本思想大系』第十巻、筑摩書房、一九六五年、Robert M. Spaulding, "Japan's 'New Bureaucrats,' 1932-45," in George M. Wilson, ed, *Crisis Politics in Prewar Japan*, (Tokyo: Sophia University Press, 1970), pp. 51-70, 古川隆久「革新官僚の思想と行動」『史学雑誌』九九巻四号、一九九〇年四月、一〜三八頁、Roger H. Brown, "Shepherds of the People: Yasuoka Masahiro and the New Bureaucrats in Early Showa Japan, *Journal of Japanese Studies*, 35-2 (June 2009), pp. 285-319; Roger H. Brown, "(The Other) Yoshida Shigeru

and the Expansion of Bureaucratic Power in Prewar Japan, *Monumenta Nipponica*, 67-2 (January 2012), pp. 283-327; 前掲、ミムラ『帝国の計画とファシズム』を参照。

19——Torrance, op.cit., pp. 63, 75, 77-78n23, 78-79n35.

20——特に高級官僚は、行政 の活動に関する世界の最新の動向に敏感であった。一九三〇年代に官僚がナチスやファシズムの行政手法に関心を寄せたことはよく知られているが、それ以前から同様に、ドイツ歴史学派やアメリカの革新主義、さらにはヨーロッパの社会民主主義にも官僚は関心を示しており、折衷的な関心は戦前期において一貫して見られるものであった。この点については、Kenneth B. Pyle, "The Technology of Japanese Nationalism: The Local Improvement Movement 1900-1918," *Journal of Asian Studies*, 33-1 (November 1973), pp. 51-65; Kenneth B. Pyle, "Advantages of Followership: German Economics and Japanese Bureaucrats, 1890-1925," *Journal of Japanese Studies*, 1-1 (January 1974), pp.127-164; Sheldon M. Garon, *The State and Labor in Modern Japan*, (Berkeley: University of California Press, 1987); Brown, "(The Other) Yoshida Shigeru and the Expansion of Bureaucratic Power in Prewar Japan"; Roger H. Brown, "The Bureaucracy and Politics," in Sven Saaler and Christopher W. A. Szpilman, eds., *Routledge Handbook of Modern Japanese History*, (London: Routledge, 2018),pp. 212-224; 森靖夫「総力戦・衆民政・アメリカ——松井春生の国家総動員体制構想」伊藤之雄、中西寛編『日本政治史の中のリーダーたち——明治維新から敗戦後の秩序変容まで』(京都大学学術出版会、二〇一八年)一七七〜二〇七頁を参照。

21——Roger Griffin, ed., *Fascism*, (Oxford: Oxford University Press, 2009), pp.260-263.

22——佐々弘雄『日本ファッシズムの発展過程』(浅野書店、一九三二年)九九〜一一三頁。

23——佐々弘雄ほか『ファッシズム研究』(改造社、一九三二年)三三九〜三四四頁。加藤陽子が述べているように、このようなアメリカとファシズムを結びつけようとする考えは、丸山真男の戦後初期の著作にも見られる(前掲、加藤「ファシズム論」一四四頁を参照)。同じことは、戦後初期のマルクス主義史学にも言える。また同様に、カルチュラル・スタディーズの研究者の中にも、当時のアメリカが有していたと指摘される、ファシズム的性質に関心を抱く者や、ファシズムは常に再出現するおそれがあると考える者もいる。この点については、Marilyn Ivy, "Forward: Fascism, Yet?," in Tansman ed., *The Culture of Japanese Fascism*, pp. vii-xii; Harootunian, *Overcome by Modernity*, pp.430-431n18. を参照されたい。

24——内務省警保局編『国家主義運動の概要』復刻版(原書房、一九七四年)一三〜一四頁。

25――同右、一四～一五頁。
26――同右、三九～四一頁。
27――同右、四一～四二頁。
28――河西英通「日本ファシズム連盟覚書」『上越教育大学研究紀要』五巻第二分冊、一九八六年二月、一三三～一四九頁。この連盟は、日本における文学や美学、さらにはファシズム文化に関心を持つ人々にとっては、研究対象として注目に値するものであるように思われるが、河西以外の研究はまだ出ていない。ホノマンは「同盟の出版物は散逸した」と述べているが(Hofmann, op.cit., p.159n62)、河西は刊行された一二冊のうち七冊を探し出している。第一号と第二号は東京大学明治新聞雑誌文庫に、第一号から第七号までは法政大学大原社会問題研究所に所蔵されている(前掲、河西「日本ファシズム連盟覚書」一三五頁)。ヘディンガーは、この雑誌の第二号を引用して、ここで示されているファシズムの定義は「曖昧で意味が分からない」ものであると述べている(Daniel Hedinger, "Universal Fascism and its Global Legacy. Italy's and Japan's Entangled History in the Early 1930s," *Fascism: The Journal of Comparative Fascist Studies*, 2-2 (January 2013), pp.149-150)。とはいえ、警察記録から読み取れる連盟の主義主張や、河西が明らかにした連盟内部での議論は、社会主義の考えが連盟の構想に影響を与えていたことや、連盟内部でファシズムの意味などをめぐって相違や不和が生じたことを示している。この主要なメンバーの思想的相違や不和に関しては河西の論文を参照されたい。
29――前掲、内務省警保局『国家主義運動の概要』一四二頁。
30――同右、一四四頁。
31――同右、一四五～一四九頁。
32――前掲、河西「日本ファシズム連盟覚書」一三三～一四九頁。
33――同右、一四六頁。
34――内務省警保局「ファッシズムの理論」高橋正衛、今井清一編『現代史資料4――国家主義運動1』一九六三年、二九五頁。同史料は一九三二年に記されたものである。
35――前掲、内務省警保局『国家主義運動の概要』三九頁。
36――前掲、内務省警保局「ファッシズムの理論」二九五～二九六頁。
37――前掲、内務省警保局『国家主義運動の概要』一七～二〇頁、四二～四三頁。

38――前掲、内務省警保局『国家主義運動の概要』一七〜二〇頁、司法省刑事局「革新理論と革新陣営」前掲、高橋、今井編『現代史資料4』一九三〜二〇九頁所収。後者の史料は、一九三六年に出されたものである。一九三二年以降に農本主義が追加された理由はおそらく、この年に発生した血盟団事件や、五・一五事件を主導した人々の動機が反映されたからであろう。上記の農本主義やファシズムが持つその他の特徴には、より詳細な検討が必要であることは明らかだが、それは本章の範囲を超えている。それぞれの特徴の精査はもとより、なぜそのような特徴がファシズムであると判断されているのかについても、今後検討を行っていく必要がある。

39――日本警察社編『思想警察通論』(日本警察社、一九三六年)二二五〜二二九頁。

40――同右、二二九〜二三〇頁。

41――松本学「序」前掲、内務省警保局『思想警察通論』一〜三頁所収。松本は一九三四年七月に退官しているので、序文はそれ以前に書かれ、単に再版されたものと思われる。

42――Brown, "Shepherds of the People," pp. 310-311.

43――「雑誌に表はれたる「新官僚」に関する論調(其の一)」『内務時報』一巻一号、一九三六年一月、九六頁。

44――田村禄二「国維会の正体」『改造』一六巻九号、一九三四年八月、一四八〜一五五、三一一〜三一五頁。その他、「国会の全貌」『時局パンフレット 第一輯』(時局社、一九三四年)二九〜三八頁所収、も参照されたい。安岡の牧民思想の詳細は拙論「安岡正篤の「東洋的な牧民思想」と内務官僚」『埼玉大学紀要・教養学部』五五巻一号、二〇一九年を参照。

45――戦後の議論においてなされた、新官僚とファシズムとの関連付けについては、丸山真男「日本ファシズムの思想と運動」丸山真男『現代政治の思想と行動』(未来社、一九六四年)三七〜三八頁、歴史学研究会編『太平洋戦争史 第一巻』(東洋経済新報社、一九五三年)一五七〜一五九頁、前島省三『昭和軍閥の時代――日本ファシズムの形成過程』(ミネルヴァ書房、一九六九年)一五七〜一六二頁、二九二〜二九六頁、小田部雄二「日本ファシズムの形成と「新官僚」――松本学と日本文化連盟」日本現代史研究会編『日本ファシズム(1)――国家と社会』(大月書店、一九八一年)七七〜一一一頁、小田部雄二「天皇制イデオロギーと親英米派の系譜――安岡正篤を中心に」『史苑』四三巻一号、一九八三年五月を参照。

46――このような評価は、ファシズムに関する近年のカルチュラル・スタディーズ研究に限ったことではない。一九九四年のアンドルー・ゴードンによる「帝国のファシズム」に関する研究でも論じられているほか、今日まで議論を展開しているのは、ジャニス・ミムラによる著作である。ミムラの研究は、文化を対象とはしていないものの、イデオロギーを取り扱っており、戦時期の日本政治におけるファシズム的性格を考察する上では、カルチュラル・スタディーズの研究者と同じ立場にたっている(前掲、ミムラ『帝国の計画とファシズム』二一頁)。このような視点は、Max Ward, "Crisis Ideology and the Articulation of Fascism in Interwar Japan," *Japan Forum*, 26-4 (June 2014), pp. 462-485, Hofmann, op.cit.)。しかし、これらの研究は「新」官僚と「革新」官僚を混同しているか、あるいは単に、前者にはほとんど注意を払っていない傾向が見られる。日本や英米圏を問わず、新官僚や内務省をめぐる最近の研究のほとんどは、両者の区別に細心の注意を払っており、ファシズムとも関連づけていない(前掲、古川『昭和戦中期の議会と行政』、Brown, "Shepherds of the People,"; "(The Other) Yoshida Shigeru and the Expansion of Bureaucratic Power in Prewar Japan,"; 前掲、黒澤『内務省の政治史』を参照)。実際、ロバート・スポルディングによる新官僚に関する先駆的な考察も、新官僚やその後を継いだ革新派の人物でさえをも、ファシズムの支持者とはみなしていない。(Spaulding, op.cit., pp. 51-70.)。経済志向を持つ革新官僚の総本山であった内閣調査局に関する最も詳しい研究でも、ファシズムの概念的有用性は否定されている(古川隆久『昭和戦中期の総合国策機関』(吉川弘文館、一九九二年)参照)。

47——佐々はその後、近衛文麿首相のブレーンとしてファシズム的政策を考案していったと見なされる革新派の研究集団、「昭和研究会」で主導的な役割を果たした(William Miles Fletcher III, *The Search for a New Order: Intellectuals and Fascism in Prewar Japan*, (Chapel Hill: University of North Carolina Press, 2000), pp. 98-99, Tansman, "Introduction," in *The Culture of Japanese Fascism*, p. 11)。佐々の意見の変遷は、彼がNHKに戦後、『昭和政治悲史』というパンフレットを寄稿したときに新たな展開を見せた。その冒頭を佐々は、防共協定と日独伊三国同盟から書き始めているが、一九三〇年代前半の話や、佐々のファシズムへの警告や昭和研究会での活動をもたらすことになった、資本主義の構造的帰結といった話にはほとんど触れられなかった。実際、彼がそのパンフレットの中でファシズムという言葉に言及したのは、一九三七年七月七日の盧溝橋事件後に、中国に対して強硬な態度をとった革新官僚や陸軍軍人とつながりのある親ナチス的な「知識人」を形容するためだけである。戦争の起源や、日本人に「奴隷」のような振る舞いをさせた原因を総括して、彼は次のように結論づけている。「奴隷根性を育てたのは軍国主義だ。しかしその根性を今後もなお持ちつづけたのでは、われわれ自身が封建的民族であることを立証することになるであろう」。佐々弘雄『昭和政治悲史』(日本放送出版協会、一九四六年)三八〜四二頁、七六頁。

48——佐々弘雄「新官僚の没落」『中央公論』五六六号、一九三五年一月、二五四〜二六五頁。一九四六年における佐々の考えを見ると、官僚を政治的指導力が発揮できない存在とみなす点ではほぼ一貫しているといえるが、そこに、戦時行政における官僚の無能さについて新たな批判が付け加わっている。前掲、佐々『昭和政治悲史』六三〜六八頁。

49——前掲「雑誌に表はれたる「新官僚」に関する論調（其の一）」九六頁、「雑誌に表はれたる「新官僚」に関する論調（其の二）」『内務時報』一巻二号、一九三六年二月、五六頁。

50——前掲「雑誌に表はれたる「新官僚」に関する論調（其の一）」九七頁、馬場の記述に関しては、前掲、「雑誌に表はれたる「新官僚」に関する論調（其の二）」五五頁より引用した。新官僚による憲政常道と政党政治批判については、Brown, “(The Other) Yoshida Shigeru and the Expansion of Bureaucratic Power in Prewar Japan,” pp. 308-311を参照されたい。政党権力が盛衰する中で、「憲政の常道」をめぐる言説の変遷が持った意味を検証した最近の研究として、小山俊樹『憲政常道と政党政治——近代日本二大政党の構想と挫折』（思文閣出版、二〇一二年）が存在する。

51——前掲「雑誌に表はれたる「新官僚」に関する論調（其の二）」五五〜五六頁、前掲「雑誌に表はれたる「新官僚」に関する論調（其の一）」九七〜九八頁。

52——前掲「雑誌に表はれたる「新官僚」に関する論調（其の一）」九七〜九八頁。麻生は陸軍を称賛し、「党員諸君」にこの方針を支持するよう呼びかけた。麻生の声明は、秦郁彦『軍ファシズム運動史』（原書房、一九八〇年）三三九頁に収録されている。

53——前掲「雑誌に表はれたる「新官僚」に関する論調（其の二）」五二〜五八頁。

54——吉田については、Brown, “(The Other) Yoshida Shigeru and the Expansion of Bureaucratic Power in Prewar Japan.”を参照されたい。

55——同右 p. 317. 安岡も、急進的な国家主義が国政に脅威をもたらしうるという点を懸念していた。安岡の懸念については、Roger H. Brown, “Desiring to Inaugurate Great Peace: Yasuoka Masahiro, Kokutai Preservation, and Japan’s Imperial Rescript of Surrender,”『埼玉大学紀要・教養学部』五〇巻二号、二〇一五年一〇月、二一四〜二二〇頁を参照。

56——Torrance, op.cit., pp. 63, 66, 77-78n23, 78-79n35.

57——黒澤良「解説」伊藤隆監修『現代史を語る——松本学内政史研究会談話速記録』（現代史料出版、二〇〇六年）五〜七三頁、Brown, “Shepherds of the People,”; “Matsumoto Gaku and the Japan Culture League, 1933,” in Sven Saaler and Christopher W. A. Szpilman, eds., *Pan-Asianism: A Documentary History, Volume 2*, (Lanham, Md.: Rowman & Littlefield, 2011).

58――松本学「時事評論」『国維』一巻、一九三二年六月、九～一一頁。

59――同右、九頁。

60――同右、同頁。

61――同右、九～一〇頁。このような松本の記述は、大正時代の警察改革は、警察の社会活動や地域社会との接触を拡大しようとしたが、「あんまり民衆におもねるようなことになっては警察本来の執行力がにぶる」という松本の考えを反映している。一九三〇年代初頭、松本や彼の後任の警察官僚であった唐沢俊樹ら新官僚は、「陛下の警察」という理念を強調したが、この言葉自体は大正時代にも見られるものであった。この点については、宮地忠彦「警察の「大正民主主義」再考――「立法法治ノ警察」と「皇国警察」の間」『日本史研究』六六六号、二〇一八年二月、一五九～一八七頁を参照。

62――同右、九～一〇頁。

63――国家主義者のファシズムに対する反応について、このような見方をとる研究に関しては、レト・ホフマンの研究、特に第三章を参照されたい(Hofmann, op.cit.)。この観点からすると、松本が指導原理について言及したことは、偉大な指導者というファシズム的考えに近いものを彼が提示したとも読み取れる。しかし、松本が教育改革において、ワイマール共和国の指導原理と同じような指摘をしていることも考慮に入れなければならない(松本学「全村学校の運動」『斯民』第二六巻九号、一九三一年九月、一八～一九頁参照)。

64――詳細は、Brown, "Shepherds of the People,"; Brown, "(The Other) Yoshida Shigeru and the Expansion of Bureaucratic Power in Prewar Japan," 拙論「安岡正篤の「東洋的な牧民思想」と内務官僚」を参照。

65――建国体操については、佐々木浩博『体操の日本近代――戦時期の集団体操と〈身体の国民化〉』(青弓社、二〇一六年)二三六～二六八頁を参照。映画事業については、古川隆久『戦時下の日本映画――人々は国策映画を観たか』(吉川弘文館、二〇〇三年)四七～四八頁を参照されたい。道徳教育を通じた農村生活の一体化や、邦人主義(松本は「人間と国家の一体」と英訳)の重要性に関する松本の考えについては、前掲、松本「全村学校の運動」、Matsumoto Gaku, "The Ideal of World-Familyism and the Sino-Japanese Conflict," *Cultural Nippon*, 6-1 (March 1938), pp.1-9, を参照されたい。

66――ファシズムを強調する議論としては、前掲、小田部「日本ファシズムの形成と「新官僚」」、海野福寿「一九三〇年代の文芸統制――松本学と文芸懇話会」『駿台史学』五二号、一九八一年三月、一～三八頁、越川求「「日本精神」

による思想・文化・教育の動員枠組みの確立――長野県「二・四事件」の時期における内務省警保局の役割に焦点をあてて」『立教大学教育学科研究年報』五九号、二〇一六年二月、五九〜七四頁、Maj Hartmann "Matsumoto Gaku: A Bureaucrat Between Culture and Politics in the Beginning of the 1930s," *New Ideas in East Asian Studies*, 1 (September 2017), pp.1-10, が存在する。日本主義あるいは権威主義的保守主義の側面を強調する議論としては、伊藤隆「解題」伊藤隆、広瀬順晧編『松本学日記』(山川出版社、一九九五年)三〜三三頁、前掲、黒澤「解説」、Brown. "Shepherds of the People,"; "Matsumoto Gaku and the Japan Culture League, 1933," が挙げられる。

67――前掲、伊藤、広瀬編『松本学日記』一四九頁。

68――同右、一四九、一五〇頁。松本は特に、自らの後任である唐沢警保局長に不満を抱いていた。唐沢は陸軍将校と親密な関係にあり、松本の眼には、唐沢が陸軍内の急進派を監視する責務を怠っていたと映った。大本教は右翼と密接に結びついた新興宗教であり、当局は政治的安定を脅かし得る脅威と見なすようになっていた。

69――Torrance, op.cit., p. 63. 実際に、少なくとも警保局と陸軍との関係においては、黒澤は松本を新官僚のグループから除外することを提案している(前掲、黒澤『内務省の政治史』一二四〜一三九頁)。

70――Kasza, op.cit., pp. 608-609.

71――内務官僚の「官治」的傾向と革新対現状維持(党治)の認識に関しては、前掲、古川『昭和戦中期の議会と行政』を参照。

72――前掲、黒澤『内務省の政治史』。

あとがき

本書は、二〇二一年四月に編者が立ち上げた研究プロジェクトでの成果をまとめた論文集である。二〇二〇年一月に編者が『国家総動員」の時代』(名古屋大学出版会)を出版した後、国家総動員だけでなく多様な側面から総力戦の共同研究をしてみたいという思いから、プロジェクトを始動させた。その年の夏にはメンバーが固まり、科研費の助成を受けることができた(JSPS科研費・基盤研究(B)「国際比較に基づく日本の総力戦体制の全体像の解明(1918～1945)」課題番号：21H00681)。

研究会を立ち上げた理由はもう一つある。前著出版と同じタイミングで新型コロナウィルスの日本人感染者が初めて確認された。その後のパンデミックは社会に大きな混乱をもたらした。「統制(への協力)」と「自由」のはざまで揺れ動くコロナ禍の社会に戦時体制を重ねて見ていた編者は、今こそ総力戦を歴史的に再検証すべきだとの思いに突き動かされた。

本研究プロジェクトへの期待が膨らむ一方で、本当に実現できるのかという不安がつきまとった。プロジェクトが本格的に始動すると、いよいよその不安は現実のものとなった。大学から県外への出張許可が下りず、参加者の顔合わせができない。国際比較を銘打ったにもかかわらず、海外出張ができない。加えて、慣れないオンライン研究会では配信トラブルが相次ぎ、参加者のフラストレーションを増幅させた。それでも、知的刺激が不安に勝った。各報告者の研究レベルの高さと、時にぶつかり合う議論は、オンライン研究会であることをしばし忘れさせてくれた。研究会には、科研プロジェクトのメンバーではなかったが、本論集の執筆も快く引き受けてくださったクリストファー・スピルマン先生、ロジャー・ブラウン先生のほか、クリントン・ゴダール先生(東北大学)、マハン・マーフィー先生(京都大学)らにもご参加いただき、コメンテータを務めていただいた。改めて感謝申し上げたい。

本書は、これまで一国史に限定されがちだった日本の総力戦を、第一次世界大戦(学習)・戦間期(対策)・第二次世界大戦(実践)という長期的なプロセスのなかで捉えつつ、国際比較の視座から多面的に考察することを目指した。むろん、本書が全てのテーマをカバーできているわけではない。また海外調査に行けなかったこともあり、国際比較も甚だ不十分に終わった。これらは引き続き課題としたい。とはいえ、本書が日本の総力戦研究の最先端を行くものであり、海外の研究水準と比べても引けを取らないものであると自負している。そのことを証明するためにも、今後は海外での成果公表も積極的におこなう必要があろう。

本書を千倉書房から出版できたことは編者にとって大変光栄なことだった。千倉書房は、小島精一『自由と統制』(一九三六年)、高橋亀吉『「準戦時」下の財政と経済』(一九三七年)、松井春生『日本資源政策』(一九三八年)など数々の名著を世に送り出し、総力戦と格闘してきた歴史をもつ出版社だからである。また、修士課程の頃からの長いお付き合いがある千倉書房編集部の神谷竜介氏とようやく念願が叶って一緒にお仕事ができたのも、編者にとっては大きな喜びだった。にもかかわらず原稿の提出が遅れに遅れ、多大なご迷惑をおかけしたことはお詫びしてもしきれない。大袈裟ではなく、神谷氏のご尽力なしに本書は成立しなかった。心より感謝申し上げる次第である。

力作を寄せてくださった執筆者各位にも改めてお礼を申し上げたい。どなたも各専門分野を牽引する(あるいはそのような役割が今後期待されている)研究者で、その学識に刺激され続けた三年間だった。

また翻訳を快く引き受けてくださった藤井崇史氏、高田和磨氏にも感謝申し上げる次第である。

最後になるが、出版にあたっては、二〇二四年度同志社大学法学会出版助成（A）の助成を受けた。出版助成をお認めくださった同志社大学法学部教員の皆様に厚くお礼申し上げる。

二〇二五年一月

編者

ハ行

マ行

ヤ行

ラ行

タ行

ナ行

サ行

主要事項索引

英字

ア行

カ行

ヤ行

ラ行

ワ行

ナ行

ハ行

マ行

サ行

タ行

主要人名索引

ア行

カ行

ロジャー・H・ブラウン（Roger H. Brown）：第10章執筆

埼玉大学大学院人文社会科学研究科教授、Ph.D.（歴史学）
1962生まれ。イーロン大学歴史学部卒業。南カリフォルニア大学大学院歴史学研究科博士後期課程修了。早稲田大学国際教養学部非常勤講師などを経て現職。専攻は日本近現代史。主要論文に「安岡正篤の「東洋的な牧民思想」と内務官僚」『埼玉大学紀要・教養学部』、"(The Other) Yoshida Shigeru and the Expansion of Bureaucratic Power in Prewar Japan," *Monumenta Nipponica* などがある。共著に *Pan-Asianism: A Documentary History, Volume 2, 1920-Present*、*Routledge Handbook of Modern Japanese History* などがある。

高田和磨（たかだ・かずま）：第10章翻訳

同志社大学大学院法学研究科政治学専攻博士課程（後期課程）在学中、修士（政治学）
1999年生まれ。同志社大学法学部卒業、同志社大学大学院法学研究科博士課程（前期課程）修了。専攻は日本政治史。主要論文に「政党内閣期における内務省の治安政策の展開（1918～1932年）」（『同志社法学』第443号所収）、「政党内閣崩壊後の日本における治安政策と内務省（1932～1937年）」（『同志社法学』第445・446合併号所収）がある。

宮下雄一郎（みやした・ゆういちろう）：第8章執筆

法政大学法学部教授、博士（法学）／博士（史学）
1977年生まれ。慶應義塾大学法学部政治学科卒業、慶應義塾大学大学院法学研究科政治学専攻後期博士課程単位取得退学。パリ政治学院大学院歴史学研究所修了。松山大学法学部准教授などを経て現職。専攻はヨーロッパ国際関係史、フランス外交史。主著に『フランス再興と国際秩序の構想』（勁草書房）などがある。

クリストファー・W・A・スピルマン
（Christopher W.A. Szpilman）：第9章執筆

帝京大学文学部元教授、博士（PhD, 日本近現代史）
1951年生まれ。ロンドン大学アジア及びアフリカ研究学院（SOAS）卒。エール大学大学院歴史学研究科博士課程修了。拓殖大学日本文化研究所客員教授、ハーヴァード大学ライシャワー研究所客員研究員、九州産業大学教授を経て、帝京大学教授（2020年退職）。主著に『近代日本の革新論とアジア主義』（芦書房）、『満川亀太郎書簡集』（共編著、論創社）、Routledge Handbook of Modern Japanese History（coed., Routledge）などがある。

藤井崇史（ふじい・たかし）：第9章翻訳

東京大学社会科学研究所特任研究員、博士（文学）
1989年生まれ。京都大学文学部卒業、京都大学大学院文学研究科博士後期課程修了。日本学術振興会特別研究員などを経て現職。専攻は日本近現代史。主要論文に「満洲事変後における日本の対中経済外交と実業界」（『史学雑誌』第131編11号）、「1920年代における通商・貿易問題と日本経済連盟会」（『歴史学研究』第1051号）などがある。

玉木寛輝（たまき・ひろき）：第3章執筆

慶應義塾大学教養研究センター等兼任講師、博士（法学）
1987年生まれ。上智大学法学部法律学科卒業、慶應義塾大学大学院法学研究科政治学専攻後期博士課程単位取得退学。慶應義塾大学法学部、東海大学政治経済学部等兼任講師を経て現職。専攻は日本近現代政治史。著書に『昭和期政軍関係の模索と総力戦構想』（慶應義塾大学出版会）がある。

萩原淳（はぎはら・あつし）：第4章執筆

琉球大学人文社会学部准教授、博士（法学）
1987年生まれ。同志社大学法学部卒業、京都大学大学院法学研究科博士後期課程修了。日本学術振興会特別研究員(PD)などを経て現職。専攻は日本政治史。主著に『平沼騏一郎』（中央公論新社）がある。

梶原克彦（かじわら・かつひこ）：第5章執筆

愛媛大学法文学部教授、博士（法学）
1972年生まれ。愛媛大学法文学部卒業、京都大学大学院法学研究科博士後期課程研究指導認定退学。京都大学大学院法学研究科助手などを経て現職。専攻はドイツ・オーストリア政治史。主著に『オーストリア国民意識の国制構造』（晃洋書房）がある。

鈴木多聞（すずき・たもん）：第7章執筆

法政大学兼任講師、博士（文学）
1975年生まれ。東京大学文学部卒業、東京大学大学院人文社会系研究科博士課程単位取得退学。京都大学法学研究科/白眉センター特定准教授などを経て現職。専攻は日本近代史。主著に『「終戦」の政治史 1943-1945』（東京大学出版会）がある。

著訳者略歴

森靖夫(もり・やすお):編者、序論・第6章執筆

同志社大学法学部教授、博士(法学)
1978年生まれ。京都大学文学部卒業、京都大学大学院法学研究科博士後期課程修了。京都大学次世代研究者育成センター白眉プロジェクト助教などを経て現職。専攻は日本政治史。主著に『日本陸軍と日中戦争への道』『永田鉄山』(ともにミネルヴァ書房)、『「国家総動員」の時代』(名古屋大学出版会)などがある。

小林道彦(こばやし・みちひこ):第1章執筆

北九州市立大学基盤教育センター名誉教授、博士(法学)
1956年生まれ、中央大学文学部卒業。中央大学大学院文学研究科博士後期課程単位取得退学。国立国会図書館委嘱研究員(憲政資料室)、北九州市立大学法学部教授などを経て、2021年退職。専攻は日本政治史。主著に『大正政変』(千倉書房)、『桂太郎』『児玉源太郎』『政党内閣の崩壊と満州事変』(いずれもミネルヴァ書房)、『近代日本と軍部』(講談社)、『山県有朋』(中央公論新社)、共編に『内田康哉関係資料集成』全3巻(柏書房)などがある。

奈良岡聰智(ならおか・そうち):第2章執筆

京都大学大学院法学研究科教授、博士(法学)
1975年生まれ。京都大学法学部卒業、京都大学大学院法学研究科博士後期課程修了。京都大学大学院法学研究科准教授などを経て現職。専攻は日本政治外交史。主著に『加藤高明と政党政治』(山川出版社)、『「八月の砲声」を聞いた日本人』(千倉書房)、『対華二十一ヵ条要求とは何だったのか』(名古屋大学出版会)などがある。

総力戦とは何だったのか

二〇二五年三月九日　初版第一刷発行

編著者　森靖夫
発行者　千倉成示
発行所　株式会社 千倉書房
〒一〇四－〇〇三一 東京都中央区京橋二－七－一
電話 〇三－三五二八－六九〇一（代表）
https://www.chikura.co.jp/

造本装丁　米谷豪
印刷・製本　精文堂印刷株式会社

ISBN 978-4-8051-1344-8 C1020

強いアメリカと弱いアメリカの狭間で

第一次世界大戦後の東アジア秩序をめぐる日米英関係

中谷直司 著

第一次世界大戦後の世界をめぐり、東アジアで衝突する日米英三国による国際秩序構想。日英同盟からワシントン体制へ移行した日本の決断を再検討する。

在庫僅少

❖ A5判／定価5500円／978-4-8051-1092-8

表示価格は2025年3月現在（消費税10％）

千倉書房

ドイツ外交と東アジア 1890〜1945

田嶋信雄 著

英米中心の国際秩序に異を唱える現状変更勢力でありながら、思惑の違いから合従連衡を繰り返した日独中露。錯綜する東アジアの国際関係を再構築する。

❖ A5判／定価6600円／978-4-8051-1316-5

表示価格は2025年3月現在（消費税10％）